开心 文化

中国
文化常识
1000问

开心文化研究中心/编

湖南教育出版社
·长沙·

> **图书在版编目（CIP）数据**
>
> 中国文化常识 1000 问 / 开心文化研究中心编． -- 长沙：湖南教育出版社，2024.9（2025.2重印）． -- ISBN 978-7-5754-0346-7
>
> Ⅰ．K203-49
>
> 中国国家版本馆 CIP 数据核字第 20241F1C98 号

责任编辑：周　晔　　　版式设计：开心·设计中心

中国文化常识 1000 问
ZHONGGUO WENHUA CHANGSHI 1000 WEN

出版发行：湖南教育出版社
　　　　　（地址：长沙市韶山北路 443 号　邮编：410007）
网　　　址：www.bakclass.com
微 信 号：湘教智慧云
移动应用：贝壳网 App
客服电话：0731-85486979
印　　　刷：天津睿和印艺科技有限公司
　　　　　（地址：天津市武清区大碱厂镇国泰道 8 号　邮编：301700）
开　　　本：787mm ×1092mm　16 开
印　　　张：22.5
字　　　数：302 000
版　　　次：2024 年 9 月第 1 版
印　　　次：2025 年 2 月第 2 次印刷
书　　　号：ISBN 978-7-5754-0346-7
定　　　价：80.00 元

目录 Contents

第一章 历史常识

朝代更替

- 中国历史上一共有多少个朝代？ …………………………… 001
- 谁建立了中国历史上第一个朝代？ ………………………… 001
- 中国历史上第一位亡国之君是谁？ ………………………… 001
- "牧野之战"推翻了哪个王朝？ …………………………… 002
- 西周灭亡的导火索是什么？ ………………………………… 002
- "三家分晋"后诞生了哪三个国家？ ……………………… 002
- 齐国是姜太公的封地，为什么有国君以"田"为姓氏？ … 003
- "战国七雄"指哪七个国家？ ……………………………… 003
- 秦始皇在哪一年统一了六国？ ……………………………… 003
- 楚汉相争的结果是什么？ …………………………………… 003
- 为什么汉朝会分为西汉和东汉？ …………………………… 004
- 推翻了东汉的人是谁？ ……………………………………… 004
- 俗话说"司马昭之心，路人皆知"，司马昭到底想干什么？ ………… 005
- 南北朝时期共有多少个政权？ ……………………………… 005
- 是谁结束了分裂的南北朝时期？ …………………………… 005
- 唐朝是谁建立的？ …………………………………………… 006
- "开元盛世"指的是哪个时期？ …………………………… 006
- 五代十国是指哪五代，哪十国？ …………………………… 006
- 谁建立了北宋王朝？ ………………………………………… 006
- 哪个事件是北宋走向灭亡的转折点？ ……………………… 007
- 哪场战争标志着南宋灭亡？ ………………………………… 007
- 中国历史上版图最大的朝代是哪个？ ……………………… 007
- 明朝是谁建立的？ …………………………………………… 007
- 明朝的最后一位皇帝是谁？ ………………………………… 008
- "大清"的国号是哪位清朝皇帝定的？ …………………… 008
- 哪场革命推翻了我国实行了两千多年的封建帝制？ ……… 009
- 哪个朝代存在的时间最长？ ………………………………… 009
- 哪个大一统朝代存在的时间最短？ ………………………… 009

历史大事

- 我国历史上第一场战争是什么? 010
- 商朝一共迁了几次都城? 010
- 哪个事件是进入春秋时期的标志? 011
- 哪场改革让秦国变成一个强大的国家? 011
- "围魏救赵"发生在哪场战役中? 011
- 秦始皇通过什么措施来实现思想专制? 012
- 我国第一场大规模的农民起义在哪个地方爆发? 012
- 项羽在哪次战役中"破釜沉舟"战胜秦军? 012
- "白登之围"中,哪位皇帝被围困在白登山上? 013
- 汉匈之战的结果是什么? 013
- 古代的丝绸之路是在哪个时期开辟的? 013
- "党锢之祸"是哪两个派别之间的斗争? 014
- 哪次战役奠定了三国鼎立局面的基础? 014
- 晋朝时最严重的皇族内乱之一是什么? 015
- "五胡乱华"中的"五胡"指什么? 015
- "淝水之战"是哪两个国家之间的战争? 015
- 为什么隋炀帝要下令修建大运河? 016
- "玄武门之变"是谁发动的? 016
- 哪场战争是唐朝由盛转衰的转折点? 017
- 唐朝哪位皇帝在位期间发生了"甘露之变"? 017
- "牛李党争"中两大朋党的领袖分别是谁? 017
- 哪场农民起义推翻了我国的门阀制度? 018
- "澶渊之盟"是哪两个国家签订的? 018
- 为什么王安石的变法会失败? 019
- 为什么钓鱼城被称为"上帝折鞭处"? 019
- 明成祖朱棣通过哪场战役夺得了帝位? 019
- "土木之变"中,哪位皇帝被俘虏? 020
- "三藩之乱"中的"三藩"指哪三个人? 020
- "雅克萨之战"的交战双方分别是谁? 020
- "文字狱"盛行于哪个朝代? 021

风云人物

- ◇ "三皇""五帝"分别指谁? …………………………… 021
- ◇ 是谁"三过家门而不入"? …………………………… 021
- ◇ "春秋五霸"分别指谁? ……………………………… 021
- ◇ 老子姓老吗? ………………………………………… 022
- ◇ 孔子姓孔吗? ………………………………………… 022
- ◇ "战国四大名将"分别是哪四位? …………………… 022
- ◇ 曾刺杀秦王嬴政的刺客是谁? ……………………… 022
- ◇ "千古一帝"指的是谁? ……………………………… 023
- ◇ "秦皇汉武"中的"汉武"指的是谁? ………………… 023
- ◇ "但使龙城飞将在"中的"飞将"指的是谁? ………… 024
- ◇ "七征匈奴"和"封狼居胥"的分别是谁? …………… 024
- ◇ "治世之能臣,乱世之奸雄"指的是谁? …………… 024
- ◇ 孙策与孙权是什么关系? …………………………… 025
- ◇ "桃园三结义"中结义的是哪三个人? ……………… 025
- ◇ 刘备"三顾茅庐"是为了请谁出山? ………………… 025
- ◇ 谁继承了诸葛亮的遗志,北伐中原? ……………… 026
- ◇ 哪位皇帝被称为"天可汗"? ………………………… 026
- ◇ "以人为镜,可以明得失"说的是谁? ……………… 026
- ◇ 《西游记》里唐僧的原型是哪位僧人? …………… 027
- ◇ "万岁,万岁,万万岁"的由来与谁有关? ………… 027
- ◇ 历史上谁组建了威名赫赫的"岳家军"? …………… 028
- ◇ "一代天骄"指的是谁? ……………………………… 028
- ◇ 第一个到达中国的西方旅行家是谁? ……………… 028
- ◇ 朱元璋的脸真的长得像"芒果"吗? ………………… 029
- ◇ 明朝时期"七下西洋"的人是谁? …………………… 029
- ◇ 明朝时期抗击倭寇的民族英雄是谁? ……………… 030
- ◇ 明末清初收复台湾的民族英雄是谁? ……………… 030
- ◇ 我国历史上在位时间最长的皇帝是谁? …………… 030
- ◇ 主持虎门销烟的英雄是谁? ………………………… 031
- ◇ 清朝末年哪一位将领收复了新疆? ………………… 031
- ◇ "可怜天下父母心"这句话是谁说的? ……………… 031
- ◇ 我国历史上最后一位皇帝是谁? …………………… 031
- ◇ 中国历史上的"十圣"分别是哪十个人? …………… 032

思想学说

- ◇ 老子的政治主张是什么？ ……………………………… 032
- ◇ 孔子思想的核心观念是什么？ ………………………… 032
- ◇ "百家争鸣"主要有哪些思想流派？ …………………… 032
- ◇ 墨子的主要主张是什么？ ……………………………… 033
- ◇ "仁者爱人"和"兼爱"的区别在哪里？ ……………… 033
- ◇ "性善说"和"性恶论"分别是谁提出来的？ ………… 033
- ◇ "庄周梦蝶"表达了庄子的什么思想？ ………………… 033
- ◇ 法家的治国思想是什么？ ……………………………… 034
- ◇ 孙膑是哪个学派的代表人物？ ………………………… 034
- ◇ "阴阳五行"中的"五行"指什么？ …………………… 034
- ◇ 纵横家主要有哪两个派别？ …………………………… 034
- ◇ "白马非马"的说法到底是对是错？ …………………… 035
- ◇ 我国古代的"矛盾"概念由谁提出？ …………………… 035
- ◇ "尊崇儒术"是谁提出来的？ …………………………… 035
- ◇ 什么是"谶纬之学"？ ………………………………… 035
- ◇ "魏晋玄学"认为什么是万物的根本？ ………………… 036
- ◇ "三纲""五常"分别指什么？ ………………………… 036
- ◇ "程朱理学"的代表人物是谁？ ………………………… 036
- ◇ "格物致知"指的是什么？ ……………………………… 036
- ◇ "存天理，灭人欲"是谁提出来的？ …………………… 037
- ◇ "陆王心学"的代表人物是谁？ ………………………… 037
- ◇ 明末清初的三大思想家分别是谁？ …………………… 037
- ◇ "天下兴亡，匹夫有责"是哪位思想家的名言？ ……… 038
- ◇ "师夷长技以制夷"是谁的思想主张？ ………………… 038
- ◇ "物竞天择""适者生存"最早出现在中国的哪本书？ … 038
- ◇ 新文化运动时期，民主和科学被称为什么？ ………… 039

古代制度

- ◇ 我国历史上最早的奴隶制国家是哪个？ ……………… 039
- ◇ 舜和禹通过哪种制度获得部落联盟首领的位置？ …… 039
- ◇ 夏启开创了什么制度取代禅让制？ …………………… 040
- ◇ 西周的贵族等级结构分为哪四级？ …………………… 040
- ◇ 宗法制的核心是什么？ ………………………………… 040
- ◇ 礼乐制的作用是什么？ ………………………………… 040
- ◇ 我国在哪个时期进入了封建社会？ …………………… 041

- 春秋战国时期的"三军"指的是哪三军？ …… 041
- 什么是"军功爵制"？ …… 041
- 古代的虎符是用来做什么的？ …… 042
- 三公九卿分别是哪三公，哪九卿？ …… 042
- 秦朝在地方上实行什么制度？ …… 042
- 为什么汉武帝要设立刺史？ …… 043
- 九品中正制是哪个时期开创的制度？ …… 043
- 三省六部制中的"三省"指的是哪三省？ …… 043
- 两税法从哪个时期开始实行？ …… 044
- 为什么唐玄宗时期会出现外重内轻的军事局面？ …… 044
- 行省制建立于哪个朝代？ …… 044
- 宰相制度在哪个时期被废除？ …… 044
- 我国古代的海军又被称为什么？ …… 045
- 八旗制度中的"八旗"指的是哪八旗？ …… 045
- 清朝主要在哪个地区实行改土归流政策？ …… 045
- 为什么古代执行死刑时总是要"秋后问斩"？ …… 046
- "诛九族"属于什么刑罚制度？ …… 046
- 三堂会审中的"三堂"是哪三堂？ …… 046
- 古人是如何维权的？ …… 047
- 古代后宫真的有三千佳丽吗？ …… 047

古代职业

- 古代的"四民"指什么？ …… 047
- 丞相和宰相有什么区别？ …… 048
- 古代的"祭酒"究竟是什么官职？ …… 048
- 古代皇帝的老师是什么官职？ …… 048
- "太子洗马"是给马洗澡的人吗？ …… 049
- 宦官就是太监吗？ …… 049
- 明朝的四大宦官分别是谁？ …… 049
- 我国古代四大清官是哪四位？ …… 050
- 锦衣卫是什么机构？ …… 050
- "衣冠禽兽"在古代指什么人？ …… 050
- 乌纱帽在古代是什么职业的象征？ …… 051
- 员外是一种官职吗？ …… 051
- 怎样通过官服颜色来区分官职的大小？ …… 051

- ◇ 古代官员也要"996"吗？ …… 052
- ◇ 为什么做买卖的人被称作"商人"？ …… 052
- ◇ 孔子的哪位弟子被称为"儒商始祖"？ …… 052
- ◇ 木匠的祖师爷是谁？ …… 053
- ◇ "三姑六婆"指的是哪三姑，哪六婆？ …… 053
- ◇ 古时候的媒婆是公务员吗？ …… 053
- ◇ "弼马温"这个官职真的存在吗？ …… 054
- ◇ "五花八门"是哪五花，哪八门？ …… 054
- ◇ "三百六十行"的说法出现在哪个朝代？ …… 054
- ◇ 古时候负责打更报时的职业叫什么？ …… 055
- ◇ 古时候专门负责押送货物的职业是什么？ …… 055
- ◇ 《诗经》中的诗是什么人采集的？ …… 056
- ◇ 我国最早的消防队叫什么？ …… 056
- ◇ "跳槽"在古代是什么意思？ …… 056

才子佳人

- ◇ 古代的"四大奇才"包括哪四个人？ …… 056
- ◇ "战国四公子"包括哪四个人？ …… 057
- ◇ "卧龙""凤雏"分别指的是谁？ …… 057
- ◇ "霸王别姬"的"姬"指的是谁？ …… 057
- ◇ "金屋藏娇"藏的是谁？ …… 058
- ◇ "江南四大才子"有谁？ …… 058
- ◇ "古代四大才女"有谁？ …… 059
- ◇ "故剑情深"讲的是谁和谁的爱情故事？ …… 059
- ◇ 《凤求凰》和《白头吟》与哪两位人物有关？ …… 059
- ◇ 《胡笳十八拍》的作者是谁？ …… 060
- ◇ "咏絮之才"说的是谁？ …… 060
- ◇ 谁被称为"巾帼宰相"？ …… 060
- ◇ 我国古代的"四大美男"分别是谁？ …… 060
- ◇ 我国古代的"四大美女"分别是谁？ …… 061
- ◇ 吴国的灭亡与哪位美女有关？ …… 061
- ◇ 汉元帝时期是谁自请前往匈奴和亲？ …… 062
- ◇ 貂蝉曾先后被许配给谁？ …… 062
- ◇ 哪位美人死于马嵬驿兵变？ …… 062
- ◇ "二十四史"的作者中，唯一的一位女性是谁？ …… 063

◇ 谁女扮男装，替父从军? ……………………………………… 063
◇ "女驸马"指的是谁? …………………………………………… 063
◇ 我国历史上唯一一位被列传的女将军是谁? ………………… 064
◇ 明清时期的"秦淮八艳"有谁? ……………………………… 064
◇ "女侠名姝"指的是谁? ……………………………………… 064
◇《桃花扇》的故事原型是谁? ………………………………… 064
◇ "冲冠一怒为红颜"中的"红颜"指的是谁? ……………… 065
◇ 谁有着"侠妓"之称? ………………………………………… 065
◇ "民国四大才女"分别是谁? ………………………………… 066
◇ 我国第一位女建筑学家是谁? ………………………………… 066

第二章 文学常识

典籍名著

◇ 经、史、子、集指的是什么? ………………………………… 067
◇ 我国古籍中有哪些"第一"? ………………………………… 067
◇ "中国"一词最早出现在哪部书里? ………………………… 067
◇《论语》的第一句是什么? …………………………………… 067
◇ 被誉为"兵学圣典"的是哪本书? …………………………… 068
◇ "天时不如地利，地利不如人和"出自哪部作品? ………… 068
◇ 哪部著作号称"一字千金"? ………………………………… 068
◇ 哪部著作被誉为"史家之绝唱，无韵之《离骚》"? ……… 069
◇ "四书""五经"指什么? …………………………………… 069
◇ "十三经"指的是哪些书? …………………………………… 070
◇ 我国现存最完备的乐府诗歌总集是哪一部? ………………… 070
◇ "二十四史"是什么? 包括哪些史书? ……………………… 070
◇ 哪本书被戏称为"呜呼传"? ………………………………… 070
◇《资治通鉴》的书名是哪位皇帝起的? ……………………… 071
◇《水经注》是一部什么类型的著作? ………………………… 071
◇ "中国17世纪的工艺百科全书"指的是哪部著作? ………… 071
◇ 为什么《本草纲目》被称誉为"东方医药巨典"? ………… 072
◇ "临川四梦"指的是什么? …………………………………… 072
◇《西游记》中，唐僧一共收了几个徒弟? …………………… 072
◇《西游记》里的"四海龙王"分别是谁? 各有什么本领? … 072
◇《水浒传》中，谁是历史上真实存在的人物? ……………… 073

◇ "水浒一百单八将"中有三位女性，分别是谁？·················· 073
◇ 我国第一部章回体长篇小说是什么？·················· 074
◇ 哪本书被称为"中国封建社会的百科全书"？·················· 074
◇ "金陵十二钗"正册之首是哪两个人？·················· 074
◇ 《古文观止》中的"观止"是什么意思？·················· 075
◇ "三言二拍"指哪几本书？·················· 075
◇ 《范进中举》选自哪部作品？·················· 075
◇ 哪本书是古代最杰出的文言短篇小说集？·················· 075

诗词歌赋

◇ 《诗经》中的内容主要分为哪三部分？·················· 076
◇ 《诗经》的第一篇是什么？·················· 076
◇ "执子之手，与子偕老"最初表达的是什么感情？·················· 076
◇ 我国第一部浪漫主义诗歌总集是什么？·················· 077
◇ 中国文学史上的"风""骚"分别指什么？·················· 077
◇ "乐府双璧"指哪两个作品？·················· 077
◇ "五言之冠冕"指的是什么？·················· 078
◇ 诸葛亮的《出师表》是写给谁的？·················· 078
◇ 哪部著作导致"洛阳纸贵"？·················· 078
◇ "翩若惊鸿，婉若游龙"出自哪篇作品？·················· 079
◇ 哪首诗被称为"亡国之音"？·················· 079
◇ 哪篇作品被称为"千古第一骈文"？·················· 079
◇ 哪首诗号称"孤篇盖全唐"？·················· 080
◇ 哪首诗被赞誉为"中唐七绝之冠"？·················· 080
◇ 《早发白帝城》是李白在游历期间写的吗？·················· 080
◇ "三吏""三别"是什么？·················· 081
◇ 《长恨歌》讲述了谁的故事？·················· 082
◇ "云想衣裳花想容"中的"想"是什么意思？·················· 082
◇ "锦瑟无端五十弦"中的锦瑟有多少根弦？·················· 083
◇ 我国第一部文人词集是什么？·················· 083
◇ 宋词主要分为哪两个流派？·················· 083
◇ "人比黄花瘦"中的"黄花"指什么花？·················· 083
◇ "绿肥红瘦"描写的是什么季节的景色？·················· 084
◇ "东风不与周郎便，铜雀春深锁二乔"中的"周郎"和"二乔"指的是谁？·················· 084

- ◇"爆竹声中一岁除，春风送暖入屠苏"中的"屠苏"是指什么？ …… 084
- ◇"三秋桂子，十里荷花"出自哪首词？ …………………………… 084
- ◇"但愿人长久，千里共婵娟"是苏轼写给谁的？ ………………… 085
- ◇为什么古人送别时喜欢折柳？ …………………………………… 085
- ◇《唐诗三百首》是怎么来的？ …………………………………… 085
- ◇元曲分为哪两种？ ………………………………………………… 086
- ◇"问世间情是何物，直教生死相许"写的是大雁的爱情故事吗？ 086

传说故事

- ◇古代传说中开天辟地的创世神是谁？ …………………………… 087
- ◇古代传说中抟土造人的是哪位女神？ …………………………… 087
- ◇女娲是用什么补天的？ …………………………………………… 087
- ◇为了追赶太阳，最后渴死的神话人物是谁？ …………………… 088
- ◇在"精卫填海"中，"精卫"是什么动物？ …………………… 088
- ◇古代神话中的太阳女神是谁？ …………………………………… 088
- ◇传说中的音乐之祖是谁？ ………………………………………… 088
- ◇在中国古代神话中，创造了龙图腾的是谁？ …………………… 088
- ◇为什么我们自称"龙的传人"？ ………………………………… 089
- ◇"龙生九子"是哪九子？ ………………………………………… 089
- ◇掌管树木生长的春神是谁？ ……………………………………… 089
- ◇中国古代神话中为了救治人类而尝百草的是谁？ ……………… 090
- ◇在中国古代神话中，谁教会人们建造房屋？ …………………… 090
- ◇在中国古代神话中，谁发明了钻木取火？ ……………………… 090
- ◇传说中住在太阳中央的神鸟叫什么？ …………………………… 091
- ◇在中国古代神话中，谁撞断了不周山？ ………………………… 091
- ◇神话中的九尾狐居住在哪里？ …………………………………… 091
- ◇为什么战神刑天没有头？ ………………………………………… 091
- ◇在中国古代神话中，谁教会了人们养蚕？ ……………………… 091
- ◇在中国古代神话中，射下太阳的英雄是谁？ …………………… 092
- ◇为什么嫦娥会奔月？ ……………………………………………… 092
- ◇"大禹治水"中，大禹治理的是哪条河？ ……………………… 092
- ◇"祸国殃民"的妲己真的是狐狸精吗？ ………………………… 092
- ◇望帝死后化作了什么鸟？ ………………………………………… 093
- ◇"愚公移山"中，愚公移的是哪两座山？ ……………………… 093
- ◇古代"四大民间传说"包括哪四个传说？ ……………………… 093

◇ 梁山伯和祝英台最终化作什么飞走了？……………………… 093
◇ 为什么孟姜女要哭长城？……………………………………… 094
◇ 白娘子被镇压在哪座塔下？…………………………………… 094

文坛大家

◇ 中国浪漫主义文学的奠基人是谁？…………………………… 094
◇ "贾生才调更无伦"中的贾生是谁？………………………… 095
◇ "建安七子"分别是谁？……………………………………… 095
◇ "汉赋四大家"有谁？………………………………………… 095
◇ "竹林七贤"是哪七贤？……………………………………… 096
◇ 中国第一位田园诗人是谁？…………………………………… 096
◇ "初唐四杰"指哪四个人？…………………………………… 096
◇ "饮中八仙"是哪八仙？……………………………………… 096
◇ 被苏轼誉为"诗中有画，画中有诗"的诗人是谁？………… 097
◇ 诗界的"仙""魔""鬼""圣""佛"分别是谁？……… 097
◇ "李杜"和"小李杜"分别指谁？…………………………… 098
◇ "千呼万唤始出来，犹抱琵琶半遮面"这两句诗出自哪位诗人之手？
　……………………………………………………………………… 098
◇ 四大边塞诗人分别是谁？……………………………………… 098
◇ "唐宋八大家"是哪八位？…………………………………… 099
◇ "唐宋八大家"中为什么没有李白？………………………… 099
◇ 谁被誉为"千古词帝"？……………………………………… 100
◇ "郊寒岛瘦"中的"郊"和"岛"指的是谁？……………… 100
◇ "大小晏"指的是谁？………………………………………… 100
◇ "三班""三曹"分别指哪些人？…………………………… 101
◇ 哪位词人自称"白衣卿相"？………………………………… 101
◇ "苏门四学士"有谁？………………………………………… 101
◇ 谁被誉为"千古第一才女"？………………………………… 102
◇ "词家之冠"指的是谁？……………………………………… 102
◇ "南宋四大家"分别有谁？…………………………………… 103
◇ "元曲四大家"分别是谁？…………………………………… 103
◇ 自称"六十年间万首诗"的诗人是谁？……………………… 103
◇ 写下"滚滚长江东逝水，浪花淘尽英雄"的是谁？………… 104
◇ 作品被誉为"明文第一"的是哪位作家？…………………… 104
◇ "南洪北孔"指的是哪两位文学家？………………………… 104

成语常识

- ◇ "五毒俱全"中的"五毒"指什么？ ……………………… 105
- ◇ "玩物丧志"中的"物"最初指什么？ …………………… 105
- ◇ "惊弓之鸟"中的"鸟"最初指什么？ …………………… 105
- ◇ "鸿鹄之志"中的"鸿鹄"指什么？ ……………………… 106
- ◇ "小鸟依人"最初用来形容男人还是女人？ ……………… 106
- ◇ "司空见惯"指见惯了什么？ ……………………………… 106
- ◇ "丧家之犬"最初指的是谁？ ……………………………… 106
- ◇ "孟母三迁"分别迁到哪三个地方？ ……………………… 107
- ◇ "一问三不知"是哪"三不知"？ ………………………… 107
- ◇ "六亲不认"指的是哪六亲？ ……………………………… 107
- ◇ "沧海桑田"中的"沧海"指什么海？ …………………… 108
- ◇ "寿比南山"中的"南山"指哪座山？ …………………… 108
- ◇ "东山再起"中的"东山"指哪座山？ …………………… 108
- ◇ "退避三舍"中的"三舍"指多远的距离？ ……………… 109
- ◇ "五大三粗"是哪"五大"，哪"三粗"？ ……………… 109
- ◇ "六神无主"中的"六神"是哪六神？ …………………… 109
- ◇ "七窍生烟"中的"七窍"是哪七窍？ …………………… 109
- ◇ 为什么用"三长两短"来形容发生意外？ ………………… 109
- ◇ "七情六欲"是哪七情，哪六欲？ ………………………… 110
- ◇ "四体不勤，五谷不分"中的"四体""五谷"是什么？ … 110
- ◇ "十恶不赦"中的"十恶"是哪十恶？ …………………… 110
- ◇ "冬日可爱"和"夏日可畏"是形容天气的吗？ ………… 111
- ◇ "溜须拍马"中溜的是谁的须，拍的是马的哪里？ ……… 111
- ◇ "魑魅魍魉"分别指的是什么妖怪？ ……………………… 111
- ◇ 这些成语与哪些历史名人有关？ …………………………… 112
- ◇ "化干戈为玉帛"中的"干戈"和"玉帛"是什么？ …… 112
- ◇ "江郎才尽"中的"江郎"指的是谁？ …………………… 112
- ◇ "无奸不商"最初是用来夸商人靠谱的吗？ ……………… 112
- ◇ "赔了夫人又折兵"的人是谁？ …………………………… 113
- ◇ "新官上任三把火"中的"新官"是谁？ ………………… 113
- ◇ "一日不见如隔三秋"中的"三秋"是多久？ …………… 113
- ◇ 为什么用"马马虎虎"来表示粗心大意？ ………………… 114
- ◇ 为什么用"半斤八两"来表示差不多？ …………………… 114

俗语、谚语、惯用语

- ◇"王婆卖瓜"中的"王婆"最初是男的还是女的? ……………… 114
- ◇俗话说"三个臭皮匠,顶个诸葛亮",为什么人们把皮匠和诸葛亮联系在一起? ……………… 114
- ◇"宰相肚里能撑船"中的"宰相"指的是谁? ……………… 114
- ◇"不孝有三,无后为大"中的"无后"是什么意思? ……………… 115
- ◇"舍不得孩子套不住狼"中的"孩子"是指什么? ……………… 115
- ◇"人有三急"是哪三急? ……………… 115
- ◇为什么技艺不精会被称为"三脚猫功夫"? ……………… 116
- ◇"有钱能使鬼推磨"是什么意思? ……………… 116
- ◇"唯女子与小人难养也"是性别歧视吗? ……………… 116
- ◇"说曹操,曹操到"这个说法是怎么来的? ……………… 117
- ◇"好汉不吃眼前亏"中的"好汉"指的是谁? ……………… 117
- ◇"狗咬吕洞宾,不识好人心"是用来形容什么人的? ……………… 117
- ◇为什么解雇、辞退又叫作"炒鱿鱼"? ……………… 117
- ◇为什么拌嘴吵架会被叫作"抬杠"? ……………… 118
- ◇"二百五"这个称呼是怎么来的? ……………… 118
- ◇为什么人们常说"买东西"而不是"买南北"? ……………… 118
- ◇为什么夸口说大话叫作"吹牛(皮)"? ……………… 118
- ◇"露马脚"露的是什么的脚? ……………… 119
- ◇"癞蛤蟆想吃天鹅肉"是怎么来的? ……………… 119
- ◇为什么现在会用"王八蛋"来骂人? ……………… 119
- ◇为何两人决裂时会说"你走你的阳关道,我走我的独木桥"? ……………… 120
- ◇"吃醋"的说法和哪位历史人物有关? ……………… 120
- ◇"千里姻缘一线牵"中的线是什么线? ……………… 120
- ◇最初的"闭门羹"真的是一碗羹吗? ……………… 121
- ◇为什么令人扫兴会叫作"煞风景"? ……………… 121

雅称别称

- ◇山水湖海有哪些雅称? ……………… 121
- ◇不同的风有哪些雅称? ……………… 121
- ◇不同的雨有哪些雅称? ……………… 121
- ◇星辰、银河的雅称有哪些? ……………… 122
- ◇四季的雅称有哪些? ……………… 122
- ◇十二个月份有哪些雅称? ……………… 122
- ◇十二生肖有哪些雅称? ……………… 123

- 不同的昆虫有哪些雅称？……………………………………………… 123
- 不同的飞禽有哪些雅称？……………………………………………… 123
- 走兽游鱼有哪些雅称？………………………………………………… 123
- 不同的植物有哪些雅称？……………………………………………… 124
- 不同的食物有哪些雅称？……………………………………………… 124
- 古代女子有哪些雅称？………………………………………………… 124
- 古代男子有哪些雅称？………………………………………………… 125
- 不同的事物有哪些雅称？……………………………………………… 125
- 不同的颜色有哪些雅称？……………………………………………… 125
- 文房四宝的雅称有哪些？……………………………………………… 126
- 不同的时间有哪些雅称？……………………………………………… 126

具体名称
- 不同的建筑叫什么？…………………………………………………… 126
- 关于人的称呼有哪些？………………………………………………… 127
- 不同的道路叫什么？…………………………………………………… 127
- 汇集的水有哪些名称？………………………………………………… 128
- 山有哪些不同的叫法？………………………………………………… 128
- 不同的村子叫什么？…………………………………………………… 128

第三章 传统文化常识

古代称谓
- 古人对不同年龄的称谓分别是什么？………………………………… 129
- "鸳鸯"最初用来比喻什么关系？…………………………………… 129
- 古代的兄弟是怎么排行的？…………………………………………… 130
- 为什么把故乡称作"桑梓"，把父母称为"椿萱"？……………… 130
- 古人为什么用"须眉"称呼男子，用"巾帼"称呼女子？………… 130
- 为什么古人称女孩子为"黄花闺女"？……………………………… 130
- 为什么把媒人称为"红娘"？………………………………………… 131
- 现代的职业在古代叫什么？…………………………………………… 131
- 同为皇帝的女儿，为什么会有"格格"和"公主"的不同称呼？…… 132
- 古代大臣为什么称皇帝为"万岁"？………………………………… 132
- "陛下"和"殿下"有什么区别？…………………………………… 132
- 古人的姓、氏、名、字、号有什么区别？…………………………… 133

◇古代的谥号、庙号、年号、尊号有什么区别? …… 133
◇什么是避讳? …… 134
◇与"自己"相关的谦辞都有哪些? …… 135
◇古人对不同的朋友都有哪些称呼? …… 135
◇秦朝以前的最高统治者怎么称呼自己? …… 136
◇什么样的人能被称为"先生"? …… 136
◇古代关于死亡有哪些称谓? …… 136
◇古人给其他国家起了什么样的名字? …… 137
◇古代名人都有哪些别称? …… 137
◇祖宗十八代每一代怎么称呼? …… 137
◇古代怎么敬称自己或他人的亲人? …… 137
◇古人怎么称呼自己的配偶? …… 138

礼仪风俗

◇古代礼仪主要分为哪几种? …… 138
◇古代主要有哪些祭祀礼? …… 138
◇"五服"是指哪五服? …… 139
◇老婆的"老"和"婆"最初是指月老和孟婆吗? …… 140
◇"弄璋之喜"和"弄瓦之喜"分别指什么? …… 140
◇古时小孩满一岁时要举行什么仪式? …… 140
◇古人成年时会举行什么仪式? …… 141
◇什么是"三书""六礼"? …… 141
◇古人的婚礼在什么时间举行? …… 142
◇古人常说"结发夫妻","结发"指什么? …… 142
◇"春宵一刻值千金"的"春宵"最初指的是什么时候? …… 142
◇"一人之下,万人之上"的"一人"最初指的是谁? …… 142
◇古人将坐姿分成哪三种? …… 143
◇古代有哪些常见的见面礼? …… 143
◇古代"拱手高举,自上而下"是什么拜礼? …… 144
◇古时候见什么人需要"三叩九拜"? …… 144
◇古人见面一般都怎么送礼? …… 144
◇古时候去别人家做客时有哪些讲究? …… 144
◇古代的座位为什么以南向和东向为尊? …… 145
◇在生日吃长寿面的习俗从何而来? …… 145

◇民间四大喜事是什么? ……………………………………………… 146
◇为什么皇家建筑多与"九"这个数相关? ……………………… 146
◇我国哪些地区盛行游神风俗? …………………………………… 146
◇为什么古人都留长头发? ………………………………………… 147
◇什么时候开始,戴"绿帽子"是一种耻辱? …………………… 147

传统节日

◇为什么除夕要贴春联? …………………………………………… 148
◇为什么春节又叫"过年"? ……………………………………… 148
◇为什么除夕夜要守岁? …………………………………………… 148
◇为什么过年时要给孩子们压岁钱? ……………………………… 149
◇为什么"福"字要倒着贴? ……………………………………… 149
◇为什么过年时要拜年? …………………………………………… 150
◇元宵节是为了纪念什么而设的? ………………………………… 150
◇为什么元宵节又被称为"上元节"? …………………………… 150
◇什么是"闹社火"? ……………………………………………… 150
◇为什么农历二月初二又被称为"龙抬头"? …………………… 151
◇为什么寒食节不能生火做饭? …………………………………… 151
◇为什么清明节会有扫墓祭拜的习俗? …………………………… 152
◇清明节和上巳节有什么关系? …………………………………… 152
◇为什么端午节要划龙舟? ………………………………………… 152
◇为什么端午节时要悬挂艾蒿和菖蒲? …………………………… 153
◇为什么端午节时要佩戴五色丝线? ……………………………… 153
◇七夕节和哪两个传说中的人物有关? …………………………… 153
◇什么是"乞巧"? ………………………………………………… 154
◇七夕节,中国人通常吃什么? …………………………………… 154
◇中秋节是怎么来的? ……………………………………………… 154
◇为什么中秋节有许多与桂花相关的食物? ……………………… 155
◇重阳节是怎么来的? ……………………………………………… 155
◇为什么重阳节要登高? …………………………………………… 155
◇腊八节是怎么来的? ……………………………………………… 156
◇灶王爷真的爱吃糖瓜吗? ………………………………………… 156
◇哪些传统节日正在消失? ………………………………………… 156

饮食文化

- ◇ 五谷指什么？ ………………………………………… 157
- ◇ 五味指什么？ ………………………………………… 157
- ◇ 五牲指什么？ ………………………………………… 158
- ◇ 六畜指什么？ ………………………………………… 158
- ◇ 古人吃什么蔬菜？ …………………………………… 158
- ◇ 我国八大菜系有哪些？ ……………………………… 159
- ◇ 油条是为了纪念谁？ ………………………………… 159
- ◇ 饺子是谁发明的？ …………………………………… 160
- ◇ 馄饨是为了纪念谁？ ………………………………… 160
- ◇ 东坡肉是为了纪念谁？ ……………………………… 160
- ◇ 馒头是怎么来的？ …………………………………… 161
- ◇ 涮羊肉是怎么来的？ ………………………………… 161
- ◇ 年糕是怎么来的？ …………………………………… 161
- ◇ "宫保鸡丁"中的"宫保"是什么意思？ ………… 162
- ◇ 酒是谁发明的？ ……………………………………… 162
- ◇ 酱油起源于哪个朝代？ ……………………………… 163
- ◇ 豆腐最早出现于什么时候？ ………………………… 163
- ◇ 为什么古人很少吃牛肉？ …………………………… 163
- ◇ 元宵和汤圆有什么区别？ …………………………… 164
- ◇ "佛跳墙"为什么叫这个名字？ …………………… 164
- ◇ 我国历史上最奢华的宴席叫什么？ ………………… 164
- ◇ "荷包蛋"名字的由来有几种说法？ ……………… 165
- ◇ 古代的冰激凌是用什么做的？ ……………………… 165
- ◇ 银针真的能试毒吗？ ………………………………… 166

百工器物

- ◇ 筷子本来叫"箸"，为什么后来会改名？ ………… 166
- ◇ 古代没有洗衣粉，人们用什么来清洗衣服？ ……… 166
- ◇ 古人建造房屋真的不需要钉子吗？ ………………… 166
- ◇ 代表权力的"鼎"最初是用来做什么的？ ………… 167
- ◇ 哪尊鼎被称为"青铜之王"？ ……………………… 167
- ◇ 被誉为"臻于极致的青铜典范"的是哪一件青铜器？ … 167
- ◇ 曾侯乙编钟是由多少件编钟组成的？ ……………… 168
- ◇ "觥筹交错"中的"觥"指什么？ ………………… 168
- ◇ "陶"和"瓷"有什么分别？ ……………………… 168

- 唐代工匠加入各种矿物烧制出的艳丽的彩色陶器是什么？……… 169
- 陶瓷史上的"南青北白"指什么？……………………………… 169
- 宋代五大名窑是什么？………………………………………… 169
- 中国四大名瓷窑是什么？……………………………………… 170
- 成熟的青花瓷出现在什么时候？……………………………… 170
- 哪一盏灯被人们誉为"中华第一灯"？……………………… 170
- 玉有五德，指的是哪五德？…………………………………… 171
- 我国的四大名玉是哪四种？…………………………………… 171
- 我国古代祭祀天地的"六器"是什么？……………………… 171
- 古代行军时用什么发号施令？………………………………… 172
- "五金"是指什么？…………………………………………… 172
- "权"是古代常见的器物，后来被俗称为什么？…………… 172

车马服饰

- 古代有哪些主要交通工具？…………………………………… 173
- 古代的马车分为几个等级？…………………………………… 173
- 最早的"计程车"是用来做什么的？………………………… 174
- 古代"汗血宝马"产自哪里？………………………………… 174
- 什么身份的人才可以坐八抬大轿？…………………………… 175
- "胡服骑射"产生了什么重要影响？………………………… 175
- 汉服是指汉朝的服饰吗？……………………………………… 175
- 不同朝代的男子的汉服是什么样的？………………………… 175
- 不同朝代的女子的汉服是什么样的？………………………… 176
- "马面裙"为什么叫这个名字？……………………………… 177
- 石榴裙是什么颜色的？………………………………………… 177
- "右衽"与"左衽"的区别是什么？………………………… 177
- 为什么古代很多服饰的衣袖都比较宽大？…………………… 178
- 古代服装的颜色有什么讲究？………………………………… 178
- 中国四大名绣是什么？………………………………………… 179
- 中国四大名锦是什么？………………………………………… 179
- 为什么古人会随身佩戴香囊？………………………………… 180
- 古代女子主要有哪些首饰？…………………………………… 180
- 什么是簪花？…………………………………………………… 181
- 古人的皮带扣叫什么？………………………………………… 181
- 古人冬天穿什么？……………………………………………… 181

◇为什么会用"纨绔"来形容富家子弟? …… 182
◇旗袍来源于中国哪个民族的传统服装? …… 182
◇中山装的设计目的和意义是什么? …… 182
◇唐装是指唐朝的服饰吗? …… 182

宗教信仰

◇孔子所说的"敬鬼神而远之"是什么意思? …… 183
◇"三教""九流"分别指什么? …… 183
◇儒学和儒教的区别是什么? …… 183
◇道家和道教的区别是什么? …… 183
◇佛教是什么时候传入中国的? …… 183
◇"无事不登三宝殿"的"三宝"是指哪三宝? …… 184
◇小乘佛教和大乘佛教的区别是什么? …… 184
◇"南无阿弥陀佛"是什么意思? …… 184
◇"六道轮回"表达了什么样的思想? …… 184
◇"四大皆空"是哪"四大"? …… 185
◇佛教中的"三毒"是哪三毒? …… 185
◇观音菩萨是男的还是女的? …… 185
◇道教的"四大天师"分别是谁? …… 185
◇传说中的神仙的品阶是怎么划分的? …… 186
◇"天官赐福"中的"天官"指的是谁? …… 186
◇为什么和尚要剃光头,道士却可以留头发? …… 186
◇"八仙过海"是哪"八仙"? …… 187
◇碧霞元君的原型是谁? …… 188
◇各路神仙的本名是什么? …… 188
◇王母娘娘与玉皇大帝是夫妻吗? …… 189
◇"三星高照"中的"三星"指哪三位神仙? …… 189
◇"五路财神"指的是哪五位? …… 189
◇为什么秦琼和尉迟敬德会成为门神? …… 190
◇为什么沿海地区的人们会信仰妈祖? …… 190
◇妈祖身边的两大护卫是谁? …… 191
◇传说中专门捉拿鬼怪的神仙叫什么? …… 191

第四章 艺术常识

汉字对联

- ◇"汉字"一词是怎么来的？……………………………… 192
- ◇汉字是谁创造的？……………………………………… 192
- ◇汉字一共有多少个？…………………………………… 192
- ◇古人写字为什么从右到左竖着写？…………………… 192
- ◇汉字的笔顺规则有哪些？……………………………… 193
- ◇汉字字体是怎么演变的？……………………………… 193
- ◇甲骨文是被谁发现的？………………………………… 193
- ◇古人为什么把汉字刻在青铜器上？…………………… 194
- ◇秦始皇统一全国后，将文字统一成哪种文字？……… 194
- ◇古今文字的分水岭是什么？…………………………… 194
- ◇我国第一部词典是什么？……………………………… 195
- ◇我国第一部字典是什么？……………………………… 195
- ◇汉字的"六书"是什么？……………………………… 195
- ◇通假字是错别字吗？…………………………………… 196
- ◇最复杂的汉字是哪一个？……………………………… 196
- ◇"囍"字是谁创造的？………………………………… 196
- ◇为什么人们用"正"字来计算票数？………………… 197
- ◇使用大写数字记账的方法是什么时候出现的？……… 197
- ◇常见的对联种类有哪些？……………………………… 197
- ◇怎么区分对联的上下联？……………………………… 198
- ◇我国第一副春联写的是什么？………………………… 198

琴棋书画

- ◇"雅人四好"是什么？………………………………… 199
- ◇古琴是谁发明的？……………………………………… 199
- ◇为什么古琴从五根弦增至七根弦？…………………… 199
- ◇古琴的音色有散音、泛音和什么？…………………… 200
- ◇中国古琴十大名曲是哪十首？………………………… 200
- ◇中国古代四大名琴是哪四把？………………………… 201
- ◇"五音"指的是哪五个音？…………………………… 201
- ◇古琴史上最知名的好朋友是哪一对？………………… 201
- ◇围棋是什么？…………………………………………… 202
- ◇围棋是谁发明的？……………………………………… 202

- ◇ 围棋有哪些别称？……………………………………………… 202
- ◇ 现存最古老的围棋棋谱记录的是哪一盘棋？………………… 203
- ◇ 传说中下得最久的一盘围棋下了多久？……………………… 203
- ◇ 载入史册的第一位专业围棋棋手是谁？……………………… 204
- ◇ 谁将围棋和军事结合了起来？………………………………… 204
- ◇ 古代围棋有多少个段位？……………………………………… 204
- ◇ 谁最早被称为"棋圣"？……………………………………… 204
- ◇ 围棋有几种下法？……………………………………………… 204
- ◇ 围棋中的"天元"指什么？…………………………………… 205
- ◇ 为什么象棋棋盘上的分界线叫"楚河汉界"？……………… 205
- ◇ 为什么象棋的棋子分红、黑两色？…………………………… 205
- ◇ 象棋中的各个棋子是怎么走的？……………………………… 205
- ◇ 象棋中的"将军"指什么？…………………………………… 206
- ◇ "马后炮"跟象棋有什么关系？……………………………… 206
- ◇ "书法五体"是什么？………………………………………… 206
- ◇ "文房四宝"包括哪四种？其中的精品是什么？…………… 206
- ◇ 毛笔的始祖是谁？……………………………………………… 207
- ◇ 为什么学书法要从练"永"字开始？………………………… 207
- ◇ 书法的行笔技巧被总结为"书法九势"，分别是什么？…… 207
- ◇ "蚕头燕尾""一波三折"形容的是哪种字体？…………… 207
- ◇ 哪位皇帝开创了"瘦金体"？………………………………… 208
- ◇ "宋体"是谁创造的？………………………………………… 208
- ◇ "楷书四大家"是哪四位？…………………………………… 208
- ◇ "颜筋柳骨"是什么意思？…………………………………… 208
- ◇ "颠张醉素"指的是哪两位书法家？………………………… 208
- ◇ "宋四家"指的是哪四位？…………………………………… 209
- ◇ 谁被称为"书圣"？…………………………………………… 209
- ◇ 谁被称为"草圣"？…………………………………………… 210
- ◇ 中国现存最早的书法名家真迹作品是什么？………………… 210
- ◇ "天下三大行书"指的是哪三幅作品？……………………… 210
- ◇ "天下第一楷书"是由谁书写的？…………………………… 210
- ◇ "三希堂"的三件稀世墨宝分别是什么？…………………… 211
- ◇ 国画指的是哪种画？…………………………………………… 211
- ◇ 为什么人们把画叫作"丹青"？……………………………… 211

- ◇ 国画主要有哪几种题材？ ············ 212
- ◇ 文人画是什么画？ ················ 212
- ◇ 国画主要的画法有哪几种？ ·········· 212
- ◇ 生宣纸和熟宣纸有什么区别？ ········ 213
- ◇ "墨分五色"是哪五色？ ············ 213
- ◇ "水色"和"石色"是什么意思？ ······ 213
- ◇ "扬州八怪"指哪八个人？ ·········· 214
- ◇ 谁被称为"画圣"？ ··············· 214
- ◇ "中国十大传世名画"有哪些？ ······· 214
- ◇ 《清明上河图》描绘的是什么节气的景象？ ····· 214
- ◇ 《千里江山图》为什么历经千年，颜色依然鲜丽？ ···· 215

戏曲歌舞

- ◇ 中国古代称戏曲演员为"梨园子弟"，"梨园子弟"这一称号出自哪个朝代？ ············· 215
- ◇ 我国有哪五大剧种？ ·············· 215
- ◇ 哪一个剧种被人们称为"百戏之祖"？ ··· 216
- ◇ 戏曲中的"四功"是什么？ ········· 216
- ◇ 京剧行当生、旦、净、丑中被称为"花脸"的是哪一个？ ····· 217
- ◇ 京剧脸谱中的各种颜色有什么含义？ ··· 217
- ◇ 京剧的服装主要分哪五类？ ········ 217
- ◇ 京剧"四大名旦"分别是谁？ ······· 218
- ◇ 作为旦角，梅兰芳为什么要蓄须？ ···· 218
- ◇ 粤剧早期有多少个行当？ ·········· 219
- ◇ "变脸"是哪个剧种的特色？ ······· 219
- ◇ "压轴戏"一般是指戏曲的第几个节目？ ····· 219
- ◇ "跑龙套"是什么意思？ ··········· 220
- ◇ "阳春白雪"和"下里巴人"有什么来历？ ···· 220
- ◇ 嵇康在临刑前弹的是哪一首古曲？ ···· 220
- ◇ 名曲《十面埋伏》主要由哪种乐器演奏？ ···· 221
- ◇ 什么音乐让孔子"三月不知肉味"？ ··· 221
- ◇ 古代的"软舞"和"健舞"有什么区别？ ···· 221
- ◇ 古时以袖子为表演道具的舞蹈叫什么？ ···· 222
- ◇ 项庄在鸿门宴上跳了什么舞？ ······· 222

- 为什么《兰陵王入阵曲》的表演者要戴着凶恶的面具？ …… 222
- 安禄山擅长跳什么舞？ …… 222
- 靠惊鸿舞一举成名的人是谁？ …… 223
- 《霓裳羽衣曲》的作者是哪位皇帝？ …… 223

茶艺武术

- 最早的关于茶叶的记载出现在哪本书中？ …… 223
- 中国六大茶类是什么？ …… 223
- "杀青"是什么意思？ …… 224
- "茶道四谛"是什么？ …… 224
- 茶水在哪个时期才变成大众饮料？ …… 224
- "粗茶淡饭"里的"粗茶"是什么茶？ …… 225
- 雨前龙井是指下雨前采摘的龙井茶吗？ …… 225
- "茶圣"是谁？ …… 225
- 唐代人是怎么喝茶的？ …… 225
- 宋代人是怎么喝茶的？ …… 226
- 宋代人如何在茶汤上作画？ …… 226
- 为什么"茶倒七分满"？ …… 226
- 为什么在别人给自己倒茶时，要叩几下桌子？ …… 226
- "十八般武艺"指什么？ …… 227
- 七大拳系有哪些？ …… 227
- 太极拳为什么以"太极"一词命名？ …… 228
- 少林寺在什么时候闻名于世？ …… 228
- 门、派、帮、教有什么区别？ …… 228

第五章 科技教育常识

科技发明

- "九九"乘法口诀是什么时候出现的？ …… 229
- 世界上最先使用小数的是哪个国家？ …… 229
- 最先把圆周率算到小数点后七位的人是谁？ …… 229
- 勾股定理最早出现在哪本著作中？ …… 229
- "世界上最古老的计算机"是什么？ …… 230
- 世界上第一个小孔成像实验是谁做的？ …… 230
- 世界上第一个试图乘火箭飞行的人是谁？ …… 231

- ◇ 我国古代的冰箱叫什么？ ········· 231
- ◇ 世界上最早的纸币源于哪个国家？ ········· 231
- ◇ 扫帚是谁发明的？ ········· 232
- ◇ 墨汁是谁发明的？ ········· 232
- ◇ 身份证是谁发明的？ ········· 232
- ◇ 锯子是谁发明的？ ········· 232
- ◇ 云梯是谁发明的？ ········· 233
- ◇ 雨伞是谁发明的？ ········· 233
- ◇ 风筝是谁发明的？ ········· 233
- ◇ 都江堰水利工程是谁设计的？ ········· 234
- ◇ 日晷是什么时候发明的？ ········· 234
- ◇ 游标卡尺是谁发明的？ ········· 234
- ◇ 地动仪是谁发明的？ ········· 234
- ◇ 龙骨水车是谁发明的？ ········· 235
- ◇ 木牛流马是谁发明的？ ········· 235
- ◇ 孔明灯是谁发明的？ ········· 235
- ◇ 最早的登山鞋是谁发明的？ ········· 235
- ◇ 我国第一座石拱桥的建造者是谁？ ········· 236
- ◇ 烟花爆竹是谁发明的？ ········· 236
- ◇ 三锭纺纱机是谁发明的？ ········· 236
- ◇ 牙刷是谁发明的？ ········· 237
- ◇ 我国的四大发明是什么？ ········· 237

中医中药

- ◇ 《黄帝内经》是黄帝写的吗？ ········· 238
- ◇ 我国第一部药学巨著是什么？ ········· 238
- ◇ 我国古代的四大名医有谁？ ········· 238
- ◇ "讳疾忌医"的故事与我国古代哪位名医有关？ ········· 239
- ◇ 世界上最早的麻醉剂叫什么？ ········· 239
- ◇ "五禽戏"中的"五禽"指什么动物？ ········· 240
- ◇ 李时珍写《本草纲目》用了多少年？ ········· 240
- ◇ "建安三神医"指的是哪三位名医？ ········· 240
- ◇ 为什么中医界被称为"杏林"？ ········· 240
- ◇ "悬壶济世"一般用来形容哪种职业？ ········· 241
- ◇ 谁被誉为"药王"？ ········· 241

- 谁被称为"针灸鼻祖"？ …… 241
- "五脏六腑"指哪些器官？ …… 242
- "中医四诊"指的是什么？ …… 242
- 中医里常说的"七情配伍"是什么意思？ …… 242
- "定心丸"真的存在过吗？ …… 243
- 冬虫夏草到底是虫子还是草？ …… 243

科举教育

- 科举制度是什么时候建立的？ …… 243
- 科举考试主要分为哪两大类？ …… 244
- 武则天首创了科举考试中的哪个科目？ …… 244
- 古人要通过多少种考试才能成为状元？ …… 244
- "连中三元"中的"三元"指什么？ …… 244
- 公布殿试结果的榜文叫什么？ …… 245
- "殿试三鼎甲"指什么？ …… 245
- "名落孙山"中的孙山到底考上了没有？ …… 245
- 古代举行科举考试的考场叫什么？ …… 246
- 古代科举考试主要通过哪些措施来防止作弊？ …… 246
- 八股文中的"八股"指什么？ …… 246
- 科举制度是哪一年被废除的？ …… 247
- "君子六艺"指的是什么？ …… 247
- 古代的学生去哪些地方上学？ …… 247
- 古代的"四大书院"指的是哪四所书院？ …… 248
- 西汉时期我国的最高学府是什么？ …… 249
- 古代进行启蒙教育的机构叫什么？ …… 249
- 中国最早的外语学校叫什么？ …… 250
- 古代的"大学"和现代的"大学"有什么区别？ …… 250
- 古代的"博士"和现代的"博士"有什么区别？ …… 250
- 中国历史上第一位真正意义上的老师是谁？ …… 251
- "桃李满天下"中的"桃李"指什么？ …… 251
- 古代学生也有寒暑假吗？ …… 251

第六章 天文地理常识

天文历法

- ◇ "二十八星宿"是指二十八颗星星吗? ………………………… 252
- ◇ 人们是怎么通过北斗七星辨认方向的? ……………………… 252
- ◇ 古代"四象"是指什么? ……………………………………… 252
- ◇ 为什么古人要把星空和地上的州、国对应起来? …………… 253
- ◇ 我国古代将木星称为什么? …………………………………… 253
- ◇ 我国古代将火星称为什么? …………………………………… 253
- ◇ "七月流火"是指天气转热吗? ……………………………… 253
- ◇ 为什么古人把"彗星袭月"看作是凶兆? …………………… 254
- ◇ 二十四节气最初是根据什么确定的? ………………………… 254
- ◇ "四时八节"中的"八节"指的是什么? …………………… 254
- ◇ 二十四节气中,唯一一个既是节气又是节日的是哪个? …… 255
- ◇ "惊蛰"是什么意思? ………………………………………… 255
- ◇ "小满"是什么满了? ………………………………………… 255
- ◇ 为什么人们在冬至这一天开始"数九"? …………………… 256
- ◇ 为什么说"冬至大如年"? …………………………………… 256
- ◇ 人们说的"老黄历"是什么? ………………………………… 257
- ◇ 阴历、阳历、农历有什么区别呢? …………………………… 257
- ◇ 天干、地支各有多少个? ……………………………………… 257
- ◇ 古代有哪些纪年法? …………………………………………… 258
- ◇ 十二时辰是怎么划分的?有哪些别称? ……………………… 258
- ◇ 十二生肖中为什么老鼠排第一? ……………………………… 259
- ◇ 闰日、闰月、闰年是什么意思? ……………………………… 259
- ◇ 古人所说的"朔""望""晦"是指农历的哪几天? ……… 260
- ◇ 世界上最早的关于哈雷彗星的记录出现在哪本古籍上? …… 260
- ◇ 世界上最早的关于太阳黑子的记录出现在哪本古籍上? …… 260
- ◇ 世界上最早的天文学著作是哪一本? ………………………… 261
- ◇ 我国第一部有完整文字记载的历法是什么? ………………… 261
- ◇ 我国古代最精确的历法是哪一部? …………………………… 261

山川地理

- 我国发现的最早的地图是哪一幅? …… 262
- "中国"这一名字是怎么来的? …… 262
- "县"是怎么来的? …… 262
- "省"是怎么来的? …… 263
- 古代的"四海""八荒"都指哪些地方? …… 263
- 为什么长江是"江",黄河是"河"? …… 263
- 为什么黄河被称为中华民族的"母亲河"? …… 264
- 为什么会出现"泾渭分明"的现象? …… 264
- 古代的"江南"是指长江以南吗? …… 264
- "三山五岳"指的是哪三山,哪五岳? …… 265
- "五湖四海"指的是哪五湖,哪四海? …… 265
- 为什么古代把"山南水北"称为"阳"? …… 266
- 关东、关西的"关"指的是哪座关? …… 266
- 湖南、湖北的"湖"指的是哪个湖? …… 266
- 河南、河北的"河"指的是哪条河? …… 267
- 山东、山西的"山"指的是哪座山? …… 267
- 广东、广西的"广"指的是哪个地方? …… 267
- "三秦""三辅"指的是哪片区域? …… 268
- "百越"指的是哪片区域? …… 268
- 中国和朝鲜两国的界河是哪两条? …… 268
- 我国的三大平原是哪些? …… 269
- 我国的三大丘陵是哪些? …… 269
- 我国的四大高原是哪些? …… 270
- 我国的四大盆地是哪些? …… 270
- 我国的四大海域是哪些? …… 271
- 我国的五大淡水湖是哪些? …… 271

古都名城

- 中国"八大古都"都有哪些? …… 272
- 历史上哪个城市被称为"六朝古都"? …… 273
- 历史上哪个城市被称为"十三朝古都"? …… 273
- "对称古都"指的是哪个城市? …… 273
- 中国历史上被证实的第一个都城是哪个? …… 273
- 开封"城摞城"的奇观是怎么形成的? …… 274
- 世界上唯一一座城市中轴线从未变动的城市是哪座? …… 274

- ◇ 为什么成都被人们称为"天府之国"？⋯⋯274
- ◇ 为什么南京又叫"石头城"？⋯⋯275
- ◇ 为什么洛阳以牡丹名满天下？⋯⋯275
- ◇ 为什么说"上有天堂，下有苏杭"？⋯⋯275
- ◇ 为什么景德镇被称为"瓷都"？⋯⋯276
- ◇ 为什么佛山有"武术之城"的美誉？⋯⋯276
- ◇ 古人为什么爱"下扬州"？⋯⋯276
- ◇ 古代著名的流放地有哪几个？⋯⋯277
- ◇ 这些城市的古称是什么？⋯⋯277
- ◇ 这些城市的别称是什么？⋯⋯278

名胜古迹

- ◇ 为什么北京故宫又叫紫禁城？⋯⋯278
- ◇ 北京故宫共住过多少位皇帝？⋯⋯278
- ◇ 天坛在古代有什么作用？⋯⋯279
- ◇ 被誉为"万园之园"的是哪个园林？⋯⋯279
- ◇ 为什么秦始皇陵兵马俑被誉为"世界第八大奇迹"？⋯⋯279
- ◇ 万里长城真的有一万里长吗？⋯⋯279
- ◇ 《西游记》里的"花果山水帘洞"在哪里？⋯⋯280
- ◇ 《西游记》中的火焰山位于哪里？⋯⋯280
- ◇ "二十四桥"是指二十四座桥吗？⋯⋯280
- ◇ 为什么天涯海角游览区叫这个名字？⋯⋯281
- ◇ "天下第一泉"指的是哪一眼泉？⋯⋯281
- ◇ "天下第一宫"指的是哪一座宫殿？⋯⋯281
- ◇ 哪一座寺庙被称为中国佛教"祖庭"？⋯⋯282
- ◇ 哪一座寺庙被称为"天下第一名刹"？⋯⋯282
- ◇ 为什么神农架的深处被列为禁区？⋯⋯282
- ◇ 为什么断桥没有断，却被叫作断桥？⋯⋯283
- ◇ 为什么悬空寺要建在悬崖峭壁上？⋯⋯283
- ◇ 为什么娲皇阁每天晃动却千年不倒？⋯⋯283
- ◇ 为什么说"桂林山水甲天下"？⋯⋯284
- ◇ 为什么九寨沟被誉为"水景之王"？⋯⋯284
- ◇ 为什么周庄被誉为"中国第一水乡"？⋯⋯284
- ◇ 为什么山海关被誉为"天下第一关"？⋯⋯284
- ◇ 为什么泰山被誉为"五岳之首"？⋯⋯285

◇ 为什么福建土楼主要建造成圆形？ ………………………………… 285
◇ 为什么说云南石林是"世界喀斯特地貌的精华"？ ……………… 285
◇ 为什么三星堆遗址被誉为"长江文明之源"？ …………………… 286
◇ 为什么广济桥用18艘船代替桥墩？ ……………………………… 286
◇ 卢沟桥上的石狮子一共有多少座？ ………………………………… 286
◇ 哪一尊佛像是中国最大的石刻佛像？ ……………………………… 286
◇ 中国现存海拔最高的宫殿是哪一座？ ……………………………… 287
◇ 中国最高的木建筑是哪一座？ ……………………………………… 287
◇ 中国现存规模最大的皇陵建筑群是哪一处？ ……………………… 287
◇ 世界上里程最长、工程最大的古代运河是哪一条？ ……………… 288
◇ "中国佛教四大名山"是哪四座？ ………………………………… 288
◇ "道教四大名山"是哪四座？ ……………………………………… 288
◇ 中国"四大园林"是哪四座？ ……………………………………… 289
◇ 中国"四大名亭"是哪四座？ ……………………………………… 290
◇ 中国"四大名楼"是哪四座？ ……………………………………… 290
◇ 中国"四大石窟"是哪四座？ ……………………………………… 291
◇ 中国"四大古城"是哪四座？ ……………………………………… 292

地理之最

◇ 我国最长的河是哪条？ ……………………………………………… 292
◇ 我国最长的内陆河是哪条？ ………………………………………… 292
◇ 我国最长的地下河是哪条？ ………………………………………… 292
◇ 我国海拔最高的河是哪条？ ………………………………………… 293
◇ 我国含沙量最高的河是哪条？ ……………………………………… 293
◇ 我国落差最大的瀑布是哪条？ ……………………………………… 293
◇ 我国最深的峡谷是哪座？ …………………………………………… 293
◇ 我国海拔最高的湖是哪个？ ………………………………………… 294
◇ 我国最深的湖是哪个？ ……………………………………………… 294
◇ 我国海拔最高的山是哪座？ ………………………………………… 294
◇ 我国最大的沙漠是哪个？ …………………………………………… 294
◇ 我国最大的草原是哪个？ …………………………………………… 294
◇ 我国最大的海岛是哪个？ …………………………………………… 295
◇ 我国最热的地方是哪里？ …………………………………………… 295
◇ 我国面积最小、人口最少的省级行政区是哪个？ ………………… 295
◇ 我国面积最大的省级行政区是哪个？ ……………………………… 295

◇我国轮廓最长、邻省最多的省级行政区是哪个？ ………… 296
◇我国海岸线最曲折的省级行政区是哪个？ …………… 296
◇我国人口最多的省级行政区是哪个？ ………………… 296
◇我国岛屿最多的省级行政区是哪个？ ………………… 296
◇我国最大的群岛是哪个？ ……………………………… 297
◇我国最大的半岛是哪个？ ……………………………… 297
◇我国最大的山城是哪个？ ……………………………… 297
◇我国城区人口最多的城市是哪个？ …………………… 297
◇我国最大的城市中心广场是哪个？ …………………… 297
◇我国面积最大的经济特区是哪个？ …………………… 298
◇我国阳光最充足的城市是哪一个？ …………………… 298
◇我国最年轻的城市是哪个？ …………………………… 298
◇我国的"雨极"是哪里？ ……………………………… 298
◇我国的"干极"是哪里？ ……………………………… 299
◇我国园林最多的城市是哪个？ ………………………… 299
◇我国最南端的城市是哪个？ …………………………… 299
◇我国领土最南端在哪里？ ……………………………… 299
◇我国最北的村庄是哪个？ ……………………………… 300
◇我国第一大港是哪个？ ………………………………… 300
◇我国建都历史最悠久的城市是哪个？ ………………… 300

第七章 我爱我的祖国

祖国常识

◇新中国是什么时候成立的？ …………………………… 301
◇中国的首都是哪个城市？ ……………………………… 301
◇中国的国歌是哪一首？ ………………………………… 301
◇中国的国旗叫什么？ …………………………………… 301
◇中国的陆地面积是多少？ ……………………………… 302
◇中国有多少人口？ ……………………………………… 302
◇中国的地图呈什么形状？ ……………………………… 302
◇我国各个省级行政区的简称是什么？ ………………… 302
◇我国有哪四个直辖市？ ………………………………… 303
◇人民币纸币是以什么为主要成分的？ ………………… 303

- 第五套人民币纸币背面分别有什么图案？ ……………………… 303
- 中国有哪些别称？ ……………………………………………… 304
- 你知道哪些"国"字号常识？ …………………………………… 304
- 我国的"八大奇迹"是什么？ …………………………………… 304
- 我国的"十大传世国宝"有哪些？ ……………………………… 305
- 我国的"四大国粹"是什么？ …………………………………… 306
- 世界上使用人口最多的语言是什么？ ………………………… 307
- 北京时间取自哪里？ …………………………………………… 307
- 我国的最高学历是什么？ ……………………………………… 307
- 我国的植树节是哪一天？ ……………………………………… 307
- 我国的青年节是哪一天？ ……………………………………… 308
- 我国的建党节是哪一天？ ……………………………………… 308
- 我国的建军节是哪一天？ ……………………………………… 308
- 我国的教师节是哪一天？ ……………………………………… 308
- 中国举办了几次奥运赛事？ …………………………………… 308
- 中国在什么时候恢复对香港的行使主权？ …………………… 309
- 中国在什么时候恢复对澳门的行使主权？ …………………… 309

民族常识

- 我国有多少个民族？ …………………………………………… 309
- 我国有多少个省级少数民族自治区？ ………………………… 310
- 中国人口最多的民族是哪个？ ………………………………… 310
- 中国人口最多的少数民族是哪个？ …………………………… 310
- 中国人口最少的少数民族是哪个？ …………………………… 310
- 中国分布最广泛的少数民族是哪个？ ………………………… 310
- 中国少数民族分布的特点是什么？ …………………………… 311
- 第五套人民币纸币上有几种少数民族语言？ ………………… 311
- 为什么藏族人民要"献哈达"？ ………………………………… 311
- 傣族的吉祥物是哪两种动物？ ………………………………… 311
- 孔雀舞是哪个少数民族特有的舞蹈类型？ …………………… 311
- 哪个少数民族自称"凤凰的后代"？ …………………………… 312
- 哪个少数民族被称为"云朵上的民族"？ ……………………… 312
- 银饰锻制是哪个少数民族独有的技艺？ ……………………… 312
- 沙琪玛是哪个少数民族的传统小吃？ ………………………… 312
- 青稞酒和酥油茶是哪个民族的传统美食？ …………………… 312

- ◇ "冬不拉"是哪个少数民族的传统乐器？⋯⋯⋯⋯⋯⋯⋯⋯⋯⋯⋯⋯⋯ 313
- ◇ "那达慕"是哪个少数民族的重要节日？⋯⋯⋯⋯⋯⋯⋯⋯⋯⋯⋯⋯ 313
- ◇ "泼水节"是哪个少数民族的重要节日？⋯⋯⋯⋯⋯⋯⋯⋯⋯⋯⋯⋯ 313
- ◇ "三月三"是哪些少数民族的重要节日？⋯⋯⋯⋯⋯⋯⋯⋯⋯⋯⋯⋯ 313
- ◇ 哪个少数民族节日被称为"东方的狂欢节"？⋯⋯⋯⋯⋯⋯⋯⋯⋯⋯ 314
- ◇ 苗族的"芦笙节"有什么特别的活动？⋯⋯⋯⋯⋯⋯⋯⋯⋯⋯⋯⋯⋯ 314

大国重器

- ◇ "两弹一星"分别指什么？⋯⋯⋯⋯⋯⋯⋯⋯⋯⋯⋯⋯⋯⋯⋯⋯⋯⋯⋯ 314
- ◇ 我国第一颗原子弹叫什么名字？⋯⋯⋯⋯⋯⋯⋯⋯⋯⋯⋯⋯⋯⋯⋯⋯ 315
- ◇ 我国国防事业中的"王牌武器"是什么？⋯⋯⋯⋯⋯⋯⋯⋯⋯⋯⋯⋯ 315
- ◇ 我国第一颗人造地球卫星叫什么名字？⋯⋯⋯⋯⋯⋯⋯⋯⋯⋯⋯⋯ 315
- ◇ 我国自主研发的全球卫星导航系统是什么？⋯⋯⋯⋯⋯⋯⋯⋯⋯⋯ 315
- ◇ 我国第一艘载人航天飞船叫什么名字？⋯⋯⋯⋯⋯⋯⋯⋯⋯⋯⋯⋯ 316
- ◇ 人类历史上首个登陆月球背面的航天器叫什么？⋯⋯⋯⋯⋯⋯⋯⋯ 316
- ◇ 我国的暗物质粒子探测卫星叫什么？⋯⋯⋯⋯⋯⋯⋯⋯⋯⋯⋯⋯⋯ 316
- ◇ 中国首颗电磁监测试验卫星叫什么？⋯⋯⋯⋯⋯⋯⋯⋯⋯⋯⋯⋯⋯ 316
- ◇ 中国自主研制的全球首颗量子通信卫星叫什么？⋯⋯⋯⋯⋯⋯⋯⋯ 316
- ◇ 哪一个探测器的发射开启了中国人自主探测火星之旅？⋯⋯⋯⋯⋯ 317
- ◇ 我国的"天宫"空间站由哪些部分组成？⋯⋯⋯⋯⋯⋯⋯⋯⋯⋯⋯⋯ 317
- ◇ "中国天眼"看到了哪些宇宙奥秘？⋯⋯⋯⋯⋯⋯⋯⋯⋯⋯⋯⋯⋯⋯ 317
- ◇ 中国"人造太阳"是什么？⋯⋯⋯⋯⋯⋯⋯⋯⋯⋯⋯⋯⋯⋯⋯⋯⋯⋯ 318
- ◇ 世界上规模最大的水电站是哪一座？⋯⋯⋯⋯⋯⋯⋯⋯⋯⋯⋯⋯⋯ 318
- ◇ 白鹤滩水电站创造了六项世界第一，分别是什么？⋯⋯⋯⋯⋯⋯⋯ 318
- ◇ 拿下"全球超级计算机500强"四连冠的计算机是哪台？⋯⋯⋯⋯⋯ 318
- ◇ 中国自主研发的第一款第五代制空战斗机叫什么？⋯⋯⋯⋯⋯⋯⋯ 319
- ◇ 中国自主研制的干线客机的名字"C919"有什么寓意？⋯⋯⋯⋯⋯ 319
- ◇ 中国大飞机"三剑客"分别是什么？⋯⋯⋯⋯⋯⋯⋯⋯⋯⋯⋯⋯⋯⋯ 319
- ◇ 水陆两栖飞机"鲲龙"号有什么不可取代的作用？⋯⋯⋯⋯⋯⋯⋯⋯ 319
- ◇ JF-22超高速风洞为什么被称为"新一代飞行器的摇篮"？⋯⋯⋯⋯ 320
- ◇ 世界上最大最先进的海上钻井平台是什么？⋯⋯⋯⋯⋯⋯⋯⋯⋯⋯ 320
- ◇ 中国首台自主设计、自主集成研制的载人潜水器叫什么？⋯⋯⋯⋯ 320
- ◇ 创造了10 909米中国载人深潜纪录的潜水器叫什么？⋯⋯⋯⋯⋯⋯ 320
- ◇ 我国第一艘完全自主设计、建造的航空母舰叫什么？⋯⋯⋯⋯⋯⋯ 321
- ◇ 粤港澳三地首次合作共建的超大型跨海通道叫什么？⋯⋯⋯⋯⋯⋯ 321

- ◇世界上第一条商业化运营的磁悬浮专线是什么? ……………… 321
- ◇基因编辑工具有什么作用? ……………… 321

科学巨匠

- ◇被誉为"中国铁路之父"的人是谁? ……………… 322
- ◇被誉为"中国地质之父"的人是谁? ……………… 322
- ◇被誉为"中国桥梁之父"的人是谁? ……………… 322
- ◇被誉为"中国医学圣母"的人是谁? ……………… 323
- ◇被誉为"中国克隆之父"的人是谁? ……………… 323
- ◇被誉为"中国现代数学之父"的人是谁? ……………… 323
- ◇被誉为"中国航天之父"的人是谁? ……………… 323
- ◇谁被誉为"东方居里夫人"? ……………… 324
- ◇被誉为"中国肝胆外科之父"的人是谁? ……………… 324
- ◇被誉为"中国核潜艇之父"的人是谁? ……………… 324
- ◇谁被誉为"两弹之父"? ……………… 324
- ◇被誉为"中国原子弹之父"的人是谁? ……………… 325
- ◇被誉为"中国氢弹之父"的人是谁? ……………… 325
- ◇被誉为"中国卫星之父"的人是谁? ……………… 325
- ◇被誉为"杂交水稻之父"的人是谁? ……………… 326
- ◇首次获得诺贝尔科学奖的华人是谁? ……………… 326
- ◇第一位获得诺贝尔生理学或医学奖的中国科学家是谁? ……………… 326

第一章

历史常识

朝代更替

◇ **中国历史上一共有多少个朝代?**

23个，按时间顺序排列为：

夏（约前2070—约前1600）

商（约前1600—前1046）

西周（前1046—前771）

东周（春秋：前770—前476；战国：前475—前221）

秦（前221—前207）

西汉（前202—9）

东汉（25—220）

三国（220—280）

西晋（266—316）

东晋（317—420）

南朝（420—589）

北朝（439—581）

隋（581—618）

唐（618—907）

五代（907—960）

辽（916—1125）

北宋（960—1127）

西夏（1038—1227）

金（1115—1234）

南宋（1127—1276）

元（1271—1368）

明（1368—1644）

清（1644—1911）

◇ **谁建立了中国历史上第一个王朝?**

禹。夏朝是我国历史上的第一个王朝，由禹建立。禹原本是夏族的部落首领，在治理了黄河流域的水患后，威望不断提高，被拥戴为"夏后氏"，初步确立了王权。后来，禹率领众多邦国首领讨伐三苗，并取得胜利，王权得到加强。之后，禹在颖水上游建立都城，又沿着颖水南下，在涂山（今安徽怀远境内）会见夏、夷等部落首领，他们甘愿对禹朝贡，成为夏王朝统治下的诸侯。这一事件史称"涂山之会"，标志着夏王朝正式建立。

◇ **中国历史上第一位亡国之君是谁?**

桀。桀是夏朝的最后一位君

主，相传他文武兼备，力大无穷，能生擒野牛。但他生性残暴，以武力威逼东方的邦国，遭到以有缗为首的诸侯的抵抗。桀率领其他诸侯出兵讨伐有缗，虽然灭了有缗，但也导致许多诸侯与他离心离德，夏朝因此元气大伤。桀在位期间还耽于享乐，修建华丽的宫殿，对百姓竭尽暴虐搜刮之能事，激起民愤。外有诸侯叛离，内有民众反抗，桀还不听忠臣劝阻，一意孤行。于是在大约公元前1600年，商汤乘机兴兵伐夏，桀被围困于鸣条（今山西运城），战败而逃，夏朝灭亡。

◇ "牧野之战"推翻了哪个王朝？

商朝。商朝末年，由于长期对外征战和对百姓征重税、施酷刑，社会矛盾越发尖锐。商朝末代君主商纣王还十分荒淫无道，只顾享乐。在此背景下，由周代商的形势已经形成。公元前1046年，周武王联合各诸侯组成强大的政治联盟，与商军在牧野（今河南淇县西南）展开决战。商纣王仓促出兵，但商军纷纷倒戈，帮助周武王讨伐纣王。周军因此大获全胜，商纣王自焚而死，商朝灭亡。

◇ 西周灭亡的导火索是什么？

烽火戏诸侯。据《史记·周本纪》记载，周幽王的王后褒姒不爱笑，为博美人一笑，周幽王下令点燃烽火。各诸侯看见烽火，以为有外敌入侵，急忙带兵赶来，却发现根本没有敌人。褒姒见此情景，终于哈哈大笑起来。周幽王为褒姒笑了而高兴，后来又多次点燃烽火，但诸侯逐渐都不愿再应召前来了。公元前771年，镐京（今陕西西安西南）受到攻打，周幽王急忙下令点燃烽火召集诸侯，然而各诸侯都没有带兵前来，于是镐京被攻破，周幽王被杀于骊山之下，西周灭亡。

◇ "三家分晋"后诞生了哪三个国家？

韩、魏、赵。"三家分晋"指春秋时期，韩、魏、赵三家瓜分晋国领土的事件，史学界将其作为春秋时期和战国时期的分界点。春秋中期，晋国爆发了骊姬之乱，晋国的诸位公子或被杀死，或被迫外逃，史称"晋无公族"。春秋后期，各诸侯国的政权逐渐由公室向私家转移，晋国由于公室力量衰微，大臣夺权的现象尤为突出。知、韩、魏、赵四家是晋国最强大的私家势力，其中势力最强的知家联合韩、魏两家出兵攻打赵家，围攻两年未果。韩、魏两家担心灭了赵家后，会被知家用同样的手段消灭，便背叛知家，与赵襄子一起灭掉了知家，瓜分其土地和人口，分别建立了三个政权。公元前403年，周王室正式承认韩、魏、赵三家为诸侯，晋国从此不复存在。

◇齐国是姜太公的封地，为什么有国君以"田"为姓氏？

因为"田氏代齐"。春秋初年，陈国发生内乱，公子完逃往齐国，被任命为工正，这是田氏（公子完的后人改姓为田）立足于齐国的开端。在相当长的时间里，田氏一族深受齐国国君宠信，与姜姓公室关系密切，同时也通过厚施薄敛等政策收买民心。公元前490年，齐景公去世，田乞起兵打败了国、高、弦、晏四大家族，另立新君，自立为相，从此田氏牢牢把控了齐国政权。公元前391年，田和将齐康公姜贷放逐，并自立为齐君。公元前386年，田和受到周王的认可，正式被封为诸侯，沿用齐国国号，从此齐国国君都出自田氏，史称"田齐"。

◇"战国七雄"指哪七个国家？

秦、楚、燕、赵、韩、魏、齐。春秋时期，各诸侯国之间展开了旷日持久的争霸战争，以致诸侯国的数量大大减少。进入战国时期后，七雄争霸的格局正式形成。在七雄之中，经过商鞅变法的秦国国力最为强大，后期形成了强秦吞并六国的形势。

◇秦始皇在哪一年统一了六国？

公元前221年。战国后期，秦国国力超过其余六国，具备了统一六国的条件。秦王嬴政即位后，更是为灭亡六国进行了充分的准备：招募各国人才，如楚国的李斯、魏国的尉缭等，并委以重任；采取"远交近攻"的策略，破坏六国的联合。公元前230年，秦国发动强大的攻势，军队势如破竹，先后消灭了韩、赵、魏、楚、燕、齐六国。公元前221年，秦国完成统一大业，建立秦朝，定都咸阳。

◇楚汉相争的结果是什么？

项羽战败，刘邦建立西汉。秦朝灭亡后，项羽拥兵自重，自封为西楚霸王，封刘邦为汉王。前期项羽的势力十分强大，但他刚愎自用，嫉贤妒能，导致大量人才叛逃至刘邦阵营，而刘邦则注重收揽人心，知人善任，实力逐步增强。公元前202年，刘邦率40万大军全力进攻，项羽连战连败，退守至垓下（今安徽固镇东北、沱河南岸），被汉军重重包围。夜里，韩信命令汉军唱起楚歌，引起楚军将士思乡厌战的情绪，楚军军心涣散。项羽在四面楚歌中突围逃跑，最后自刎于乌江边，刘邦取得了最终胜利。同年，汉朝建立，定都长安，史称西汉。

◇ **为什么汉朝会分为西汉和东汉？**

因为王莽改制。西汉末年，由于政府的横征暴敛和地主阶级的疯狂兼并，数以百万的农民破产流亡，生活陷入绝境，各地纷纷爆发起义。此时，外戚王莽登上政治舞台，他一方面通过排除异己、笼络人心的手段取得部分贵族和地主阶级的支持，另一方面分发钱粮和土地给贫民，广受民众好评。公元9年，王莽夺取政权，建立新朝，西汉灭亡。王莽即位后发布了一系列改革措施，并大肆对外征战，加剧了社会动荡，而他所建立的新朝最终于公元23年被农民起义所推翻。公元25年，西汉宗室刘秀称帝，定都洛阳，史称东汉。

知识拓展

光武中兴

刘秀即光武帝，他建立东汉后，采取了一系列措施来稳定社会局面：一是多次下令释放奴婢，减轻劳动人民的负担；二是减轻刑罚，轻徭薄税；三是裁减官员，加强对官吏的监督，加大对贪官污吏的惩罚力度；四是允许北方少数民族内迁。通过这些措施，社会渐渐恢复了安定的局面，经济得以发展，史称"光武中兴"。

◇ **推翻了东汉的人是谁？**

曹丕。东汉后期，朝政越来越腐败，时局动荡不安，人民流离失所。公元184年，黄巾起义爆发，起义军对东汉王朝发动了猛烈进攻。虽然这次起义以失败告终，但东汉政权也因此受到沉重打击，从此一蹶不振。后来，占据河南一带的曹操控制了汉献帝，借天子的名义号令天下，其势力逐渐发展壮大。官渡之战后，曹操扫平关中的割据势力，统一北方。公元220年，曹操之子曹丕废掉汉献帝，定都洛阳，国号魏，东汉灭亡。

◇俗话说"司马昭之心，路人皆知"，司马昭到底想干什么？

夺取曹魏政权。曹魏后期，司马懿之子司马昭掌握军政大权，皇帝形同傀儡。公元260年，忍无可忍的魏帝曹髦找来心腹王经、王业等人，说"司马昭之心，路人所知也。吾不能坐受废辱"，表明想要铲除司马昭的态度。然而文武百官基本上是司马昭的亲信，曹髦的计划根本无法实施。但曹髦还是亲自率领数百人马攻向司马昭，最终被杀害。魏帝被害一事震惊朝野，引起众怒，延缓了司马氏夺取曹魏政权的脚步。公元266年，司马昭之子司马炎强制要求魏帝曹奂禅位给自己，改国号为晋，史称西晋。

◇南北朝时期共有多少个政权？

9个。司马氏建立的西晋王朝仅存在了51年便被匈奴所灭，镇守长江下游的皇族司马睿在贵族的拥戴下，以建康（今江苏南京）为都城，重建晋王朝，史称东晋。东晋王朝割据南方，北方则相继建立了15个政权，同西南的成汉统称"十六国"。十六国后期，鲜卑拓跋氏建立北魏，统一北方，后来又分裂为东魏、西魏，加上此后的北齐、北周共五个王朝，史称北朝。公元420年，东晋灭亡，南方相继出现宋、齐、梁（包括后梁）、陈四个王朝，定都于建康，史称南朝。

◇是谁结束了分裂的南北朝时期？

杨坚。北朝的最后一个王朝是北周。北周末年，年仅7岁的宇文衍即位，是为北周静帝，外戚杨坚以丞相身份掌握大权。公元581年，杨坚夺取北周政权，建立隋朝。杨坚称帝后便开始实施统一全国的计划。他命大将韩擒虎等人驻军长江沿岸，并令杨素督造战舰。公元587年，杨坚以强大的兵力消灭强敌后梁，南方割据政权仅剩陈朝。陈后主昏庸无能，耽于享乐，当韩擒虎率领大军兵临建康城下时，陈后主只能投降以保全性命。公元589年，杨坚灭掉陈朝，统一全国，结束了中国近300年的分裂状态。

◇ 唐朝是谁建立的？

李渊。隋朝末年，隋炀帝杨广耗费大量的人力和财力对外征战，还征发数百万劳动人民营建东都洛阳、开凿大运河等。人们为了躲避繁重的徭役，被迫自残，断手断足。隋炀帝的残暴统治最终使人民忍无可忍，各地爆发了大规模的农民起义。隋朝官员李渊乘机起兵反隋。公元618年，隋炀帝在江都被叛军杀害，隋朝灭亡。同年，李渊在长安（今陕西西安）称帝，建立唐朝，随后消灭了各路起义军和割据势力，统一了全国。

◇ "开元盛世"指的是哪个时期？

唐朝开元年间。发展至唐玄宗时期，唐王朝已历经百年，经过"贞观之治"和武则天时期的治理，政治基础坚实，民众生活安定，经济繁荣发展。唐玄宗即位后，定年号为"开元"，积极整顿吏治，重用贤能，实行了一系列改革。因此，当时唐王朝的国力达到前所未有的强大水平，进入了鼎盛时期，史称"开元盛世"。

- 仿唐代皇家园林而建的大唐芙蓉园

◇ 五代十国是指哪五代，哪十国？

"五代"指北方黄河流域先后出现的后梁、后唐、后晋、后汉、后周这五个政权，"十国"指南方地区出现的吴、南唐、吴越、前蜀、后蜀、楚、闽、南汉、南平这九个政权，以及北方割据太原的北汉，合称"五代十国"。五代十国是唐末以来藩镇割据局面的延续，当时北方战事不断，政权多次更迭，南方政局相对稳定，经济稳步发展。

◇ 谁建立了北宋王朝？

赵匡胤。公元959年，后周皇帝柴荣病逝，其年仅7岁的儿子即位。时任殿前都点检的赵匡胤掌握兵权，成为后周最大的权臣。公元960年，赵匡胤北上抗辽，队伍行军至开封以北的陈桥驿时，有将领拿出黄袍披在赵匡胤身上，众人齐呼"万岁"，赵匡胤就这样当上了皇帝。他随即率兵回朝，夺取后周政权，改国号为宋，史称北宋。

◇哪个事件是北宋走向灭亡的转折点？

靖康之变。公元1125年，宋、金联兵消灭了辽国。金在与宋联兵的过程中，看到了北宋王朝在政治上的腐败和军事上的无能，于是接二连三以告庆使等名义派人到汴京（今河南开封），实际上是要探测自河朔到开封的道路和设防，为入侵做准备。同年10月，金太宗下诏分两路进攻北宋。宋徽宗得到消息后惊慌失措，无心抵抗，只想妥协求和。公元1126年，金兵攻占汴京，宋钦宗派官员前往各州县，命令当地军民开城门向金兵投降，但遭到了坚决抵制。公元1127年，金兵在汴京城内大肆搜刮，撤兵时带走了徽、钦二帝及后妃、宗室、朝官等三千余人以及大量的金帛财宝，北宋至此灭亡，史称"靖康之变"。

◇哪场战争标志着南宋灭亡？

崖山之战。13世纪初，成吉思汗统一了蒙古草原上的各个部落，建立蒙古政权，此后不断南下扩张疆域，先后灭亡西夏和金朝。咸淳十年（1274），忽必烈率领大军进攻南宋，势如破竹，不久便攻占了南宋都城临安（今浙江杭州）。在元军的追击下，南宋君臣节节败退，流亡至崖山（今广东江门）。

祥兴二年（1279），元军逼近崖山，一面占领崖山的入海口，切断宋军退路，一面断绝宋军的淡水供应。南宋将士多日没喝到水，战斗力严重下降。元军乘机三面进攻崖山，宋军虽殊死搏斗，仍无力回天。南宋宰相陆秀夫见大势已去，背着年仅九岁的少帝投海殉国，其余官员、将士也纷纷投海自尽，溺死者数万人。经此一役，南宋军民长达数十年的抗元战争落下帷幕，标志着南宋的彻底灭亡。

◇中国历史上版图最大的朝代是哪个？

元朝。元朝是我国历史上第一个由少数民族建立的统一王朝，疆域"北逾阴山，西极流沙，东尽辽左，南越海表"，面积远超前朝。如今的新疆、西藏、云南、台湾等地都在元朝的统治范围之内。

◇明朝是谁建立的？

明太祖朱元璋。元朝末年，政治腐败，朝廷的各级官员竭力搜刮民脂民膏，导致社会矛盾严重激化。公元1351年，全国多地爆发农民起义，先后涌现出多支反元队伍。其中，朱元璋领导的队伍逐步发展壮大，先是一统江淮地区，然后向湖广等地进攻，最后剑指北方。公元1368年，朱元璋在应天府（今江苏南京）称帝，国号明，随后抵达开封，亲自指挥作战，势不可当。元顺帝见大势已去，仓皇北逃。同年，明军攻占元大都，结束了元朝的统治，取而代之的是一个全新的王朝——明朝。

◇ 明朝的最后一位皇帝是谁？

崇祯帝。明朝末年，政治腐败，财政危机深重，加之国内蝗灾、旱灾、瘟疫等灾害连年不断，民众不堪重负，阶级矛盾异常尖锐。崇祯帝朱由检即位后，虽勤于政事，厉行节俭，仍无力回天。广大农民无法忍受沉重的赋税，纷纷揭竿起义，其中李自成领导的队伍发展迅速，成为农民起义的主力军。公元1644年，李自成率领百万大军攻陷北京城，崇祯帝留下"任贼分裂朕尸，勿伤百姓一人"的遗诏后，在绝望中自缢。维持了276年统治的明王朝就此被农民起义推翻了。

知识拓展

清军入关

明朝灭亡后，驻守山海关的明军将领吴三桂向清军投降，引清军入关，并与其夹击李自成的队伍。李自成战败后，退回关内，随后转战各地，均以失败告终。清朝摄政王多尔衮率军入关后，迁都至北京。此后清军又进行了20多年的作战，将起义军残部及南方的明朝残余势力逐一击败，巩固了统治地位。

◇ "大清"的国号是哪位清朝皇帝定的？

皇太极。明朝后期，我国东北地区的女真族不断发展壮大。明朝万历四十四年（1616），努尔哈赤基本统一了女真各部族，在赫图阿拉（今辽宁抚顺）建立政权，国号大金，史称"后金"，年号"天命"。天命十一年（1626），努尔哈赤病逝，皇太极即位，继续对明朝发动猛烈进攻。天聪十年（1636），皇太极在沈阳称帝，改国号为"大清"，改族名为"满洲"，从此中国历史进入了一个新时期。

·沈阳故宫

◇哪场革命推翻了我国实行了两千多年的封建帝制？

辛亥革命。清朝后期，由于列强入侵及清政府的腐败无能，广大人民受到了沉重压迫。以孙中山为首的有识之士多次发动武装反清斗争，屡败屡起，百折不挠，民族民主革命成为时代潮流。

1911年，湖北革命组织文学社与共进会积极谋划起义。10月10日，武昌城内的革命党人率先起义，他们夺取军械库，打开城门迎接炮兵，然后步炮联合，进攻总督衙门。一夜之间，起义军占领了武昌城。次日，起义军成立湖北军政府。

武昌起义胜利后，各省纷纷响应，11月时，全国已有一半以上省份宣布独立，支持革命。1911年是辛亥年，因此历史上称这场革命为"辛亥革命"。辛亥革命推翻了清王朝的反动统治，宣告了在中国延续了数千年的君主专制制度的终结。

◇哪个朝代存在的时间最长？

周朝。周朝由周武王创建，存在了790年，分为西周和东周两个时期。公元前771年，犬戎攻入镐京，杀死周幽王，西周灭亡。公元前770年，周平王东迁洛邑（今河南洛阳），史称东周。东周于公元前256年被秦国所灭。（此处"东周"与本书首问中的"东周"〔包含春秋和战国，于前221年结束〕意义有所不同，需加以区分。）

◇哪个大一统朝代存在的时间最短？

秦朝。秦朝是我国历史上第一个统一的多民族封建王朝，然而它在秦始皇逝世后的第三年就土崩瓦解了，仅存在了15年。秦朝的灭亡与秦始皇采取的高压统治政策有极大关系，他对农民征收沉重的赋税，连年大规模征调百姓服徭役，修建长城和阿房宫，农民阶级受到了残酷压迫。继位的秦二世更加残暴，他下令让大量宫女、工匠给秦始皇陪葬，肆意屠杀文武大臣，穷奢极欲，以至于百姓到了无法生活的境地。

公元前209年，陈胜、吴广在大泽乡发动起义，掀起了反秦的浪潮。项羽、刘邦紧随其后，领导军队与秦军作战。项羽在巨鹿之战中以少胜多，歼灭秦军主力。刘邦抓住时机，直抵秦都咸阳。公元前207年，秦王子婴出城投降，秦朝灭亡。

历史大事

◇我国历史上第一场战争是什么？

涿鹿之战。五帝时期，炎帝和黄帝结成联盟，在涿鹿一带与蚩尤展开激战。据《山海经》记载，当时蚩尤部落的金属冶炼技术已经比较成熟，能制造盔甲、刀戟等，实力强大。而炎黄部落则主要以石器、棍棒为武器，实力相对较弱。在作战过程中，黄帝将野兽"夔"的皮做成一面巨鼓，敲击时鼓声震天动地，黄帝部落的军队在鼓声的激励下冲锋陷阵，最终打败了蚩尤部落。

◇商朝一共迁了几次都城？

6次。据古籍记载，在商王盘庚继位前，商王室曾5次迁都，包括仲丁迁至隞（今河南荥阳），祖乙迁至庇（今山东郓城），等等。有学者推测商王室之所以频繁迁都，一是因为旧都时常遭受水患，农业难以发展，百姓难以生存，二是因为王室内部纷争不断，政治混乱。盘庚继位后，为了缓和阶级矛盾，他决定再次迁都，选择了殷（今河南安阳）作为新都。公元前1300年，盘庚带领贵族、百姓渡过黄河，来到新都。迁都后，商朝出现了"百姓由宁，殷道复兴"的局面，迎来了全面发展的崭新时期。此后十二代商王都以殷为都城，"殷"也成为商朝的代名词。

· 殷墟遗址博物馆

◇ 哪个事件是进入春秋时期的标志？

周平王东迁洛邑。公元前770年，为了躲避犬戎的袭击，周平王在郑、秦、晋等诸侯的保卫下，率领大臣及家眷一起从镐京东迁至洛邑，中国历史从此进入东周时期。这次迁都也成为春秋时期开始的标志。东迁洛邑后，周王室越来越衰弱，成为有名无实的统治者，这种局面一直延续到东周灭亡。

知识拓展

春秋时期得名于孔子编订的编年体史书《春秋》。战国时期得名于西汉学者刘向整理校订的《战国策》。

◇ 哪场改革让秦国变成一个强大的国家？

商鞅变法。战国时期，社会生产力水平不断提高，新兴地主阶级的势力不断壮大。因此各国统治者积极实行变法改革，以确立新的政治经济秩序。其中，秦国的商鞅变法成效最显著。变法的内容主要有：在政治上确立县制，由国君直接指派官员进行治理，废除贵族的世袭特权等；在经济上废除井田制，允许自由买卖土地，统一度量衡等；在军事上实行军功爵制等。经过商鞅变法后，秦国国力大为增强，一跃成为最强大的诸侯国。

◇ "围魏救赵"发生在哪场战役中？

桂陵之战。公元前354年，赵国对魏国的属国卫国发起进攻，并要求卫国从此向赵国称臣。魏惠王得知后十分生气，他命令庞涓带领大军前去攻打赵都邯郸。第二年，赵国向齐国求助，齐威王便派田忌带兵前去救援。田忌原本计划直奔邯郸，但军师孙膑却建议他避实就虚，直接攻击魏都大梁（今河南开封），这样就能迫使魏军回撤以保护自己的国都。田忌接受了这个建议。魏惠王发现齐军逼近大梁时，果然非常恐慌，急忙命令庞涓撤军回朝。然而，魏军在回朝途中，于桂陵（今河南长垣西北）遭到了齐军的伏击，魏军大败，齐军大获全胜，赵国的危机迎刃而解。

◇秦始皇通过什么措施来实现思想专制？

焚书坑儒。秦国实行了8年的郡县制后，博士淳于越提出恢复分封制的主张，认为只有实行分封制才能使王朝得以长久延续。丞相李斯对此进行了驳斥，并指出儒生"不师今而师古"，"道古以害今"，表示如果不对儒生的这种行为加以禁止，秦始皇的统治根基就会动摇，因此提出除了《秦记》、医药、卜筮、农书以及国家博士所藏的部分书籍外，凡是私人藏书统统要在限期内交给官府，并由官府统一销毁等措施。秦始皇批准了这一建议，这就是"焚书"事件。此后，某些方士和儒生时常非议朝政，甚至发表对秦始皇不满的言论。秦始皇得知后大怒，下令抓捕了460余名方士和儒生，并把他们坑杀于咸阳。这就是"坑儒"事件。

◇我国第一场大规模的农民起义在哪个地方爆发？

大泽乡。公元前209年，陈胜和吴广带领900多个农民前去戍守长城。他们走到大泽乡时，遇上了连绵大雨，道路泥泞难行，无法按时到达。按照秦律，戍守误期会被处死。陈胜和吴广认为与其送死，不如群起反抗，于是利用计谋杀死了押队的军官，高呼："王侯将相宁有种乎！"大家纷纷响应，砍削树木做成兵器，决心反抗秦朝的残暴统治。我国第一场大规模的农民起义就这样爆发了。起义爆发后，各地民众纷纷响应，起义军的规模不断壮大。陈胜派主力军直逼秦都咸阳，遭到秦军的强力反击，缺乏后援的起义军最终失败了，陈胜、吴广也相继被部下杀害。

◇项羽在哪次战役中"破釜沉舟"战胜秦军？

巨鹿之战。公元前207年，秦军上将军章邯率军打败反秦起义军首领项梁后，便转头围攻赵王歇所在的巨鹿（今河北平乡西南）。项羽为了给叔父项梁报仇，主动前往巨鹿作战。项羽率军渡过漳水后，下令全军将士破釜沉舟，每人只携带三天的干粮，以示要与秦军决一死战。项羽的这一命令极大地鼓舞了士气，起义军战士奋勇作战，以一当十，歼灭了秦军主力。经此一战后，秦朝无力回天。

◇ "白登之围"中，哪位皇帝被围困在白登山上？

汉高祖刘邦。刘邦解决"内忧"——项羽后，还面临着"外患"——匈奴南下。公元前201年，冒顿单于率领十万精锐骑兵围攻马邑（今山西朔州朔城区），韩王信投降了。次年，刘邦亲自率领大军前去讨伐冒顿单于。一开始刘邦连连获胜，渐渐产生了麻痹轻敌的心理。之后刘邦率领前锋骑兵到达平城（今山西大同北），不小心落入冒顿单于在白登山设下的埋伏圈，被围困了七天七夜。最后刘邦采纳了大臣陈平的计策，贿赂冒顿单于的妻子才得以逃脱。经此一战后，刘邦对匈奴采取和亲政策，并给匈奴送去大量的粮食和布匹，以缓和匈奴和汉朝之间的关系，减少匈奴对汉朝边境的侵扰。

◇ 汉匈之战的结果是什么？

西汉大获全胜，匈奴被迫归顺、西迁。公元前127至公元前119年间，汉匈之间爆发了三次大规模战役，匈奴受到重创，被迫向西北转移，从此汉匈的争夺重点转移到了漠北一带。

公元前119年，大将军卫青和骠骑将军霍去病率领10万骑兵，分东西两军出征漠北，远征匈奴。卫青率领西路军从定襄出发，穿越浩瀚沙漠，与匈奴伊稚斜单于的军队展开激战。在此战中，匈奴主力被汉军全歼，只有单于率数百骑兵突围遁逃。另一边，霍去病率领东路军从代郡出发，同匈奴左贤王交战，大败匈奴。这次战役史称"漠北战役"。此后匈奴再也无力与西汉对抗，部分选择归顺，部分开始西迁。

◇ 古代的丝绸之路是在哪个时期开辟的？

西汉时期。公元前138年，西汉为了寻求盟友共同抵抗匈奴，派遣张骞作为使臣出使西域。张骞在前往西域的途中被匈奴俘虏，但他坚守使命，不屈不挠，被扣押了十余年后终于找到机会逃跑，继续访问西域各国，后返回长安。张骞向汉武帝汇报了自己在西域的所见所闻，使汉朝了解了西域各国想与汉朝往来的愿望。

公元前119年，张骞再次率领使团，带着万头牛羊，以及丝绸、金币等财物出使西域,走访了乌孙、大宛、康居等西域国家。西域各国认识到汉朝的富强后,纷纷派使节前往长安,从此中原与西域之间的经济、文化交流日趋频繁。商人们从长安出发,携带着丝绸等货物,穿过河西走廊,经西域运往中亚、西亚,再转销至欧洲,又把西域的奇珍异宝和物产运回中原。这条由张骞开辟的通往西域的道路,就是著名的丝绸之路。

·河西走廊沿途风景

◇"党锢之祸"是哪两个派别之间的斗争?

宦官和士大夫。东汉中后期,皇权衰弱,宦官与外戚轮流把控朝政,他们排除异己,导致正直的官员受到排挤和迫害,使得朝政越发腐败。官员李膺出身望族,他打击宦党,并联合太学生对宦官集团进行猛烈抨击。166年,宦官诬告李膺和太学生朋比为奸,诽谤朝廷,于是汉桓帝下令在全国范围内逮捕李膺、陈实等"党人"。后来,"党人"虽然被赦归田里,但终身不许做官,这就是第一次"党锢之祸"。

到了汉灵帝时期,外戚窦武当政,与陈蕃合作,起用被禁锢的"党人",想要消灭宦官势力。然而此事不慎走漏了风声,宦党率先发动政变,窦武兵败自杀,陈蕃、李膺等数百位官员皆被杀害。这就是第二次"党锢之祸"。

在这两次"党锢之祸"中,士大夫几乎被宦官杀害殆尽,东汉王朝迅速走向衰亡。

◇哪次战役奠定了三国鼎立局面的基础?

赤壁之战。208年,曹操挥师南下,决心一扫南方的割据势力,统一全国。战争初期,曹军节节胜利,刘备败退至夏口,派军师诸葛亮联络孙权,组成孙刘联军,共抗曹军。曹操的20余万大军与孙刘联军的5万兵力在赤壁隔江对峙。针对曹军不善水战、水土不服、战船相连等弱点,联军统帅周瑜决定采用火攻。他派部将黄盖假装向曹操投降。黄盖依计行事,带领数十艘满载浇了油的柴草的小船驶向曹营，靠近曹营后点燃小船。数十艘着火的小船借着风势冲进曹营的船队，烈火迅速在曹军战船和岸上营寨中蔓延，烧死、落水淹死的曹军士兵无数。周瑜乘胜追击，曹操向北溃逃。赤壁之战对当时的局势产生了重大影响，为三国鼎立的局面奠定了基础。

◇ **晋朝时最严重的皇族内乱之一是什么？**

八王之乱。西晋初年，晋武帝司马炎认为曹魏被灭是因为所封诸王的势力较弱，导致自身被孤立，因此他大封同姓诸王。宗室诸王手握重兵，占据各大州郡重镇。司马炎之子晋惠帝昏庸无能，受制于皇后贾南风，贾南风为了把持朝政，诬陷太子谋逆，将其废为庶人，幽禁在许昌。手握重兵的赵王司马伦为争夺政权，起兵攻入皇宫，杀死贾南风，自立为帝。其他西晋皇族收到消息后，纷纷起兵，开始了夺权战争。由于参与到这场战争中的藩王共有八位，所以称其为"八王之乱"。最终，东海王司马越取得胜利，另立司马炽为帝，结束了为期16年的内战。

◇ **"五胡乱华"中的"五胡"指什么？**

鲜卑、匈奴、羯、羌、氐。"八王之乱"造成了巨大灾难，中原地区的百姓大量死亡，人们纷纷逃往南方。北方的少数民族也在往中原迁徙，主要有鲜卑、匈奴、羯、羌、氐五个胡人大部落，史称"五胡"。西晋政权对胡人肆意剥削，或驱使他们参加内战，或将他们变卖为奴。残酷的压迫使胡人对西晋王朝充满怨恨，于是他们乘机入侵中原地区，掀起了一场又一场战争。匈奴首领刘渊建立汉赵政权后，派兵南下攻打西晋。永嘉五年（311），刘渊之子刘聪率军攻入洛阳，俘虏了晋怀帝司马炽，纵容官兵在洛阳城内肆意屠杀，史称"永嘉之乱"。

◇ **"淝水之战"是哪两个国家之间的战争？**

前秦和东晋。苻坚是氐族政权前秦的第三位皇帝，他即位后任用汉人王猛为相，锐意改革，使国力大增，与南方的东晋形成对峙局面。383年，苻坚率领80多万将士南下，企图消灭东晋。东晋派了8万精兵在淝水边与前秦军隔岸对峙。决战前，东晋将领要求前秦军稍稍向后撤退，让东晋军过河后再战。苻坚想趁东晋军过河时发动攻击，便爽快地答应了。然而前秦军在后撤时，后方有人大喊"秦兵败了"，导致前秦军乱成一团，自相践踏，溃不成军。晋军乘机发动猛攻，前秦军大败，苻坚中箭负伤，带领残兵逃回北方。淝水之战是我国古代一场以少胜多的著名战役，经此一战，前秦很快就土崩瓦解，北方再度陷入混乱。

◇ 为什么隋炀帝要下令修建大运河？

为了加强南北交通，巩固对全国的统治。南北朝时期，江南地区经济迅速发展，成为富庶的鱼米之乡。到了隋炀帝时期，全国的政治、军事中心都在关中地区，而当时的关中时常发生旱涝灾害，只能依靠江南地区供应粮食。传统的陆路运输速度慢、运量少、耗资巨大，利用黄河进行水路运输成了大势所趋。因此，从605年起，隋炀帝征召数百万人开凿一条贯通南北的大运河，以加强南北地区的政治、经济交流，巩固统治。

> **知识拓展**
>
> 隋朝大运河是当时世界上最长的运河，是在已有的天然河道和古运河基础上开凿的。元代，忽必烈对隋朝大运河"裁弯取直"，建成了从北京起，途经天津等多个地区，直达杭州的京杭大运河。

◇ "玄武门之变"是谁发动的？

李世民。在建立唐朝的过程中，李渊次子李世民立下了赫赫战功，受封"天策上将"，麾下聚集了长孙无忌、尉迟敬德、秦琼、房玄龄等一众开国功臣。太子李建成感到自己的地位岌岌可危，因此和李世民之间为了争夺皇位继承权而展开了一系列的明争暗斗。武德九年（626）六月四日，李世民率部下设伏于宫城北门玄武门，将来参加早朝的太子李建成和齐王李元吉一同杀死，并挟持了宫中的唐高祖李渊，史称"玄武门之变"。之后，唐高祖被迫交出实权，李世民登基，是为唐太宗。

◇哪场战争是唐朝由盛转衰的转折点?

安史之乱。开元年间,由于唐朝不断开拓疆域,边疆形势日益紧张,唐玄宗在边境重地设置了军镇,军镇长官节度使的权力逐步扩大。开元末年,唐玄宗追求享乐,任人唯亲,朝政日趋腐败。755年,身兼三镇节度使的安禄山以朝廷出现奸臣为借口,和部将史思明一起发动叛乱,史称"安史之乱"。安史叛军从河北大举南下,先后攻占了东都洛阳和长安。唐玄宗仓皇南逃,太子李亨北上灵武(今宁夏灵武西南),被拥立为帝,即唐肃宗。唐肃宗将镇守西北地区的精兵悉数调回,并在北方少数民族军队的援助下,反击叛军。763年,安史叛军终于被平定,然而经此一役的唐朝,国势由盛转衰,社会矛盾日益尖锐。

◇唐朝哪位皇帝在位期间发生了"甘露之变"?

唐文宗。唐朝后期,宦官专权,连皇帝的废立生死都掌握在他们手中。唐文宗即位后,决心铲除宦官势力。他重用李训、郑注等大臣,前期取得了重大胜利。大和九年(835),宰相李训决定设伏歼灭宦官。官员韩约奏报在左金吾卫仗院的石榴树上有天降甘露,文宗便让李训率领官员们前去察看。过了很久,李训回来说不像是真的甘露。文宗又令仇士良和鱼弘志等宦官前去察看,此时李训已在左仗院中埋下了伏兵。仇士良看出了有埋伏,于是挟持文宗回宫,并派出禁军大肆屠杀,李训、韩约等众多官员皆被杀害,史称"甘露之变"。

◇"牛李党争"中两大朋党的领袖分别是谁?

牛僧孺和李德裕。"牛李党争"是唐朝后期的一场重要政治斗争,牛党以牛僧孺为首,代表庶族地主,李党以李德裕为首,代表士族地主。双方因元和三年(808)的策试案结怨,此后斗争愈演愈烈。牛僧孺极力维护科举制度,对待藩镇割据问题主张姑息妥协。而李德裕则鼓吹重用门阀子弟,建议朝廷打击藩镇,加强中央集权。在政治舞台上,两党往往是你方唱罢我登场,一党上台便竭力排挤另一党。这种党争严重消耗了唐朝政权的内部力量,使得政治局势更加动荡。"牛李党争"一直持续到唐宣宗时期，最终以牛党得势、李党失势告终。两党互相倾轧了近40年，不仅削弱了中央朝廷的权威，也加剧了社会矛盾，加深了唐朝的衰败危机。

◇ 哪场农民起义推翻了我国的门阀制度？

黄巢起义。唐朝末年，由于政治腐朽、宦官专权、藩镇割据等，人民生活困苦，无以为生，发动了数次农民起义，其中由黄巢领导的农民大起义影响最为深远。起义军在黄巢的带领下东征西战，从数千人发展壮大到60多万人，并攻占了长安城，给腐朽的唐王朝以致命的打击。黄巢起义虽然最终因为朱温的反叛而失败，但在中国农民战争史上留下了光辉的一页。它推翻了魏晋以来的门阀士族势力，没收了许多地主的田宅和财产，因此五代以后出现了"取士不问家世，婚姻不问阀阅"的现象。

知识拓展

魏晋时期的门阀观念影响深远，因此唐代的读书人为了在考功名、结姻缘时能有个好身份，纷纷绞尽脑汁，定要寻个名人出来当自己的老祖宗。例如，祖先可能是龟兹国王族的白居易自称是战国名将白起的后人，鲜卑族的元稹认北魏昭成帝为祖，匈奴族的刘禹锡则自称出自汉代中山靖王刘胜一脉。

◇ "澶渊之盟"是哪两个国家签订的？

宋辽两国。辽太宗在位时，占领了对中原地区极为重要的燕云十六州。北宋建立后，为夺回燕云十六州曾两度北伐，均以失败告终。景德元年（1004）秋，辽军大举南下，兵临黄河北岸的澶州（今河南濮阳）城下，宋都开封危在旦夕。宋真宗在宰相寇准的力劝下来到澶州督战，宋军士气大振，击退了辽军。次年，辽与宋签订协议，约定维持现有边界，辽宋皇帝以兄弟互称，北宋每年给辽岁币，史称"澶渊之盟"。此后很长时间内，宋辽两国维持着和平局面。

◇ 为什么王安石的变法会失败？

触动了大官僚、地主阶级的利益。北宋前期，政治风气因循守旧，对外作战屡战屡败，以致财政入不敷出。与此同时，由于土地兼并严重，农民生活困苦，各地农民起义不断。熙宁二年（1069），宋神宗任用王安石主持变法。变法涉及经济、军事等诸多领域，如通过"方田均税法"核实土地，按土地的多少、好坏平均征税，以增加赋税收入；通过"保甲法"把农村人户编制起来，增强国家的军事力量；等等。王安石变法达到了富国的目的，使政府的财政收入有所增加。然而，新法触动了大官僚、地主阶级的利益，遭到他们的强烈反对，在宋神宗驾崩后，便几乎全部被废除。

◇ 为什么钓鱼城被称为"上帝折鞭处"？

因为钓鱼城保卫战。钓鱼城位于今重庆市合川区，三面环水，地势险要，有水陆两路通往四川各地，具备长期坚守的条件和易守难攻的特点。南宋开庆元年（1259），蒙古大汗蒙哥亲率蒙军兵临钓鱼城下，发起数次强攻，遭到城中军民的顽强抵抗，钓鱼城久攻不下。蒙军屡战屡败，士气低落，且由于天气原因，蒙军中因暑热、疟疾死伤的士兵无数，连蒙哥本人也在指挥中受了重伤，因此蒙军不得不撤离钓鱼城。蒙哥曾率领大军横扫欧亚大陆，因此西方史学家称蒙哥为"上帝之鞭"，认为他是上帝派来"抽打"欧洲人的。然而在钓鱼城保卫战中，蒙哥不仅苦战了几个月无果，还在撤退途中含恨病逝，因此西方史学家称钓鱼城为"上帝折鞭处"。

◇ 明成祖朱棣通过哪场战役夺得了帝位？

靖难之役。明洪武三十一年（1398），朱元璋病逝，太孙朱允炆继位，即建文帝。当时分封在全国各地的藩王实力十分强大，对朱允炆的统治构成了严重威胁，于是朱允炆下令削藩。建文元年（1399），实力最强的藩王——燕王朱棣以"靖难"（平定祸乱）为旗号，起兵反对建文帝。他迅速占领了河北的大部分地区，又接连击败朝廷的北伐大军，于建文四年（1402）成功攻陷京师，夺取帝位。这场战争史称"靖难之役"。

◇ "土木之变"中，哪位皇帝被俘虏？

明英宗朱祁镇。明正统十四年（1449），北方游牧民族瓦剌进攻明朝边城大同，明军大败，全军覆灭。朱祁镇得知后震怒，在宦官王振的鼓动下，决定御驾亲征，攻打瓦剌。然而明军的五十万大军是在匆忙之中组建的，加上朱祁镇胡乱指挥，于是屡战屡败。朱祁镇只得命令各路明军拼死抵抗，败逃到了土木堡（今河北怀来东）。当时天色尚早，大臣们劝朱祁镇继续赶路，等进了防守完备的怀来城再作休整。然而王振因装运其个人财产的辎重车还没跟上，下令让大军夜宿土木堡。结果明军被瓦剌军重重包围，死伤投降者无数，王振死于乱军之中，朱祁镇也被俘，史称"土木之变"。从此明朝由盛转衰。

◇ "三藩之乱"中的"三藩"指哪三个人？

平西王吴三桂、靖南王耿精忠、平南王尚之信。清朝统一全国后，分封了三位藩王，平西王吴三桂镇守云南，靖南王耿继茂镇守福建，平南王尚可喜镇守广东，即为"三藩"。康熙十二年（1673），康熙帝意识到藩王割据对朝廷中央集权的威胁，决定撤藩。吴三桂得知后，以"复明"为口号，起兵反清，耿精忠（继茂之子）与尚之信（可喜之子）纷纷响应，史称"三藩之乱"。康熙帝采取拉拢耿、尚，集中兵力对付吴三桂的策略，在战争中取得优势。康熙二十年（1681），随着清军攻破昆明，这场因藩王反叛而爆发的战争终于被平定。

◇ "雅克萨之战"的交战双方分别是谁？

清王朝和沙皇俄国。17世纪中叶，沙皇俄国开始向远东地区扩张，侵入了我国黑龙江流域。俄军在雅克萨（今黑龙江漠河以东黑龙江北岸、俄罗斯的阿尔巴津）和尼布楚（今俄罗斯涅尔琴斯克）等地修筑城堡，作为进一步侵略我国的据点。清朝得知后，多次要求俄军撤出中国领土，均被俄军无视。于是在1685年和1686年，康熙帝两次下令，让清军对盘踞在雅克萨的俄军发起进攻。在清军将士的英勇进攻下，俄军战败。1689年，中俄双方代表在尼布楚进行谈判，签订了《尼布楚条约》。该条约规定了中俄两国的东段边界，确认了黑龙江和乌苏里江流域包括库页岛在内的广大地区都是属于中国的领土。这是中国历史上与西方国家签订的第一份边界条约。

◇ "文字狱"盛行于哪个朝代？

清朝。"文字狱"指古代统治者从知识分子的文学作品中摘取某些字句进行歪曲解释，以此罗织罪名，造成冤狱。在清朝康熙帝、雍正帝和乾隆帝执政期间，"文字狱"的现象尤为严重，如大臣胡中藻写了一首诗，其中有一句是"一把心肠论浊清"，乾隆帝看了十分生气，指出："加'浊'字于国号'清'字之上，是何肺腑？"因此下令诛杀了胡中藻。这些冤狱不仅导致许多知识分子被处死，还牵连到他们的亲属、师友等，造成了广泛的社会恐慌，使得人们不再敢公开过问政治，也不再敢公开表达个人思想，严重束缚了人们的思想言论自由。

风云人物

◇ "三皇""五帝"分别指谁？

"三皇"一般指伏羲、神农、女娲。

"五帝"通常指黄帝、颛顼、帝喾、唐尧、虞舜。

"皇帝"一称便是源自"三皇五帝"，秦始皇嬴政认为自己"德兼三皇，功高五帝"，决定兼采帝号，自称"始皇帝"。

◇ 是谁"三过家门而不入"？

大禹。相传在上古时期，禹和涂山氏新婚不久，就接到前去治水的命令，一去十三年，三过家门而不入。第一次路过家门时，禹听到了儿子的哭声，却径直离开了。禹第二次经过家门时，涂山氏抱着儿子在家门前等候，但因为当时工程到了紧要关头，禹只是朝着涂山氏挥挥手就走了。禹第三次路过家门时，儿子已经长到了六七岁，听说父亲将从门前的大道路过，便早早在路边等候。儿子一见到禹就使劲拉他进家门，但禹忧心水患，没迈进家门就又匆忙离开了。经过多年的努力，禹终于带领着人们消除了水患，因此深受民众爱戴，被尊称为"大禹"。

◇ "春秋五霸"分别指谁？

一说指齐桓公、晋文公、楚庄

王、吴王阖闾和越王勾践。春秋时期，周王室衰微，各诸侯国纷纷开始扩张势力，逐鹿中原。其中，先后有五个诸侯国的国君建立了霸权，分别是齐国的齐桓公、晋国的晋文公、楚国的楚庄王、吴王阖闾和越王勾践，史书将这五个人合称为"春秋五霸"。

◇ 老子姓老吗？

老子不姓老，姓李。老子，春秋时期楚国人，是我国古代著名的思想家、哲学家和史学家，道家学派创始人。西汉史学家司马迁在《史记·老子韩非列传》中写道："老子者，楚苦县厉乡曲仁里人也，姓李氏，名耳，字聃。"因此老子并不姓老，而是姓李。

◇ 孔子姓孔吗？

孔子不姓孔，姓子。孔子是春秋时期鲁国人，名丘，字仲尼，是我国古代著名的思想家、政治家和教育家，儒家学派创始人。据记载，孔子的祖先是殷商王室的后代，殷商王室姓子，所以孔子也姓子。"孔父"是孔子的高祖孔父嘉在世时君王所赐的号，所以他的子孙就以孔为氏。由此可知孔子姓子，孔则是他的氏。

◇ "战国四大名将"分别是哪四位？

白起、王翦、廉颇、李牧。白起是战国中后期的秦国将领，他率兵为秦国扫清了东进的障碍，攻克楚都郢城（今湖北荆州市荆州区西北），在长平之战中重创赵国主力。王翦是战国末期的秦国将领，他率部攻破了赵、燕、楚等国，为秦统一六国立下了汗马功劳。廉颇是战国中后期的赵国将领，他征战数十年，破齐败燕，多次抵御强秦的进攻，战功卓著。李牧是战国后期的赵国将领，他保卫赵国北境，一举大败匈奴，数次击退秦军的进攻，有力地捍卫了赵国国土的完整。这四位将领都立下了不可磨灭的功绩，因此合称"战国四大名将"。

◇ 曾刺杀秦王嬴政的刺客是谁？

荆轲。战国末年，秦军大举入侵燕国，燕国危在旦夕。荆轲在此时接受燕太子丹的重托，决定伪装成使臣，前往秦国刺杀秦王嬴政。临行前，燕太子丹、高渐离等人在易水边为荆轲送行，荆轲一边前行，一边吟唱"风萧萧兮易水寒，壮士一去兮不复还"。到达秦国后，荆轲向秦王献上一份燕国的地图，秦王欣喜地将其展开，地图展开到尽头，露出一把匕首。荆轲乘机一手抓住秦王的衣袖，一手拿起匕首刺向秦王。秦王大惊，慌忙起身绕柱逃跑。在秦国大臣的指导下，秦王抽出长剑重伤荆轲，后荆轲被秦国侍卫杀害。

知识拓展

从秦始皇开始，为了表示皇帝独尊的地位，皇帝自称"朕"，皇帝的命令称"制""诏"，印章称"玺"，其他人都不得使用这些名称，并且对皇帝的名字也要避讳。这些规定从此流传了下来，被历代皇帝沿用。

◇ "千古一帝"指的是谁？

秦始皇。嬴政（前259—前210），战国时期秦国国君，秦朝的建立者。嬴政是秦庄襄王之子，即位时年仅13岁。他在位时镇压了宦官嫪毐的叛乱，罢免了吕不韦的相职，并任用李斯、王翦等人，开展一统六国的大业。消灭六国后，嬴政建立了中国历史上第一个统一的中央集权的封建国家，确立了国家最高统治者为皇帝，拥有至高无上的权威，总揽全国军政大权。嬴政自称"始皇帝"，史称"秦始皇"，后来明代思想家李贽称他为"千古一帝"。

◇ "秦皇汉武"中的"汉武"指的是谁？

汉武帝。汉武帝是汉朝的第六位皇帝，他即位后采取了一系列措施来巩固和发展政权：政治上，颁布"推恩令"以削弱诸侯王的势力；经济上，实行"盐铁官营"以增加财政收入；文化上，尊崇儒术，使儒家思想成为我国封建社会的主流意识形态；外交上，通过反击匈奴袭扰的几次大规模作战，控制了阴山以南和河西走廊的大片区域，开辟了丝绸之路；等等。汉武帝在位期间，我国古代统一多民族封建国家的形态得到巩固，汉朝也进入了强盛时期。

◇ "但使龙城飞将在"中的"飞将"指的是谁?

李广。李广是西汉名将,被世人称为"飞将军"。李广在汉文帝在位时便已从军,到了汉景帝时期,任北部边郡太守。他治军严谨,骁勇善战,因此匈奴非常惧怕李广,在他镇守期间不敢攻扰。汉武帝即位后,一改从前只守不攻的策略,采取主动出击、深入敌境的作战方针。与匈奴打了大半辈子的李广当仁不让,率领大军出击,然而几次出征都相继失利。漠北战役中,李广担任卫青的前军将军,却因迷失在大漠中未能参战,因此愤而自杀。

◇ "七征匈奴"和"封狼居胥"的分别是谁?

卫青、霍去病。卫青与霍去病是西汉名将,二人是舅甥关系,都在抗击匈奴的战役中立下汗马功劳,被誉为"帝国双璧"。卫青在公元前129至公元前119年间曾七次出击匈奴,成功收复了阴山以南的河套平原,重创匈奴主力,迫使匈奴从此远遁西北。

霍去病则是一位极其年轻的杰出将领,18岁时便率军大破匈奴,受封为冠军侯。在漠北战役期间,年仅22岁的霍去病通过快速突袭和灵活穿插等战术大破匈奴军,乘胜追击至狼居胥山(今蒙古国境内的肯特山),举行祭地禅礼,后又继续追击到了北海(今贝加尔湖)才凯旋。

· 霍去病雕像

◇ "治世之能臣,乱世之奸雄"指的是谁?

曹操。东汉末年有一位名为许劭的著名评论家,他会定期举办"月旦评"评议天下英才,对时局有很大影响。曹操30岁左右时,许劭对其作出了"治世之能臣,乱世之奸雄"的评价。这是极高的赞赏,令曹操从此在群雄中崭露头角。纵观曹操的人生轨迹，他也确实担得起这句评价。曹操早期在朝中任职时，权宦蹇硕的叔父蹇图违禁夜行，曹操不畏权贵将其棒杀，并多次上书要求罢免贪官污吏。后来汉室衰微，曹操又乘机培养自己的势力，成为称霸一方的诸侯，后又挟天子以令诸侯，在北方叱咤风云，扫荡群雄。因此"治世之能臣，乱世之奸雄"也成为后人公认的对曹操的定评。

◇孙策与孙权是什么关系？

兄弟关系。孙策与孙权都是江东将领孙坚的儿子，孙策为兄，孙权为弟。孙坚在攻打荆州的途中不幸战死，年仅17岁的孙策继承父业。孙策年少有为，为江淮人士所赞颂，他收领父亲的部曲后，率军渡江，攻占了会稽、庐江等郡，统一了江东地区，人称"江东小霸王"。然而孙策年仅25岁便遭刺杀，不幸身亡，临终前将基业托付给弟弟孙权。孙权积极谋求霸主地位，与刘备联合，大败曹操于赤壁，后又大败刘备于夷陵（今湖北宜昌东南）。229年，孙权在武昌（今湖北鄂州）称帝，国号为吴。

◇"桃园三结义"中结义的是哪三个人？

刘备、关羽、张飞。"桃园三结义"是记载于《三国演义》中的故事：东汉末年，黄巾起义爆发，官府发布榜文招募兵马，刘备、关羽、张飞三人因此相识，在酒馆中畅谈。三人相见恨晚，决定结拜为异姓兄弟。第二天，刘备、关羽和张飞三人一起来到张飞的桃园中摆好祭礼，齐声立誓"不求同年同月同日生，只愿同年同月同日死"。三人中，刘备年龄最长，因而为大哥，关羽排行第二，张飞年龄最小则为三弟。后来三人一同参军，多年后建立了蜀汉基业。

◇刘备"三顾茅庐"是为了请谁出山？

诸葛亮。建安六年（201），刘备依附荆州太守刘表，屯兵于新野。刘备渴望扩大基业，又苦于没有厉害的谋士辅佐，于是接受了徐庶的推荐，带着关羽、张飞前往南阳的诸葛草庐，希望能请诸葛亮出山辅佐。刘备三人前两次登门，均未能见到诸葛亮。第三次登门时已经是次年春天，刘备终于得见诸葛亮，他满怀赤诚，表达了自己求贤若渴的心和建功立业的愿望。诸葛亮被刘备的诚意所打动，答应出山，从此为刘备尽心竭力，奔走效劳。这段历史被传为佳话，"三顾茅庐"也成了家喻户晓的故事。

知识拓展

"鞠躬尽瘁，死而后已"出自诸葛亮所写的《后出师表》。刘备逝世后，后主刘禅继位，蜀国的大小政事都由诸葛亮来主持。他公正无私，治蜀有方，曾多次出师伐魏，但均未成功。诸葛亮五十四岁时，因为积劳成疾，病逝于五丈原（今陕西岐山南），成为"鞠躬尽瘁，死而后已"的真实写照。

◇ 谁继承了诸葛亮的遗志，北伐中原？

姜维。姜维，字伯约，天水冀县（今甘肃甘谷东南）人，三国时期蜀汉名将，深受诸葛亮器重。诸葛亮病逝后，姜维继承其遗志，曾多次率领蜀汉军队北伐曹魏，取得了重大战果。后由于蜀中大臣的反对以及宦官黄皓的诬陷，姜维被迫停止了北伐。263年，司马昭大举伐蜀，魏将邓艾从阴平偷袭成都，刘禅投降，蜀汉灭亡。但姜维并未放弃，决心凭借自己的力量复兴蜀汉。他假意向魏将钟会投降，实则寻机怂恿钟会反叛曹魏，借机恢复蜀汉。然而叛乱一事泄露，姜维与钟会一同被魏军所杀。姜维的死为蜀汉政权画上了一个彻底的句号。

◇ 哪位皇帝被称为"天可汗"？

唐太宗李世民。唐太宗在位期间，唐朝政治清明，国力强大，文教昌盛。他开创的盛世局面，历史上称之为"贞观之治"。唐太宗除了勤修内政外，也发兵击败东突厥，加强了对西域的统治。唐太宗实行开明的民族政策，吸引了各国派使臣来朝，得到周边各族的拥戴，被尊奉为各族的"天可汗"，即各族共同的君主。

◇ "以人为镜，可以明得失"说的是谁？

魏征。唐太宗即位后，勤于政事，虚心纳谏。而魏征则是位敢于犯颜极谏的栋梁之臣，他时常劝诫唐太宗要居安思危，戒骄戒奢，因此唐太宗对这位大臣又爱又怕。有一次，唐太宗正在逗弄一只心爱的鹞鹰，远远望见魏征走过来，便急忙把鹞鹰揣进怀里。没想到魏征滔滔不绝地上奏政事，等他走后，鹞鹰已经被闷死了。魏征去世后，唐太宗十分痛心，说道："以人为镜，可以明得失……今魏征殂逝，遂亡一镜矣。"

· 玄奘雕像

◇《西游记》里唐僧的原型是哪位僧人？

玄奘。玄奘本姓陈，名祎，又称"三藏法师"，是唐代著名高僧，中国佛教三大翻译家之一。玄奘13岁出家，精通经论，因感国内佛教学说众说纷纭，决定到天竺学习，以求解惑。贞观初年，玄奘经玉门关一路西行，来到天竺那烂陀寺拜师学习佛法。贞观十九年（645），玄奘返回长安，之后主要从事译经工作，先后翻译了1335卷经书，还将西行途中的见闻撰成《大唐西域记》一书。由于他取得卓越的成就，民间广泛流传他的故事，"四大名著"之一的《西游记》中的唐僧便是以他为原型创造出来的。

◇"万岁，万岁，万万岁"的由来与谁有关？

武则天。从汉武帝时期开始，"万岁"成为称呼皇帝的专用词，此后的历代皇帝都喜欢让臣民称自己为"万岁"。武则天称帝后，曾以"天册万岁"自居。相传在某一日，她在大殿中与翰林院众学士出题对答。武则天出了上题：

玉女河边敲叭梆，叭梆，叭梆，叭叭梆。

学士们左思右想，应答了许多句，但武则天都不满意。这时，一位善于奉承的学士对答：

金銮殿前呼万岁，万岁，万岁，万万岁。

武则天听了非常高兴，并以此为杰作。从此，"万岁，万岁，万万岁"就流传于朝野之上,成了称颂皇帝的专用语句。

◇ **历史上谁组建了威名赫赫的"岳家军"?**

岳飞。岳飞,字鹏举,南宋抗金名将。北宋末年,金军大举南下入侵,岳飞在母亲的鼓励下从军卫国,然而朝廷腐朽无能,北宋灭亡。经历国破家亡的岳飞迅速成长为一位优秀将领,在北方积极组建军队抗击金军。他率领的部队军纪严明,英勇善战,称"岳家军"。从此,岳飞带领岳家军一路北进,多次击溃金军,收复了襄阳、洛阳等地,令金兵闻风丧胆。1141年,岳飞在郾城(今河南漯河)大败金军,眼看有望光复河山,但宋高宗赵构和丞相秦桧却一心求和,连下12道金牌命令岳飞退兵回朝。岳飞回到临安后,被解除兵权,不久后又被诬陷谋反。1142年,岳飞被两人以"莫须有"的罪名杀害。1162年,宋孝宗在即位后的第二个月便为岳飞平反。

◇ **"一代天骄"指的是谁?**

成吉思汗。成吉思汗原名铁木真,古代蒙古首领,军事家和政治家,元朝建立后,被追尊为元太祖。铁木真年幼时,父亲因部落争斗被毒害,他经历了许多磨难,深刻体会到只有将各个部落统一起来,才能让草原变得和平。12世纪末至13世纪初,铁木真率军先后统一了草原上的各个部落,于1206年建立蒙古政权,被拥立为大汗,尊称为"成吉思汗"("成吉思"在蒙古语中意为"大海"或"强大")。1936年,毛主席在《沁园春·雪》中写道:"一代天骄,成吉思汗,只识弯弓射大雕。"

◇ **第一个到达中国的西方旅行家是谁?**

马可·波罗。13世纪,意大利旅行家马可·波罗经由丝绸之路来到中国,于1275年到达上都(今内蒙古自治区多伦县西北),并得到元世祖忽必烈的信任,留在元朝生活了17年。其间,马可·波罗几乎游遍了整个中国,深谙中国的文化礼仪和风土人情。马可·波罗直到1292年才离开中国,回国后,他向人们讲述了自己在中国的经历,形成《马可·波罗行纪》一书。书中详细描述了大都、开封、西安、洛阳等城市的情况，反映了中国的富庶和先进，激起了欧洲人对东方的强烈向往。

知识拓展

15世纪末，意大利航海家哥伦布在阅读了《马可·波罗行纪》后，对神秘、富庶的东方心驰神往。当时正值地理大发现时期，哥伦布获得了西班牙王室的支持，率领船队横渡大西洋，发现了美洲大陆。然而哥伦布一心向往东方大陆，始终认为自己到达的是亚洲，因此把美洲本土人称为"印第安人"，即印度人。

◇朱元璋的脸真的长得像"芒果"吗？

不像，朱元璋的脸是如同满月一样的圆脸。关于明太祖朱元璋的长相，目前流传最广的有两种版本：一是下巴向前凸出，脸上布满黑痣，如同芒果形状的朱元璋异形像；二是天庭饱满，面如满月的朱元璋正形像。之所以出现如此大的区别，主要是因为朱元璋贵为九五之尊，普通民众往往赋予他奇异的长相来将其神化，以满足对皇帝的好奇心理。另外，描绘朱元璋真实容貌的正形像藏在深宫之中，普通人难以得见，因此大多数人便以为朱元璋的异形像是他本人的长相。

· 朱元璋正形像

◇明朝时期"七下西洋"的人是谁？

郑和。明成祖朱棣即位后，国家经济繁荣，实力逐步增强，是当时世界上的强国之一。为了宣扬国威和提高大明在海外的威望，明成祖决定派郑和率领船队出使西洋。1405—1433年间，郑和带领船队7次出海，访问了如今东南亚的越南、泰国、马来西亚等国家，还到达了印度半岛、阿拉伯半岛、非洲东部等地区。郑和的船队携带了许多中国的瓷器、茶叶和丝绸等珍贵物品，因此也被称为"宝船"。这些物品有的直接赠送，有的用于贸易。郑和的远航不仅展示了当时中国的航海技术和造船水平，也加强了中国与亚非国家之间的经济和文化交流，是中国乃至世界航海史上的一大壮举。

◇明朝时期抗击倭寇的民族英雄是谁？

戚继光。我国古代称日本为"倭国"，在我国东南沿海进行走私贸易和抢劫的日本奸商和武士被称为"倭寇"。明朝中期，我国国力减弱，海防松懈，倭寇便乘虚而入，在我国东南沿海烧杀抢掠，无恶不作。年轻将领戚继光临危受命，南下抗倭。他抵达浙江后，大力整顿军队，并扩招农民、矿工等万余人，进行严格训练，操练阵法。这支队伍在戚继光的带领下纪律严明，能征善战，被称为"戚家军"。嘉靖四十年（1561），戚家军在浙江横扫倭寇，九战九捷，随后转战福建、广东等地，将倭寇主力消灭殆尽，基本解决东南沿海的倭患。

◇明末清初收复台湾的民族英雄是谁？

郑成功。明朝末年，荷兰殖民者趁明朝国势衰微之机，占领了我国的宝岛台湾，并实行殖民统治，鱼肉百姓。抗清将领、明朝忠臣郑成功，决心从荷兰手中收复台湾。1661年，郑成功率领25 000名将士，乘战船横渡台湾海峡，抵达台湾岛南部，分海陆两路夹击荷兰军队。在台湾当地居民的协助下，郑军很快就将敌人包围在赤嵌城（今台南市西安平）和台湾城这两个孤立的据点中。次年二月，郑成功发动总攻，荷兰军队战败投降。至此，台湾重新回到了祖国的怀抱。

◇我国历史上在位时间最长的皇帝是谁？

康熙帝。康熙帝本名爱新觉罗·玄烨，是清朝的第四位皇帝，因以"康熙"为年号，后人多称其为"康熙帝"。康熙帝8岁登基，14岁亲政，69岁驾崩，在位61年，是中国历史上在位时间最长的皇帝。康熙帝在位期间励精图治，有力地捍卫了国土完整和国家统一，开创了"康乾盛世"的局面。

◇ **主持虎门销烟的英雄是谁？**

林则徐。林则徐是福建侯官（今福州）人，清朝官员，为官正直清廉，被称为"林青天"。1838年，林则徐被任命为钦差大臣，前往广东查禁鸦片。林则徐到广州后，派人明察暗访，缉拿烟贩。英、美等国的烟贩陆续缴出110多万千克鸦片。1839年，林则徐在虎门海滩当众销毁收缴的鸦片，显示了中华民族反抗外来侵略的坚定意志。

◇ **清朝末年哪一位将领收复了新疆？**

左宗棠。19世纪60年代，西方列强加深了对我国的侵略，我国的边疆地区出现了严重的安全危机。1864年，浩罕国军事首领阿古柏在英国的支持下乘机入侵，占领了我国新疆的大部分地区，沙俄也出兵占领了伊犁地区。1875年，清政府任命左宗棠为钦差大臣，督办新疆军务，出兵新疆。左宗棠上任后，采取"先北后南，缓进急战"的战略，给清兵装备了新式武器，并进行新式训练，最后成功收复新疆。1884年，清政府正式在新疆建立行省。

◇ **"可怜天下父母心"这句话是谁说的？**

慈禧。慈禧为叶赫那拉氏，本名不详，后人一般根据其徽号称其为"慈禧"或"慈禧太后"。她是清朝晚期的实际统治者，对中国近代史的走向产生重大影响。慈禧在她母亲六十岁寿辰时，无法前去为母贺寿，十分愧疚，于是写了一幅书法，命人将其与厚礼一起送给母亲。书法上题写着一首诗："世间爹妈情最真，泪血溶入儿女身。殚竭心力终为子，可怜天下父母心！"

◇ **我国历史上最后一位皇帝是谁？**

宣统帝。宣统帝本名爱新觉罗·溥仪，出生于1906年，3岁时登上帝位，因以"宣统"为年号，后人多称其为"宣统帝"。宣统帝即位时，清政府已成为西方列强鱼肉中国的工具，清王朝的统治摇摇欲坠。1911年，辛亥革命爆发，推翻了清王朝的统治。1912年，在袁世凯的威迫下，宣统帝颁布退位诏书。至此，清朝的统治正式结束，溥仪也成为我国历史上的最后一位皇帝。

◇ **中国历史上的"十圣"分别是哪十个人?**

酒圣——〔夏〕杜康

文圣——〔春秋〕孔子

史圣——〔西汉〕司马迁

医圣——〔东汉〕张仲景

武圣——〔三国〕关羽

书圣——〔东晋〕王羲之

草圣——〔唐〕张旭

茶圣——〔唐〕陆羽

诗圣——〔唐〕杜甫

画圣——〔唐〕吴道子

思想学说

◇ **老子的政治主张是什么?**

"无为而治"。老子是道家学派的创始人,他在《老子》一书中详细地说明了自己的思想观点。老子在政治上主张"无为而治",以"无事取天下"。他反对制度束缚,主张顺其自然,认为人们与世无争,天下就能太平。老子甚至希望能回到小国寡民的时代,提倡"鸡犬之声相闻,民至老死不相往来"的淳朴风气,还主张"常使民无知无欲"。

◇ **孔子思想的核心观念是什么?**

"仁"。孔子是儒家学派的创始人,他所处的时代礼崩乐坏,社会动荡,因此着重在伦理和政治重建方面提出自己的主张。孔子思想的核心观念是"仁",他提出"仁者爱人",即要有爱心和同情心,关爱他人。孔子反对苛政,认为应该"为政以德",即统治者要顺应民心,爱惜民力,以身作则,通过道德、礼乐来治理国家。

知识拓展

据《史记》记载,孔子曾经和老子见过面,评价他说:"我知道鸟能飞,鱼能游,兽能跑。能跑的可以用网捕获,能游的可用鱼线去钓,能飞的可以用弓箭去射。至于龙,我不知道它是怎样驾着风而腾飞上天的。我今天见到了老子,他大概就像龙一样吧!"

◇ **"百家争鸣"主要有哪些思想流派?**

儒家、道家、法家、墨家等。春秋战国时期,社会出现了大变革,由此带动了学术思想领域的解放,形成了各种各样的学派，一大批思想家们纷纷著书立说，提出自己的看法和主张，史称"百家争鸣"。其中，儒家、道家、法家、墨家等学派影响最大，此外兵家、阴阳家、纵横家等学派也十分活跃，它们共同组成了后世思想文化的源头。

◇ 墨子的主要主张是什么？

"兼爱""非攻"。墨子，名翟，战国时期宋国人，墨家学派的创始人。墨子认为当时社会剧烈动荡的主要原因在于人们不能"兼爱"，于是提出了"兼爱""非攻"的主张。"兼爱"要求人们互爱互利，"非攻"则是反对非正义的侵略、兼并战争，主张各国之间和平相处。

◇ "仁者爱人"和"兼爱"的区别在哪里？

"仁者爱人"是孔子提出的重要思想，但孔子的"仁"是以血缘关系为基础的，是"亲亲有别"的差等之爱。而墨子提出的"兼爱"则是没有血缘亲疏、贵贱之分和人我差别的爱，他认为无论是王公贵族，还是普通百姓，都不分轻重厚薄，彼此之间应相亲相爱，不受等级地位、家族地域的限制。

◇ "性善说"和"性恶论"分别是谁提出来的？

孟子和荀子。孟子和荀子都是战国时期儒家的代表人物，然而他们对于人性有着截然不同的观点：孟子主张"人性本善"，认为人一生下来就有仁、义、礼、智等道德意识，人的品质是与生俱来的，因此提倡"仁政"；荀子主张"人性本恶"，认为人性生来就是恶劣的，需要通过后天教育使人由恶变善，因此提倡"隆礼重法"。

◇ "庄周梦蝶"表达了庄子的什么思想？

"齐物"思想。庄周即庄子，是战国时期道家学派的代表人物。"庄周梦蝶"出自《庄子·齐物论》，讲述了某一天，庄周梦见自己变成一只蝴蝶，十分逍遥自在，全然忘却自己是庄周。当他从梦中醒来后，对自身的存在发出疑问：究竟是庄周做梦化作蝴蝶，还是蝴蝶做梦化作庄周呢？这个故事充分地表达了庄子的"齐物"思想，即万物齐一，任何事物在本质上都是相同的，没有区别。因此在庄子看来，故事中无论是"庄周"还是"蝴蝶"，都是"道"的物化而已。

◇ 法家的治国思想是什么？

"法治"思想。法家形成于战国时期，代表人物有商鞅和韩非。与儒家的"仁政"不同，法家思想的集大成者韩非主张治国应依靠法、术、势相结合，以此使臣民慑服，而不是空谈仁义。"法"即法令，是处理政事的基础；"术"即权术，是君主统御群臣的工具；而"势"即威势，是君主的权威。在法家思想的指导下，秦国国力日渐强大，最终统一六国。

◇ 孙膑是哪个学派的代表人物？

兵家。兵家诞生于春秋末期，其中《孙子兵法》一书奠定了我国古代军事理论的基础。到了战国时期，军事理论有了很大的发展，孙膑就是其中的集大成者。孙膑强调要懂得战争的规律，作战时应灵活善变，注意创造和利用有利于己方的形势，重视人的作用等，他的思想对后世产生了深远影响。

◇ "阴阳五行"中的"五行"指什么？

金、木、水、火、土。"阴阳五行"是西周时期诞生的朴素唯物主义的自然观，古人认为宇宙万物是"阴阳"的对立统一，以"金、木、水、火、土"来解释各种事物的构成。战国时期，形成了一个专门研究阴阳五行的学派，史称阴阳家。阴阳家主要分为两派：一派主张"五行相生说"，以"五行相生"来解释四季的变化，要求人们的生产活动要顺应四时变化；另一派主张"五行相胜说"，以邹衍为代表，他通过"五行相胜"来解释朝代的变更。按其说法，周代符合"火德"，因为水胜火，那么将来取代周的朝代一定是"水德"。因此后来秦始皇推崇"水德"。

◇ 纵横家主要有哪两个派别？

合纵派和连横派。纵横家是战国时期以从事政治外交活动为主的学派，据传鼻祖是鬼谷子，主要分为两个派别：一是合纵派，合纵即"合众弱以攻一强"，在战国后期主要指东方六国相联合以共同抵御秦国，代表人物为苏秦；一是连横派，连横即"事一强以攻众弱"，在战国后期主要指秦国利用外交手段打破六国的联合，从而将六国各个击破，代表人物为张仪。《战国策》中记载了大量纵横家参与政治、外交活动的事迹。

◇"白马非马"的说法到底是对是错?

错。"白马非马"是名家代表人物公孙龙提出的一个著名命题,他认为:马指形状,白指颜色,"形""色"各不相干,"白马"就是"白马",不能说"白马是马",只能说"白马非马"。然而白马作为一个具体事物,既包含了白马的个别性,与黄马、黑马在颜色上有差异,也包含了白马作为马的一般性。一般只能在个别中存在,因此白马是马。虽然公孙龙在"白马非马"的命题中只看到了个别与一般之间的差异,倒向了诡辩论,但他的学说对古代中国逻辑思想的发展仍做出了重要贡献。

◇我国古代的"矛盾"概念由谁提出?

韩非。《韩非子·难一》中讲述了一个有趣的故事:有个卖盾与矛的楚国人,他一方面说自己的盾无比坚固,没有东西可以刺破,另一方面又说自己的矛无比锋利,可以刺破任何东西。于是就有人问他,如果用你的矛刺你的盾,结果会怎么样?楚国人无法应答。韩非在故事的最后作出总结:坚不可摧的盾和无坚不破的矛不能同时出现。这是我国古代首次明确提出"矛盾"的概念。不过,韩非的"矛盾"概念只揭示了对立双方互相排斥、互不相容的状态,没有进一步提出对立双方互相转化和互相统一的关系,需与辩证唯物主义中的矛盾概念区分开来。

◇"尊崇儒术"是谁提出来的?

董仲舒。董仲舒是西汉时期著名的儒家学者,他融合阴阳家、道家及法家的思想,对儒学进行改造,认为大一统是"天地之常经",如果人们各师其道,各持其说,就无法维护一统,因此提出"尊崇儒术"的观点。汉武帝采纳了董仲舒的主张,将儒家学说立为正统思想,使儒家忠君守礼的思想成为大一统政权的思想基础,儒学也在中国传统思想中确立了其主流地位。

◇什么是"谶纬之学"?

汉代流行的迷信。"谶"指的是诡秘的隐语或预言,向人们昭示吉凶祸福和兴衰。"谶"不只有文字，还有图案，叫作"图谶"。"纬"是相对于儒家的"经"而言的，是方士化的儒生附会儒家经典的各种著作。谶纬学说大体以古代河图、洛书的神话传说和董仲舒的天人感应说为理论依据，将自然界某些偶然现象神秘化，当作给君主的预示。

◇ "魏晋玄学"认为什么是万物的根本？

"无"。魏晋时期，统治阶级内部争斗剧烈，社会上出现了逃避现实、崇尚老庄的哲学思潮——玄学。玄学家大多是当时的名士，如何晏、嵇康、向秀等，他们以老庄思想来解释《周易》等儒家经典，主张虚无的"道"，提倡"贵无"，认为"无"是产生万物的根本。玄学家们在政治上主张君主应当"无为而治"，在生活作风上则提倡人性解放，认为人们应该"越名教而任自然"。

◇ "三纲""五常"分别指什么？

"三纲"指君为臣纲，父为子纲，夫为妻纲，是君臣、父子、夫妻之间的道德规范。"五常"指仁、义、礼、智、信这五种调节人伦关系的行为准则，用来确保三纲得以实行。"三纲""五常"这两个词最早由西汉学者董仲舒提出，他在前人的思想基础上总结出"三纲五常"来作为古人的道德规范，是古代统治阶级用来教化百姓、维护统治的道德教条。

◇ "程朱理学"的代表人物是谁？

程颢、程颐、朱熹。自三国后，以阐释经书为主的儒家学说日益僵化，社会影响力被佛教和道教超越。到了宋代，有一批学者开始重新挖掘儒家经书的思想内涵，希望能复兴儒学，发挥儒学强化社会伦理道德秩序的作用。新兴的儒学认为"理"或"天理"是自然和社会的根本原则，因此被称为"理学"。理学的代表人物是北宋的程颢、程颐两兄弟以及南宋的朱熹，因此这一学派又被称作"程朱理学"。

◇ "格物致知"指的是什么？

理学家提出的一种认识世界的方法论。在理学家看来，"理"是万物本原，而如果想要把握"理"，就需要"格物致知"。"格物"指接触事物，"致知"指获取知识，合起来的意思就是通过探究世界的万事万物，在体会各种知识的基础上，真正把握其中的"理"。"格物致知"的最终目的在于探明"理"，而非弄清楚客观规律和真理，所以带有客观唯心主义倾向。

◇ "存天理，灭人欲"是谁提出来的？

朱熹。朱熹在完善理学的过程中，进一步提出了"存天理，灭人欲"这一思想，即要求个人通过非凡的意志，主动放弃对生命的感性欢愉与功利的追求，以高度的道德自律，完成崇高的人格铸造，从而实现对"天理"的感悟，最终达到"圣人"的精神境界。"存天理，灭人欲"是朱熹为了完善当时的社会伦理道德秩序而刻意构建出来的伦理观念。

· 朱熹雕像

◇ "陆王心学"的代表人物是谁？

陆九渊、王守仁。程朱理学在宋代时就得到了官方的尊崇，对社会产生了深远影响，但发展到明代时逐渐僵化，"陆王心学"就在这时应运而生。在南宋，理学家陆九渊提出了"心"就是"理"的主张，认为心就是天地万物的本原，强调"宇宙便是吾心，吾心即是宇宙"，他的学说因此被称为"心学"。明代学者王守仁在陆九渊的学说的基础上，进一步宣扬"心外无物"这一思想，提出"致良知""知行合一"的学说。王守仁认为"良知"是隐藏在每个人心中的"天理"，人需要发挥主观能动性，除去私欲的蒙蔽，践行"良知"，才能到达"圣贤"的境界。这一学派被称为"陆王心学"，其思想在明代中期以后得到了广泛传播。

◇ 明末清初的三大思想家分别是谁？

王夫之、黄宗羲、顾炎武。明末清初，社会矛盾尖锐，时局动荡，一些进步思想家开始寻求改革社会的方案，其中影响力最大的是王夫之、黄宗羲和顾炎武这三位。他们抨击封建专制，批判日渐僵化的理学，倡导"经世致用"，开创了一股要求个性自由、平等民主的进步思潮。

◇ "天下兴亡，匹夫有责"是哪位思想家的名言？

顾炎武。顾炎武是江苏昆山人，明清之际的思想家、学者。年少时，顾炎武曾加入"复社"，参与反对宦官权贵的斗争。清军入关后，他又参加了昆山、嘉定一带的保卫战。此后的十余年里，顾炎武奔波各地，一直都在参与抗清活动。失败后，顾炎武遍访华北，搜集资料，醉心于学术。顾炎武认为明末士大夫卑躬屈膝的行径极其无耻，因此在《日知录·正始》中写道："保天下者，匹夫之贱与有责焉耳矣。"后来，梁启超将这句话概括为"天下兴亡，匹夫有责"。

◇ "师夷长技以制夷"是谁的思想主张？

魏源。鸦片战争失败后，清朝与英国签订了丧权辱国的《南京条约》，然而当时的道光皇帝甚至还不知道英国位于哪里，反映出清朝统治阶级的封闭、腐朽和愚昧。而在此之前，林则徐早已开眼看世界，他收集有关西方各国的情报和知识，汇译成《四洲志》等书稿。林则徐的朋友魏源在《四洲志》的基础上编成了《海国图志》一书，按照世界五大洲介绍各国历史、地理、社会状况等。这本书在当时被誉为了解外国知识的"百科全书"。魏源在书中表达了"师夷长技以制夷"的思想，提出了向西方学习以求自强的主张。

◇ "物竞天择""适者生存"最早出现在中国的哪本书？

《天演论》。清朝晚期，我国一批有志之士留学海外，学习西方的政治文化、学说思想等，希望以此为中国的变革谋求新出路，严复就是这批有志之士的代表人物之一。他在留学英国期间积累了深厚的西学修养，回国后长期从事教育和翻译事业。在翻译《天演论》这一本书时，他介绍了进化论中"物竞天择""适者生存"的观点，宣扬中国需要顺应"天演"的规律，实行变法维新，否则就会被淘汰，对当时中国的思想界产生了重大影响。

◇ **新文化运动时期，民主和科学被称为什么？**

"德先生"和"赛先生"。中华民国建立后，很快就陷入了军阀混战的局面，部分知识分子认识到，必须进行一场思想文化领域的革新运动才能拯救中国。1915年，陈独秀创办了《青年杂志》，率先吹响新文化运动的号角。民主（democracy）与科学（science）是新文化运动高举的两面旗帜，陈独秀根据这两个词的英文发音，将它们形象地称为"德先生"和"赛先生"，并提出："只有这两位先生，可以救治中国政治上道德上学术上思想上一切的黑暗。"

知识拓展

1917年，蔡元培就任北京大学校长，为营造"兼容并包""思想自由"的学术研究氛围，他邀请了陈独秀、李大钊等学者来到北大，为北大带来了"个性解放""学术自由"等新思想，让北大成为当时学术兴旺的全国最高学府，也成为新文化运动的大本营。

古 代 制 度

◇ **我国历史上最早的奴隶制国家是哪个？**

夏朝。夏朝是我国历史上第一个奴隶制国家，实行以奴隶主占有生产资料和生产者（奴隶）为基础的社会制度。在夏朝，国君统治着众多邦国，邦国统治着众多大家族，大家族则控制着势力范围内的众多族民。族民包括平民、奴隶等，大多是从事田间耕作的劳动者，受到各级贵族的压迫。族民中最悲惨的要数奴隶，他们没有人身自由，可以被奴隶主任意转卖或屠杀，是"会说话的工具"。然而比起原始公社制度，夏朝的奴隶制虽然对奴隶进行了残酷剥削，但也使社会生产力前进了一大步，各种维护统治秩序的制度在此阶段基本定型，标志着我国历史正式进入了文明时代。

◇ **舜和禹通过哪种制度获得部落联盟首领的位置？**

禅让制。在五帝时期，部落联盟首领必须由众多部落首领代表氏族成员共同推举才能确立，这种民主选举首领的制度就是禅让制，其基本原则是选贤与能。相传在尧担任联盟首领时,舜被推举为继承人。尧对舜进行了三年考核,让其协助办事。尧死后,舜继位,禹以同样的方式被推举为继承人,并通过治水的考验,成为新的部落联盟首领。

◇ **夏启开创了什么制度取代禅让制?**

世袭制。据记载,禹死后,按照传统的禅让观念,应该由伯益继位。禹的儿子启与伯益争斗(一说是伯益推让),成功继承王位。夏启继位后,以世袭制取代禅让制。所谓世袭制,就是将帝位、爵位或领地等按照血缘关系世代传承。从此,王位世袭制得以确立,我国历史开启了"家天下"的时代。

◇ **西周的贵族等级结构分为哪四级?**

天子—诸侯—卿大夫—士。西周实行分封制,天子是国家的最高统治者,控制着王畿地区。其他地区则被分封给同姓贵族、异姓功臣或旧贵族,这些人被称为诸侯。诸侯建立起诸侯国,又在国内分封卿大夫,卿大夫又分封士,由此形成了"天子—诸侯—卿大夫—士"的金字塔形的等级结构。

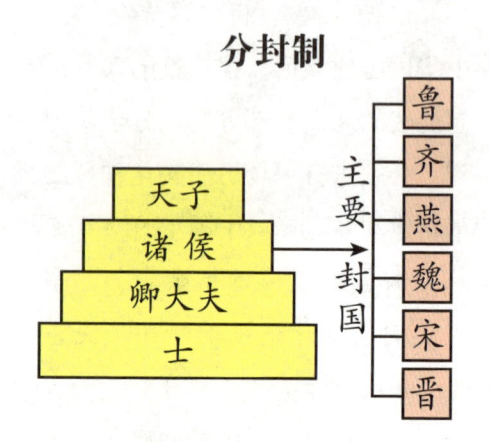

分封制

天子 / 诸侯 / 卿大夫 / 士 → 主要封国：鲁、齐、燕、魏、宋、晋

◇ **宗法制的核心是什么?**

嫡长子继承制。宗法制是以血缘亲疏和嫡庶来确定继承关系和名分的一种制度,核心是嫡长子继承制。在姬姓宗亲中,周王自称天子,是天下的大宗,王位由嫡长子继承,其他诸侯相对天子而言是小宗。在诸侯国内,诸侯是大宗,爵位也由嫡长子来继承,卿大夫则是小宗,以此类推。世袭的嫡长子被称为宗子,负责掌管本族的财产、祭祀活动等。西周王朝通过宗法制,实现了政治权力和血缘关系的结合,巩固了政权。

◇ **礼乐制的作用是什么?**

维护社会等级秩序。西周时期

的分封制和宗法制互为表里，是礼乐制的基础，而礼乐制则是维护分封制和宗法制的工具。西周初年，周公制定了"周礼"，它的内容十分广泛，包括刑罚、祭祀、丧葬、婚庆等，如规定了贵族在宴饮时列鼎的数量：天子九鼎、诸侯七鼎、卿大夫五鼎、士三鼎。配合以上典礼仪式的还有乐舞，乐舞的规格也会因为相应等级的不同而有所差异。礼乐制广泛地应用于西周时期的社会的方方面面，规范了各级贵族的行为，维护了森严的社会等级秩序，对后世产生了深远的影响。

◇我国在哪个时期进入了封建社会？

春秋战国时期。春秋时期，一部分奴隶和平民自己开垦土地，获得了小块土地的私有权，在一定程度上摆脱了贵族奴隶主的控制和束缚，成为自耕农。而部分贵族奴隶主和因军功获得土地赏赐的地主则转化为新兴的地主阶级，他们把土地分成小块，租给平民和奴隶，通过收取地租的方式来进行剥削。从此，我国历史上便诞生了封建地主和农民两个阶级，开始从奴隶社会向封建社会过渡。到了战国时期，新兴地主阶级在许多诸侯国掌权，纷纷建立封建政治和经济秩序，我国开始进入封建社会。封建制度在我国实行了两千多年，直到新中国成立后，全国开展土地改革运动，这一制度才被彻底消灭。

◇春秋战国时期的"三军"指的是哪三军？

诸侯国所设的上、中、下或左、中、右三军。春秋时期，诸侯争霸的局面愈演愈烈，各大国纷纷组建起规模庞大的军队，如晋国设立了上军、中军、下军，其中中军的地位最高，也最为骁勇善战。中军统领被称为"正卿"，由大臣担任。楚国则设立了左军、中军、右军，同样以中军为主力。不过楚国三军的最高指挥官为楚王，他往往会亲自率领三军或其中一军出征讨伐。

◇什么是"军功爵制"？

建立于战国时期的一种以军功大小来选官的制度。战国以前，朝廷的各级官僚由贵族世袭,称为"世卿世禄制"。进入战国时期后，各国国君为增强国力，纷纷寻求变革，其中以秦国实行的商鞅变法最具代表性。商鞅在变法中废除了世卿世禄制，建立军功爵制，规定人的政治地位要由有无军功来决定，规定在前线斩杀敌人甲士首级一颗的士兵，赏爵一级、田一顷等，杀敌越多，赏赐越丰厚，爵位高的人还可以获得减刑的特权。军功爵制还规定，国君的宗族如果没有军功，就不能享受贵族特权。

◇古代的虎符是用来做什么的？

传达政令，调兵遣将。战国时期，各国国君普遍使用玺或符作为凭证，用来传达政令、调遣军队。虎符因为形似伏虎而得名，一般分为两半，右半边保留在国君手中，左半边发给统兵作战的将帅，但凡涉及军队调动，都要以虎符为证。虎符制度的推行使得军权集中在国君手中。

· 虎符

◇三公九卿分别是哪三公，哪九卿？

三公指丞相、太尉、御史大夫，九卿指奉常、郎中令、卫尉、廷尉、典客、宗正、治粟内史、少府、太仆。秦朝在中央建立了一套以三公九卿为核心的官僚机构。三公中的丞相为百官之首，分左、右丞相，辅佐皇帝处理全国政务；太尉是武官之首，协助皇帝管理军务；御史大夫是最高监察官，也是副丞相，负责掌管律令、文书。三公之下，则是很多分管国家政务和皇室事务的官员，泛称"九卿"。九卿的职责如下：奉常负责宗庙、礼仪、教化，郎中令负责宫廷侍卫，卫尉负责宫门警卫，廷尉负责司法和首都警卫，典客负责外交及民族事务，宗正负责皇室宗族事务，治粟内史负责国家财政，少府负责皇家财政，太仆负责宫廷车马。

◇秦朝在地方上实行什么制度？

郡县制。秦始皇统一六国后，废除了分封制，实行由中央直接管辖的郡县制。秦朝的地方行政机构分为郡、县两级，全国划分为36个郡，郡的行政长官被称为郡守，郡之下设县，县的行政长官被称为县令或县长。郡、县的主要官吏都由朝廷直接任免，皇帝和朝廷因此牢牢地控制着全国各地，并把各项制度推向全国。

◇为什么汉武帝要设立刺史？

为了加强中央集权。西汉初年的制度基本承袭秦制，但地方行政制度采取郡县与分封并行制，各诸侯王拥兵自重，兼并土地，给汉王朝的统治埋下严重隐患。汉武帝即位后，将全国划分为13个州，每州分设刺史一人。刺史虽品级不高，但权力很大，代表皇帝对地方进行巡视，负责对辖区内的郡级官员、豪强势族等进行监察。此后，巡视监察制度一直为后世所沿用。

◇九品中正制是哪个时期开创的制度？

魏晋南北朝。东汉末年，社会动荡，选官权被地方大族所操纵。公元220年，魏王曹丕为加强中央集权，采纳吏部尚书陈群的建议，推行九品中正制。朝廷在各州、郡设置大中正、中正，他们根据家世、道德和才能等准则评定州、郡士人的等级，分为九等，朝廷依据等级授以相应的官职。后来，随着门阀士族势力的发展，中正官评定时往往只看重家世，九品中正制成了维护士族特权的工具，逐渐形成了"上品无寒门，下品无势族"的局面。

中正九品

上上	一品
上中	二品
上下	三品
中上	四品
中中	五品
中下	六品
下上	七品
下中	八品
下下	九品

◇三省六部制中的"三省"指的是哪三省？

中书省、门下省、尚书省。三省六部制是隋唐时期的中央行政制度，其中三省由皇帝直接掌控。三省的具体分工为：中书省是决策机构，负责草拟皇帝的诏令；门下省是审议机构，负责审核诏令；尚书省是执行机构，下设吏、户、礼、兵、刑、工六部，各部分工处理具体政务。三省的长官分别称中书令、门下侍中、尚书令与尚书仆射，他们并称宰相，分掌宰相的职权。

◇ 两税法从哪个时期开始实行？

唐德宗时期。两税法是自唐德宗时期开始实行的一种赋税制度，主要根据纳税人的土地多少来征税。两税法规定：取消租庸调和各项杂税、杂役；每户按资产的多寡缴纳户税，按田亩多少缴纳地税；无论户税还是地税，一年均分夏秋两季进行纳税（两税法因此得名）。两税法改变了战国时期以来以人丁为主要征税标准的赋税制度，一定程度上减轻了国家对劳动人民的人身控制。

◇ 为什么唐玄宗时期会出现外重内轻的军事局面？

因为藩镇制度。唐朝中期，朝廷开始实行募兵制，即通过普遍招募的方式来组建军队。边境招募的戍兵被称为"长征健儿"，他们长期由边境将帅统领，逐步形成将专兵的局面。唐玄宗在边疆设立了众多军镇，使得边镇的军事实力迅速增强，聚集了一大批精兵猛将。边境军镇的长官叫节度使，节度使的势力范围被称为"藩镇"或"方镇"。唐玄宗统治后期，全国的总兵力约57万人，其中有49万由各节度使掌控，国家的军事陷入了外重内轻的局面。

◇ 行省制建立于哪个朝代？

元朝。元朝的中央行政机构是中书省，在地方管理上委派官员代表中书省处理政务，后来逐渐形成常设机构，称为"行中书省"，简称"行省"。在当时，除了如今的河北、山东、山西一带由中书省直接管辖以外，全国共设立了岭北、河南、陕西、四川、甘肃等10个行省。行省制的确立加强了中央集权，巩固了多民族国家的统一，是我国省制的开端。

◇ 宰相制度在哪个时期被废除？

明太祖时期。明太祖朱元璋为加强皇权，废除了自秦朝以来实行的宰相制度，并严令后人永远不许设立宰相。废除宰相后，皇帝的工作量成倍增加，因此明成祖增设了辅佐皇帝处理政务的秘书机构——

内阁，其官员一般被称为某殿或某阁大学士，如张居正就曾任中极殿大学士。内阁大学士的工作主要是替皇帝阅览百官的奏章，并草拟处理意见，这一流程被称为"票拟"。到了明朝中后期，部分大学士深得皇帝信任，拥有类似宰相的权力。

◇我国古代的海军又被称为什么？

舟师、水师或水军。我国是世界上最早建立海军的国家之一，约4 000年前，夏朝就曾出兵攻打一个名为斟寻的小国，两军展开了一场激烈的水战，最终夏朝军队"覆其舟，灭之"，赢得胜利。到了春秋战国时期，楚国、吴国、越国都建立起了比较完善的海军组织，如吴国大夫伍子胥曾在太湖训练水军，并把战船划分为"大翼""小翼"等，分担攻坚、冲锋等作战任务。到了明朝，大明水师更是当时世界上最强大的舰队，郑和下西洋时曾率领舰队活捉了斯里兰卡的国王，使得大明水师名扬海内外。

◇八旗制度中的"八旗"指的是哪八旗？

正黄旗、正白旗、正红旗、正蓝旗、镶黄旗、镶白旗、镶红旗、镶蓝旗。明代晚期，努尔哈赤在统一女真各部的过程中建立了八旗制度。当时女真族外出狩猎时，氏族成员以10人为一个单位，称牛录，努尔哈赤将牛录扩大至300人，每牛录分别以黄、白、红、蓝四色的旗帜作为标识。随着人口增加，努尔哈赤又在牛录之上增加甲喇和固山，每五牛录为一甲喇，每五甲喇为一固山，首领为固山额真；以前的每牛录一旗改为每固山一旗，又增设了镶黄、镶白、镶红、镶蓝四旗，共为八旗。八旗制度是兵民合一、军政一体的社会组织形式，大大提高了女真族的战斗力。

· 清代八旗盔甲

◇清朝主要在哪个地区实行改土归流政策？

我国西南地区。历史上的中原王朝长期在少数民族聚居的西南地区实行土司制度，土司即由当地民族首领世袭担任的知府、知州等职务。土司常常对当地土民随意屠杀，还互相侵略或与朝廷对抗。雍正年间，为了加强对西南边陲的统治，雍正帝开始大规模推行改土归流政策，即逐步取消土司世袭制度，将土司改为任命有任期、可调动的流官。这一政策消除了土司割据的隐患，是我国地方政治制度史上的一项重大改革。

◇ 为什么古代执行死刑时总是要"秋后问斩"？

与古代顺应自然规律的思想和农业生产的习惯有关。"秋后"指的是秋分以后。从西周时期开始，古人便认为秋冬是天气肃杀、万物凋零的季节，为了顺应自然规律，便把处决罪犯一事留到秋分过后再进行。此外，春夏时节，万物生长，人们把大部分的精力都放在农业耕作上，等到了秋冬之际，农忙结束，人们才有更多的时间和精力处理其他事务。在此时执行刑罚，不仅不会干扰农事活动，还能吸引更多百姓前来观看，起到震慑作用。

◇ "诛九族"属于什么刑罚制度？

连坐。连坐是一种古老且残酷的刑罚制度，指一人犯法，与之有一定关系的人（如亲属、师生、邻里等）都要连带受刑。"诛族"则是连坐制度中最为残酷的一种，即对罪犯的亲族实施死刑，根据连坐范围的不同，可分为诛三族、诛七族、诛九族。诛九族是"诛族"刑罚中最为惨烈的，罪犯上至高祖、下至玄孙的直系亲属都要受到牵连。

知识拓展

相传在明朝初年，明成祖朱棣夺取帝位后，曾命当时的著名学者方孝孺为自己起草登基诏书。方孝孺认为朱棣得位不正，宁死不从，朱棣就以诛其九族威胁。面对朱棣的威胁，方孝孺不为所动，道："灭我十族又何妨？"朱棣震怒，下令将方孝孺的门生算作一族，与其九族一起诛戮，共杀了800多个人。

◇ 三堂会审中的"三堂"是哪三堂？

明清时期指大理寺、刑部、都察院。三堂会审又称三司会审，是我国古代的一种审判制度。三司源自战国时期的太尉、司空、司徒三法官的官名合称,后世的"三法司"之称也源于此。唐朝以刑部、大理寺和御史台为三法司,明清两朝以刑部、大理寺和都察院为三法司。三法司类似如今的公检法机关,如果遇到重大案件,三法司就会共同审理,以尽量避免决策失误。

◇古人是如何维权的?

通过击鼓鸣冤等方式。古人在权利受到侵害时,会通过各种方式维权,如经常在影视剧中出现的击鼓鸣冤。击鼓鸣冤反映的是一种叫作"登闻鼓"的喊冤制度,这种制度起源于汉代,后为历代沿用。古时候,衙门大门的左边会放置一面大鼓,有冤者(通常是蒙冤者的家属)可以敲响大鼓喊冤,由官员加以记录并上奏。有些朝代,皇帝会亲自对这类案件的案情进行审理。除此之外,古人还会通过拦轿喊冤、临刑喊冤等方式来维权。

◇古代后宫真的有三千佳丽吗?

不一定,每个朝代后宫的人数不相同。后宫制度是古代帝制中的重要部分,它的等级森严,以皇后为中心,由皇后、妃嫔、女官等组成。虽然唐代诗人白居易在《长恨歌》中以"后宫佳丽三千人"来形容皇帝后宫的嫔妃众多,但是这里的"三千人"只是一个约数。据《礼记》记载,周朝的后宫有百余人。而历史记载中拥有妃嫔人数最多的帝王是晋武帝司马炎,他打败东吴后,将东吴的后宫佳丽直接纳入自己的后宫。司马炎后宫的佳丽最多时有近万人,他每天甚至不知道该去哪个佳丽的宫里过夜,于是他想出了一个办法,就是坐在羊车上,羊车停在谁的门前,他就在谁那里过夜。这个故事后来被称为"羊车望幸"。

古代职业

◇古代的"四民"指什么?

士、农、工、商。《穀梁传》中记载:"古者有四民:有士民,有商民,有农民,有工民。""四民"中的士指的不是西周贵族阶级中的士,而是读书人。朝廷官员主要来自士这个群体,士也因此居于"四民"之首,在古代有"万般皆下品,唯有读书高"的说法。农是对与农业相关的人民的统称，包括地主和农民。古代中国以农为本，因此农处于第二阶层。工是指与农业相伴而生的手工业者，排在农的后面。商则是"四民"之末。由于古代长期实行"重农抑商"的政策，商人即使家财万贯，也只能处于社会的下层。

◇丞相和宰相有什么区别？

丞相一定是宰相，宰相不一定都叫丞相。丞相起源于战国时期，是一个具体官职，主要负责辅助皇帝处理全国政务。秦朝设立左、右丞相，人们熟知的李斯担任的便是左丞相一职。在后世，丞相这一官职得到沿用，不过数量和具体职务有所不同。到了明朝，明太祖朱元璋废除了丞相这一官职。而宰相是对历代辅佐君王、掌管国事的最高官员的通称，官名随朝代变化，包括丞相、相国、中书令、尚书令等，如明朝嘉靖年间，虽然丞相这一官职已被废除，但内阁首辅张居正拥有极大的权力，人们便也称他为宰相。

◇古代的"祭酒"究竟是什么官职？

古代主管教育的行政长官。祭酒最早指在祭祀仪式或宴会上负责举酒祭祀的人，一般是德高望重的长者。从汉代开始，"祭酒"正式成为一个学官官职。到了晋代，晋武帝设立国子祭酒，主管国子学或太学（二者都是古代的最高学府），后来历代大多沿用这一职位。祭酒负责掌管书籍文典，任职者一般需要通晓文史，韩愈、严嵩等人都曾担任这一官职。

◇古代皇帝的老师是什么官职？

三师，分别是太师、太傅和太保。"三师"设立于北魏时期，名义上是负责辅导天子的官职，地位极高，但通常只是一个虚名，并无具体职务。后来历代都设有"三师"（或称"三公"），一般作为荣誉称号赠予德高望重的元老、大臣，且大部分为死后追赠，而著名大臣张居正是明代唯一一位生前就被授予太师称号的文官。

◇ "太子洗马"是给马洗澡的人吗？

不是，它是古时候的一个官职名。"洗马"中的"洗"字在古时同"先"字，因此"洗马"也可称为"先马"。在太子出行时，太子洗马在太子的马车前担任先导工作。据《国语》记载，越王勾践战败被俘后，就曾担任过吴王夫差的洗马，任其驱使。到了秦汉时期，洗马正式成为太子属官，是太子太傅或少傅的下属，共16人。到了隋唐时期，洗马隶属于司经局，变为掌管经史典籍的官职。后来历朝历代均设洗马一职，职责同隋唐时期相近。

◇ 宦官就是太监吗？

不是，清朝的宦官才是太监。古时皇帝身边会有许多阉人，他们被称为"宦官"或"太监"。不过，东汉以前的宦官并不全是阉人，也有许多士人，如指鹿为马的秦朝权宦赵高就很有可能不是阉人。自东汉开始，宦官才统一只用阉人。到了辽朝，太府监、少府监等机构中出现"太监"一职，不过这里的"太监"指的是朝廷官员，而不是服侍皇帝的阉人。在明朝，"监"被用来专指宦官所领的二十四衙门的长官，如司礼监、内官监等，"太监"则是对高级宦官的称谓。进入清朝后，宦官才开始通称"太监"，只要是在宫廷内从事服侍工作的阉人都可以被称作"太监"。

◇ 明朝的四大宦官分别是谁？

王振、汪直、刘瑾、魏忠贤。由于复杂的政治原因，明朝诞生了许多个权倾朝野的大宦官。明英宗时期，宦官王振利用批红特权，一边讨好明英宗，一边在朝中大量培植亲信，成为权倾一时的人物。明宪宗时期，汪直以太监的身份总领京师十二团营，手握重兵。他还创办了西厂这一特务机构，制造了大量冤案，是令官民闻之战栗的恐怖人物。明武宗时期，官员们见到宦官刘瑾时纷纷跪拜，因此时人称刘瑾为"站皇帝"，而称明武宗为"坐皇帝"，暗喻掌握大权的人是刘瑾。魏忠贤则是明朝最著名的宦官，号称"九千岁"。魏忠贤在明熹宗幼年时与其建立了深厚的感情，因而得以一手把控朝廷。他大力扶植自己的党羽，对反对自己的官员施以酷刑，民间认为他是导致明朝灭亡的罪魁祸首之一。

◇ 我国古代四大清官是哪四位？

狄仁杰、包拯、况钟、海瑞。狄仁杰是武则天当政时期的著名宰相，他早年担任法曹参军、大理丞等官职，以体恤百姓、不畏权贵、断案神速著称。狄仁杰晚年担任宰相，劝谏武则天勤政爱民，还推荐张柬之、姚崇等名臣辅政，被世人称为"狄梁公"。包拯是北宋时期的名臣，他为官刚正，执法严明，有"包公"之称。在他主管开封府期间，民间有"关节不到，有阎罗包老"的说法。况钟是明朝大臣，他曾三次出任苏州知府，兴利除弊，锄豪强，扶良善，与巡抚周忱一起为百姓上奏，请求减免赋税。因此，当时的苏州百姓对他极为尊敬。海瑞是明朝中后期的大臣，他在任期间打击豪强，严惩贪官污吏，禁止徇私受贿，深受百姓的爱戴。

• 狄仁杰雕像

知识拓展

包拯被称为"包青天"，海瑞被称为"海青天"，况钟被称为"况青天"，三人合称"三大青天"。

◇ 锦衣卫是什么机构？

特务机构。锦衣卫全称"锦衣亲军都指挥使司"，是明太祖于洪武十五年（1382）设立的。所谓"锦衣"，指的是他们身上穿的官服——飞鱼服。锦衣卫除了护卫皇帝的安全外，还有一个更重要的职责，那就是替皇帝搜集情报。此外，如果皇帝认为哪个官员不听从命令或有威胁，就会让锦衣卫直接把人抓进诏狱，施以酷刑。

◇ "衣冠禽兽"在古代指什么人？

官员。从明朝开始，朝廷将官员的服饰规范化，在官服前后设有两块绣有飞禽走兽的方形补子。文官绣禽类，一品绣仙鹤，二品绣锦鸡，三品绣孔雀，等等；武官绣兽类，一、二品绣狮子，三品绣老虎，四品绣豹子，等等。所以"衣冠禽兽"最初指的是朝廷官员，含褒义；后因为不少官员胡作非为，这个词语开始有了贬义。

◇ 乌纱帽在古代是什么职业的象征？

官员。东晋咸和年间，晋成帝开始让在宫中任职的官员都戴一种用乌纱制成的帽子，叫"乌纱帽"，这种帽子很快便流行到了民间。到了隋唐时期，官员戴的乌纱帽开始按等级划分，一品官职的乌纱帽有9块玉饰，二品的有8块，三品的有7块，等等。北宋初年，宋太祖为了防止朝臣在议事时交头接耳，下令在乌纱帽的两边各加一翅，只要朝臣们转动脑袋，帽子两旁的软翅就会随之摆动，皇帝就能看得清清楚楚了。在当时，乌纱帽是人人都可以戴的。明朝洪武年间，明太祖正式下诏：凡文武百官上朝或办公时，一律要戴乌纱帽。从此时起，乌纱帽才成了官员的象征。

◇ 员外是一种官职吗？

员外在宋代以前指一种叫"员外郎"的官职，在宋代以后多指有钱人。员外是员外郎的简称，意思是在郎官的定员之外设置的官员。晋代以后，员外指员外散骑常侍一职，是皇帝的侍从官。隋唐时期，尚书省六部各增设了员外郎一职，作为各司的副主官，如杜甫就曾任工部员外郎一职，被称为"杜工部"。后来，员外逐渐成为一种只有虚衔而无实职的官职，有钱人可以通过捐钱的方式获取。从此，员外多指有钱的地主或富商，频繁出现在《西游记》《水浒传》《三侠五义》等明清小说中。

◇ 怎样通过官服颜色来区分官职的大小？

唐宋时期的官服颜色按品级可分为紫、红、绿、青。唐代的三品及以上的官员穿紫袍，五品及以上的官员穿绯（红）袍，七品及以上的官员穿绿袍，八至九品的官员穿青袍，例如诗人白居易就曾在《琵琶行》中称"江州司马青衫湿"。到了宋代，则是三品及以上的官员穿紫袍，五品及以上的官员穿绯袍，六至七品的官员穿绿袍，八至九品的官员穿青袍。到了元代，五品及以上的官员穿紫袍，六至七品的官员穿绯袍，八至九品的官员穿绿袍，去掉了青袍，并通过刺绣纹样来区分同色官服的不同品级。

元代及以前官服的颜色

元代	宋代元丰年间	宋代	唐代	品级
紫色	紫色	紫色	紫色	一品
紫色	紫色	紫色	紫色	二品
紫色	紫色	紫色	紫色	三品
紫色	紫色	绯色	深绯	四品
紫色	绯色	绯色	浅绯	五品
绯色	绯色	绿色	深绿	六品
绯色	绿色	绿色	浅绿	七品
绿色	绿色	青色	深青	八品
绿色	绿色	青色	浅青	九品

◇古代官员也要"996"吗？

也要。"996"是现代的一种工作制，即早上9点上班，晚上9点下班，一周工作6天。古代官员也要"打卡"上班。以明朝的官员为例，他们每天卯时（早上5~7点）就要在签到簿上签到，称为"点卯"。完成一天的工作后，官员们要到酉时（晚上5~7点）才能下班签退，称为"画酉"。在明朝洪武年间，明太祖规定官员每月只有5天假期，平均算下来，他们大约一周要上6天班。结合明代官员的上下班时间和每月假期，可以称他们的工作制为"666"，和如今的"996"工作制几乎没什么区别。

◇为什么做买卖的人被称作"商人"？

与商朝人有关。周武王灭掉商朝后，商朝遗民都迁移至如今的河南一带，他们失去了政治权利和土地。当时的社会鄙视从事买卖活动的人，因此西周时期的贵族和普通百姓都不会从事此类工作，而处于社会底层的商朝遗民为了生存，不得不从事买卖活动。为了把这些做买卖的商朝遗民与周朝人区别开来，人们便将他们称为"商人"。起初，这个称呼带有歧视意味，几乎等同于"贱民"，但随着时间的推移，"商人"一词逐渐变成了对所有做买卖的人的通称，不再含贬义。

◇孔子的哪位弟子被称为"儒商始祖"？

子贡。子贡是春秋时期卫国人，原名端木赐，他将儒家思想和商业活动结合在一起，并且在商业上取得了成功，因而被尊称为"儒商始祖"。《论语》中多处记载了子贡与孔子探讨"信"这一论题，子贡认为"信"乃立足之本，践行"言必信，行必果"的准则，因此在经商活动中赢得了极佳的信誉，积攒了万贯家财。《吕氏春秋》中还记载了"子贡赎人"的故事，他花费巨资赎回了鲁国的奴隶，却拒绝了鲁国的赎金，体现了子贡富而好德的品质。

◇ 木匠的祖师爷是谁？

鲁班。鲁班是春秋战国时期鲁国人，原名公输般（或名班、盘）。相传鲁班出生于一个工匠世家，从小跟随家人参与过许多与土木建筑相关的劳作，积累了丰富的实践经验。鲁班在长大以后，发明了攻城云梯这一战争器械，以及锯、刨、铲、曲尺、墨斗等各种木作工具，因此被后世的建筑工匠和木匠尊为"祖师爷"。

◇ "三姑六婆"指的是哪三姑，哪六婆？

"三姑"指尼姑、道姑、卦姑，"六婆"指牙婆、媒婆、师婆、虔婆、药婆、稳婆。三姑六婆原本指中国古代民间女性的九种职业：尼姑指出家修行的女佛教徒，道姑指女道教徒，卦姑指给人占卜算卦的女性，牙婆指以人口买卖为生的妇女，媒婆指撮合男女婚事的妇女，师婆指以请神问命等巫术为生的妇女，虔婆指经营青楼的妇女，药婆指利用药物治病或谋害他人的妇女，稳婆指为产妇接生的妇女。由于三姑六婆中的部分人凭借职业身份哄骗他人牟取私利，以致其家破人亡，所以三姑六婆在古代社会中有着不务正业、爱搬弄是非的负面形象。

◇ 古时候的媒婆是公务员吗？

是的，当时叫作"媒氏"。我国早在西周时期就已经有了媒婆一职，当时的媒婆可都是"公务员"，叫作"媒氏"。据《周礼》记载的"媒氏：掌万民之判"，可以知道媒氏负责天下万民的婚姻大事。每个地区的媒氏都掌握着本辖区内所有男女的年龄和姓名等相关信息。按周代标准，男子三十而娶，女子二十而嫁，因此每年的仲春二月就是各地媒氏最忙碌的时候，媒氏要敦促适龄的男女青年及时结婚，还要调查有哪些过了规定年龄还没有结婚的男女，设法帮助他们结婚。除此之外，媒氏还负责调解婚姻矛盾和处理婚姻纠纷等。

◇ "弼马温"这个官职真的存在吗？

不存在，它是《西游记》的作者吴承恩虚构出来的。在《西游记》第四回中，玉皇大帝给孙悟空安排了一个名为"弼马温"的官职，让他在御马监管理马匹。后来孙悟空知道"弼马温"只是个不入流的小官，气得直接离开了天庭，并在之后"大闹天宫"。《西游记》成书于明代，当时并没有"弼马温"这个官职，但是书中提到的御马监却是真实存在的，其负责管理宫廷马匹并握有部分兵权，是个权力较大的宦官机构。

◇ "五花八门"是哪五花，哪八门？

"五花"指金菊花、木棉花、水仙花、火棘花、土牛花，"八门"指巾、皮、彩、挂、平、团、调、聊。"五花八门"原指五行阵和八门阵，它们是古代两种战术变化很多的阵势。后来，五花八门慢慢成为指称古代职业的暗语。"五花"中，"金菊花"指卖茶的女性，"木棉花"指街上的郎中，"水仙花"指酒楼中的歌女，"火棘花"指表演杂耍的人，"土牛花"指挑夫。"八门中"的"巾"指算命占卦的人，"皮"指卖草药的人，"彩"指变戏法的人，"挂"指江湖卖艺的人，"平"指说书评弹的人，"团"指街头卖唱的人，"调"指搭篷扎纸的人，"聊"指高台唱戏的人。

◇ "三百六十行"的说法出现在哪个朝代？

明朝。俗话说"三百六十行，行行出状元"，"三百六十行"是人们对各行各业的总称，这里的"三百六十"是一个约数。在唐宋时期，民间只有"三十六行"的说法，宋代学者周辉对当时社会上的各种常见行业进行了罗列，其笔下的"三十六行"包括肉肆行、米行、茶行、铁器行等。到了明代，我国商品经济日渐繁荣，出现了许多新兴行业，如金融业、报行等，人们便在"三十六行"的基础上乘以十，得出了"三百六十行"这个说法。

◇古时候负责打更报时的职业叫什么?

更夫。我国古代没有钟表,人们白天一般通过日晷来明确时间变化,到了夜晚,就依靠更夫打更报时来知晓时间。古时将一夜分为五更,从晚上7点到翌日早上5点,每两个小时为一更。更夫们在夜里会守着燃香、铜壶滴漏等计时工具,每到一更就出门巡街打更。更夫一般是两人一组,一人手提灯笼和铜锣,一人手拿竹梆,一边走一边敲,大声喊着当时的时间,并提醒人们"天干物燥,小心火烛"。

古代时间	现代时间
一更	19点—21点
二更	21点—23点
三更	23点—次日1点
四更	1点—3点
五更	3点—5点

◇古时候专门负责押送货物的职业是什么?

镖师。从宋代开始,我国的商品经济快速发展,货物和人员的流通越来越频繁,镖师这一职业便应运而生。镖师一般受雇于各个镖局,镖局的主要组成人员有大掌柜、镖头、镖师等。大掌柜负责管理整个镖局,协调各支镖队的人员分配和任务安排;镖头是各支镖队的领队;镖师则是镖队的中坚力量,他们类似于如今的武装押运人员,通常身强体壮,武艺高强,负责将货物、银两、粮食等物品押送到客人指定的地点。

· 广盛镖局

知识拓展

镖师的不同业务

信标——押送信件

银标——押送银两

票镖——押送银票

粮镖——押送粮食

物镖——押送货物

人镖——押送货物的同时,保护客人的人身安全

◇《诗经》中的诗是什么人采集的?

采诗官。《诗经》中的大部分诗歌都是由采诗官从民间收集来的。西周时期，天子为了解民间的风俗人情，特地设立了"采诗官"这一职业。采诗官除了要耳聪目明，能吃苦耐劳，还要学识渊博、洞悉古今。采诗官们常摇着木铎，背着竹简，行走在各诸侯国的田野之上，向人们采集新的歌谣。这些歌谣有的表达男女之间的爱情，有的表达对美好生活的向往，有的倾诉对朝政的不满，等等。采诗官将采集而来的诗歌整理好后，带回王都呈报给天子，这样天子就能通过这些诗歌"知得失，自考正也"。

◇我国最早的消防队叫什么?

我国最早的消防队出现在宋代，叫作潜火队。南宋都城临安（今浙江杭州）内外建有23处望火楼，望火楼下就屯驻着潜火队。一旦望火楼上的望兵发现城中有火灾发生，就会立刻向楼下的潜火队报警，潜火队会迅速带上各种救火工具奔赴火场救火。除了潜火队外，城中街巷还设有军巡铺，有铺兵三至五人，负责夜间巡逻，以防火灾。

◇"跳槽"在古代是什么意思?

多指男女移情别恋。"跳槽"原指牲口离开所在的槽头到别的槽头去吃食物，但这个意思不管在古代还是现代都很少使用。古代更多用"跳槽"来指男女移情别恋，这一用法在明清文学作品中大量出现。"跳槽"一词发展到现代，才用来指人离开原来的单位，到别的单位工作。如果按现在的意思来看，古人跳槽简直是家常便饭，如东汉末年的名将吕布、唐初名臣魏征等人都曾多次跳槽。

才子佳人

◇古代的"四大奇才"包括哪四个人?

鲁班、鬼谷子、徐福、袁天罡。鲁班，著名建筑工匠，春秋时期鲁国人，曾创造多种木作工具，如曲尺、墨斗等，被后世建筑工匠、木匠尊为"祖师爷"。鬼谷子，纵横家学派创始人，战国时期楚国人，擅长养性持身和纵横捭阖之术，被誉为"谋圣"。相传张仪、苏秦、孙膑、庞涓等人都是他的徒弟。徐福，秦朝著名方士，相传曾受秦始皇之命，率童男童女数千人前往东海求取长生不老药，一去不返。日本文献中多有关于徐福的记载，并尊其为医药之神。袁天罡，隋唐时期玄学家，以相术高明而闻名，相传曾在武则天年幼时便预言她能成为天下之主。这四个人都在各自的领域上有着杰出的才能，因此被人们合称为"四大奇才"。

◇ "战国四公子"包括哪四个人？

信陵君、平原君、春申君、孟尝君。战国时期，士人阶层崛起，对社会发展起到了重要作用，因此当时的统治阶级纷纷拉拢士人群体。"战国四公子"则是代表国家笼络士人的权贵人物，分别是魏国的信陵君魏无忌、赵国的平原君赵胜、楚国的春申君黄歇、齐国的孟尝君田文。这四个人是战国中后期政治、外交舞台上烜赫一时的风云人物，在鼎盛时期，招揽的门客都超过3 000人，对各国之间的政治局势有重大影响。

◇ "卧龙""凤雏"分别指的是谁？

诸葛亮和庞统。在《三国演义》中，刘备曾前往水镜先生处访求贤才，水镜先生告诉他："伏龙（后传为"卧龙"）、凤雏，两人得一，可安天下。"其中的"伏龙"指的是诸葛亮，"凤雏"指的是庞统。诸葛亮与庞统二人都以足智多谋闻名，后来都成了刘备麾下的军师。

· 诸葛亮雕像

◇ "霸王别姬"的"姬"指的是谁？

虞姬。如今人们多用"霸王别姬"来形容英雄末路时的悲壮情景，这个成语与历史人物项羽、虞姬有关。相传在楚汉相争时期，已是强弩之末的西楚霸王项羽被汉军围困在垓下，陷入了弹尽粮绝的境地。夜里，四面传来了楚地的歌声，项羽大惊，以为汉军已夺取楚地。项羽满腹愁绪，在军帐中喝酒，他一边喝，一边想着自己十分宠爱的美人虞姬，还想起自己最爱的宝马乌骓马，不禁慷慨悲歌："力拔山兮气盖世，时不利兮骓不逝。骓不逝兮可奈何，虞兮虞兮奈若何！"项羽唱了一遍又一遍，虞姬也陪着他一起唱，两人作着最后的告别。项羽悲泣，泪下数行，身边的侍从也都低着头哭泣。后来，项羽战败，自刎于乌江边。

◇ "金屋藏娇"藏的是谁？

陈阿娇。"金屋藏娇"常常被用来称男子纳妾或已婚男子另置居处供外宠居住。这个成语与汉武帝有关。汉景帝时期，四岁的刘彻被封为胶东王。他的姑母馆陶长公主生了一个活泼可爱的女儿，小名阿娇。一天，刘彻到长公主家玩，长公主抱着他坐在自己的膝盖上，逗他说："孩子，你想不想娶媳妇？"刘彻回答："想呀，姑母。"于是长公主指着周围一群正在侍奉的侍女，挨个儿问刘彻喜不喜欢，刘彻把头摇得像拨浪鼓一样，都说不要。最后，长公主指着阿娇问："让阿娇给你做媳妇好不好？"刘彻高兴地说："好！如果能娶到阿娇做媳妇，我一定要建一座金屋让阿娇住进去。"大家听了之后都哈哈大笑。后来，刘彻即位为汉武帝，果然娶了阿娇为皇后，也造了一座富丽堂皇的宫殿给阿娇居住，实现了小时候的诺言。

◇ "江南四大才子"有谁？

唐寅、文征明、徐祯卿、祝允明。江南四大才子又称"吴中四才子"，指明代生活在江苏苏州的四位才华横溢的文人。唐寅，字伯虎，曾考取乡试第一，因牵涉科场舞弊案而被贬，后来游历名山大川，致力于绘画，工笔、写意俱佳，也擅长诗文。文征明，擅长书法，行书、草书、小楷俱佳，工于山水画，笔墨苍润秀雅，和唐寅同属吴门画派的代表人物。徐祯卿，擅长作诗，被誉为"吴中诗人之冠"。祝允明，号枝山，诗文纵横开阖，工于书法。

• 〔明〕唐寅《吹箫侍女图》

◇ "古代四大才女"有谁?

卓文君、蔡琰、上官婉儿、李清照。卓文君,汉代才女,临邛(今四川邛崃)巨商之女,文学家司马相如的妻子,代表作有《怨郎诗》《诀别书》等。蔡琰,字文姬,东汉名臣蔡邕之女,博学多才,擅长诗文,通晓音律,代表作有《悲愤诗》。上官婉儿,唐代女诗人,宰相上官仪的孙女,年少时就颇受武则天宠信,曾代为草拟诏书。在唐中宗时期,她曾代朝廷品评天下诗文。李清照,宋代女词人,身世飘零,早期词作多展现闲适生活,后期词作多感叹国破家亡。她是婉约派的代表人物,作品集有《易安词》《漱玉词》等。

◇ "故剑情深"讲的是谁和谁的爱情故事?

刘询和许平君。刘询是汉武帝和卫子夫的曾孙,因巫蛊之祸流落民间,与一位叫许平君的普通女子相爱,生有一子。后来刘询得到大臣霍光的辅佐,登上皇位,即汉宣帝。不久,大臣纷纷上奏,建议汉宣帝娶霍光之女霍成君为妻,立为皇后。这让汉宣帝十分为难。一方面他心中只有许平君,另一方面,他又不能公然拒绝大臣的建议。思索一番后,汉宣帝下了一道诏书:我从前微贱之时有一把旧剑,现在十分怀念它,众位爱卿能否帮我找回来?大臣们看到诏书后,都明白了汉宣帝的意思,于是联合上书请立许平君为皇后。就这样,刘询通过一道"寻找故剑"的诏书,让许平君名正言顺地成了大汉皇后。

◇《凤求凰》和《白头吟》与哪两位人物有关?

司马相如和卓文君。司马相如是西汉时期著名的文学家,善于作赋,而卓文君则是蜀地富商卓王孙的女儿,精通音律,相貌姣好。相传,在卓府的一场宴会上,司马相如以一曲《凤求凰》向卓文君表达爱意,卓文君被司马相如的才华深深打动,当天夜里就与他私奔了。两人历经艰辛后,终于获得了卓王孙的认可,得到了卓家的资助。后来,司马相如事业有成,想纳另一位女子为妾。卓文君十分伤心,写下了一首《白头吟》来表达自己与他断绝关系的决绝心意。司马相如得知后,懊悔不已,最终打消了纳妾的念头。

◇《胡笳十八拍》的作者是谁？

蔡文姬。蔡文姬是东汉时期的著名才女，自幼聪慧过人，擅长音律。相传东汉末年，战乱四起，蔡文姬家道中落，随着难民颠沛流离，四处逃亡，中途被匈奴掳去，成了南匈奴左贤王的夫人，并生下了两个孩子。曹操统一北方后，与匈奴修好，花费重金赎回蔡文姬。蔡文姬明白，自己这一回去，就相当于与两个孩子永别了，心中万分不舍。最终，经过一番内心挣扎，蔡文姬挥泪告别孩子，踏上了重回中原之路。后来，她将自己被匈奴掳去，后又被赎归汉，不得不与骨肉分别的经历写进《胡笳十八拍》，此作品流传至今。

◇"咏絮之才"说的是谁？

谢道韫。谢道韫是东晋时期的才女，自小才思敏捷。一年冬天，其叔谢安和谢家小辈们聚在一起谈论诗文。外面的雪越下越大，谢安忽然问道："漫天纷飞的白雪像什么呢？"谢朗回答："像在空中撒了一把盐。"谢道韫则说："未若柳絮因风起。"意思是不如比作因为风吹而漫天飞舞的柳絮。谢安听到谢道韫的回答后十分高兴。后来，人们将女子出众的才情称赞为"咏絮之才"。

◇谁被称为"巾帼宰相"？

上官婉儿。上官婉儿的祖父上官仪因曾经给唐高宗起草废后诏书，被当时的皇后武则天杀害，上官婉儿及其母因此受到连累，被关进掖庭为奴。为奴期间，在母亲的精心栽培下，上官婉儿才华出众，于仪凤二年（677）得到武则天的赏识，从此留在武则天身边，受到武则天宠爱。武则天称帝后，上官婉儿被任命为舍人，负责起草诏书。到了通天元年（696），武则天年事已高，逐渐懒于朝政，又让上官婉儿处理百官的奏报，参与政务。此时上官婉儿的实际权力已经堪比宰相，因此有了"巾帼宰相"之称。

◇我国古代的"四大美男"分别是谁？

宋玉、潘安、卫玠、兰陵王。

宋玉，战国时期文学家，相传是屈原的弟子。他不仅英俊貌美，而且才华横溢，代表作有《九辩》。古人常用"貌比潘安，颜如宋玉"

来形容外貌俊美的男子。

潘安和卫玠都是西晋时期著名的美男子。相传潘安年轻时喜欢坐车到城外游玩,女孩子看见他,就会把手中的水果扔向他,以至于潘安外出回家时车上总是装满了水果,因此有"掷果盈车"一说。而据《世说新语》记载,建邺城里的人为了一睹卫玠的风采,在他出行时将马路堵得水泄不通,卫玠花了很长时间才得以通过。卫玠身体羸弱,经过这番折腾,不久就去世了。"看杀卫玠"这个成语由此而来。

兰陵王本名高长恭,是南北朝时期北齐的名将。相传他勇武而貌美,自认为面相不足以威吓敌人,于是常常戴着面具作战。后来齐人创作出《兰陵王入阵曲》乐舞,以模拟他上阵指挥、击刺的英勇姿态。

◇我国古代的"四大美女"分别是谁?

西施、王昭君、貂蝉、杨玉环。

西施是春秋末期的人物,相传她在河边浣洗纱巾时,水中的鱼儿因为看见了她的美貌而忘记游泳,沉到了河底。

王昭君生活在西汉时期,相传她出塞和亲时因为思念家乡,弹奏了一首曲子,乐声吸引来天上的大雁。大雁看到王昭君的美貌后,忘记扇动翅膀,结果坠落到地上。

貂蝉是东汉大臣司徒王允家中的歌伎,相传她在后花园中拜月祈祷时,一阵风吹来,刚好有一朵浮云遮住了明月。

杨玉环是唐玄宗的贵妃,相传她曾对着盛开的花儿感伤,手指刚刚触摸到花瓣,花儿就立刻收缩,绿叶也卷起垂下。

这四位女子都以美貌著称,因此古人将她们的故事总结为"沉鱼落雁""闭月羞花"这两个成语,用来称赞女子的美貌。

◇吴国的灭亡与哪位美女有关?

西施。西施是越国人,因为美貌出众,被选为进献给吴王夫差的美人。越王勾践特地派人教导西施礼仪、装扮、歌舞等。三年后,西施更加楚楚动人,越王于是派相国范蠡出使吴国,将西施献给吴王。吴王见到西施后,果然十分喜爱她,为她修建了姑苏台、馆娃宫,终日与西施饮酒玩乐,荒废朝政。而越国则乘机不断发展壮大,于公元前

473年一举攻破吴国。吴王夫差自刎而死,西施从此下落不明。

> **知识拓展**
>
> 相传西施的心脏不好,经常皱着眉头、捂着胸口走路。西施的一位丑女邻居看到后,觉得西施皱眉的样子很美,于是仿效西施皱着眉头、捂着胸口走路,以为自己也能像西施那样美。没想到,乡亲们看到丑女人的这副怪模样后,有的紧闭大门不出,有的远远望见就跑。这位丑女人被称作东施,她只知道西施皱眉很美,却不知西施皱眉为什么美。这就是"东施效颦"的故事。

◇汉元帝时期是谁自请前往匈奴和亲?

王昭君。汉元帝时期,匈奴的呼韩邪单于亲自来到长安,请求和亲,宫女王昭君自告奋勇,请求嫁往匈奴。相传汉元帝看到王昭君的美貌后十分懊恼:为什么后宫中有如此美丽的女子,自己却不知道呢?原来汉元帝命画工毛延寿为宫女画像,王昭君不愿贿赂画工毛延寿,因此被他故意画丑了。为此,汉元帝惩办了毛延寿。王昭君嫁给呼韩邪单于后,被封为宁胡阏氏("阏氏"意为王后)。

◇貂蝉曾先后被许配给谁?

吕布和董卓。在《三国演义》中,东汉末年,董卓专权,许多忠于汉室的大臣都遭到迫害,司徒王允也是其中之一。王允回到家中,看见貌美的歌女貂蝉,联想起董卓和董卓的大将吕布都是好色之徒,因此心生连环计,想要将貂蝉先后许配给吕布、董卓,令二人反目成仇。貂蝉得知王允的计划后,表示一定会尽力协助。于是王允依计行事。貂蝉凭借过人的才智和胆识,周旋在吕布和董卓之间,使得二人相互之间的嫉恨日益加深。最终,貂蝉出色地完成了自己的任务,使吕布除掉了奸臣董卓。

◇哪位美人死于马嵬驿兵变?

杨贵妃。安史之乱爆发后,唐玄宗在禁军的护卫下,带着杨贵妃仓皇南逃。途经马嵬驿时,禁军将士发动兵变,乱刀砍死了杨贵妃的堂哥——奸相杨国忠。随后,以陈玄礼为首的禁军将士们以"杨贵妃是红颜祸水"为由，逼迫唐玄宗处死杨贵妃。唐玄宗无奈之下，命令宦官高力士将杨贵妃引入佛堂用白绫缢死。后来，杜甫在《哀江头》一诗中怀念杨贵妃："明眸皓齿今何在？血污游魂归不得。"

·杨贵妃墓

◇ "二十四史"的作者中，唯一的一位女性是谁？

班昭。《汉书》是我国第一部纪传体断代史，作者是东汉史学家班固，然而他被牵连入狱，尚未完成《汉书》就死于狱中。为了实现班固的遗愿，班昭挺身而出，与马续共同完成了《汉书》中的八表和《天文志》的编撰工作，使《汉书》最终成书。

◇ 谁女扮男装，替父从军？

花木兰。花木兰是我国古代传说中的一位女英雄。相传，朝廷在民间征兵，花木兰的父亲因为年迈而无法应征。为了保家卫国，花木兰毅然剪去长发，女扮男装，替父从军。在军中，她屡建奇功，赢得了战友的尊敬。战争结束后，花木兰谢绝了朝廷的封赏，返回家乡，恢复女儿身。花木兰的故事传诵千古，她也成了忠孝两全、勇敢智慧的象征。

◇ "女驸马"指的是谁？

冯素珍。冯素珍是黄梅戏经典剧目《女驸马》的主角，在故事中，她与李兆廷相恋，定下婚约。后来，李家遭遇变故，冯父将冯素珍另许豪门，还害得李兆廷被诬入狱。冯素珍为了帮助李兆廷，女扮男装入京，并以李兆廷之名参加科举考试，考中状元，被皇帝招为驸马。在新婚之夜，冯素珍向公主吐露真情，感动了公主，两人一起向皇帝陈明李兆廷的冤情。皇帝最终赦免了冯素珍的欺君之罪，李兆廷的冤情也得以昭雪。故事的最后，冯素珍和李兆廷终成眷属。

◇ 我国历史上唯一一位被列传的女将军是谁？

秦良玉。明朝万历年间，秦良玉出生在四川忠州，从小就学文习武，胆识过人。马千乘是秦良玉的丈夫，也是石砫宣抚使，他被诬告致死时，儿子马祥麟还十分年幼，不能接任，于是秦良玉代领夫职。秦良玉在代职期间，巾帼不让须眉，先后参与了抗击清军、平定奢崇明之乱、抵御张献忠起义等多场战争，立下汗马功劳，被封为二品诰命夫人，是我国历史上唯一一位被列入正史将相列传的女将军。

◇ 明清时期的"秦淮八艳"有谁？

柳如是、李香君、陈圆圆、董小宛、顾横波、马湘兰、寇白门、卞玉京。"秦淮八艳"指的是明清时期活动于南京秦淮河两岸的八位才貌双绝的名妓。她们大多因家道中落而沦落风尘，能歌善舞，受到江南一带年轻士子的追捧。她们不仅以才艺名动天下，还有着高尚的品德和崇高的爱国气节，在明清之交的民族矛盾旋涡之中，纷纷以自己的方式去挽救大厦将倾的大明王朝，因此受到后人的赞美。

◇ "女侠名姝"指的是谁？

柳如是。柳如是，本名杨爱，号河东君，年幼时被卖为歌姬。受名妓徐佛的影响，柳如是在诗、词、书、画方面均有一定造诣。早年间，柳如是与才子陈子龙相爱，因陈家人的反对而分开。后来，柳如是结识了年纪比自己大了将近40岁的明末大儒钱谦益，两人不顾世俗的眼光结为夫妇。明朝灭亡后，柳如是曾力劝钱谦益以身殉国，钱谦益却以"水太冷"为由，不肯赴死。柳如是又气又伤心，"奋身欲沉池水中"，被身边人拦了下来。钱谦益降清后，前往京城赴任，柳如是坚持留在常熟家中。后来钱谦益入狱，她又变卖家产予以营救，并资助抗清义军。钱谦益去世后，钱家族人争夺财产，柳如是不堪其辱，自缢身亡，年仅四十六岁。柳如是的人生充满了传奇色彩，她才华与气节并重，因此史学家陈寅恪赞誉她为"女侠名姝"。

◇ 《桃花扇》的故事原型是谁？

李香君。李香君出身官宦人家，父亲受到魏忠贤的迫害，家道中落，她也因而沦落风尘。她知书达礼，温婉动人，与才子侯方域一见钟情，坠入爱河。时值朝代更替，政局动荡，南京城里的王室宗亲纷纷外逃，李香君鼓励侯方域前往扬州商议抗清大计。奸臣阮大铖见收买侯方域不成，开始迫害二人，怂恿权贵田仰强娶李香君，遭到了李香君的强烈抵抗。侯方域最终抵挡不住迫害，逃离南京，为这段短暂的爱情画上了句号。后来，清军攻克南京，在城中烧杀掳掠，侯方域没能坚守住气节，向清军投降。李香君万念俱灰之下，在栖霞山下的一座道观中出家。多年后，孔尚任游历南京时，被李香君的事迹所感动，创作了传奇剧本《桃花扇》。

· 《桃花扇》

◇ "冲冠一怒为红颜"中的"红颜"指的是谁？

陈圆圆。陈圆圆是"秦淮八艳"中最负盛名的一位，有"声甲天下之声，色甲天下之色"之誉。明朝末年，陈圆圆被许配给镇守山海关的将领吴三桂为妾。当时李自成起义，北京城被攻占，明朝灭亡，陈圆圆也被李自成的部将掳走。北京城破后，吴三桂原本打算向李自成投降，但在得知陈圆圆被抢走后，他无比愤怒，决定引清军入关，共同对抗李自成。后来，诗人吴伟业创作了一首《圆圆曲》来讽刺吴三桂降清，其中有一句"冲冠一怒为红颜"，这里的"红颜"指的就是陈圆圆。

◇ 谁有着"侠妓"之称？

小凤仙。小凤仙原名朱筱凤，出生于清朝末年，是北京八大胡同中红极一时的名妓。蔡锷是我国近现代的著名爱国军事将领和政治家。辛亥革命后不久，袁世凯便倒行逆施，自称皇帝。袁世凯采取各种手段将蔡锷软禁在北京，蔡锷为了保护家人和躲避袁世凯的监视，曾与小凤仙一同居住在棉花胡同附近，假装出一副耽于女色、不问国事的样子。袁世凯果然放松了对蔡锷的警惕。后来在小凤仙的帮助下，蔡锷成功逃离北京，返回云南发动护国运动，迫使袁世凯取消帝制。

因为小凤仙掩护蔡锷出逃的义举，人们称她为"侠妓"。

◇ **"民国四大才女"分别是谁？**

吕碧城、萧红、石评梅、张爱玲。民国时期，各种思想碰撞激荡，我国涌现了许多才华横溢的优秀女性，以上四位被评为"民国四大才女"。吕碧城是一位特立独行的女诗人，她是我国呼吁女性解放的先驱，以其独立之精神引领风气之先。萧红是一位情感深沉的女作家，她通过《呼兰河传》等作品展现了对社会底层人民的深切同情和对生活的独特感悟，被誉为"20世纪30年代的文学洛神"。石评梅是一位才情出众的女散文家，以细腻的笔触和真挚的情感展现了女性的内心世界。张爱玲是一位天赋极高的小说家，以锐利的笔触揭示了人性深处的复杂情感和社会阴暗面，为中国女性文学开拓了一片新天地。

◇ **我国第一位女建筑学家是谁？**

林徽因。林徽因生于1904年，自幼接受中西教育，后赴欧美留学，专攻建筑与设计。1928年，林徽因与梁思成结婚，共同投身于我国的建筑事业，一起任教于东北大学建筑系。抗战期间，林徽因坚持学术研究，在山西发现了全国最古老的木结构建筑——唐代佛光寺大殿，还协助梁思成完成了《中国建筑史》的初稿。新中国成立后，她任教于清华大学建筑系，参与了国徽图案设计、人民英雄纪念碑修建等重要工作。林徽因在建筑、文艺等领域均有卓越贡献，是我国第一位女建筑学家，也是中国现代建筑学的重要奠基人之一。

第二章

文学常识

典籍名著

◇ 经、史、子、集指的是什么?

"经、史、子、集"泛指中国古代典籍,是我国传统图书分类的四大部类。经部包括儒家经典著作及小学(古代语言文字学)类著作,如《尚书》《诗经》《礼记》《论语》等;史部包括各种体例的历史著作,如《史记》《汉书》《战国策》《资治通鉴》等;子部收有诸子百家及释、道等宗教的著作,包括儒家、兵家、法家、农家、医家等类别,如《鬼谷子》《墨子》《淮南子》《老子》等;集部收有诗、文、词总集和专集,如《楚辞》《昭明文选》等。

◇ 我国古籍中有哪些"第一"?

我国第一部大百科全书:《永乐大典》
我国第一部神话集:《山海经》
我国第一部记录谋臣、策士、门客言行的专集:《战国策》
我国第一部编年体史书:《春秋》
我国第一部纪传体通史:《史记》
我国第一部纪传体断代史:《汉书》
我国第一部国别体史书:《国语》
我国第一部兵书:《孙子兵法》
我国第一部诗歌总集:《诗经》
我国第一部志怪小说:《搜神记》

◇ "中国"一词最早出现在哪部书里?

《尚书》。《尚书·梓材》中有这么一句话:"皇天既付中国民,越厥疆土于先王。"这里的"中国"指的是周人聚居的关中和河洛地区。后来,这个词的外延逐渐扩展,最终从一个特定区域的名称变成整个国家的代称。

◇ 《论语》的第一句是什么?

"子曰:'学而时习之,不亦说乎?'"这句话出自《论语·学而》,意思是:孔子说,学习中按时温习,不是很愉快吗?这句话强调了温习的重要性以及学习带来的愉悦感。

◇被誉为"兵学圣典"的是哪本书?

《孙子兵法》。《孙子兵法》是我国现存最古老的兵书,由春秋末期的军事家孙武编写,自古以来备受推崇,研习者众多。全书共十三篇,分别是计篇、作战篇、谋攻篇、形篇、势篇、虚实篇、军争篇、九变篇、行军篇、地形篇、九地篇、火攻篇和用间篇。每篇都以"孙子曰"开头,按专题进行论述,结构严谨,层次分明。《孙子兵法》语言简练质朴,文风严肃,善于使用排比和比喻,内容生动具体,被誉为"兵学圣典"。

◇"天时不如地利,地利不如人和"出自哪部作品?

《孟子》。这句话的意思是,天时、地利和人和是决定成败的三个重要因素,但最关键的是"人和"。孟子认为,在考虑战略时,尽管天时(自然条件和时机)和地利(地理优势)都很重要,但比这两者更为重要的是人心所向和内部团结,即"人和"。这体现了孟子对民心向背的重视以及他一贯的以民为本的思想。

◇哪部著作号称"一字千金"?

《吕氏春秋》。"一字千金"这个成语源于《史记·吕不韦列传》中的一个故事。据记载,秦王嬴政刚即位时,尊吕不韦为"仲父",由他摄政。当时,魏国有信陵君,楚国有春申君,赵国有平原君,齐国有孟尝君,他们都以礼贤下士闻名。吕不韦深感秦国虽然强大,却没有这样的贤士。因此,他开始招揽贤士,后来他的门客多达三千人。那时,各诸侯国有很多辩士,他们著书立说,思想言论广传天下。于是,吕不韦命令他的门客们将所见所闻写下来,汇集成书,定名为《吕氏春秋》。这部书包括八览、六论、十二纪,汇集各派学说,并谈及天文、音律等多方面的知识,共有二十余万字。

吕不韦完成《吕氏春秋》后,将书悬挂在咸阳的城门上,并宣称谁要是能增加或减少此书中的一个字,自己就赏赐千金给他。"一字千金"这个成语就出自这个故事,用来形容文章或言辞极为精妙,价值很高。

◇ 哪部著作被誉为"史家之绝唱，无韵之《离骚》"？

《史记》。这句话出自鲁迅的《汉文学史纲要》，原文是这么说的："虽背《春秋》之义，固不失为史家之绝唱，无韵之《离骚》矣。""史家之绝唱"的意思是，《史记》的史学记录打破了传统规范，表现出前所未有的创新。这种创新在前人中没有，后人中也很少见。"无韵之《离骚》"则是对《史记》的文学价值的高度赞扬。鲁迅认为，《史记》的写法是"发于情"和"肆于心"的，也就是说，不同于传统史学家，司马迁在历史事件中寄寓了许多自身的情感以及看法，很多文字中都充满了怨愤之情，这与《离骚》有相似之处。

◇ "四书""五经"指什么？

"四书"：

《大学》：出自《礼记》，为论述儒家思想的一篇散文，讲述了修身、齐家、治国、平天下等道理。

《中庸》：出自《礼记》，探讨了中庸之道，即追求不偏不倚、恰到好处的行为准则。

《论语》：记录了孔子及其弟子的言行，是理解孔子思想和儒家学说的重要文献。

《孟子》：由孟子及其弟子的言论汇编而成。该书进一步发展了孔子的思想，强调仁政和民本思想。

"五经"：

《诗经》：中国最早的诗歌总集，收录了从西周初年到春秋中叶的诗歌，共305篇（不含6篇只有标题、没有内容的笙诗），分为风、雅、颂三部分，反映了当时的社会生活和风俗习惯。

《尚书》：又称《书经》，是古代历史文献和政治文献的汇编，记载了五帝、夏、商、周至秦穆公时期的重要事件。

《礼记》：礼学经典之一，内容包括礼仪、礼法等，是研究古代礼制的重要资料。

《周易》：包括《易经》和《易传》，即作为原文的"经"和作为解说的"传"两部分，被视为占卜和预测的经典著作。

《春秋》：是我国最早的编年体史书，相传是孔子依据鲁国史官所编的鲁史加以整理修订而成的。该书记载了鲁国从鲁隐公元年（前722）到鲁哀公十四年（前481）间的历史。

◇ "十三经"指的是哪些书?

十三经指儒家的13部经典著作,即《周易》《尚书》《诗经》《周礼》《仪礼》《礼记》《左传》《公羊传》《穀梁传》《论语》《尔雅》《孝经》《孟子》。十三经的形成经历了多个朝代的扩充。汉代最初设立了《诗经》《尚书》《礼记》《周易》和《春秋》五部经典,被称为"五经"。唐代在"五经"的基础上增加了《周礼》《仪礼》,《春秋》则被分为《春秋》三传(《左传》《公羊传》《穀梁传》),合称"九经"。唐代开成年间,又增《孝经》《论语》和《尔雅》,合称"十二经"。宋代再增《孟子》,最终形成了"十三经"。

◇ 我国现存最完备的乐府诗歌总集是哪一部?

《乐府诗集》。北宋郭茂倩编著的《乐府诗集》是现存诗歌总集中收集历代乐府诗歌最完备的一部,共有100卷,分为12类,每一类的使用场合都不同,如郊庙歌辞专门用于朝廷祭祀场合,燕射歌辞用于宴飨和射礼,鼓吹曲辞和横吹曲辞主要用于车队和军队。《乐府诗集》所收集的作品风格朴素自然,语言亲切平和,情感真挚感人,多采用铺陈直叙的表现手法,充满了浓厚的生活气息,反映了古代社会生活的方方面面。

◇ "二十四史"是什么?包括哪些史书?

"二十四史"是乾隆皇帝钦定的二十四部纪传体史书的总称,记录了我国从黄帝时代到明朝末年的历史。这二十四部史书分别是《史记》《汉书》《后汉书》《三国志》《晋书》《宋书》《南齐书》《梁书》《陈书》《魏书》《北齐书》《周书》《隋书》《南史》《北史》《旧唐书》《新唐书》《旧五代史》《新五代史》《宋史》《辽史》《金史》《元史》《明史》。

◇ 哪本书被戏称为"呜呼传"?

《新五代史》。《新五代史》由北宋文学家欧阳修编纂,是宋代之后唯一一部由私人编纂的正史。它之所以被称为"呜呼传",是因为欧阳修希望通过这部史书来表达自己的价值观和历史观,于是常在书中直接发表议论,而这些议论往往以"呜呼"二字开头，因此有人戏称《新五代史》为"呜呼传"。

◇ **《资治通鉴》的书名是哪位皇帝起的？**

宋神宗。北宋年间，司马光受宋英宗和宋神宗之命，主编一部编年体通史，在范祖禹等人的协助下，历时19年完成编纂。成书后，宋神宗认为这部书"鉴于往事，有资于治道"，因此将其命名为《资治通鉴》。《资治通鉴》是中国历史上第一部编年体通史，记述了从周威烈王二十三年（前403）到五代后周世宗显德六年（959）的历史，跨越了16个朝代，长达1 362年，具有极高的史料价值。

◇ **《水经注》是一部什么类型的著作？**

综合性地理著作。《水经注》是北魏郦道元编写的，是一部名为注释《水经》，实则以《水经》为纲，作了大量补充和拓展的地理著作。这本书延续了《水经》因水记山、因地记事的方法，以黄河和长江为主线，根据自然地理特点，从南到北记载了大大小小1 252条河流，详细描述了这些河流的源头、支流和流经地区的地形、气候、土壤和物产，还介绍了沿岸城镇的历史变迁，以及相关历史事件和神话传说，涵盖了人文地理、自然地理和历史资料。《水经注》的篇幅是《水经》的20倍，独立成书，是研究我国古代地理、历史和文化的重要参考资料。

◇ **"中国17世纪的工艺百科全书"指的是哪部著作？**

《天工开物》。《天工开物》是明代的一部综合性科学技术著作，作者宋应星是明末清初的科学家。宋应星在担任江西分宜县教谕期间，将长期积累的生产技术知识整理成书，于明崇祯十年（1637）初次刊行，此书即为《天工开物》。

《天工开物》全书分上、中、下三编，共十八卷，详细记录了包括机械、砖瓦、陶瓷、纸张、兵器、火药、纺织、染色、制盐、采煤、榨油等在内的多种生产技术。书中介绍了130多项生产技术和工序，以及相关工具的名称、形状，附有121幅插图，内容极为详尽，尤其对各类机械的描述非常细致。

◇ 为什么《本草纲目》被称誉为"东方医药巨典"？

因为它是一本集大成的医药学著作。《本草纲目》是明代著名医药学家李时珍编著的一本药学典籍，是中国古代药物学的巅峰之作。书中总结了16世纪以前中国的药物知识，对药物进行了广泛的收录，收录了1800余种药物，较《证类本草》增加了300余种。该书还附有1000余幅药图和11000余个药方，是中国药学史上的重要著作，因此被誉为"东方医药巨典"。

◇ "临川四梦"指的是什么？

"临川四梦"是对明代著名戏剧家汤显祖的代表作品的合称，包括四部戏剧：《牡丹亭》、《紫钗记》、《邯郸记》和《南柯记》。这四部作品均包含梦境元素，且作者汤显祖为江西临川（今江西抚州）人，故被合称为"临川四梦"。

◇《西游记》中，唐僧一共收了几个徒弟？

五个，耳熟能详的有三个。

孙悟空：唐僧的大徒弟。孙悟空原是花果山上的一只石猴，因大闹天宫被如来佛祖压在五行山下。后来孙悟空被唐僧救出，成为唐僧的徒弟。孙悟空聪明机智，武艺高强，拥有七十二变和火眼金睛等本领，是取经团队中的主要战斗力。

猪八戒：唐僧的二徒弟。猪八戒本是天蓬元帅，因调戏嫦娥被贬下凡间，投胎成猪。后来他在高老庄被唐僧收为徒弟。猪八戒性格懒惰、贪吃好色，但也有善良的一面。

沙悟净：唐僧的三徒弟。沙悟净本是天上的卷帘大将，因打碎琉璃盏被贬到流沙河，成为吃人的妖怪，后来被唐僧收为徒弟。沙悟净性格忠厚老实，任劳任怨，是取经团队中的后勤保障。

除了孙悟空、猪八戒和沙悟净，唐僧还有两个徒弟。《西游记》原著第十三回中这样表述："师徒们行了数日，到了巩州城。早有巩州合属官吏人等，迎接入城中。"这里的"师徒们"指的就是唐僧和他的两个随从，因此这两个人也被认为是唐僧的徒弟。

◇《西游记》里的"四海龙王"分别是谁？各有什么本领？

"四海龙王"是东海龙王、南海龙王、西海龙王、北海龙王的合称。其中，东海龙王名为敖广，负责掌管东海，能控制雨水、海潮等，为司雨之神；西海龙王名为敖闰，能操纵风；南海龙王名为敖钦，能控制火灾、闪电等；北海龙王名为敖顺，掌管雪、冰雹等。

◇《水浒传》中，谁是历史上真实存在的人物？

宋江。历史上的宋江是北宋时期的一个起义领袖，手下有三十六个头领。他领导的起义军在北方，主要是山东地区活动。宣和二年（1120）冬，北宋朝廷任命曾孝蕴为青州知州，专门负责镇压起义。次年，宋江率部进入楚州、海州一带，被知海州张叔夜伏击打败，最终投降。南宋时期，宋江的故事在民间广为流传，画家李嵩曾绘下宋江的画像，龚开也为其三十六位头领作过画像赞，《大宋宣和遗事》则将他的事迹编成了故事。《水浒传》正是基于这些历史记载和民间传说形成的一部经典小说。在《水浒传》中，宋江被描绘成一个富于忠义之心的梁山好汉，领导了一百零八位英雄共同反抗朝廷的压迫。

◇"水浒一百单八将"中有三位女性，分别是谁？

扈三娘：在梁山一百零八将中排名第五十九，是独龙冈扈家庄扈太公的女儿，原本与祝家庄的祝彪定亲。宋江攻打祝家庄时，扈家庄派兵援助，扈三娘在战斗中俘获了梁山的王英，但随后被林冲擒获。宋江派人连夜将她送上梁山，由宋太公看管。经过三打祝家庄后，扈三娘成了宋江的义妹，并被指婚给王英，成为梁山的一员女将。

顾大嫂：排名第一百零一，与丈夫孙新以开酒店为生。她因搭救表弟解珍、解宝而劫狱反登州，后来上梁山入伙，并参与了攻打祝家庄的卧底行动。

孙二娘：排名第一百零三，是山夜叉孙元的女儿，与丈夫张青在孟州大树十字坡下开黑店为生。武松因被刺配孟州，途经他们的店。孙二娘见武松包裹沉重，以为里面有贵重物品，便在酒中撒下蒙汗药，但被武松识破。武松将她打翻在地，恰巧碰上张青赶回来。得知武松的身份后，夫妻二人便向武松赔礼请罪。后来，张青与武松结拜为兄弟。武松在鸳鸯楼杀了张都监等人后，孙二娘帮助他改扮成行者模样，投奔二龙山，不久后她与张青也加入了二龙山。

◇ **我国第一部章回体长篇小说是什么？**

《三国演义》。《三国演义》是我国第一部章回体长篇小说，也是历史演义小说的开山之作，作者是元末明初著名小说家罗贯中。《三国演义》叙述了从汉末动乱、三国鼎立到晋朝统一的近百年间的历史，通过艺术手法描写魏、蜀、吴三国之间的政治、军事、外交斗争，揭示了当时社会的黑暗腐朽和人民的苦难，表达了反对战争、追求国家统一的愿望，赞扬了忠义仁政，批判了奸诈暴政。

◇ **哪本书被称为"中国封建社会的百科全书"？**

《红楼梦》。《红楼梦》以荣国府的日常生活为核心，围绕贾宝玉、林黛玉和薛宝钗的爱情婚姻悲剧展开，同时描绘了贾、史、王、薛四大家族由兴盛走向衰败的历程，并通过复杂曲折的表现手法，展现了封建王朝最终走向崩溃的命运，情感基调凄婉深切，思想内涵深远。此外，小说真实且深入地展现了包括古代民俗、衣食住行和文学绘画等在内的古代社会生活的各个方面，因此被誉为"中国封建社会的百科全书"。

◇ **"金陵十二钗"正册之首是哪两个人？**

林黛玉和薛宝钗。在《红楼梦》第五回中，贾宝玉在梦中游历了太虚幻境，翻看了"金陵十二钗"的正册、副册和又副册，其中正册的第一页上写着："可叹停机德，堪怜咏絮才。玉带林中挂，金簪雪里埋。"这首诗中的"停机德"指的是薛宝钗。"停机德"是指符合封建道德规范的一种妇德，源自东汉乐羊子的妻子用停下织机的方式劝丈夫不要中断学业的故事。"咏絮才"指的是林黛玉。这个典故出自晋人谢道韫以"柳絮因风起"比拟雪花飞舞的故事，表明黛玉才思敏捷。"玉带林中挂"中的前三个字倒读的谐音是"林黛玉"，暗示贾宝玉对林黛玉的牵挂。而"金簪雪里埋"中的"金簪"指"宝钗"，"雪"谐音"薛"，寓意薛宝钗的结局将是悲凉与凄苦的。因此,"金陵十二钗"正册之首是林黛玉和薛宝钗。

◇《古文观止》中的"观止"是什么意思?

"观止"取"叹为观止"之意,指看到的事物好到极点,可以停下来,不再看了。《古文观止》取名"观止",意在表明书中所选都是古文中的精华之作。该书由清代的吴楚材和吴调侯编选,汇集了中国历代优秀散文,同时兼收骈文,时间跨度从先秦至明末,共收录了222篇文章,分为12卷。编排上,该书按时代顺序分为七个时期,每个时期都有重点作家的作品,对每篇文章都有简短的评注。入选的文章大多是流传已久的经典佳作,值得反复阅读和品味。

◇"三言二拍"指哪几本书?

"三言二拍"是对明代五本著名传奇小说集的合称,其中"三言"是指明代冯梦龙所著的《喻世明言》《警世通言》和《醒世恒言》,"二拍"是指凌濛初所著的《初刻拍案惊奇》和《二刻拍案惊奇》。

◇《范进中举》选自哪部作品?

《儒林外史》。《儒林外史》是清代作家吴敬梓创作的一部长篇讽刺小说,小说塑造了一系列生动的人物形象,以辛辣的讽刺手法揭露了当时科举制度下知识分子的生活面貌和心理状态。《范进中举》是这部小说中最为人所熟知的情节之一,出自第三回,讲述了主人公范进——一个屡试不中的穷秀才,在54岁时终于中举之后发疯的故事,深刻揭露了科举制度对读书人的毒害。

◇哪本书是古代最杰出的文言短篇小说集?

《聊斋志异》。这本书是一本包含大量花妖狐魅故事的短篇小说集,共收录了近五百篇作品,作者是清代作家蒲松龄。《聊斋志异》以丰富的想象力、深刻的内涵、精湛的艺术技巧和独特的文学风格著称。书中的故事往往以超自然元素为载体,字里行间常透露出鬼比人还要有情义的看法,以此讽刺时代的弊端与世态炎凉,反映了作者对于当时社会现实的不满,以及对理想生活的向往。《聊斋志异》中的故事情节曲折离奇，人物形象鲜明，语言优美生动，具有很高的文学价值和历史地位，对后世文学创作产生了深远的影响。

诗词歌赋

◇《诗经》中的内容主要分为哪三部分？

《风》《雅》《颂》。最初，这三部分是根据不同的音乐形式来划分的。宋代郑樵在《通志序》中提到："风土之音曰风，朝廷之音曰雅，宗庙之音曰颂。"但现在我们更多是根据诗歌内容来区分这三部分。《风》指的是国风，主要是各地的民歌，包含十五国的歌谣，共计160篇，占《诗经》内容的一半以上。国风的内容丰富，文学和艺术成就都很高。《雅》指雅乐，是周王朝直辖地区的正声音乐。《雅》分为《大雅》和《小雅》，总共有105篇，大多是叙事诗。《颂》指的是宗庙祭祀用的舞曲歌辞，包括《周颂》《鲁颂》和《商颂》，共40篇，多数是叙事诗和祭神歌。

◇《诗经》的第一篇是什么？

《关雎》。《关雎》属于国风中的《周南》，以"关关雎鸠，在河之洲"起兴，描绘了雎鸠在河边鸣叫的情景，引出下文男子对女子的爱慕和追求。《关雎》语言风格清新自然，被后世视为经典的爱情诗歌范例。

◇"执子之手，与子偕老"最初表达的是什么感情？

一般认为表达的是战友情。这两句诗出自《诗经》的《邶风·击鼓》。这首诗为战争诗，描述了主人公被迫从军南征的心情，表达了他内心的怨恨和无奈。诗中的原句是："死生契阔，与子成说。执子之手，与子偕老。"这里的"子"指的是"你"，"契"是合的意思，"阔"是离的意思，所以"死生契阔"意为生死离合。这四句诗的意思是："我曾向你立下无论生死永不分离的誓言。我愿牵着你的手，和你一起白头到老。"这里的"执子之手，与子偕老"可以理解为握着战友的手，奔赴战场，共同面对生死，因而是战友之间的盟约。也有人认为，这段话是士兵对家人

（尤其是妻子）的表白，表现了士兵对残酷战争的感慨和对不能活着回家的恐惧。现在人们一般将这句话当作对婚姻的承诺，表示希望与对方相知相守一辈子。

◇我国第一部浪漫主义诗歌总集是什么？

《楚辞》。《楚辞》由西汉末年的刘向编成并命名，最初的版本包括屈原、宋玉、东方朔、王褒和刘向等人的辞赋，共计16篇。后来，东汉文学家王逸增加了自己作的《九思》，使得全书的篇幅增加至17篇，成为后世通行的版本。

《楚辞》的产生与楚地的民歌和文化传统密不可分。楚国有着悠久的历史和浓厚的巫文化，楚地人民常以歌舞娱神。这让大量神话得以保存，也促进了诗歌和音乐的迅速发展。因此，《楚辞》的音调和韵律具有独特的楚国风格，作品中也充满了原始的宗教气氛，展现出浓厚的浪漫主义色彩。

◇中国文学史上的"风""骚"分别指什么？

"风"指《诗经》，"骚"指《楚辞》，两者并称"风骚"。《诗经》因有"国风"而被称为"风"；《楚辞》中最著名的是屈原的《离骚》，因此人们以"骚"代称《楚辞》。《诗经》和《楚辞》分别为中国诗歌史上现实主义和浪漫主义的源头，因此人们往往将"风""骚"并称。

◇"乐府双璧"指哪两个作品？

《孔雀东南飞》和《木兰诗》。《孔雀东南飞》又名《古诗为焦仲卿妻作》，是古乐府民歌的代表作之一，也是中国文学史上现存最早的长篇叙事诗，取材于汉末建安年间的一桩婚姻悲剧。故事讲述了刘兰芝和焦仲卿夫妻恩爱，但兰芝在焦母的逼迫下回到娘家，之后又被哥哥逼迫改嫁，最终刘兰芝与焦仲卿夫妻二人在绝望中殉情。《木兰诗》是南北朝时期北方的一首长篇叙事民歌，记述了木兰女扮男装，代父从军，征战沙场，凯旋后辞官还家的故事，表现了木兰的英雄气概与女儿情怀，具有传奇色彩和浓郁的民歌特色。这两首诗以其感人的故事和反抗精神，深受历代人民喜爱，在我国古典诗歌中占有重要地位，因而被称为"乐府双璧"。

◇"五言之冠冕"指的是什么？

《古诗十九首》。《古诗十九首》是南朝梁萧统编《文选》时选入的十九首无名氏古诗，是东汉末年由文人创作的一组抒情短诗。这十九首诗包括《行行重行行》《青青河畔草》《今日良宴会》等经典诗篇。《古诗十九首》长于抒情，表达情感含蓄而深远，语言自然质朴。这些诗不仅在艺术上达到了很高的水平，而且在内容上反映了汉代的社会风貌和文人的情感世界。因此，《古诗十九首》在中国文学史上占据着重要地位，是后世诗人学习和仿效的典范之作，被刘勰在《文心雕龙》中称赞为"五言之冠冕"，即五言诗中的典范之作。

◇诸葛亮的《出师表》是写给谁的？

刘禅。《出师表》是三国时期蜀汉丞相诸葛亮在北伐曹魏之前给后主刘禅呈递的表文。刘备在临终前将刘禅托付给了诸葛亮。诸葛亮在刘备去世后，采取了一系列有效的政治和经济措施，使蜀汉呈现出欣欣向荣的发展态势。为了实现兴复汉室的目标，诸葛亮在平息南方叛乱之后，于建兴五年（227）决定北伐曹魏，计划夺取魏国的长安。临行之前，因忧心刘禅愚昧软弱、蜀汉将有内乱之祸，他写下著名的《出师表》，向刘禅上书劝谏。在这篇表文中，诸葛亮以恳切的言辞，针对当时的局势，反复劝勉刘禅要继承先主刘备的遗志，广开言路，虚心纳谏，赏罚分明，亲近贤臣，远离小人，以实现兴复汉室的大业。

◇哪部著作导致"洛阳纸贵"？

《三都赋》。这部作品由《蜀都赋》《吴都赋》和《魏都赋》三篇独立而又相互联结的赋组成，作者是西晋文学家左思。左思通过这几篇赋，描绘了三国时期的蜀都成都、吴都建业和魏都邺城的山水物产和风俗人情。这些赋不仅文辞华丽，而且详细描绘了当时的社会景象，引起了人们的极大兴趣。

"洛阳纸贵"这一成语源自《晋书·左思传》。据记载，左思用了十年时间构思并完成了《三都赋》。这部作品传到司空张华手中后，得到他的高度赞赏，认为其可与汉代班固的《两都赋》和张衡的《二京赋》媲美。张华的评价传开后，当时京城洛阳的豪门贵族争相传抄《三都赋》，导致洛阳的纸张价格猛涨。后来，人们常用"洛阳纸贵"来形容作品大受欢迎。

◇ "翩若惊鸿，婉若游龙"出自哪篇作品？

《洛神赋》。这篇辞赋是三国时期曹植创作的，被收录在《文选》中。根据李善的注释，曹植曾向甄逸女求婚未果，甄逸女最终嫁给了曹丕，但后来被皇后郭氏诬陷而死。曹植为此创作了《感甄赋》，后来魏明帝改题为《洛神赋》。不过，这个说法并不完全符合历史事实，有可能是小说家编造的。

《洛神赋》通过幻想的形式，描述了人神相恋但最终因人神殊途而不得不痛别的故事。有人认为曹植假借洛神，抒发了自己无法与文帝曹丕互通衷情的政治苦闷和情感上的无奈。全篇辞赋极力描绘洛神的美丽，虚实结合，生动传神，文辞华丽。其中"翩若惊鸿，婉若游龙"就是用来形容洛神的，意指她的身姿像惊飞的鸿雁般轻盈，又像游动的龙一样纤柔灵动。

◇ 哪首诗被称为"亡国之音"？

《玉树后庭花》。这首诗是南朝陈末代皇帝陈叔宝创作的宫体诗，整首诗的主题非常简单，主要是赞美嫔妃们的容貌和姿态。从艺术的角度来看，这首诗巧妙地使用了侧面描写，舍形而求神，刻画出生动传神的女子形象，语言清新，比喻形象，结构紧凑，对宫体诗有一定的突破。然而，这首诗因创作于隋军进攻都城、陈朝灭亡的前夕，所以被后人视为"亡国之音"。

◇ 哪篇作品被称为"千古第一骈文"？

《滕王阁序》。这篇骈文是初唐文学家王勃的名作，原题为《秋日登洪府滕王阁饯别序》。唐高宗上元三年（676），王勃前往南方探亲，途经洪州（今江西南昌）时，刚好碰到都督阎公在滕王阁中宴请宾客。王勃在宴席上写下了著名的《滕王阁序》。从内容上看，文章前半部分主要赞美了宾主的名望、才华以及滕王阁的壮丽景色。而后半部分则从景色引入情感，抒发了王勃怀才不遇的心情和渴望建功立业的雄心壮志。在艺术上，《滕王阁序》以对偶句为主，语言对仗工整，用典丰富，辞藻华丽，风格严谨庄重，名句频出。这篇文章不仅展示了王勃的文学才华，也反映了他对人生的思考和感悟，至今仍被视为骈文的典范之作。

◇ 哪首诗号称"孤篇盖全唐"？

《春江花月夜》。这首诗是唐代诗人张若虚创作的七言诗。虽然诗题沿用了前人所作的乐府旧题，但张若虚在内容表达上突破了宫体诗的局限，以优美的语言描绘了春江花月夜的绮丽景色，抒发了游子思妇的离愁别绪，同时也表达了诗人对江月长存、宇宙永恒而人生短暂的感慨和迷惘。清末学者王闿运对《春江花月夜》的评价是"孤篇横绝，竟为大家"，闻一多则赞誉该诗为"诗中的诗，顶峰上的顶峰"，进一步肯定了其在中国古代诗歌中的独特地位。

◇ 哪首诗被赞誉为"中唐七绝之冠"？

《夜上受降城闻笛》。这首诗是唐代诗人李益创作的一首七言绝句，是其代表作。诗中用"沙似雪""月如霜"这样的环境描写，突出边塞环境的艰苦，随后又加入了一缕悠长的芦管声，表达了征人们深切的思乡之情。全诗情景交融，达到了一种浑然一体的艺术效果，被认为是唐代七言绝句中的珍品。

"中唐七绝之冠"的说法来源于明代学者胡应麟在《诗薮》中的评价，他在书中列举了各个时期七言绝句的代表作："初唐绝，蒲桃美酒为冠，盛唐绝，渭城朝雨为冠，中唐绝，回乐峰前为冠，晚唐绝，清江一曲为冠。"由此可见《夜上受降城闻笛》在中唐诗坛的地位。

◇ 《早发白帝城》是李白在游历期间写的吗？

不是，是他在流放途中听到大赦天下的消息时写的。这首诗创作于李白58岁之时，其背景与"安史之乱"密切相关。天宝十四年（755），安禄山起兵叛乱。长安失陷后，唐玄宗仓促西逃，并发布诏令，要求自己在外地的儿子自行组织军队抵抗叛军。于是，唐玄宗的儿子永王李璘在江陵组织军队，并邀请李白加入幕府。当时，李白正在庐山隐居，他误以为这是实现政治抱负、为国家效力的机会，遂应邀而去，并为李璘写了不少赞美诗。然而，李璘意图割据江东，被唐肃宗讨伐，兵败而死。李白也被牵连入狱，险些被杀。最终，在朋友们的多方营救下，李白被改为流放夜郎。夜郎，位于今贵州桐梓，在当时是偏远贫瘠的地区。李白58岁时遭此厄运，心境十分悲凉。幸而他刚到白帝城时，朝廷就宣布大赦天下，这对李白而言是天大的喜讯。从绝望到希望，从悲凉到喜悦，李白的心境发生了巨大的转变。在这种背景下，李白从白帝城乘舟顺流而下，写下了这首潇洒豪放的《早发白帝城》。

· 白帝城

知识拓展

汪伦是一位不出名的诗人，他非常仰慕大诗人李白，希望能与其结交，成为好友。天宝元年（742）至宝应元年（762），李白多次游览安徽各地，汪伦特意以"桃花潭水深千尺"的美景和"万家酒店"的美酒吸引李白，李白被汪伦的真诚所感动，与他结为好友。

与汪伦离别时，李白写下了《赠汪伦》一诗。汪伦也因此诗留名青史，成为"史上最有名的粉丝"。

◇ "三吏""三别"是什么？

"三吏"为《新安吏》《石壕吏》《潼关吏》，"三别"为《新婚别》《无家别》和《垂老别》，均为唐代诗人杜甫的作品。

安史之乱爆发后，杜甫一家迁至鄜州羌村（今陕西富县北）避难。得知太子李亨即位为唐肃宗后，杜甫安顿好家人，只身投奔肃宗，但在途中被叛军截获，押往长安。随着唐军胜利在望，杜甫趁机逃出长安，成功投奔肃宗，并被任命为左拾遗。然而，由于为好友房琯仗义执言，杜甫触怒了肃宗，被贬至华州（今陕西渭南华州区）。

在此期间，杜甫前往洛阳探亲，

恰逢官军与叛军在邺城交战，官军大败，郭子仪军退守河阳。为补充兵力，朝廷四处征兵。杜甫在从洛阳返回华州途中，目睹了战乱给百姓带来的深重灾难，于是创作了"三吏""三别"六首诗。

"三吏""三别"虽然只有六首诗，但从不同角度记录了百姓在战乱中的苦难命运，深刻描绘了征兵、离别、贫困等景象。这些作品体现了杜甫对战乱中民生疾苦的关注和深切同情，还展示了战争对普通百姓生活的毁灭性影响。这些作品也成为后世了解和研究唐代战乱时期百姓生活的重要文献，具有重要的史学价值。

◇《长恨歌》讲述了谁的故事？

唐玄宗和杨贵妃。《长恨歌》是唐代诗人白居易创作的一首长篇叙事诗。诗歌开篇描写了唐玄宗与杨贵妃的爱情生活以及安史之乱的爆发。接着，诗歌描写了杨贵妃在马嵬驿兵变中被缢杀，之后唐玄宗对她朝思暮想的场景。最后，诗歌描绘了唐玄宗派人上天入地寻找杨贵妃的情景，以及使者在蓬莱仙境中见到杨贵妃的场面。白居易在诗中刻意避开了具体的政治争论，专注于描写唐玄宗与杨贵妃的爱情故事，使作品具有极高的艺术感染力。这首诗一经问世，迅速传遍天下，受到广泛欢迎。

◇"云想衣裳花想容"中的"想"是什么意思？

"想"在这句诗中是"想到"或"想象"的意思。这句诗出自李白《清平调》三首中的第一首，是李白在长安宫中供奉翰林时所作。"云想衣裳花想容"是此诗的第一句，意思是：贵妃的衣服像云彩一样鲜艳，容貌如牡丹花般美丽。诗中的"想"字用得非常巧妙，引发丰富的联想：既可以是见云霓而想到衣裳，见鲜花而想到容貌，也可以是将衣裳想象为云霓，将容貌想象为鲜花。历代文人也多赞赏"想"字用得妙，如明代《唐诗绝句类选》中，蒋仲舒评道："'想'、'想'，妙，难以形容也。次句下得陡然，令人不知。"清代黄叔灿在《唐诗笺注》中也说："此首咏太真，着二'想'字妙。次句人接不出，却映花说，是'想'之魂。'春风拂槛'想其绰约，'露华浓'想其芳艳，脱胎烘染，化工笔也。"

◇"锦瑟无端五十弦"中的锦瑟有多少根弦?

古瑟有五根弦,后来的瑟多为二十五根弦。这句诗由李商隐所写,其中"锦瑟"指装饰华美的瑟,言其花纹美丽似锦。诗人以此起兴,抒发内心的复杂情感。"无端五十弦"既描述了瑟的美丽,也隐喻了诗人内心的百感交集和人生的变幻无常。整首诗表达了诗人对青春年华的怀念和对人生无常的感慨。

◇我国第一部文人词集是什么?

《花间集》。《花间集》由五代后蜀的文学家赵崇祚编选,成书于后蜀广政三年(940)。这部词集收录了晚唐至五代时期包括温庭筠、韦庄在内的18位词人的作品,共500首。词史上的"花间派"正是因这部词集而得名。

《花间集》是中国最早的文人词总集,在词史上具有重要地位。它影响了后来的词风,被誉为"近世倚声填词之祖"。此外,这部词集保存了晚唐至五代词人的大量作品,为研究词的产生和发展提供了宝贵的资料,对后世学者来说具有重要的参考价值。

◇宋词主要分为哪两个流派?

豪放派和婉约派。明末词学家张綖提出"词体大略有二:一体婉约,一体豪放",即人们常说的婉约派和豪放派。婉约派词人以柳永、秦观、李清照等为代表,他们的词继承了花间词派的传统,内容多表现儿女情长和离愁别绪。婉约派在形式上讲求含蓄雅正,严守音律,语言清新绮丽,委婉缠绵。婉约派代表作品有《踏莎行·郴州旅舍》《一剪梅(红藕香残)》《声声慢(寻寻觅觅)》等。与婉约派相对的豪放派则以苏轼、辛弃疾等为代表,他们的作品视野广阔,气度恢宏,风格豪迈奔放,语气慷慨激昂,并且突破了传统音律的束缚,直抒胸臆。豪放派代表作品有《水调歌头(明月几时有)》《念奴娇(大江东去)》《破阵子(醉里挑灯看剑)》等。

◇"人比黄花瘦"中的"黄花"指什么花?

菊花。这句词出自李清照的《醉花阴(薄雾浓云愁永昼)》,她在这首词中描写了自己在佳节独自赏菊饮酒的孤寂与感伤,"人比黄花瘦"一句以深秋的菊花自喻，不仅突出了思妇的纤弱体态，还生动地表现了作者内心深处的离愁别绪。

◇ "绿肥红瘦"描写的是什么季节的景色？

春天。"绿肥红瘦"出自李清照的《如梦令（昨夜雨疏风骤）》。李清照在词中写道："试问卷帘人，却道海棠依旧。"海棠花期在春季，词作正是借描写海棠被风雨摧残，表达惜春伤春之情。

· 海棠

◇ "东风不与周郎便，铜雀春深锁二乔"中的"周郎"和"二乔"指的是谁？

"周郎"指的是周瑜，"二乔"指的是大乔和小乔。诗句出自唐代诗人杜牧的《赤壁》，意思是如果没有东风的帮助，周瑜就无法成功火烧赤壁，东吴可能会大败，大乔和小乔就会被曹操掳走，关在铜雀台上。周瑜是东吴的将领，在赤壁之战中，他联合蜀军，用火攻法战胜了曹操。大乔和小乔是皖城太守桥玄的两个女儿，周瑜娶了小乔，孙策娶了大乔。杜牧在这首诗中描写了赤壁之战的场景，并通过"东风不与周郎便"的假设，表达了对历史的巧合与偶然的思考和感慨。

◇ "爆竹声中一岁除，春风送暖入屠苏"中的"屠苏"是指什么？

屠苏酒。屠苏酒是一种用屠苏草浸泡而成的酒。宋代高承的《事物纪原》记载："除日驱傩，除夜守岁，饮屠苏酒。"据此可知，古时候有在除夕这天驱傩、守岁和饮屠苏酒的习俗。这些传统活动象征着辞旧迎新，寄托了人们对新年的美好期盼和祈求健康长寿的愿望。人们在除夕夜饮用屠苏酒，是希望在新的一年里远离疾病，平安顺遂。

◇ "三秋桂子，十里荷花"出自哪首词？

柳永的《望海潮（东南形胜）》。这首词是柳永前往汴京应试途中，经过杭州时拜访两浙转运使孙何的赠词。词作上片描写了杭州的自然风光和城市的繁华景象，下片则集中描写西湖，展现了杭州人民和平宁静的生活。其中"三秋桂子，十里荷花"的意思是秋天桂花飘香，夏季荷花遍布十里。据南宋罗大经在《鹤林玉露》中的记载，这首词在当时广为流传，甚至连金朝完颜亮听闻后也心生仰慕，产生了渡江征服宋朝的想法。此记载虽不足为信，但也反映了该词在当时的广泛影响力。

◇"但愿人长久，千里共婵娟"是苏轼写给谁的？

苏辙。词句出自《水调歌头（明月几时有）》，作者在词序中写道："丙辰中秋，欢饮达旦，大醉，作此篇，兼怀子由。"这里的"子由"是苏轼的弟弟苏辙的字，点明词作是苏轼在中秋望月时怀念弟弟的作品，表达了对苏辙的深切思念。

《水调歌头（明月几时有）》通过描绘皓月当空的场景，反映出苏轼与亲人分隔千里的孤寂之感。"但愿人长久，千里共婵娟"中，苏轼通过对明月的描写，表达了对弟弟的怀念和祝愿，希望无论相隔多远，都能与他共享这美好的月光。

◇为什么古人送别时喜欢折柳？

主要有三点原因：第一，柳条细长柔软，可以象征离别时的不舍和柔情；第二，"柳"与"留"谐音，表达了希望对方留下的心愿；第三，古人认为柳树有驱鬼辟邪的作用，将其称为"鬼怖木"，因此折柳送别还有祈求平安的意味。古诗词中，提及"柳"且表达离愁别绪的名句众多，比如王维《送元二使安西》中的"渭城朝雨浥轻尘，客舍青青柳色新"。

· 柳条

◇《唐诗三百首》是怎么来的？

由清代蘅塘退士孙洙编选而成。在《唐诗三百首》的序中，孙洙详细介绍了自己编选此书的动机。他发现当时儿童学习的《千家诗》虽然容易背诵，但质量参差不齐，而且包含了唐宋两代的诗作，体裁杂乱。因此，孙洙决定专门从唐代诗歌中选取那些脍炙人口的经典作品，每种体裁选取几十首，编成一本选集，供孩子们学习。

◇ 元曲分为哪两种？

元杂剧：元代在中国北方兴起的一种舞台艺术形式，吸收了金院本和诸官调等前朝艺术精华，创造性地融合了唱、念、歌、舞等艺术元素，形成一种表演完整故事、角色众多的综合艺术。元杂剧主要使用北方流行的曲调演唱，因此又称"北曲"或"北杂剧"。著名的元杂剧作家有关汉卿、王实甫、白朴、马致远等。元杂剧代表作品有《窦娥冤》《西厢记》《汉宫秋》等。

散曲：元代兴起的一种韵文形式，可以配乐清唱。散曲分为小令和套数两种。小令是单一曲子，相当于一首诗，如马致远的《天净沙·秋思》。套数是同一宫调下两支以上小令连缀而成的组曲，相当于一组诗。

◇ "问世间情是何物，直教生死相许"写的是大雁的爱情故事吗？

不是。这两句词看似讲的只是大雁的爱情故事，实际上还是描写人间的爱情。这两句词出自元好问的《摸鱼儿·雁丘词》。金朝太和年间，元好问参加科举考试途中遇到一个捕雁者。据捕雁者所说，他捕杀了一只大雁后，另一只雁因悲痛而哀鸣自尽。元好问深受感动，于是将这对大雁葬在汾水畔，并写下此词。

然而，这首词不仅仅是在写大雁，更主要是借大雁之情来描写人间的爱情，因为真正深刻的"情"是人类独有的。这首词借物抒情，不仅表达了对大雁忠贞爱情的赞美，也隐喻了人类对真挚爱情的追求和赞叹。

> **知识拓展**
>
> **古诗里"恩爱"的鸟**
>
> 雎鸠：关关雎鸠，在河之洲。——《诗经》
>
> 鸿鹄：愿为双鸿鹄，奋翅起高飞。——《古诗十九首·西北有高楼》
>
> 鸳鸯：得成比目何辞死，愿作鸳鸯不羡仙。——卢照邻《长安古意》
>
> 比翼鸟：在天愿作比翼鸟，在地愿为连理枝。——白居易《长恨歌》

传说故事

◇ **古代传说中开天辟地的创世神是谁?**

盘古。据《艺文类聚》所引用的《三五历纪》记载,天地最初像一个鸡蛋一样混沌一片,盘古就生在这片混沌中。经过一万八千年,盘古劈开了天地,清而轻的部分变成了天,浊而重的部分变成了地。盘古头顶着天,脚踏着地,一天天地长高。又过了一万八千年,天越来越高,地越来越厚,盘古也越来越高,天地最后被他彻底分开了。

◇ **古代传说中抟土造人的是哪位女神?**

女娲。"女娲抟土造人"的神话最早见于《风俗通》,反映了古人对人类起源的探索精神。据《风俗通》记载,天地初开时还没有人类,女娲就用黄土捏出了人类。因为造人任务繁重,女娲忙不过来,就用绳子蘸泥浆甩出去,泥点落到地上,就变成了人。因此,有古人认为富贵的人是用黄土捏成的,而贫贱凡庸的人则是用泥浆甩成的。

◇ **女娲是用什么补天的?**

五色石。据《淮南子·览冥训》记载,远古时期,天地间发生了一场大灾难,天的四根支柱倒塌,大地裂开,火焰蔓延不灭,洪水滔天不息,猛兽毒虫肆虐。在这危急时刻,女娲炼制了五色石来修补破裂的天空,砍断大鳌的脚来支撑天的四极,杀死黑龙来平息灾难,用芦灰来填堵泛滥的洪水。最终,天空修补好了,人们重新过上了安定的生活。这个故事不仅展现了女娲的智慧与神力,也反映了古人对自然灾害的恐惧与对和平生活的向往。

知识拓展

《红楼梦》第一回中提到了贾宝玉所佩戴的石头的来历,这段故事与女娲补天的神话紧密相连。《红楼梦》第一回中,女娲在炼制五色石补天时,剩下一块石头未被用上。这块石头因沾染了天地灵气,渐渐有了灵性,便希望能够去人间游历一番,于是恳求两位仙人帮助它实现这个愿望。仙人答应了石头的请求,将其变成了一块美玉,这块美玉正是贾宝玉出生时口中所含的那块。

◇ 为了追赶太阳，最后渴死的神话人物是谁？

夸父。据《山海经》记载，夸父是夸父族的首领，他为了让太阳重返大地而追赶太阳。他不停地奔跑，追赶到太阳落下的地方时，感到非常口渴，于是喝干了黄河和渭河的水，但这还不足以解渴。接着，他向北去寻找大泽，但还没到达就因极度口渴而死去。夸父死后，他的手杖变成了一片茂密的桃林，这片桃林被称为邓林。

◇ 在"精卫填海"中，"精卫"是什么动物？

鸟。据《山海经·北山经》记载，炎帝的小女儿名叫女娃，精卫是她溺水身亡后的化身。女娃在一次游玩东海时溺水而亡，之后她化作了一只头上有花纹、喙呈白色、足呈红色、名为精卫的小鸟。精卫每天都从西山衔来木头和石头，投向东海，试图填平大海。它不停地发出"精卫"的叫声，因此得名精卫。

◇ 古代神话中的太阳女神是谁？

羲和。关于羲和的记载最早见于《山海经·大荒南经》，据记载，羲和是帝俊的妻子，生了十个太阳，常在甘渊中为太阳洗浴。《淮南子》的注释中又说："日乘车驾以六龙，羲和御之。"意思是太阳乘坐六条龙拉的车，羲和驾车引导太阳。无论是作为太阳之母还是驾驶太阳的人，羲和都是至高无上的太阳女神。

◇ 传说中的音乐之祖是谁？

伶伦。传说伶伦是黄帝时期的乐官，负责制定音律。他通过聆听凤凰的鸣叫，创造了十二律，即古代的定音方法。此外，黄帝还命令伶伦与荣将共同铸造十二口钟，用来协调五音。因此，后世尊称伶伦为"音乐之祖"，并将乐工及艺人称为"伶"。

◇ 在中国古代神话中，创造了龙图腾的是谁？

伏羲。伏羲是华夏民族的祖先之一，与龙有着紧密的联系。根据唐代史学家司马贞在《补史记·三皇本纪》中的记载，伏羲的母亲华胥在雷泽中踩到"大迹"后怀孕，生下了伏羲。伏羲蛇身人头，德行甚高。后来，伏羲观察鸟兽的形象和地理环境，并结合了自身和外界的特征，创造了八卦。他还"以龙瑞，以龙纪官，号曰龙师"。因此，龙成为伏羲部族崇拜的图腾，伏羲也被视为龙图腾的创始者。

◇为什么我们自称"龙的传人"？

这与对龙图腾的崇拜和上古时期的龙文化密切相关。首先，龙是图腾崇拜的产物。闻一多在《伏羲考》中提到，龙是一种图腾，它并不存在于自然界，而是由许多不同的图腾糅合成的一种综合体。这个综合式的龙图腾团族包括了古代的诸夏和与他们同姓的一些夷狄部落；而对龙图腾的崇拜包含着古代人类对自然力量和祖先的敬仰以及对华夏诸民族的认可。

另外，在原始宗教和神话中，先民通过口头传说和绘画创造了许多神和有神性的英雄，其中很多与龙有着千丝万缕的联系。例如，开天辟地的英雄盘古被认为是最古老的龙体古神。《广博物志》卷九引《五运历年纪》记载："盘古之君，龙首蛇身，嘘为风雨，吹为雷电，开目为昼，闭目为夜。"伏羲和女娲更是与龙有直接的关系。《列子》记载："伏羲女娲，蛇身而人面。"《玄中记》则说："伏羲龙身，女娲蛇躯。"

综上所述，龙在中国文化中不仅是一个图腾，更是先民们心中的神圣象征。龙象征着力量、智慧和祥瑞，自称是"龙的传人"，不仅是对古代文化的认同，也体现了作为中国人的自豪感和身份认同。

◇"龙生九子"是哪九子？

"龙生九子"有多个版本，其中比较流行的说法是，"九子"包括囚牛、睚眦、嘲风、蒲牢、狻猊、霸下、狴犴、赑屃和螭吻。这个说法源于明代李东阳的《怀麓堂集》，明代前并没有"龙生九子"的说法，直到明弘治年间，这个说法才逐渐流行起来。据《怀麓堂集》的记载，弘治年间，皇帝曾询问李东阳龙生九子是哪九子，李东阳回忆起少时在杂书中见到的一些名字，仓促拼凑出一个版本，即上文所列的九子。

◇掌管树木生长的春神是谁？

句芒。句芒是中国古代神话中的木神、春神和树木之神，也是生命之神。他是西方天帝少昊之子，后来成为东方天帝伏羲的辅佐者。

《淮南子·天文训》记载："东方木也，其帝太皞，其佐句芒，执规而治春。"意思是东方属木，其统治者为太皞（即伏羲），辅佐他的是句芒，掌管春天的秩序。《山海经·海外东经》中写道："东方句芒，鸟身人面，乘两龙。"将句芒描述为鸟身人面、骑着两条龙的神灵形象。东晋郭璞注释道："木神也，方面素服。"意为句芒是木神，面朝东方，穿着白衣。总的来说，句芒是中国古代神话中帮助伏羲掌管树木生长的春神。

◇中国古代神话中为了救治人类而尝百草的是谁？

神农。神农，即炎帝，是中国上古时期姜姓部落的首领，号"神农氏"。据《淮南子》记载，古时候，人们吃野草、野果，吃贝类的肉，喝生水，常常患上各种疾病。于是，神农教人们种植五谷，并根据土地的湿润程度和肥沃程度来选择适合种植的作物。此外，他亲自品尝各种草药，以确定哪些草药可以治病。《路史·后记》中进一步说明，神农通过仔细观察和实验，了解各种草药的性质和功效，最终编写出《本草》一书。

◇在中国古代神话中，谁教会人们建造房屋？

有巢氏。《庄子·盗跖篇》最早记载了有巢氏的相关资料。有巢氏是上古时期的部落首领。传说中，远古的人类露宿在原野上，缺乏遮挡，经常受到野兽的侵害和恶劣天气的影响。有巢氏便教人们构木为巢，这样就能躲避猛兽的袭击，也有了遮风挡雨的地方。有巢氏也因此受到大家尊敬，被推举为领袖。

◇在中国古代神话中，谁发明了钻木取火？

燧人氏。燧人氏姓风，相传是华夏族的一员。大约在一万年前的旧石器时代晚期，燧人氏在今天的河南商丘一带发明了钻木取火的方法，成为华夏人工取火的开创者。所谓"钻木取火"，就是用一根木棒快速钻另一块木头，直到产生的热量足以点燃木头。燧人氏发明了这种方法后，人们不再靠天然的雷电来获取火种，也不需要小心翼翼地长时间看守火种。他还教人们如何用火烤熟食物，从而结束了远古人类生吃食物的历史。燧人氏也因此被奉为"火祖"。

◇ 传说中住在太阳中央的神鸟叫什么？

三足金乌。传说中，它是一只金黄色的三足乌鸦，居住在太阳中央。《玄中记》记载，在蓬莱的东边，有一座岱舆山，山上有一棵高达万丈的扶桑树，树顶有一只天鸡筑巢。每天夜里子时，天鸡啼鸣，太阳中的三足金乌便会回应，而后天下的鸡也跟着鸣叫。

◇ 在中国古代神话中，谁撞断了不周山？

共工。共工是中国古代神话中的水神，掌控洪水。据《淮南子·天文训》记载，共工与颛顼争夺帝位，共工失败后非常愤怒，便撞向不周山。不周山是天地间的一根支柱，它被共工撞断后，天空向西北方向倾斜，太阳、月亮、星星都朝西北方向移动，地的东南角塌陷了，江河湖泊的水流都朝东南方向流去，世界变得一片混乱。

◇ 神话中的九尾狐居住在哪里？

青丘，也有说九尾狐居住于涂山。据《山海经·南山经》记载，青丘山上有一种兽类，形似狐狸但有九条尾巴，声音像婴儿，会吃人，吃它的肉能使人不受妖邪毒气的侵害。《山海经·大荒东经》中也提到，青丘国有九尾狐。而据东汉赵晔的《吴越春秋·越王无余外传》记载，大禹三十岁未娶妻，途经涂山时遇到九尾白狐，将其视为王者的征兆，于是娶了九尾狐。

◇ 为什么战神刑天没有头？

传说中他的头是被黄帝（一说天帝）砍掉的。据《山海经·海外西经》记载，刑天与黄帝（一说天帝）争夺帝位，被斩掉了头颅。失去头颅后，刑天以双乳为眼，以肚脐为嘴，手持利斧和盾牌继续战斗。刑天在被斩首后，仍然顽强战斗，体现了他坚韧不屈的精神。

◇ 在中国古代神话中，谁教会了人们养蚕？

嫘祖。据记载，嫘祖是黄帝的妻子，被尊为"先蚕"和"行神"。在远古时期，蚕只在野外生长，人们还不知道蚕的丝可以用来纺织。传说中，嫘祖发现了蚕的价值，她亲自参加劳动并指导妇女们如何养蚕、缫丝和织帛。从那时起，人们开始使用丝和帛，推动了丝绸文化的发展。

·桑和蚕

◇ 在中国古代神话中，射下太阳的英雄是谁？

羿。传说在很久以前，天上同时出现了十个太阳，晒枯了庄稼和草木，导致百姓无法生存。神射手羿决心帮助人们脱离苦海，射下了九个太阳，并除掉了凶恶的怪物，拯救了民众，赢得了人们的爱戴。

◇ 为什么嫦娥会奔月？

因为嫦娥偷服了羿的不死之药。《淮南子·览冥训》记载："羿请不死之药于西王母，姮娥窃以奔月。"这里的"姮娥"指的就是嫦娥，她是羿的妻子。羿从西王母那里得到了不死之药，还没来得及服用，嫦娥便偷偷把药吃了，得道成仙，飞入月中。

◇ "大禹治水"中，大禹治理的是哪条河？

黄河。大约四千多年前，黄河流域经常发生洪水灾害，尧帝任命鲧治理洪水。鲧用了九年时间，采用"水来土掩"的方法，未能成功控制洪水。之后，舜帝任命鲧的儿子禹继续治水。禹吸取了鲧治水失败的教训，改用疏导的办法进行治理。他带领民众疏通了九条河流，经过十三年的艰苦努力，终于将洪水引入大海，成功治水。

◇ "祸国殃民"的妲己真的是狐狸精吗？

不是。历史上，妲己是有苏国的女子，商纣王进攻有苏国，有苏国无法抵挡，最终选择投降，并献出牛羊、马匹及美女妲己。为了报复纣王，妲己怂恿纣王使用残酷的刑罚迫害宗室大臣和百姓，起到了"助纣为虐"的作用，加速了商朝的灭亡。而妲己是狐狸精的说法，则来源于小说《封神演义》。在这部小说里，妲己被九尾狐妖附身，成为迷惑君主、残害大臣、扰乱国家的罪魁祸首。

◇ **望帝死后化作了什么鸟?**

杜鹃鸟。望帝名为杜宇,是传说中古蜀国的国王。扬雄在《蜀王本纪》中叙述了望帝的故事:荆州有一个人名叫鳖灵,他的尸体漂流到蜀国郫地后复活,见到了望帝。望帝任命鳖灵为相。当时玉山洪水泛滥,望帝无法治理,于是让鳖灵去引导洪水,使民众得以安居。鳖灵治水后,望帝感到自己德行不如鳖灵,便将王位让给了鳖灵,自己退位隐居。传说望帝退位后隐居于西山,死后化作了杜鹃鸟。

· 杜鹃鸟

◇ **"愚公移山"中,愚公移的是哪两座山?**

太行山和王屋山。愚公移山的故事出自《列子·汤问》。古时候,在冀州南边、河阳北边矗立着两座大山,一座是太行山,另一座是王屋山。在北山脚下住着一位年近九十的老人,名叫愚公。由于南边的大山挡路,愚公一家出行都要绕道。有一天,愚公召集全家人,决定要把这两座大山移开,修建一条大路。随后,愚公带领子孙夜以继日地凿山挖石。山神听说了这件事,担心愚公没完没了地挖下去,就向天帝报告了这件事。天帝被愚公的精神所感动,于是命令大力神夸娥氏的两个儿子把两座大山背走了。

◇ **古代"四大民间传说"包括哪四个传说?**

《牛郎织女》《孟姜女》《梁山伯与祝英台》与《白蛇传》。这四个传说流传最广,也最为老百姓所喜爱,因此合称"四大民间传说"。这些传说不仅反映了古代人民对爱情、忠贞和勇气的追求,也体现了人们丰富的想象力和艺术创造力。在中国文学史和文化史上,这些故事被多次改编成戏曲、影视和文学作品,影响深远。

◇ **梁山伯和祝英台最终化作什么飞走了?**

蝴蝶。《梁山伯和祝英台》讲述的是东晋时期的一个爱情故事。祝英台喜爱读书,渴望外出求学,但身为女子,在当时不能抛头露面。于是,她女扮男装前往会稽郡城读书。途中,她遇到了书生梁山伯,两人一见如故,结伴同行。同窗三年,梁山伯始终不知祝英台是女子。后来,祝英台中断学业,返回家乡,梁山伯登门拜访祝英台,才发现同窗三年的好友竟是女子。他向祝家提亲,但祝英台已经被许配给了太守之子马文才。之后,梁山伯成为鄞县县令,但忧郁成疾,不久便去世了。祝英台出嫁时,经过梁山伯的坟墓,突然狂风大作,迎亲队伍无法前行。祝英台下轿祭拜梁山伯,坟墓裂开,祝英台投入坟中。随后,两人化作一对蝴蝶从坟中飞出,双双飞离尘世。

◇为什么孟姜女要哭长城?

因为她的丈夫范喜良被埋在长城之下。相传在秦朝时,秦始皇横征暴敛,征用了许多壮丁去修筑长城,孟姜女的丈夫范喜良就是其中之一。寒冬降临,孟姜女为了给丈夫送寒衣,千里迢迢赶到长城,却得知丈夫已经累死,被埋在长城中。听到噩耗后,孟姜女悲痛欲绝,当即哀哭不止,甚至哭倒了一段长城。

◇白娘子被镇压在哪座塔下?

雷峰塔。在与白娘子相关的众多版本的故事中,流传较广的是清代方培成改编的《雷峰塔传奇》,情节大致如下:蛇妖白娘子和小青从峨眉山来到杭州。清明节那天,她们在西湖和许仙因借伞结识,后来以还伞为名定情并结婚。一次,许仙在金山寺烧香时遇到法海和尚,法海说他面带妖气,劝他在端午节让白娘子喝雄黄酒。许仙此时不知道白娘子是蛇妖所化,依言行事。白娘子喝酒后现出原形,把许仙吓死了。白娘子为了救许仙,去嵩山盗仙草,终于救活了他。法海又将许仙骗到金山寺扣留,劝他出家为僧。白娘子前去找许仙,与法海斗法时水漫金山寺,但最终失败。后来,白娘子和许仙在断桥上重逢,和好如初。然而,法海再次干预,将白娘子镇压在雷峰塔下。

文坛大家

◇中国浪漫主义文学的奠基人是谁?

屈原。屈原是战国时期楚国的著名诗人和政治家,曾辅佐楚怀王和楚顷襄王。他主张修明法度，提拔贤才，改革政治，推行"美政"，并主张联合齐国抗击秦国。然而，屈原后来遭到权臣陷害，被长期流放。公元前278年，楚国都城被秦国攻陷，屈原满怀悲愤，投汨罗江自尽。

屈原的作品大多见于汉代刘向编的《楚辞》。在《离骚》等作品中，屈原将个人的情感与政治理想相结合，表现出强烈的浪漫主义精神。屈原的作品不仅在当时具有重大影响力，还对后世的诗歌创作产生了深远的影响。

◇ "贾生才调更无伦"中的贾生是谁？

贾谊。这句诗出自李商隐的《贾生》，该诗讲述了汉文帝在宣室召见被贬的贾谊，尽管贾谊才华出众，但汉文帝却并未重用他，而是询问他关于鬼神的事情。贾谊是西汉著名的政论家和文学家，他主张改革，提出了许多重要的政治主张，但因为受到陷害而被贬职，一生郁郁不得志。李商隐通过这首诗表达了对贾谊怀才不遇的同情，同时也表达了对自己在政治上遭受排挤、难以实现抱负的感伤。

◇ "建安七子"分别是谁？

孔融、陈琳、王粲、徐干、阮瑀、应玚和刘桢。"建安七子"这一名称出自《典论·论文》，是对东汉建安时期七位著名文学家的统称。其中，孔融是孔子的二十世孙，以诗文著称，代表作是《荐祢衡表》；陈琳擅长写诗，代表作有《饮马长城窟行》；王粲文采斐然，被刘勰誉为"七子之冠冕"，代表作有《登楼赋》和《七哀诗》；徐干的主要著作是《中论》，曹丕认为这部作品"成一家之言，辞义典雅，足传于后"；阮瑀擅长写章表和书信，代表作有《为曹公作书与孙权》和《驾出北郭门行》；应玚以才学闻名，代表诗作是《侍五官中郎将建章台集诗》；刘桢长于诗歌创作，在五言诗方面有很高的成就，代表作有《赠从弟》。

◇ "汉赋四大家"有谁？

司马相如、扬雄、班固和张衡。他们的作品标志着汉代大赋在内容和风格上的成熟。司马相如是汉代辞赋家的杰出代表，他在继承前人作品风格的基础上进行了创新，使汉代散体大赋达到成熟阶段，确立了固定的格式，代表作有《子虚赋》和《上林赋》。扬雄、班固和张衡的辞赋在体制上继承了司马相如的风格，但各有特色。扬雄的代表作有《甘泉赋》《羽猎赋》和《解嘲》，班固则以《两都赋》闻名，张衡的赋作中以《二京赋》最为出名。

◇ "竹林七贤"是哪七贤？

"竹林七贤"指的是三国魏正始年间的七位名士，即嵇康、阮籍、山涛、向秀、刘伶、王戎和阮咸。据《世说新语》记载，他们常在竹林中聚会，畅饮纵歌，因此被称为"竹林七贤"。这七位魏晋名士是当时玄学的代表人物，生活上不拘礼法，思想上崇尚清静无为。他们的行为和思想对中国文化产生了深远的影响。

◇ 中国第一位田园诗人是谁？

陶渊明。陶渊明，名潜，字元亮，号五柳先生，私谥靖节，世称靖节先生，是东晋时期杰出的诗人、辞赋家和散文家。他因厌恶官场的黑暗，不愿"为五斗米折腰"，在41岁时辞官归隐，进行农事劳作，最终在贫病交加中去世。

陶渊明的田园诗主要在他归隐田园后创作，数量众多，成就斐然，充分展现了他守志不阿的高尚节操和对田园生活的热爱。其田园诗的主要特征是"自然淳厚"，对后世诗歌的创作产生了深远的影响。

◇ "初唐四杰"指哪四个人？

王勃、杨炯、卢照邻和骆宾王，合称"王杨卢骆"。"初唐四杰"之名，一开始主要是用来评价以上四人的骈文和赋，后来则更多地被用于评价他们的诗歌。在诗歌创新的层面，尽管四人的诗仍带有齐梁时期的绮丽风格，但他们逐步转变了唐代以前宫廷诗歌的萎靡浮华的风气，将题材从亭台楼阁、风花雪月扩展到市井、江湖、边塞荒漠，为诗歌注入了新的生命力。

◇ "饮中八仙"是哪八仙？

贺知章、李琎、李适之、崔宗之、苏晋、李白、张旭和焦遂。他们是唐代八位嗜酒的名人。杜甫在《饮中八仙歌》中生动描绘了这八人喝酒时的姿态：

一仙贺知章：知章骑马似乘船，眼花落井水底眠。

二仙汝阳王李琎：汝阳三斗始朝天，道逢曲车口流涎，恨不移封向酒泉。

三仙左丞相李适之：左相日兴费万钱，饮如长鲸吸百川，衔杯乐圣称避贤。

四仙崔宗之：宗之潇洒美少年，举觞白眼望青天，皎如玉树临风前。

五仙苏晋：苏晋长斋绣佛前，醉中往往爱逃禅。

六仙李白：李白一斗诗百篇，长安市上酒家眠。天子呼来不上船，自称臣是酒中仙。

七仙张旭：张旭三杯草圣传，脱帽露顶王公前，挥毫落纸如云烟。

八仙焦遂：焦遂五斗方卓然，高谈雄辩惊四筵。

◇ 被苏轼誉为"诗中有画，画中有诗"的诗人是谁？

王维。王维，字摩诘，号摩诘居士，是唐代著名的诗人和画家。他写诗多以山水田园为题材，与孟浩然并称"王孟"，同时其书画技艺精湛，被后人推崇为"南宗山水画之祖"。"诗中有画，画中有诗"的评价出自苏轼的《书摩诘蓝田烟雨图》，意指王维的山水诗意境深远，画面感强，画趣与意境融合为一，读来如观画；而他的画作清幽淡远，余味无穷，观之如读诗。

◇ 诗界的"仙""魔""鬼""圣""佛"分别是谁？

分别是李白、白居易、李贺、杜甫和王维。其中，李白被贺知章称为"天上谪仙人"，再加之他的诗风飘逸若仙，因此被称为"诗仙"；白居易对写诗达到了"着魔"的境界，刻苦诵读和写诗，并在诗句"酒狂又引诗魔发，日午悲吟到日西"中用"诗魔"形容自己写诗的冲动，因此后人称他为"诗魔"；李贺写诗时常用许多神仙鬼魅的意象，宋代的钱易和宋祁称之为"鬼才"，于是有了"诗鬼"的称号；杜甫被誉为中华民族文人品格的楷模，其诗歌内容多为忧国忧民之作，因而被称为"诗圣"；王维出生于佛教徒家庭，从小接触佛学，与佛教有深厚渊源，他的诗作也多有禅意，因此被称为"诗佛"。

◇ "李杜"和"小李杜"分别指谁？

"李杜"指的是李白和杜甫，"小李杜"指的是李商隐和杜牧。李白和杜甫是盛唐时期声名显赫的两位诗人。李白的诗风飘逸，被誉为伟大的浪漫主义诗人；杜甫擅长律诗，主体风格沉郁顿挫，是唐代现实主义诗人的代表。《新唐书》中记载："甫旷放不自检，好论天下大事，高而不切。少与李白齐名，时号'李杜'。"李商隐和杜牧则是晚唐时期的著名诗人。李商隐的诗构思新颖，风格华丽，尤其是他的爱情诗和无题诗，缠绵悱恻，优美动人，广为流传。杜牧的诗风俊爽清丽，独具特色，特别擅长七言律诗和绝句。

◇ "千呼万唤始出来，犹抱琵琶半遮面"这两句诗出自哪位诗人之手？

白居易。这两句诗出自白居易的长篇叙事诗《琵琶行》。白居易（772—846），字乐天，号香山居士，又号醉吟先生，是唐代最具影响力的诗人之一，现存诗作近三千首。他的诗歌题材广泛，语言通俗易懂，风格多样，艺术成就较高，对当时和后世产生了深远的影响。他的作品被汇编在《白氏长庆集》中，代表作包括《琵琶行》和《长恨歌》。

◇ 四大边塞诗人分别是谁？

王之涣：盛唐时期著名诗人，善写五言诗，诗歌作品中边塞诗的成就最高。尽管他的诗歌散佚严重，但传世的作品如《登鹳雀楼》和《凉州词》仍然极负盛名。

高适：盛唐杰出诗人，他的诗歌题材广泛，内容多样，尤以边塞诗著称，代表作包括《燕歌行》和《别董大》。

王昌龄：盛唐时期著名的边塞诗人，以七绝见长，被称为"诗家夫子王江宁"。他的七绝以抒情为主，气势雄浑，格调高昂，文字奇俊，被誉为"七绝圣手"。他的代表作有《从军行》《出塞》《闺怨》等。

岑参：荆州江陵（今湖北荆州）人，安史之乱后曾任嘉州刺史，世称"岑嘉州"。他多次出塞，擅长描写边塞风光和军旅生活，与高适齐名，并称"高岑"，代表作包括《走马川行奉送出师西征》和《轮台歌奉送封大夫出师西征》等。

◇ "唐宋八大家"是哪八位？

韩愈：唐代著名的文学家和政治家，为"唐宋八大家"之首，被苏轼赞誉为"文起八代之衰"。韩愈提倡古文运动，反对骈文，主张文以载道，恢复先秦两汉的古文传统。其散文笔力雄健，文风奇崛，代表作有《师说》《祭十二郎文》。

柳宗元：唐代杰出的文学家和哲学家，与韩愈共同倡导古文运动，并称"韩柳"。他的文风以简洁自然著称，其作品多描写自然景物，语言清新流畅，意境深远，代表作有《永州八记》《捕蛇者说》。

欧阳修：北宋著名的文学家、史学家、政治家。欧阳修在散文方面造诣极高，是北宋诗文革新运动的领袖，主张文风平易近人，对北宋文风有很大的影响。其代表作有《醉翁亭记》《朋党论》。

苏洵：北宋文学家，与其子苏轼、苏辙合称"三苏"。他年少时沉迷于玩乐，后来发愤读书，其文章笔力雄健，言辞简练。其代表作有《衡论》《权书》。

苏轼：北宋杰出的文学家、书画家、政治家。他在散文、诗词、书法、绘画方面皆有极高的成就。其文章文采斐然，风格豪放自如，代表作有《赤壁赋》《后赤壁赋》《超然台记》等。

苏辙：北宋文学家，苏洵之子，苏轼之弟。苏辙的散文简练质朴，思想深刻，擅长论说文。其代表作有《上枢密韩太尉书》《黄州快哉亭记》。

王安石：北宋著名的政治家、文学家、改革家。王安石不仅在政治上有所作为，在文学上也有极高的成就，其散文以雄健峭拔、说理透彻著称。其代表作有《答司马谏议书》《游褒禅山记》。

曾巩：北宋杰出的文学家和史学家。他的散文以议论见长，结构严密，思想深刻，对北宋文风有重要影响。其代表作有《墨池记》《醒心亭记》。

◇ "唐宋八大家"中为什么没有李白？

因为"唐宋八大家"以散文家为主。明代文学家茅坤在编纂《唐宋八大家文钞》时，选取了唐代和宋代八位散文名家的作品，"唐宋八大家"之名因此流传。而李白虽然在诗歌领域享有盛誉，但他在散文创作上的成就没有那么突出，因此未被列入其中。

◇ 谁被誉为"千古词帝"？

李煜。李煜为五代十国时期南唐的后主，国破被俘后，他被押送至北宋都城汴京（今河南开封）并最终在那里去世。李煜擅长写词，其早期作品多描绘宫廷生活和男女爱情，晚期作品风格大变，主要回忆往事，表达对故国的思念和被囚禁生活的苦闷。他的词作境界开阔，风格清新，语言凝练，在艺术上具有很高的造诣，为改变晚唐以来的词风并扩展词的表现领域做出了重要贡献。其代表作有《虞美人（春花秋月何时了）》和《乌夜啼（昨夜风兼雨）》等。

◇ "郊寒岛瘦"中的"郊"和"岛"指的是谁？

"郊"指孟郊，"岛"指贾岛，"郊寒岛瘦"指孟郊和贾岛哀婉凄楚的诗歌风格。

孟郊：唐代诗人，为苦吟诗人代表之一。他的诗多表达寒苦之音和对自身遭遇的感伤，追求瘦硬的诗风，因此他被称为"诗囚"，代表作有《游子吟》和《登科后》。

贾岛：唐代诗人，自号"碣石山人"。贾岛一生穷愁潦倒，苦吟作诗，注重词句锤炼，被称为"诗奴"。他擅长描写荒凉枯寂的景象，尤其精于五言律诗，代表作有《寻隐者不遇》和《题诗后》。

◇ "大小晏"指的是谁？

"大晏"为晏殊，"小晏"为晏几道，两人又合称"二晏"，为父子关系。

晏殊：字同叔，北宋政治家、文学家。文学上，晏殊以词的成就最为突出。他的词作吸收了南唐"花间派"和冯延巳典雅流丽的词风，开创了北宋婉约词风。冯煦在《蒿庵论词》中称之为"北宋倚声家之初祖"，与欧阳修共"开江西一派"。

晏几道：字叔原，为晏殊之子，也是北宋著名词人。他的人生经历了从富贵到没落的转变，对人情冷暖和世态炎凉有深刻的体会。他被冯煦称为"古之伤心人"，其词作与其父的词相比更为忧愁深沉。晏几道的词主要写相思离别之情，整体词风受《花间集》和南唐词作的影响，凄婉清新，秀丽精工。

◇ "三班""三曹"分别指哪些人？

"三班"指东汉的三位历史学家：父亲班彪、儿子班固和女儿班昭。"三曹"为汉魏时期的曹操与其子曹丕、曹植。

班彪： 东汉初期的历史学家，他专力于史学著述，续写《史记》，写成《史记后传》60余篇，为《汉书》的编纂奠定了基础。

班固： 班彪的儿子，继承父志完成了《汉书》的大部分内容。他所作的《汉书》被认为是继《史记》之后最重要的历史著作之一，对后世史学影响深远。

班昭： 班彪的女儿、班固的妹妹。因兄长班固仓促去世，没来得及完成《汉书》，她承担起续写和修订的任务，最终完成了这部巨著。同时，她也是一位才华横溢的文学家，留下了许多优秀的文学作品。

曹操： 东汉末年的政治家、军事家和文学家，他的诗文以豪放刚健著称，代表作有《短歌行》《蒿里行》等。他开创了建安文学风气，影响深远。

曹丕： 曹操之子，三国时期曹魏的开国皇帝。他继承了父亲的文学才华，以诗赋见长，著有《燕歌行》等。他在文学理论上也有贡献，著有《典论》，提出了"文气说"。

曹植： 曹操之子，三国时期文学家，以诗文著称，才思敏捷，文采斐然，代表作有《洛神赋》《白马篇》《七步诗》等。

◇ 哪位词人自称"白衣卿相"？

柳永。柳永是北宋著名的词人，婉约派的代表人物之一。柳永终其一生致力于词的创作，创作了大量慢词，文字细腻，情景交融，语言通俗，音律和谐，在当时非常流行，有"凡有井水饮处，皆能歌柳词"的说法，对宋词的发展有着重要影响。

"白衣卿相"一词出自柳永的《鹤冲天》中的"才子词人，自是白衣卿相"。古代平民着白布衣，所以用"白衣"指无功名的人。这两句词的意思是才子词人（指柳永自己）虽然没有官职，但其才华和地位相当于卿相。

◇ "苏门四学士"有谁？

黄庭坚、秦观、张耒和晁补之。他们都出自大文学家苏轼门下，因而被称为"苏门四学士"。

黄庭坚：字鲁直，自号山谷道人，是北宋的文学家和书法家，也是江西诗派的领袖，与苏轼齐名，合称"苏黄"。他的诗作风格瘦硬，新奇峭拔。他凭借词作上的成就，与秦观并称"秦七黄九"。

秦观：字少游，号淮海居士，是北宋文学家，婉约派的重要代表。他的诗清新婉丽，词风独具一格，以秀丽含蓄取胜，代表作有《满庭芳（山抹微云）》和《浣溪沙（漠漠轻寒上小楼）》等。

张耒：字文潜，号柯山，世称宛丘先生，是北宋文学家。他的诗风平易自然，不尚雕琢，虽然粗疏，但也自有一番风味。他的词风香浓婉约，风格与柳永、秦观相近，代表作有《少年游（含羞倚醉不成歌）》和《风流子（木叶亭皋下）》等。

晁补之：字无咎，号归来子，济州钜野（今山东省巨野县）人，是北宋的文学家，与张耒并称"晁张"。他的散文语言凝练流畅，风格接近柳宗元，词作格调豪爽，语言清秀晓畅，风格接近苏轼，代表作有《摸鱼儿（买陂塘、旋栽杨柳）》等。

◇ 谁被誉为"千古第一才女"？

李清照。李清照是宋代著名词人，号易安居士，为婉约词派的代表人物。她出身于书香门第，早年生活优裕，其父李格非是当时的著名学者，藏书丰富，她在良好的家庭环境中打下了深厚的文学基础。婚后，她与丈夫共同致力于书画金石的收藏整理。然而，金兵入侵中原后，她颠沛流离，最终定居南方，生活困苦。李清照的词作在前期多描写闲适的生活情景，后期则充满了对国家和个人命运的感伤，代表作有《声声慢（寻寻觅觅）》和《醉花阴（薄雾浓云愁永昼）》等。

◇ "词家之冠"指的是谁？

周邦彦。周邦彦是北宋时期的文学家和婉约派词人。他精通音律，创作了许多新词调，作品题材丰富，既有描写闺中情感之作，也有咏物之作，所作词格律严谨，语言优美精致，在婉约词人中被视为"正宗"。旧时词论称周邦彦为"词家之冠"，近代学者王国维则称他为"词中老杜"，这都是对他词学成就的高度评价。其代表词作有《苏幕遮（燎沉香）》和《少年游（并刀如水）》等。

◇"南宋四大家"分别有谁?

陆游:字务观,号放翁,南宋文学家、史学家和爱国诗人。他一生创作了大量诗歌,是南宋成就最高的诗人之一,其诗集为《剑南诗稿》,文集为《渭南文集》,代表作有《示儿》《书愤》《游山西村》《卜算子·咏梅》等。

范成大:字致能,号石湖居士,南宋文学家。他的诗作平易浅显、清新动人,题材广泛,以反映农村社会生活的作品最为出色,代表作为《四时田园杂兴》。

杨万里:字廷秀,号诚斋,南宋文学家和理学家。他的诗多以自然和日常生活为题材,风格活泼自然,饶有谐趣,形成了对后世影响颇大的"诚斋体",代表作有《小池》《初入淮河四绝句》等。

尤袤:字延之,号遂初居士,南宋诗人。尤袤的存世之作较少,他的诗歌风格平易自然,晓畅清新,代表诗作有《雪》《蜡梅》。

◇"元曲四大家"分别是谁?

关汉卿:元代著名戏曲作家,为元杂剧的奠基人。他创作了大量杂剧,以描写社会现实、揭露社会矛盾和塑造鲜明的人物形象见长。其代表作有《窦娥冤》《救风尘》《单刀会》等,其中《窦娥冤》以其深刻的社会批判精神和感人的剧情,成为元曲中的经典之作。

白朴:元代著名的杂剧作家和词人。他在元曲创作中擅长描写历史题材和爱情故事,语言优美,情节动人。其代表作有《梧桐雨》《墙头马上》等。

郑光祖:元代著名的杂剧家、散曲家。他的作品多以历史故事或民间传说为题材,语言简洁明快,情节紧凑,富有戏剧性。其代表作有《倩女离魂》等。

马致远:元代著名的杂剧和散曲作家,被誉为"曲状元"。他在元曲创作中以写实和抒情见长,作品风格多样,既有豪爽奔放的长调,也有婉约细腻的短曲。其代表作有《汉宫秋》《天净沙·秋思》等。

◇自称"六十年间万首诗"的诗人是谁?

陆游。"六十年间万首诗"出自陆游的诗作《小饮梅花下作》,这句诗也是陆游这一生笔耕不辍创作诗歌的写照。陆游出生于北宋末年，亲历了北宋的灭亡，这段经历使他怀有强烈的爱国情怀，并成为他诗歌创作的重要动因。他在漫长的创作生涯中，始终保持高产。其诗语言平易近人，结构严谨，既有李白的奔放豪迈，又有杜甫的沉郁悲凉，尤其是那些饱含爱国热情的作品，对后世影响深远。他存世诗作有九千三百余首，是我国现存诗作数量最多的诗人。

◇写下"滚滚长江东逝水，浪花淘尽英雄"的是谁？

杨慎。杨慎，字用修，是"明代三才子"之首，他学识渊博，编有《百徘真珠》和《词林万选》，在词坛上有着很大的影响。王世贞称他为"词家功臣"，并评价他的词作"好用六朝丽事，似近而远"。

"滚滚长江东逝水，浪花淘尽英雄"出自杨慎的《临江仙》。这首词通过描写滚滚流逝的江水和江边的白头老翁，抒发了对历史兴亡的感慨，读来气势磅礴、慷慨激昂。后来毛纶、毛宗岗父子在修订《三国演义》时把这首词当作开篇词。

◇作品被誉为"明文第一"的是哪位作家？

归有光。归有光，字熙甫，又字开甫，号震川，又号项脊生，出生于江苏昆山（今江苏苏州），是明代文学家。他与王慎中、唐顺之、茅坤等人统称为"唐宋派"。归有光的文章风格朴素简洁，擅长叙事，文风平易自然、清新淡雅，因此被当时的人称为"今之欧阳修"，后人更是赞誉他的散文为"明文第一"，代表作有《项脊轩志》等。

◇"南洪北孔"指的是哪两位文学家？

"南洪"指的是洪昇，"北孔"指的是孔尚任。洪昇和孔尚任都是清代著名历史剧作家，他们分别以《长生殿》和《桃花扇》名震剧坛，这两部作品均创作于清康熙年间。当时清朝的统治逐渐稳定，人们心中明朝灭亡带来的历史伤痛也渐渐平息，但是文人在看待明清之际的历史兴亡时，仍常常带有一种虚幻和伤感的情绪。在这种背景下，洪昇创作了以安史之乱为背景的《长生殿》，孔尚任则创作了以明末政权覆灭为背景的《桃花扇》。这两部戏剧将政治动荡与生死之恋结合起来，反映了当时社会的人心，获得了广泛的认同。"南洪北孔"正是对这两位作家才华的赞誉。

成语常识

◇ "五毒俱全"中的"五毒"指什么？

通常指的是五种"毒虫"，即蛇、蝎、壁虎、蜈蚣和蟾蜍。这些毒物常与端午节的"剪五毒"习俗联系在一起，因为端午节在农历五月，此时天气湿热，毒虫活跃，容易引发瘟疫。为了避毒除害，人们会"剪五毒"，即用红纸剪出蛇、蝎、壁虎、蜈蚣和蟾蜍的图案，之后将其贴在墙壁、窗户和炕沿上，以祈求驱赶邪祟。

◇ "玩物丧志"中的"物"最初指什么？

一只名叫"獒"的猎犬。这个成语出自《尚书·旅獒》。据记载，西周初年，西戎向周武王进贡了一种名叫"獒"的猎犬，武王很是喜欢。太保召公知道后，便写了一篇《旅獒》劝谏武王，其中有两句是"玩人丧德，玩物丧志"，意思是戏弄他人会丧失道德，沉迷喜爱的事物会丧失进取的志气。

◇ "惊弓之鸟"中的"鸟"最初指什么？

大雁。这个成语出自《战国策·楚策四》。战国末年，秦国逐渐强大，有吞并六国的野心。当时，赵、楚、燕、齐、韩、魏六国打算联合抗秦，赵国使者魏加便与楚国春申君商讨抗秦主将的人选。春申君提议由临武君担任主将，魏加表示反对，并讲述了一个故事来说明原因。

魏加说："从前有个神射手名叫更赢，他射箭百发百中。有一天，他与魏王散步时，天上飞过几只大雁。更赢对魏王说，他只用弓不用箭也能射下大雁，魏王不信。于是更赢举弓拉弦，弦声响起，一只大雁就掉了下来。更赢解释说，这大雁曾受过箭伤，因此飞得慢，叫声悲凄，它听到弓弦声响后，因恐惧而拼命扇动翅膀，旧伤裂开才坠落下来。"

魏加用这个故事中的大雁来比喻临武君，指出他刚被秦军打败，见到秦军可能会害怕,因此不适合担任主将。春申君听后认为有理,采纳了魏加的建议,没有让临武君担任主将。

◇ "鸿鹄之志"中的"鸿鹄"指什么?

天鹅。这个成语用来形容一个人有远大的理想和抱负。关于鸿鹄之志,有一个有名的故事。《史记·陈涉世家》记载,陈涉年轻时曾与人一起在田里耕作。有次耕田时,他停下来坐在田埂上,心中满是怅惘,感慨地说:"如果将来我富贵了,不会忘记大家。"其他人嘲笑他说:"你不过是个耕地的佣工,怎么会富贵呢?"陈涉叹息道:"唉,燕雀怎么能理解鸿鹄的志向呢!"

· 天鹅

◇ "小鸟依人"最初用来形容男人还是女人?

男人。《旧唐书·长孙无忌传》记载,唐太宗评论功臣:"褚遂良学问稍长,性亦坚正,既写忠诚,甚亲附于朕,譬如飞鸟依人,自加怜爱。"在这番话里,唐太宗形容大臣褚遂良如"飞鸟依人"。后来,人们用"小鸟依人"比喻小孩或年轻女子的娇稚、温顺、可爱。

◇ "司空见惯"指见惯了什么?

歌姬作陪。这个成语出自唐代孟棨的《本事诗·情感》。据记载,唐代诗人刘禹锡在卸任和州刺史后回到京城,司空李绅设宴招待,并让歌妓劝酒。刘禹锡当即作诗:"司空见惯浑闲事,断尽江南刺史肠。"意思是,像歌妓劝酒这样的场景,对李司空来说是见惯了的平常事,可我刘禹锡却感到肝肠寸断,十分煎熬。后来,"司空见惯"被用来形容某事常见,不足为奇。

◇ "丧家之犬"最初指的是谁?

孔子。这个成语出自《史记·孔子世家》。孔子在郑国时,与弟子们走散,独自站在城东门外。这时,有个郑国人对孔子的弟子子贡说:"东门外有个人,额头像尧,脖子像皋陶,肩膀像子产,但腰部以下不到禹的三寸,看起来就像丧家之狗。"子贡找到孔子后,把这些话如实转告给孔子,孔子听后欣然一笑,说:"外形是末节,而说我像丧家之狗,这话确实有道理!"这个比喻形象地描述了孔子当时颠沛流离、无所依靠的处境。后来"丧家之犬"便用来形容没有存身之处、四处奔走的人。

◇ "孟母三迁"分别迁到哪三个地方?

墓地、市集、学校。据汉代刘向在《列女传·邹孟轲母》中的记载,孟子一开始住在墓地附近,经常模仿筑墓埋葬的行为。孟母认为这样的环境不适合孩子成长,于是搬到市集旁边。结果,孟子开始模仿商人叫卖。孟母再次觉得这里不是理想的居住之地,于是搬到了学校附近。在这里,孟子开始模仿礼仪活动,变得守秩序、懂礼貌。孟母认为这个环境适合孩子成长,就在此定居。孟子在这样的环境下努力学习,最终成为著名的学者。后来,人们常用"孟母三迁"来形容父母对子女教育的重视。

◇ "一问三不知"是哪"三不知"?

事情的起因、经过和结果。这个成语出自《左传·哀公二十七年》,文中写道:"君子之谋也,始、衷、终皆举之,而后入焉。今我三不知而入之,不亦难乎?"大意是:君子谋划时要了解清楚事情的开始、经过、结果,如果都不清楚就开始谋划,是非常困难的。这里的"三不知"指的是对事情的起因、经过、结果三个阶段都不了解。后来,"一问三不知"被用来形容对所问的事情完全不清楚。

◇ "六亲不认"指的是哪六亲?

通常指父母、兄弟、妻子和子女,但关于"六亲"有几种不同的说法。

第一种说法来自《左传·昭公二十五年》,其中的"六亲"包括"父子、兄弟、姑姊、甥舅、昏媾、姻亚"。根据魏晋时期经学家杜预的注解,"昏"指妻子的父亲,"姻"指女婿的父亲,"亚"则是两婿之间相互称呼,这个解释将外姓人也包括在内。

第二种说法见于《老子》,其中记述道:"六亲不和有孝慈,国家昏乱有忠臣。"王弼认为，六亲指的是父子、兄弟和夫妇。

第三种说法出现在《汉书·贾谊传》，文中写道："建久安之势，成长治之业，以承祖庙，以奉六亲，至孝也。"唐代学者颜师古引用应劭的话解释说，"六亲"是指父母、兄弟、妻子和子女。这一说法强调了血缘和婚姻中最亲近的关系，被后人广泛接受。

◇ "沧海桑田"中的"沧海"指什么海？

东边的海。这个成语出自晋代葛洪的《神仙传·麻姑》，其中写道："麻姑自说云'接侍以来，已见东海三为桑田。向到蓬莱，水又浅于往者，会时略半也，岂将复还为陵陆乎？'"意思是：麻姑说，自从得道成仙、接受天命以来，已经见过东海三次变为桑田。最近去蓬莱，发现海水比以前浅了一半，难道又要变成陆地了吗？这里的"东海"指方位在东方的海域，并不是特指如今我国东部名为"东海"的海域。后来，"沧海桑田"被用来形容世事变化巨大。

◇ "寿比南山"中的"南山"指哪座山？

终南山。这个成语出自《诗经·小雅·天保》："如月之恒，如日之升，如南山之寿。"意思是祝愿（你）像上弦月一样渐渐圆满，又如正在东升的太阳不断上升，生命像终南山一样长久不衰。"寿比南山"后来成为祝愿他人长寿的常用语。

· 终南山

◇ "东山再起"中的"东山"指哪座山？

会稽东山，位于今天的浙江省绍兴市上虞区。根据《晋书·谢安传》的记载，谢安年轻时就很有名望，但多次被征召都未出仕，选择隐居在会稽东山。年过四十后，他出山成为桓温的司马，最终官至中书令和司徒。后来，"东山再起"被用来形容隐退后复出任职或失势后重新得势。

◇ "退避三舍"中的"三舍"指多远的距离?

九十里。古代行军时，每三十里称一舍，所以三舍就是九十里。这个成语出自《左传·僖公二十三年》，据记载，春秋时期，晋国的公子重耳逃亡到楚国，楚成王设宴款待他，并问："如果你将来回到晋国，要怎么报答我呢？"重耳答道："如果我能回到晋国，当晋国和楚国在中原交战时，我会让军队退后三舍，避让楚国的军队。"后来重耳回到晋国，成为晋国的国君。在晋楚城濮之战中，晋国的军队果然退后三舍，避让楚国的军队。

◇ "五大三粗"是哪"五大"，哪"三粗"？

"五大"指双手大、双脚大、头大，"三粗"则为腰粗、腿粗、膀粗。这个成语常用来形容人膀阔腰圆，身材魁梧，反映了古人对男性健壮体格的审美偏好。古代重视农业生产，双手、双脚大的人被认为有力气。此外，大手还被认为是聚财的象征，有"手大能聚财"一说。脚大的人还被认为能够走远路，有"脚大走四方"的说法。

◇ "六神无主"中的"六神"是哪六神？

是主宰人体的心、肺、肝、肾、脾、胆六脏的六个神灵。在古代，道教认为人的这六个脏器都有对应的神灵掌管，这些神灵被统称为"六神"。"六神无主"的字面意思是，这六个主宰人的脏器的神灵没了主意。后来，这个成语常用来形容一个人心慌意乱、不知所措的状态。

◇ "七窍生烟"中的"七窍"是哪七窍？

双眼、双耳、两个鼻孔和嘴巴。"窍"是指人体与外界相通的孔窍，"七窍"即人的两个眼睛、两只耳朵、两个鼻孔以及嘴巴。这个成语意为七窍里面好像都着了火，飘出烟来，用来形容极其愤怒或焦急。

◇ 为什么用"三长两短"来形容发生意外？

有不同说法。第一种说法和棺木有关。据《礼记·檀弓上》记载，古代棺木不用钉子，而是用皮条捆绑棺材底和盖子，横向绑三道，纵向绑两道。由于横向的木板较长，纵向的木板较短，故称"三长两短"。后来，由于钉子的广泛使用，这种捆绑方式不再用于棺木，但"三长两短"这一说法流传了下来。

另一种说法与剑有关。传说铸剑大师欧冶子铸造了五把名剑，分别是纯钧、盘郢、湛卢、巨阙和鱼肠。其中，纯钧、盘郢、湛卢是长剑，巨阙和鱼肠是短剑。传说，春秋时吴国的刺客专诸就是用藏在鱼腹中的短剑鱼肠刺杀了吴王僚。因此"三长两短"也就成了意外灾祸的代名词。

◇ "七情六欲"是哪七情，哪六欲？

"七情"指的是喜、怒、哀、乐、爱、恶、欲七种情感，"六欲"指的是生、死、耳、目、口、鼻所产生的欲念。这个成语被用来泛指人的各种情感和欲望。

◇ "四体不勤，五谷不分"中的"四体""五谷"是什么？

"四体"指人的四肢，而"五谷"通常指稻、麦、黍、稷（谷子）、菽（豆）。这个成语出自《论语·微子》："四体不勤，五谷不分，孰为夫子？"是春秋时一个老人批评孔子的话，后被用来形容不务正业、不事生产的人。

◇ "十恶不赦"中的"十恶"是哪十恶？

指的是古代法律中十项不可赦免的重罪。这一概念自秦汉起逐渐形成，直到隋朝《开皇律》才创设了"十恶"罪名。按唐朝律法，"十恶"具体包括：

谋反：指企图推翻皇帝的统治，为十恶之首。

谋大逆：指破坏皇家宗庙、陵墓、宫殿等设施。

谋叛：指背叛朝廷。

恶逆：指殴打或谋杀祖父母、父母、伯叔等尊长。

不道：指灭绝人道的行为，如杀害他人一家三口、肢解他人或用巫蛊害人。

大不敬：指冒犯皇室尊严，如偷盗皇家祭祀器具和皇帝日用品，咒骂皇帝，等等。

不孝：指对祖父母、父母不孝，如不供养祖父母、父母，在守丧期间作乐，等等。

不睦：指谋杀亲属或女子殴打、控告丈夫等。

不义：指谋杀官吏，士兵杀将领，学生杀老师，或女子在丈夫死后立即改嫁，等等。

内乱：指亲属之间通奸等乱伦行为。

后来人们用"十恶不赦"来形容某人罪大恶极，不可饶恕。

◇ "冬日可爱"和"夏日可畏"是形容天气的吗？

不是，这两个成语是形容人的性格特点的。"冬日可爱"比喻人像冬日的阳光那样温和慈爱，让人感到亲近和喜爱；"夏日可畏"则比喻人像夏日的阳光，对人严厉，令人感到畏惧。这两个成语出自《左传·文公七年》记载的一段对话，酆舒向贾季询问赵衰和赵盾父子谁更优秀，贾季回答说："赵衰像冬日的阳光，赵盾像夏日的阳光。"后来，杜预对此注解道："冬日可爱，夏日可畏。"

◇ "溜须拍马"中溜的是谁的须，拍的是马的哪里？

溜的是寇准的胡须，拍的是马的屁股。

"溜须"和宋代名相寇准有关。一次宴会上，寇准不小心把汤洒到了胡须上，刚任参知政事（副宰相）的丁渭立刻起身为寇准擦拭。寇准知道丁渭是在巴结自己，便冷冷地说道："你身为参政大臣，怎么可以为上司擦胡须呢？"丁渭感到十分尴尬，怀恨在心，后来将寇准排挤下台，自己当上了宰相。后来，"溜须"被用来讽刺那些为了个人利益而谄媚上司的人。

"拍马"源于我国西北地区的习俗。当地人将马视为重要的财产，认为拥有骏马是一种荣耀。遇到好马时，人们常拍着马屁股说"好马"，以此表示赞美。最初，这种行为并无奉承的意味，但后来一些人为了巴结奉承，不论别人的马是好是坏，都拍着马屁股称赞，"拍马"因此变成了奉承的代名词。

◇ "魑魅魍魉"分别指的是什么妖怪？

魑魅为传说中的山精，魍魉则是传说中的水怪。传说中，魑魅、魍魉都是蚩尤的手下，其中魑魅人脸兽身，长着四只脚，魍魉则形如三岁小孩，有着长耳朵，红眼睛，能学人声来迷惑人。这个成语被用来泛指各种各样的妖魔鬼怪，也比喻各种各样的坏人。

◇ 这些成语与哪些历史名人有关?

举一反三——孔子
墨守成规——墨子
三令五申——孙武
卧薪尝胆——勾践
负荆请罪——廉颇、蔺相如
前倨后恭——苏秦
脱颖而出——平原君、毛遂
图穷匕见——荆轲
纸上谈兵——赵括
指鹿为马——赵高
四面楚歌——项羽
约法三章——刘邦
背水一战——韩信
萧规曹随——萧何、曹参
一诺千金——季布
投笔从戎——班超
望梅止渴——曹操
刮目相看——吕蒙
如鱼得水——诸葛亮、刘备
七擒七纵——诸葛亮、孟获
乐不思蜀——刘禅
东山再起——谢安
入木三分——王羲之
口蜜腹剑——李林甫
力透纸背——颜真卿
铁杵成针——李白
东窗事发——秦桧

◇ "化干戈为玉帛"中的"干戈"和"玉帛"是什么?

"干戈"指古代的兵器,其中"干"是盾,"戈"是平头戟。"玉帛"则指玉器和丝织品,是古代诸侯会盟时相赠的礼物。这一成语被用来比喻消除仇恨,将战争转变为和平。

◇ "江郎才尽"中的"江郎"指的是谁?

江淹。江淹是南朝时著名的文学家,早年以文采斐然著称,但晚年才思逐渐衰退。据南朝文学批评家钟嵘《诗品》记载,江淹曾在梦中遇到一位自称郭璞的人,郭璞对他说:"我有一支笔在你那儿多年了,现在该还给我了。"江淹听后,便从怀中取出一支五色笔交给郭璞。从那以后,江淹写诗再也没有以前那样出色。于是后人用"江郎才尽"来形容才华枯竭。

◇ "无奸不商"最初是用来夸商人靠谱的吗?

确实如此,"无奸不商"最初是用来赞美商人有诚信的。传说财神赵公明原先是一位卖米的商人,他做生意时不仅给足量，还要加上一把米，让米在量米的斗上堆成一个尖。赵公明临终前告诫子孙："卖米要给足量，无尖不成商。"这个说法后来被误传为"无奸不商"，意思也变成了讽刺商人不诚信。

◇ "赔了夫人又折兵"的人是谁？

周瑜。三国时，东吴的孙权听从都督周瑜的计策，假意将妹妹孙尚香许配给刘备，企图将刘备骗到东吴扣作人质，以索回荆州。然而，刘备在成婚后，与孙尚香一起逃离了东吴。周瑜率兵追赶，却被诸葛亮设下的伏兵击败，损失惨重。因此，"赔了夫人又折兵"被用来形容不仅没占到便宜，反而遭受了双重损失。

◇ "新官上任三把火"中的"新官"是谁？

诸葛亮。"三把火"指的是诸葛亮出任刘备的军师后接连使用的三次火攻。"第一把火"是火烧博望坡，将夏侯惇率领的十万曹军烧得所剩无几；"第二把火"是火烧新野，配合水攻，使得曹仁和曹洪的十万人马几乎全军覆没；"第三把火"是著名的火烧赤壁，结果是号称百万之众的曹军仅有二十七骑逃脱。当时的人称这三次火攻为"诸葛上任三把火"。这一说法流传下来，逐渐演变成"新官上任三把火"，形容新官上任后做了有影响力的、体现能力和才干的事。

◇ "一日不见如隔三秋"中的"三秋"是多久？

三年。这个成语出自《诗经·王风·采葛》："彼采萧兮，一日不见，如三秋兮。"意思是说，一天不见面，就像隔了三年。这个成语多用来形容对人思念殷切。

知识拓展

"三秋"一词有以下几种含义：一指秋季，也指秋季的第三个月，即农历九月。如王勃《滕王阁序》中的"时维九月，序属三秋"。二指三个季度，即九个月，也可以指三年，泛指时间很长。如李白《江夏行》一诗中的"只言期一载,谁谓历三秋"。三指农业中的秋收、秋耕和秋种。

◇ 为什么用"马马虎虎"来表示粗心大意?

和一个画家的故事有关。据说在宋代,京城有位画家在画虎时,有人来请他画马,画家不愿重画,便把虎头和马身结合在一起。买画的人问他画的是马还是虎,他漫不经心地回答:"马马虎虎。"

这幅"马马虎虎"的画给画家的两个儿子带来了麻烦。一次,画家的大儿子打猎时看到一匹马,以为是虎,就射死了它,结果赔了一笔钱给马的主人。小儿子在野外见到老虎,以为是马,想骑上去,不幸被虎咬死。画家为自己的画作导致的悲剧而悔恨不已,于是烧掉了那幅画,并作诗警诫他人:"马虎图,马虎图,似马又似虎。大儿依图射死马,二儿依图喂了虎。草堂焚毁马虎图,奉劝诸君莫学吾。"

◇ 为什么用"半斤八两"来表示差不多?

因为旧制一斤等于十六两,而半斤恰好是八两,半斤和八两表示的重量相等,于是便被用来形象地比喻两者没有实质性差别。

俗语、谚语、惯用语

◇ "王婆卖瓜"中的"王婆"最初是男的还是女的?

男的。这个成语最初为"老王卖瓜,自卖自夸",这里的"老王"是男性。随着时间的推移,这个说法在传播过程中发生了讹误,"老王"被误传为"王婆"。这一成语被用来形容人自我吹嘘、自我宣传的行为。

◇ 俗话说"三个臭皮匠,顶个诸葛亮",为什么人们把皮匠和诸葛亮联系在一起?

诸葛亮和皮匠其实并没有关系,"皮匠"是同音词"裨将"的误传。古代的副将称为"裨将",他们常做一些辅佐性工作,尽管才能不如诸葛亮,但也发挥着重要的作用。"三个臭皮匠,顶个诸葛亮"本来是指三名副将的才智加起来也可以和诸葛亮一样,现今多用于比喻人多智广,赞扬集体智慧。

◇ "宰相肚里能撑船"中的"宰相"指的是谁?

王安石。相传北宋宰相王安石

中年丧妻后，娶了年轻小妾姣娘。因为忙于国事，王安石很少回家，独自在家的姣娘就与一个仆人私通。王安石发现后，虽气愤但最终选择忍耐。到了中秋节时，他暗示姣娘自己已经知道这件事，姣娘羞愧地说道："大人莫见小人怪，宰相肚里能撑船。"王安石经过一番考虑后，决定大度处理，送给姣娘银两，让她与仆人离开。这件事传开后，人们敬佩王安石的宽宏大量，"宰相肚里能撑船"这句话也就用来代指宽宏大量的品格。

◇ "不孝有三，无后为大"中的"无后"是什么意思？

指没有尽到后辈的本分。"无后"常常被误解成"没有后代"的意思，但其实它出自《孟子·离娄上》，原文为："不孝有三，无后为大。舜不告而娶，为无后也，君子以为犹告也。"这句话的意思是不孝的表现有很多，但以不尽后辈的本分是最严重的。古代讲究礼仪，婚姻要有"父母之命，媒妁之言"，而舜娶妻的时候没有禀告健在的父母，没有做后辈该做的事，被视为不孝的行为，即为"无后"。

◇ "舍不得孩子套不住狼"中的"孩子"是指什么？

指的是鞋子，而并非真正的小孩子。原句为方言中的俗语"舍不得鞋子套不住狼"，意思是要想打到狼，就要不怕跑步费鞋。这是因为狼生性狡猾，且善于奔跑，猎人要想抓住它，往往要跑很多山路，非常费鞋。因此，这句俗语用来形容要达到某一目的必须付出相应的代价。但在我国四川、湖南、贵州等地的方言里，"鞋子"读音与"孩子"十分相似，于是在流传过程中，这句俗语变为"舍不得孩子套不住狼"。

◇ "人有三急"是哪三急？

在现代语境中，"人有三急"通常是指生理性的尿急、便急、屁急，或内急、性急、心急等。但在历史典籍中，可以找到的近似说法是"民有三疾"，出自《论语·阳货》第十七中的"古者民有三疾，今也或是之亡也。古之狂也肆，今之狂也荡；古之矜也廉，今之矜也忿戾；古之愚也直，今之愚也诈而已矣"，大意是现在的人有三种毛病，分别是狂妄、骄矜、愚昧。

◇ **为什么技艺不精会被称为"三脚猫功夫"？**

有两种说法。一种说法是"三脚猫功夫"这句俗语源于江浙一带的俗话。相传光绪年间，上海码头有个老船夫能轻松挥舞两个30千克重的三角铁锚，因此出了名，很多人向他学艺。在他离开上海后，徒弟们的功夫都不到家，人们就戏称他们的功夫是"三角锚功夫"，后来被误传成了"三脚猫功夫"。另一种说法来自明代史学家郎瑛所著的《七修类稿·奇谑类》，其中记载："俗以事不尽善者，谓之三脚猫。嘉靖间，南京神乐观道士袁素居，果有一枚，极善捕鼠，而走不成步。"说的是嘉靖年间在南京地区，有一种擅长捕鼠却走不好路的三脚猫，后来人们便用"三脚猫功夫"来形容一个人粗陋的技艺。

◇ **"有钱能使鬼推磨"是什么意思？**

形容金钱的力量极大，似乎能办成任何事情，甚至能让鬼去推磨，使得不可能发生的事情变为可能。这句话的来源有多种说法，其中较为主流的说法是其出自明代文学家冯梦龙《喻世明言》中的"正是'官无三日紧'，又道是有钱使得鬼推磨"。另一说法是其出自南朝文学家刘义庆《幽明录·新鬼》中"瘦鬼推磨"的故事。然而，这句俗语并不代表金钱真的是万能的，它更多只是一种社会心态的体现。

◇ **"唯女子与小人难养也"是性别歧视吗？**

不是的，这句话常常被误解。它出自《论语·阳货》："唯女子与小人为难养也！近之则不逊，远之则怨。"这两句话的意思是女子和小人难以教养，别人亲近他们，他们会放肆；别人疏远他们，他们会产生怨恨。但原文中的"女子"并不能代表所有女性，南宋的朱熹在《论语集注》中将其解释为"家中的小妾"，近代学者认为其指的是"无德的女性"，而现代学者的说法是"女子"指"未教化的女儿"，这句话的本义是感叹教育的难度高。尽管众说纷纭，但普遍都认为句中的"女子"不是指代全体女性，因此也不能武断地说这句话带有性别歧视的意味。

◇ "说曹操，曹操到"这个说法是怎么来的？

从《三国演义》中衍生出来的。在《三国演义》第十二回中，曹操中计败逃，在被吕布追赶时，他以手掩面，欺骗吕布，让吕布去追赶别人，吕布便真的放过了曹操去追赶"假曹操"。明末清初文人毛宗岗评说道："见了曹操，反问曹操；舍却曹操，别赶曹操。谚云：'方说曹操，曹操就到'，当面错过，岂不好笑。""说曹操，曹操到"这个俗语即源于这个故事，用来形容某人行动迅速，无处不在，随时都可能出现在人们的面前。后来，人们就常用这句话来表示在议论或提到某人时，那人就恰好出现在面前的情况。

◇ "好汉不吃眼前亏"中的"好汉"指的是谁？

"好汉"不是特指某个人，而是泛指有审时度势的智慧的人。这句话出自清代文学家李宝嘉的《官场现形记》第十七回："好汉不吃眼前亏，且让他一步，再作道理。"其意思是聪明的人不会去做明显会吃亏的事情，他们会根据实际情况选择对自己最有利的行动方案。这并不是说他们胆小怕事，而是强调在关键时刻能够权衡利弊，做出明智的选择。

◇ "狗咬吕洞宾，不识好人心"是用来形容什么人的？

这句俗语现在用来形容那些不识好歹、对别人的善意不予理解甚至误解的人。相传吕洞宾未得道成仙之前，有一个同乡名叫苟杳，二人结为兄弟，并互相帮助。他们的性格都比较活泼，喜欢互相捉弄，常常表面装作忘恩负义的样子，却在暗地里帮对方打点好一切，最终让对方哭笑不得。于是他们二人被打趣说"苟杳吕洞宾，不识好人心"。后来，这句话逐渐被讹传成了"狗咬吕洞宾，不识好人心"。

◇ 为什么解雇、辞退又叫作"炒鱿鱼"？

形状相似： 传统的中式烹饪中，炒鱿鱼时鱿鱼片会卷起来，形状类似于人们被解雇时铺盖卷起的样子。因此，人们用"炒鱿鱼"来形象地比喻解雇。

动作相似： 被解雇了也就意味着被解雇的人需要收拾行李离开。"炒"这个动作的特点是快速有力，用来形容解雇过程的迅速和干脆，所以"炒鱿鱼"逐渐成了解雇的代名词。

◇为什么拌嘴吵架会被叫作"抬杠"？

"抬杠"这个词起源于民间风俗"抬杠会"。我国北方有些地区会在元宵节举办叫"抬杠会"的花会。在花会上，人们抬着木杆，木杆上安一把椅子，椅子上坐着一个伶牙俐齿的丑角，他会随机应变地回答观众提出的稀奇古怪的问题。久而久之，人们就把互相争辩的对话称为"抬杠"。

◇"二百五"这个称呼是怎么来的？

相传与苏秦的故事有关。苏秦是战国时期著名的纵横家，他说服六国结盟对付秦国，却在齐国被刺客杀害。齐王听说后，为抓到刺客，对外宣称苏秦是内奸，杀害苏秦的人受赏千两黄金。没过多久，就有四人前来领赏，齐王问他们四人怎么分这一千两黄金，四人高兴地回答："每人二百五。"齐王拍案大怒，说："把这四个二百五拖出去斩了！""二百五"的说法由此在民间流传下来，用于形容有些傻头傻脑的人，或是说话不正经、处事随便的人。

◇为什么人们常说"买东西"而不是"买南北"？

关于"买东西"的由来，通常有两种说法：

一是因为东汉时期的东京（洛阳）和西京（长安）是重要的商业城市，商人和居民常常会在两地之间往来交易，由于地理位置的原因，逐渐形成了"买东""买西"的说法，后来演变为"买东西"。

二是宋代学者朱熹出门时，遇到一位朋友拿着竹篮出门买东西，朱熹问："为什么是'买东西'而不是'买南北'？"朋友回答："东方属木，西方属金，南方属火，北方属水，中间属土，竹篮是木竹制成的，盛火会烧毁，盛水会漏光，也不会用来盛土，只适合装木和金，因此只能说'买东西'而不是'买南北'。"

◇为什么夸口说大话叫作"吹牛（皮）"？

"吹牛（皮）"这个说法的由来与农耕时代的生活习惯相关。皮筏子是古代黄河沿岸人们渡河时的重要工具，制作皮筏子前需要将用牛皮制成的牛皮袋吹满气，同时检查其是否有漏洞。但牛皮袋体积非常大，给它吹满气的这个过程十分费力，仅靠一个成年人根本做不到。因此，那些说自己能"吹牛（皮）"的人，很可能是在夸大事实，久而久之，"吹牛"与"吹牛皮"就有了夸口说大话的意思。

◇ "露马脚"露的是什么的脚？

古代假扮麒麟的马的脚。麒麟是古人心中的祥瑞神兽，因此在节日庆典或祭祀时，人们常会给马披上描画好的麒麟皮，将其扮成麒麟的样子，希望以此招来福运。但马脚难以包裹掩饰，表演舞动起来就难免露出马脚，即露出了破绽。后来，"露马脚"这一说法就泛指露出破绽或暴露真相的行为。

◇ "癞蛤蟆想吃天鹅肉"是怎么来的？

这句俗语来源于"蟾蜍吃月亮"的神话。古时候，人们没办法科学地认识月食现象，认为那是蟾蜍、天狗等动物把月亮给吃了，就有了"蟾蜍吃月"的神话流传下来。上古音中"月"与"鹅"同音，后来"月"的语音发生变化，便逐渐只剩下"蟾蜍吃鹅"的说法。后来这说法演变成了"癞蛤蟆想吃天鹅肉"，意思也发生了改变，比喻没有自知之明，想谋取不可能得到的东西的人。

◇ 为什么现在会用"王八蛋"来骂人？

有两种说法。古时，人们误以为乌龟没有雄性，认为龟和蛇是一类，龟是雌性，蛇是雄性，龟得和蛇一起才能繁殖后代。"王八"是乌龟的俗称，所以龟生下来的蛋也就是"王八蛋"，被认为是血缘可疑的后代，也是侮辱人的话。

还有一种说法是"王八蛋"为"忘八端"的误传。古人讲究修养，认为人有"八端"，即"孝、悌、忠、信、礼、义、廉、耻"，忘了这些就是忘了做人的根本，这样的人被称为"忘八端"，后来这个称呼误传成了"王八蛋"。

知识拓展

笑面虎： 外表和善、内心狠毒的人。

纸老虎： 外表凶狠、实际空虚无力的人。

孺子牛：甘愿为民而鞠躬尽瘁的人。

千里马：能力出众、才华横溢的人。

领头羊：有领导力、带领他人前进的人。

地头蛇：某一地区内横行霸道的人。

落汤鸡：浑身湿透、十分狼狈的人。

铁公鸡：一毛不拔、非常吝啬的人。

白眼狼：忘恩负义、以怨报德的人。

跟屁虫：百依百顺、趋炎附势的人。

◇为何两人决裂时会说"你走你的阳关道，我走我的独木桥"？

因为"阳关道"和"独木桥"象征不同的选择。阳关是中国古代的一个关隘，阳关道就是贯穿阳关通向西域的大道，是古代丝绸之路的重要通道之一；而独木桥则是指用一根木头搭成的桥，这种桥通常很窄，人在上面行走非常危险。"阳关道"象征便利的大路，"独木桥"代表艰难的小径，它们代表了两种差异巨大的选择。后来这句话既可以表示二者毫不相干，也可以用于体现独立和自主的精神。

◇"吃醋"的说法和哪位历史人物有关？

房玄龄。房玄龄是唐朝的开国功臣，唐太宗封他为梁公，并打算赐他几个美女作妾。但房玄龄知道夫人不会同意，就拒绝了。唐太宗了解到原因后，让皇后去说服房夫人，可房夫人还是坚决不愿。唐太宗便派人送了一壶"毒酒"给房夫人，说如果不同意，就得喝下这壶"毒酒"。房夫人毫不畏惧，直接喝了个精光，结果却没有死，原来壶里装的只是浓醋。从此，"吃醋"就成了形容在男女关系上产生嫉妒情绪。

◇"千里姻缘一线牵"中的线是什么线？

红线。在传统文化中，人们相信月老会用一根看不见的红线来连接命中注定的夫妻，这根红线被称为"姻缘线"或"红线"。在曹雪芹的《红楼梦》中就有这样的话："自古道：'千里姻缘一线牵。'管姻缘的有一位月下老人，预先注定，暗里只用一根红线把这两个人的脚绊住。"这个说法体现了古人对婚姻缘分的看法，即认为人与人之间的婚姻关系是命中注定、由天意安排的，有宿命论的色彩。

◇最初的"闭门羹"真的是一碗羹吗？

最初确实有一碗羹，但这碗羹是一种表示委婉拒绝的信号。"闭门羹"一词最早出自唐代冯贽的《云仙杂记》："史凤，宣城妓也，待客以等差……下列不相见，以闭门羹待之。"说的是宣城美女史凤在遇到不愿接待的客人时，会让家人用一碗羹相待以示拒绝，客人看到了就会明白她的意思，从而自觉离开。后来，这个说法常用来形容被人拒绝接待或者遭到冷遇的情况。

◇为什么令人扫兴会叫作"煞风景"？

这个说法与古代文人喜欢赏景的习惯有关。古时候的文人墨客喜欢游山玩水，欣赏自然美景，并以诗词歌赋来表达自己当时的心情。如果在他们兴致勃勃的时候，突然出现不和谐的人或事，打破了原有的美好氛围，就会让人感到非常扫兴。"煞"有破坏、终止的意思，所以"煞风景"就是指某个行为或某件事破坏了原本美好的景致或气氛。这个词后来也被用在各种场合，形容扫兴的行为或话语。

雅 称 别 称

◇山水湖海有哪些雅称？

山：翠微、嵯峨、崔嵬、崇阿等
水：清涟、清瑶、沧浪等
湖：泽薮、广阿、天藏、云梦等
海：沧渊、沧瀛、九溟、鲸海等

◇不同的风有哪些雅称？

春风：东风、和风、暖风、阳风、喧风、柔风、惠风、杨柳风
夏风：南风、热风、熏风、醒骨真人（盛暑的清风）
秋风：西风、金风、商风、凉风
冬风：北风、朔风、寒风
疾风：扶风、扶摇（自下向上的旋风）
凉风：灵籁、凉飔

◇不同的雨有哪些雅称？

初春的雨：青丝
夏天的雨：梅雨
细雨、小雨：轻丝、霢霂

大雨：银竹、雺霡

好雨：灵泽（润物好雨）、甘霖（久旱之后的雨）、膏泽（滋润作物的及时雨）

绵延久雨：霖霪

· 雨天

◇ 星辰、银河的雅称有哪些？

太阳：驰晖、赤乌、金乌、旸乌、羲和、耀灵、朱羲等

月亮：月娥、玉兔、桂月、蟾宫、广寒、望舒、银钩、玉弓、白玉盘、清晖、夜魄、太阴、蟾桂等

星辰：无名珠、星榆、银砾、北辰（特指北极星）等

银河：银汉、天汉、云汉、星汉、星河、绛河、银湾等

◇ 四季的雅称有哪些？

春：三春、九春、阳春、芳春、熙春、青春、青阳、春朝等

夏：三夏、九夏、长夏、清夏、朱夏、朱明、槐序、炎暑等

秋：三秋、九秋、素秋、素商、高商、白商、金秋、霜秋等

冬：三冬、九冬、严节、严冬、玄冬、玄英、岁暮、冬月等

◇ 十二个月份有哪些雅称？

一月：正月、孟春、寅月、首春、初月、开岁、初春、端月等

二月：仲春、卯月、春中、杏月、丽月、花朝等

三月：季春、辰月、暮春、桃月、蚕月等

四月：孟夏、巳月、槐月、麦月等

五月：仲夏、午月、蒲月、榴月、中夏等

六月：季夏、未月、焦月、荷月、晚夏等

七月：孟秋、申月、巧月、首秋、初秋、兰月、瓜月、凉月等

八月：仲秋、酉月、中秋、正秋、桂月等

九月：季秋、戌月、暮秋、玄月、晚秋、菊月等

十月：孟冬、亥月、初冬、良月、露月、开冬等

十一月：仲冬、子月、畅月、冬月、龙潜月等

十二月：季冬、丑月、除月、腊月、严月等

◇十二生肖有哪些雅称?

鼠：社君、子神

牛：乌犍、八百里

虎：於菟、山君、斑寅将军

兔：扑握、月精、菊道人

龙：云螭、蛟龙、应龙、虬龙、蟠螭、金龙

蛇：虺、螣蛇、蚺、小龙、玉京子

马：驷、追风、飞黄、乘黄、赤兔

羊：独笋子、珍郎、高山君、白石道人

猴：禺、狨、献桃、王孙、猢狲

鸡：司夜、司晨、时夜、翰音、兑禽、巽羽

狗：地羊、乌龙、黄耳、韩卢、守门使

猪：乌金、黑面郎

◇不同的昆虫有哪些雅称?

蚂蚁：玄驹

蟋蟀：促织、秋蛩

螳螂：天马、不过

蝴蝶：凤子、蛺蝶、傅粉何郎

萤火虫：即照、流萤、照夜清

蝉：知了、寒蝉、寒蜩、蟪蛄、蛉蛄、蛁蟟

◇不同的飞禽有哪些雅称?

凤凰：长离、丹鸟、朱鸟、仪凤、仪羽、火凤

鹤：胎仙、皋禽、露禽、仙骥

乌鸦：孝乌、寒鸦、慈鸦

杜鹃：子规、杜宇、杜主

黄莺：黄鹂、仓庚

鹦鹉：辩哥、陇客

• 鹦鹉

喜鹊：灵鹊

麻雀：照夜

鸭子：舒凫、鹜、左军

孔雀：逢春

鹅：舒雁、羲爱、右军

◇走兽游鱼有哪些雅称?

猫：衔蝉、灶前老虎、虎舅

鹿：元吉、角仙

骆驼：安士

马：绿耳

驴：长耳公

狼：挡路君、沧浪君

鱼：水梭花
鲤鱼：占魁、锦鲤
黄鳝：天良、田鳟、无鳞公子

◇不同的植物有哪些雅称？

梅：暗香、香雪、疏影、清客、一枝春、寄春君等
兰：紫翘、媚世、国香、王者香、第一香、心馨香等
竹：修竹、冰碧、玉管、青士、绿玉君、抱节君等
菊：九华、寿客、寒花、金蕊、傲霜枝等
荷花：水芝、芙蓉、芙蕖、菡萏、莲花、凌波仙子等
红豆：相思子
牡丹：洛阳花、富贵花

牡丹

梧桐：鸣凤条
木棉：英雄树
杜鹃花：映山红、山石榴
檀木：红牙、青龙木

芍药：将离
牵牛花：朝颜

◇不同的食物有哪些雅称？

茶：不夜侯、消毒臣、涤烦子、苦口师等
酒：杜康、浮蚁、春酸、春醪、春醋、红友、欢伯、祸泉、钓诗钩、玉浮梁、忘忧君、清圣浊贤、天禄大夫、青州从事等
竹笋：簜龙
荔枝：离枝、皱玉
李子：沉寒水
樱桃：滴阶红
石榴：丹若
葡萄：琥珀心
柿子：凌霜侯
梨：冰雪剖
西瓜：碧玉团
杨梅：鹤顶朱圆
橘子：篱落青黄

◇古代女子有哪些雅称？

泛指女子的雅称：萧娘、巾帼
对美丽女子的雅称：粲者、玉女、玉颜、姣人、红脸、红颜、红粉、红儿、红袖、朱颜、蛾眉、婵娟、姝丽、殊色、燕支、佳丽、佳人

对娴静女子的雅称：蕙质、帏闼（原指闺阁，引申指淑女）、英媛、淑女

对极美女子的雅称：国艳、国容、倾国、绝色

对有才女子的雅称：咏絮、女相如

对名门女子的雅称：闺秀、千金

对娇艳女子的雅称：艳女、春娇

对动人少女的雅称：娇娘、青娥

传说中的仙女：飞琼

◇古代男子有哪些雅称？

泛指男子的雅称：公子、吉士、须眉、萧郎（也是女子对所爱恋男子的称呼）

对貌美男子的雅称：檀郎、玉郎

对潇洒男子的雅称：髦俊、髦士

对仗义男子的雅称：好汉

对杰出男子的雅称：南金东箭

女子对丈夫的雅称：良人、郎君

◇不同的事物有哪些雅称？

雷：霹雳、神斧等

电：灵晔、金蛇等

云：玉叶、纤凝等

霜：青女、青文等

雪：寒酥、玉妃、瑞白、素尘、雨冻、冰霰、璇花、青盐、凝雨、银粟等

琴：鹤珍、素弦、玉振、鸣丝、弦桐、绿绮、焦桐等

棋：烂柯、坐隐、手谈、黑白子等

书：经笥、百城、万卷、五车、黄金屋、千钟粟、颜如玉等

画：无声诗、妙染、丹青、水墨等

信：鸿雁、鱼素、尺素、便笺、锦笺、鱼雁传书

钱：邓通、孔方兄、上清童子

杯：玉舟、金船、羽觞、玉樽

扇：箑、摇风、凉友、便面

镜：照台、镜花、菱花

扫帚：净君

· 古代铜镜

◇不同的颜色有哪些雅称？

红色系：朱殷、顺圣、胭脂虫、鹤顶红

橙色系：柘黄、蛾黄、光明砂、如梦令

黄色系：松花、姜黄、鞠衣、黄河琉璃

绿色系：官绿、翠微、苍筤、螺

青、翠虬

青色系：空青、法翠、天水碧

蓝色系：群青、碧落、孔雀蓝、东方既白

紫色系：丁香、木槿、暮山紫

黑色系：京元、獭见、瑾瑜、绀蝶、螺子黛

白色系：月白、浅云、霜地、凝脂

◇ **文房四宝的雅称有哪些？**

笔：柔翰、毛颖、霜兔、龙须友、管城子、退锋郎等

墨：陈玄、漆妃、玄圭、松烟、乌丸、青松子等

纸：云舫、云蓝、楮知白、玉鸾纹、剡藤等

砚：居默、陶泓、石友、龙尾、墨海、黑白月等

• 文房四宝

◇ **不同的时间有哪些雅称？**

一甲子——六十年

一章——十九年

积年——多年

累年——连年、历年

岁——一年，每年

期年——整整一年

岁暮——一年之中最后一段时间

期月——整整一个月

兼旬——二十天

旬余——十几天

一旬——十天

知识拓展

一天中不同时间的雅称

早晨：晨曦、初旭、熹微

中午：晌午、亭午、昼分

傍晚：薄暮、高春、投晚

夜晚：暝、瞑、清夜、侵夜

具体名称

◇ **不同的建筑叫什么？**

帝王上朝或供奉神像的场所称为"殿"，皇帝嫔妃住的称为"宫"，王公贵族住的称为"府"，高级官员住的称为"邸"，富贵人家住的称为"宅"，普通百姓住的称为"家"，临时的住所称为"寓"，极其简陋的住所称为"庐"，游客的住所称

为"店"，供传递信息或物资的人歇脚的房子称为"驿"。房子里的公共区域称为"堂"，会客宴请的房屋称为"厅"，堂后供人休息的房间称为"室"，正室两旁的房间称为"房"，正房两边的房子称为"厢"，有顶无墙的称为"亭"，有底座露天的称为"台"，两层以上的重屋称为"楼"，四面设栏的重屋称为"阁"，连接建筑的有顶通道称为"廊"，有窗槛的长廊的称为"轩"，高土台上的敞屋称为"榭"。

• 爱晚亭

◇ **关于人的称呼有哪些？**

不同人群：

黄口——对年幼儿童的称呼。

志学——对求学少年的称呼。

老苍——对老人的称呼。

苍生、黎民、黔首——对平民百姓的称呼。

人际关系：

同僚——对同在一个官署里任职的官吏的称呼。

同乡——对老乡的称呼。

同袍——对战友的称呼，也可用作对朋友、同伴的称呼。

青梅竹马——对从小就相好的男女青年的称呼。

古代身份：

门客——指旧时官僚贵族家里养的帮闲或帮忙的人。

方士——又叫方术士，古代对从事求仙、炼丹等活动的人的称呼。

贾人——又叫商贾，指商人。

过卖——堂倌，指酒食店里招待顾客的伙计。

游侠儿——指游手好闲、不务正业的年轻人。

伶官——古人称演戏的人为伶，在宫廷拥有官职的伶人叫作伶官。

冰人——古时指媒人。

◇ **不同的道路叫什么？**

路：三辆马车可并排通过的道路

道：两辆马车可并排通过的道路

途：只够一辆马车通行的道路

径：仅供牛、马通行的乡间小路

蹊：仅供人行的小路

街：两边有商户的道路

127

巷：城市里狭窄的小路

阡：田间南北走向的小路

陌：田间东西走向的小路

经：城市中南北走向的道路

纬：城市中东西走向的道路

衢：十字路口

康：五岔路口

庄：六岔路口

胡同：北方的街巷

弄堂：江南地区的小巷

◇ 汇集的水有哪些名称？

小水坑为"洼"，大水坑为"池"；小而深为"潭"，大而深为"渊"；广而浅为"淀"，广而深为"湖"；湖连湖为"泊"，泊连泊为"泽"；溪水汇集为"河"，大河相连为"江"。

◇ 山有哪些不同的叫法？

小土山为"丘"，大土山为"陵"；小而尖的山为"峦"，小而高的山为"岑"；高而尖的山为"峰"，高而陡的山为"峭"，高而险的山为"嶂"，高而大的山为"岳"；多长草木的山为"岵"，不长草木的山为"屺"，四周陡峭、顶端较平的山为"崮"。

◇ 不同的村子叫什么？

自然聚集的叫"村"，靠近路边聚集的叫"庄"，有栅栏围住的叫"寨"，围有土墙的叫"堡子"，士兵开荒过的区域叫"屯"。

· 白洋淀

第三章

传统文化常识

古代称谓

◇古人对不同年龄的称谓分别是什么？

襁褓：指未满周岁的婴儿。

孩提：指两三岁的孩童。

垂髫：指三至八岁的儿童。

始龀：指七八岁的儿童。

黄口小儿：指十岁以下的儿童。

豆蔻：指十三四岁的女子。

及笄：指女子十五岁。

弱冠：指男子二十岁。

而立：指三十岁。

半老徐娘：指三十岁的女子。

不惑：指四十岁。

知天命：指五十岁。

花甲：指六十岁。

古稀：指七十岁。

耄耋：指七十至九十岁。

期颐：指一百岁。

◇"鸳鸯"最初用来比喻什么关系？

兄弟关系。鸳鸯是一种具有观赏性的雌雄异态的水鸟。西汉时，苏武曾写下"昔为鸳和鸯，今为参与辰"的诗句，将鸳鸯比作兄弟，来表达兄弟分别时的不舍。魏晋时期的嵇康在《赠兄秀才入军》中写有诗句"鸳鸯于飞，肃肃其羽"，也以鸳鸯比喻兄弟。而以鸳鸯比喻相爱的男女则较罕见，如西汉时司马相如写有"有艳淑女在闺房，室迩人遐毒我肠。何缘交颈为鸳鸯"。直到唐代诗人卢照邻写下"得成比目何辞死，愿作鸳鸯不羡仙"的诗句，将情侣之间如鸳鸯般的情深意切表达得淋漓尽致，人们才开始逐渐将鸳鸯当作白头偕老、恩爱不离的情侣的象征。

• 鸳鸯

◇ 古代的兄弟是怎么排行的？

以伯、仲、叔、季为基本排行顺序。"伯"在兄弟中排行第一，指的是作为老大的长子，比如孔子的嫡长子名叫孔鲤，字伯鱼。"仲"排行第二，是老二，比如孔子在兄弟中排行第二，字仲尼。"叔"排行第三，是老三，也可以泛指除了伯、仲、季以外的其他兄弟，比如周武王给自己的各个弟弟分封诸侯时，都称他们为叔某。"季"排行最小，是老四或者最小的弟弟，比如孙坚的第四个儿子名叫孙匡，字季佐。

◇ 为什么把故乡称作"桑梓"，把父母称为"椿萱"？

桑树、梓树与古人的生活息息相关。桑叶可以用来养蚕，而梓树适合用来制作家具、乐器和棺木等，用途众多。古人常在家宅和墓地旁边种植桑树和梓树，并对先人栽种的桑树、梓树心怀敬意，因此离乡之人见到桑梓就容易想起故乡，"桑梓"也就成了故乡的代称。

椿是《庄子》中"以八千岁为春，八千岁为秋"的寿命极长的神树，萱则是古时候在母亲的住所旁种植的忘忧草。古人称父亲为"椿庭"，称母亲为"萱堂"，以表达对父母的尊敬和祝福，因此也把父母称为"椿萱"。

◇ 古人为什么用"须眉"称呼男子，用"巾帼"称呼女子？

古时候，男子以胡须和眉毛浓密秀丽为美。古代妇女又往往有剃眉后再画眉的化妆习惯，眉毛相对没那么浓密。因此，须眉被视为男子的"独有"之物，古人便称男子为"须眉"。

巾帼原指古人的头巾和发饰，是一种用金属做成框架、外裱黑色缯帛代替头发的假髻，上面装饰着簪钗。汉代，巾帼为女子所专用，后来成为女子的代称。

◇ 为什么古人称女孩子为"黄花闺女"？

与古代的面饰"花黄"、黄花有关。古时候女孩子喜欢用黄颜料在额头或者两颊画上花纹，或是贴上用黄纸剪成的装饰物来打扮自己，这些面饰就叫作"花黄"，比如《木兰诗》中有诗句"当窗理云鬓，对镜贴花黄"。据说，这种"贴花黄"的习俗起源于南北朝时期寿阳公主的"梅妆":有一天,寿阳公主躺着休息时,几片梅花的花瓣飘到她的额前,留下花痕,使她更加美丽动人。寿阳公主此后便常将梅花贴在额头上作为装饰,此举引起其他女子的效仿,后来便逐渐演变成"贴花黄"的梳妆方式。古代女子在出嫁后,梳妆打扮发生变化,一般不再作这种"贴花黄"的妆扮。久而久之,"黄花闺女"就成为古时候对未婚女子的称呼。

◇为什么把媒人称为"红娘"?

这个称呼的由来与元杂剧《西厢记》中的人物红娘有关。元代戏曲家王实甫根据唐代传奇小说《莺莺传》及由其衍生出的词曲,创作了优美浪漫的杂剧《西厢记》,讲述了一个歌颂纯真爱情的故事:书生张珙游历四方,在普救寺对崔相国之女崔莺莺一见倾心,后在友人的帮助下,从叛将孙飞虎手上救出崔莺莺。崔莺莺对张珙芳心暗许,然而崔母不同意他们的爱情,屡次阻挠。丫鬟红娘心地善良,乐于助人,帮助这对情侣传书递简、私下相会。面对崔母的逼问时,她不慌不忙地阐述利害关系,让崔母不得不答应崔张二人的婚事。崔莺莺与张珙几经波折,终成眷属。这段爱情能修成正果,离不开机智勇敢的丫鬟红娘的热心协助。后来,民间便把热心促成别人姻缘的媒人称为"红娘"。

◇现代的职业在古代叫什么?

文人:墨客
厨师:庖人
演员:优伶
警察:捕快
店主:掌柜
商贩:货郎
医生:郎中、大夫
教师:夫子
中介:牙人
律师:讼师
会计:账房
保镖:镖师
法医:仵作
服务员:店小二、伙计
助产士:稳婆
理发师:剃头匠
外交官:使节
牧羊人:羊倌
快递员:驿夫

◇ 同为皇帝的女儿，为什么会有"格格"和"公主"的不同称呼？

"公主"一词起源于周代。相传周宣王执政时期，上至王公贵族，下至平民百姓，女子出嫁时都需要由父亲当主婚人来主持婚事。周宣王认为自己作为一国之君，当女儿的主婚人会降低自己的身份，便在大臣的建议下，让地位仅次于天子的"公"来为他的女儿主持婚礼。《春秋公羊传》也记载了"天子嫁女乎诸侯，必使诸侯同姓者主之"，意思是天子嫁女儿给诸侯，一定要让同姓的诸侯为她主婚。后来，皇帝的女儿就被称为"公主"。

"格格"是满语音译，在汉语中的意思是"小姐"或"姐姐"。清朝初年，皇帝和贝勒的女儿都可以称为"格格"，没有定制，例如清太祖努尔哈赤的长女就被称为"东果格格"。直到清太宗皇太极即位，仿照明制，将皇帝的女儿称为"公主"，并规定皇后所生的女儿称为"固伦公主"，妃子所生的女儿或皇后的养女称为"和硕公主"。此后，"格格"变成了一般贵族女子的称谓。

◇ 古代大臣为什么称皇帝为"万岁"？

和汉武帝登临嵩山并听到"山呼万岁"一事有关。"万岁"一词最早出现在战国时期，一开始用来表示庆祝、欢呼，或指年代久远、寿命长久，后来成为帝王驾崩的委婉说法。据说，汉武帝刘彻在元封元年（前110）登上嵩山时，身边的吏卒听到了山中传来的三声"万岁"。汉武帝认为这是山神在表示对他的尊崇，从此"万岁"成为帝王的专有代称，若他人使用就会被视为大不敬。

◇ "陛下"和"殿下"有什么区别？

"陛下"是对帝王的尊称，"殿下"是对太子、亲王、皇太后、皇后的尊称。

"陛"指帝王宫殿的台阶，"陛下"原义指古时候臣子谒见帝王时所处的位置。当帝王与臣子谈话时，臣子不直呼帝王，而是口称"陛下"，表示卑者通过台阶下的人向尊者进言，以示敬畏和尊重，后来"陛下"成了臣子对帝王的尊称。"殿下"最初指高大殿堂的台阶下面，在六朝时期也被用为对帝王的敬称。汉代以后,"殿下"逐渐变为对生活起居在宫殿里的太子、亲王、皇太后、皇后的尊称。

◇ 古人的姓、氏、名、字、号有什么区别?

"姓"是原始社会时期人们为了区分不同的母系氏族而逐渐形成的,有图腾、居住地等来源,如传说炎帝因生于姜水旁而姓姜。

"氏"最早可能出现在母系氏族社会向父系氏族社会过渡的阶段,是由同一个氏族衍生出来的不同分支的标志,用来区分身份贵贱。氏有官职、爵位等多个来源,如司马、史即源于官职。秦汉以后,姓与氏合而为一。我们现在说的"姓氏"实际上指的是"姓"。

"名"主要用来区分家族中的各个成员。古时候,孩子出生三个月后,父亲或尊长会为其取名,供长辈称呼用。名可用于自称或上对下的称呼,可用作谦称、卑称,或为人作传时介绍他人,或称自己厌恶或轻视的人。

"字"又称"表字",跟名一般有意义上的联系,如诸葛亮,字孔明。古时候,女子十五岁行及笄礼、男子二十岁行冠礼时会取字,表示已经成年。字一般用来供平辈、晚辈称呼自己,古人有时也会对平辈或长辈自称字,表示尊重。

"号"是自己或朋友给自己取的别称,字数不等,多为二到四个字,且一个人可以有多个号。号多用以表明自己的德行和操守,例如海瑞自号刚峰;也有以居住地为号的,如河东人柳宗元自号柳河东。

◇ 古代的谥号、庙号、年号、尊号有什么区别?

谥号:帝王、大臣等去世后,朝廷根据其生前事迹给予他们的称号。谥号有褒有贬,常用有特定含义的字来表示逝者的善恶,比如"经天纬地曰文""杀戮无辜曰厉"。汉文帝刘恒励精图治,在位期间百姓安居乐业,所以谥号是"文";周厉王姬胡残害百姓,引起国人暴动,所以谥号是"厉"。

庙号:古代帝王驾崩后,在太庙立室供奉祭祀他们,并为其追尊的名号,一般是某祖或某宗,如汉高祖刘邦、唐太宗李世民。历代的庙号没有严格规定,也不是每一个皇帝都享有庙号，例如武则天最终以皇后的身份去世，就没有庙号。一般来说，每个皇帝只有一个庙号，但也有例外，例如明朝的朱棣，其庙号曾为太宗，后改为成祖。

年号：皇帝用于纪年的名号，从汉武帝时开始使用，直到清末结束。新皇帝即位或一帝在位而中途更改年号，称为"改元"。一个皇帝可以有多个年号，如汉武帝使用过的年号有建元、元光、元朔等。明、清两朝，基本上一个皇帝只有一个年号。

尊号：帝后在世时使用的称号，用以表达对帝后的尊敬赞美，又称"徽号"。尊号既可以在帝后生前定下，也可以在其死后追加。比如，唐肃宗在唐玄宗死后为他追加尊号"至道大圣大明孝皇帝"。

◇ **什么是避讳？**

封建时代为了维护等级制度的尊严，在文章或谈话中避免使用帝王或者尊长的名字，而是用其他字眼或方式来代替，这种现象叫作"避讳"。避讳除了要避免使用本名，还要避免使用嫌名，即和本名读音相同或相近的字。避讳还分为公讳和私讳，前者是避帝王、国君的名字，后者指避家庭成员或朋友、同僚的名字。避讳的方式主要有改字、空字、缺笔、改音等。避讳这一现象虽然表达了人们对尊长的尊敬之情，但也给中国古代文化的创造和传播套上了一副无形的枷锁。

知识拓展

李贺的父亲名晋肃，"晋"与"进"同音，因此李贺需要避讳，不得参加进士考试。《唐律疏议·职制律》规定："诸府号、官称犯父祖名，而冒荣居之……免所居官。"也就是说，如果某个人的父亲或者祖父的姓名与他所担任的官职名称以及所在官府名称读音相同或相近，这个人的官职就要被免去。韩愈曾写下《讳辩》一文替李贺鸣不平，辛辣地发声："若父为仁，子不得为人乎？（难道父亲的名字中有'仁'字，孩子都不能当人了吗？）"可惜，李贺后来还是没有得到考试资格，二十多岁时郁郁而终。

◇ 与"自己"相关的谦辞都有哪些？

"鄙"或"敝"或"老"字开头：用于谦称自己或跟自己有关的事物。如"鄙见"是对自己的见解的谦称，"鄙意"是对自己的意见的谦称，"鄙人""敝人"是对自己的谦称，"敝姓"是对自己的姓的谦称，"敝处"是对自己的房屋、处所的谦称，"敝校"是对自己所在的学校的谦称，"老朽"是老年人对自己的谦称，"老身"是老年妇女对自己的谦称。

"敢"字开头：表示冒昧地请求别人。如"敢烦"用于麻烦对方做某事，"敢请"用于请求对方做某事，"敢问"用于询问对方问题。

"家"字开头：用于对别人称自己辈分高或年纪大的亲属。如"家父""家尊""家严""家君"都指自己的父亲，"家母""家慈"指自己的母亲。

"舍"字开头：用于对别人称自己辈分低或年纪小的亲属。如"舍弟"称自己的弟弟，"舍妹"指自己的妹妹。

"小"字开头：对自己或与自己有关的人或事物的谦称。如"小店"是对自己的商店的谦称，"小女"是对自己的女儿的谦称。

"愚"字开头：对于自己的谦称。如"愚见"是对自己的见解的谦称。

"拙"字开头：用于对别人称自己的东西。如"拙笔"是对自己的文字或书画的谦称。

◇ 古人对不同的朋友都有哪些称呼？

贫贱之交：在贫困时所结交的知心朋友，又称"贫贱交"。

金兰之交：交情深厚、情投意合的朋友。后引申为异姓兄弟结拜之辞，如"义结金兰"。古时候，朋友之间情投意合，结为兄弟时互换作为凭记的赠帖，称为"金兰簿"，其含义取自《周易·系辞》中的"二人同心，其利断金；同心之言，其臭如兰"。

莫逆之交：心意相通、无所违逆、感情深厚的朋友。

刎颈之交：指同生死、共患难的朋友，又称"刎颈交"。

忘形之交：不拘身份、形迹的知心朋友。

忘年之交：指年纪差别大或者辈分悬殊的朋友。

竹马之交：指儿童时期相交的朋友。

总角之交：从小结识的好朋友。古时候孩童束发为髻，这种发髻被称为"总角"。

布衣之交：意为以平民身份交往的朋友，也指不以势位骄人，平等相处的友谊，又称"布衣交"。

君子之交：意为在道义上彼此支持的朋友，又称"君子交"。

◇ 秦朝以前的最高统治者怎么称呼自己？

后、王、余一个、一人、予一人、帝、天子。夏朝初年，当时的最高统治者以祖宗的身份来行使权力，是天下的"大家长"，因此用意为祖先的"后"来称呼自己。夏朝少康中兴后，统治者才自称为"王"，表示自己是天、地、人的主宰。商朝时，统治者自称"余一个""一人"或"予一人"，并在名前加"帝"字，以此表示自己至高无上的地位。周朝的统治者认为自己是代表天意进行统治，因此自称"天子"。春秋战国时期，周天子的权威下降，各诸侯国的国君也先后称王。秦始皇统一中国后，依据三皇五帝的传说，自称"皇帝"。从此，"皇帝"成为国家最高统治者的专称。

◇ 什么样的人能被称为"先生"？

"先生"作为称谓用词，起初用于指称"父兄"，后来成为妻子对丈夫的称呼或文人学者的自称，旧时也指以管账、算命、治病为业的各种人。如今，"先生"一般指老师，同时也是对知识分子和有一定身份的成年男子的尊称，有时也用来尊称有身份、有声望的女性。此外，"先生"还可以用于称别人的丈夫或对人称自己的丈夫。

◇ 古代关于死亡有哪些称谓？

根据《礼记》记载，天子死叫作"崩"，诸侯死叫作"薨"，大夫死叫作"卒"，士死叫作"不禄"，庶人死就称为"死"。此外，"晏驾"指古代帝王的车驾未能按时发出，"山陵崩"指帝王死去如同山陵崩塌，都是帝王去世的委婉说法。"不幸"也是去世的委婉说法。父母去世，则子女无法再奉养父母，因此"弃养"是父母去世的婉称。"梁摧""玉折"都是对贤者之死的委婉称呼。道教将死亡称为"羽化""化鹤"，佛教则称之为"涅槃""灭度"。

◇ **古人给其他国家起了什么样的名字?**

日本：东瀛、扶桑

韩国：高丽、新罗、百济

缅甸：骠国

印度尼西亚：诃陵

伊朗：波斯、安息

阿拉伯帝国：大食

越南：交趾、安南

柬埔寨：真腊

泰国：赤土、暹罗

印度：天竺、身毒

尼泊尔：泥婆罗

菲律宾：吕宋

◇ **古代名人都有哪些别称?**

李白：诗仙、青莲居士、谪仙人

杜甫：诗圣、杜拾遗、少陵野老

高适：高常侍

岑参：岑嘉州

白居易：诗魔、香山居士

王安石：王文公、临川先生

韩愈：韩昌黎、昌黎先生

柳永：柳屯田、柳三变

苏轼：东坡居士、苏东坡

陶渊明：五柳先生、靖节先生

李清照：易安居士

欧阳修：欧阳文忠公

司马光：涑水先生

陆游：放翁

王守仁：王阳明、阳明先生

◇ **祖宗十八代每一代怎么称呼?**

"祖宗十八代"指的是自己上下九代的宗族成员。

"上九代"为父、祖、曾、高、天、烈、太、远、鼻，也就是生下自己的人为父母，父亲之父为祖，祖父之父为曾祖，曾祖之父为高祖，高祖之父为天祖，天祖之父为烈祖，烈祖之父为太祖，太祖之父为远祖，远祖之父为鼻祖。

"下九代"为子、孙、曾、玄、来、晜、仍、云、耳，也就是父亲的孩子为子，子之子为孙，孙之子为曾孙，曾孙之子为玄孙，玄孙之子为来孙，来孙之子为晜孙，晜孙之子为仍孙，仍孙之子为云孙，云孙之子为耳孙。

◇ **古代怎么敬称自己或他人的亲人?**

令尊：对对方父亲的敬称。

泰山：对妻子的父亲的敬称。

令慈：对别人母亲的敬称，也作"令堂"。

泰水：对妻子的母亲的敬称。

尊人：对自己或对他人父母的敬称。

陀兰：对他人子孙的敬称。

令郎：敬称对方的儿子。

令爱：敬称对方的女儿。

显考：对亡父的敬称。考，旧称在世或者已经去世的父亲。

显妣：对亡母的敬称。妣，旧称在世或者已经去世的母亲。

◇ 古人怎么称呼自己的配偶？

说法众多。据说在上古时期，男子要通过品格考验，被认为具备美好的品格之后才能举行婚礼，因此女子称配偶为"良人"。后来，女子用"夫""郎君""夫婿""官人""相公""老爷""丈夫"等词来称呼丈夫，而丈夫则用"夫人""娘子""拙荆""内子""糟糠"等词来称呼妻子。对妻子的称呼也因丈夫的地位和职业的不同而有所差别，比如王公大臣的妻子被称为"小君"，高官或有功之臣的妻子被皇帝加封后可称为"诰命夫人"，商贾称妻子为"贱内"，士人则称其为"妻子"。此外，古代实行一妻多妾的婚姻制度，妾室一般被称为"爱妾""壁妇""妓媵"等。

礼仪风俗

◇ 古代礼仪主要分为哪几种？

吉礼：五礼之首，主要是对天神、地祇、人鬼的祭祀典礼。其中天神包括昊天上帝、日月星辰、司命、雨师等，地祇包括社稷、五帝、五岳等，人鬼包括先王、先祖等。

凶礼：哀悯、吊唁、忧患之礼，又可分为丧礼、荒礼、吊礼、禬礼、恤礼。其中丧礼是对各种不同关系的人的死亡，以不同的服丧过程来表达不同程度的悲伤。

军礼：军队操演、征伐之礼，可分为大师之礼、大均之礼、大田之礼、大役之礼、大封之礼等。

宾礼：接待宾客的礼节，适用于诸侯朝见天子、天子接待诸侯、邦国间外交往来等场合。

嘉礼：沟通、联络感情，促进人际关系和谐的礼仪，有饮食之礼、婚冠之礼、宾射之礼、飨燕之礼、脤膰之礼和贺庆之礼等。

◇ 古代主要有哪些祭祀礼？

祭天：古代帝王的特权，寄托着帝王祈求自己的统治受天保佑的心愿。郊祀是最重要的祭天礼，一般于冬至日在王都的郊外举行，由皇帝亲自主持，以牛、羊、猪为祭品。封禅则一般在泰山举行，旨在向世人和上天颂扬皇帝的功德。秦始皇是历史上首位举行封禅的人，此后多位帝王都举行过封禅大典，南宋以后逐步改为祭祀。

祭地：可分为方泽祭地和祭社稷。方泽祭地即祭地祇，一般于夏至日在北郊举行，个别朝代会在南郊同时举行祭天和祭地，称为"郊天祀地"。祭社稷指祭祀土地神，祈求农业丰收。

祭祖：古人一般在冬至祭始祖，春分祭先祖，也会在清明、端午、除夕等传统节日里祭祖。祭祖的主持者一般是宗族里的长子，并且是年长且德高望重的人。在国家层面，有祭祀圣帝明王与广义的前代君主的仪式，一般有宗庙祭祀、陵寝祭祀等，如浙江绍兴就定期举行大禹祭典。

祭孔：随着儒学的发展兴盛，孔子作为儒家学派的创始人逐渐得到尊崇。历代对孔子的祭祀主要在中央太学的孔庙、孔子故里曲阜、州县学校等地举行。

• 曲阜孔庙

◇ "五服"是指哪五服？

"五服"是指古人服丧期间根据跟逝者的关系远近所穿的五种不同等级的服装，从近到远分别为斩衰、齐衰、大功、小功、缌麻。

斩衰：用最粗的生麻布做成，而且衣旁和下沿不缝边，子为父、妻为夫、臣为君服丧都穿斩衰，并服丧三年。

齐衰：用熟麻布做成，缝边整齐，丈夫为妻子、父卒为母、母为长子、已嫁女子为父母服丧穿齐衰，服丧期从三个月至三年不等。

大功：同样用熟麻布做成，比齐衰更精细，女子为自己的兄弟服丧就穿大功。

小功：所用麻布比大功更精细，是服丧期为五个月的丧服，男子为外祖父母服丧就穿小功。

缌麻：用细麻布制成，五服中象征亲属关系最远的一种，对应三个月的服丧期，男子为妻子的父母服丧就穿缌麻。

◇ 老婆的"老"和"婆"最初是指月老和孟婆吗？

不是。"老婆"最早出现于隋唐五代时期，是老年人的通称，或指老年女性，直到宋代才开始指代妻子，现在已是使用普遍的对妻子带有亲昵意味的称呼。如今，现代人创造出了一种说法：老婆的"老"指的是月老，"婆"指的是孟婆，而爱情就开始于月老的牵红线，结束于令人忘情的孟婆汤。其实，月老这一牵红绳、系夫妇姻缘的月下老人的神仙形象定型于唐传奇《定婚店》，而孟婆这一形象，从史料记载来看，有说她是风神、幽冥之神的，也有说她是民间女子的，她与月老之间没有明确的关系。民间传说，孟婆容貌出众，煲汤技艺一流，引起了皇帝的食色之欲，后来遭强迫而冤死，于是冥府阎王封她为熬迷魂汤的忘川女神，以除却亡魂的记忆。

◇ "弄璋之喜"和"弄瓦之喜"分别指什么？

生男和生女。"弄璋""弄瓦"出自《诗经·小雅·斯干》中的"乃生男子，载寝之床。载衣之裳，载弄之璋。……乃生女子，载寝之地。载衣之裼，载弄之瓦"。弄，意为玩弄。璋是一种半圭形的玉器，瓦指的并不是瓦片，而是纺锤。古时候人们把璋给男孩玩耍，是希望他将来有玉一样的品德；把瓦给女孩玩耍，是希望她将来擅长女红。因此，人们用"弄璋之喜"来祝贺别人生男，用"弄瓦之喜"来祝贺别人生女。

◇ 古时小孩满一岁时要举行什么仪式？

抓周。这是古代民间比较流行的一种习俗，具体为：在小孩满一周岁时，大人将日常用品摆放在小孩面前，让其任意抓取，根据小孩最先抓到的物品来预测其兴趣和未来发展。南宋人吴自牧在《梦粱录》中详细记述了当时杭州地区抓周所用的物品："其家罗列锦席于中堂，烧香炳烛，顿果儿饮食，及父祖诰敕、金银七宝玩具、文房书籍、道释经卷、秤尺刀剪、升斗等子、彩缎花朵、官楮钱陌、女工针线、应用物件，并儿戏物。"可谓丰富多样。虽然孩子并不一定会沿着抓周时旁人预测的人生道路成长，但抓周这个仪式寄托了古代父母对孩子的深厚感情和殷切期望。

· 常见的抓周物品

◇古人成年时会举行什么仪式？

男子二十岁举行冠礼，女子十五岁举行及笄礼。冠礼的中心环节是由正宾（一般是德高望重的人）依次将布冠、皮弁、爵弁三种冠加到受礼者头上，同时受礼者也要改换三种服饰，所加的冠服是越来越尊贵的。每次加冠后，正宾都会说不同的祝词。三次加冠后，正宾给受礼者敬醴酒，受礼者再去拜见母亲，之后取字。及笄礼，也就是结发加笄，将女子的头发在头顶上盘成发髻并插上玉质的发饰"笄"，标志着女子成人并可以谈婚论嫁。

◇什么是"三书""六礼"？

三书是婚姻过程中所用的三种文书，六礼则是缔结婚姻时按顺序进行的六种礼法。

三书： 分为聘书、礼书、迎书。聘书是定亲的文书，礼书是列明过大礼时物品名称和数量的文书，迎书是男方迎接新娘过门时的文书。

六礼： 一为纳采，男方家长请媒人向物色好的女方家提亲，并送约三十种象征吉祥的礼物给女方家，女方家在此时向媒人打听对方情况；二为问名，接纳提亲后，女方家将女子的年庚八字给男方家，用于占卜吉凶，确定双方是否合适；三为纳吉，接受庚帖后，向祖先请示双方的年庚八字，不相冲相克才能初步议定婚事；四为纳征，男方家在大婚前一个月至两周，将聘金、礼金、聘礼送到女方家，女方家也要回礼；五为请期，男方家择定结婚的良辰吉日并征得女方家同意；六为亲迎，新郎亲自往女方家迎娶新娘，双方完成拜天、地、祖先的仪式后进入洞房。

◇古人的婚礼在什么时间举行？

黄昏。汉代学者郑玄认为："士娶妻之礼，以昏为期，因而名焉。必以昏者，取其阳往而阴来。"古人认为向阳为阳，背阳为阴，又将这种认识延伸到社会生活中，认为男子为阳，女子为阴，要遵循男女阴阳合一的自然调和之道。黄昏时分，太阳将要落下，而夜幕逐渐升起，正是阴阳交接之时，男阳女阴的结合仪式自然也应该在此时举行。因此，古人的婚礼往往在黄昏，也就是傍晚举行。

◇古人常说"结发夫妻"，"结发"指什么？

指成年后束发，也指古代结婚时男女并坐，把头发绑在一起的礼仪。"结发"也被称为"合髻"，关于它的具体过程有两种说法：一是婚礼上将新人的发髻束在一起，以示恩爱同心；二是男女各剪一绺头发，绾在一起作为信物，也称为"剪发绾结"，表示同心永爱。汉代的苏武曾写下"结发为夫妻，恩爱两不疑"的诗句，以结发代指成婚。有时候，人们也用"结发"来代指妻子，尤其是原配妻子。

◇"春宵一刻值千金"的"春宵"最初指的是什么时候？

春天的夜晚。这句诗出自北宋诗人苏轼所写的《春夜》，全诗为：春宵一刻值千金，花有清香月有阴。歌管楼台声细细，秋千院落夜沉沉。这首诗描写了这样一幅画面：令人深感光阴可贵的春夜里，花不但散发着清新的香气，而且在月光的笼罩下显得越发朦胧。远处高楼上传来幽幽的歌乐声，架设了秋千的庭院如同沉入了茫茫夜色。后来，古人认为刚成婚的新人的洞房花烛夜正是这样"一刻值千金"的"春宵"，于是就用"春宵"代指男欢女爱的夜晚。

◇"一人之下，万人之上"的"一人"最初指的是谁？

妻子。春秋时期，伍子胥在投奔吴国的路上，遇到一名叫专诸的勇士。当时，专诸正要和别人搏斗，表现出怒不可遏的样子。可是，专诸听到他的妻子喊了一声,马上就转身回去了。伍子胥感到奇怪,就向他询问原因。专诸说:"夫屈一人之下,必伸万人之上。(我屈身于妻子之下,必然凌驾于万人之上。)"后来,伍子胥把专诸推荐给吴国公子光,专诸果然帮助公子光完成了刺杀吴王僚的大事。

◇古人将坐姿分成哪三种?

跌坐、箕踞和跽。跌坐是盘腿而坐,左脚放在右腿上,右脚放在左腿上,类似佛像的坐姿;箕踞是两腿前伸、双膝微曲而坐的坐姿,因为人这样坐着时身体的形状看起来像簸箕而得名,是傲慢无礼的一种坐姿;跽,即跪坐,双膝着地,臀部压在后屈的腿上,上身挺直,表示礼貌。古人在正式场合或者和尊长坐在一起时讲究正襟危坐,也就是整理好衣襟并采用跽的坐姿,表示对对方的尊重。而箕踞除了显得没有礼貌,有时也表示不拘礼法的桀骜,如《世说新语》中记载:"晋文王功德盛大,坐席严敬,拟于王者。唯阮籍在坐,箕踞啸歌,酣放自若。"座上客人都用庄重得像面对国君般的态度来对待位高权重的司马昭,只有阮籍伸开双腿坐着,饮酒高歌,泰然自若,可以说是十分狂放不羁了。

◇古代有哪些常见的见面礼?

揖礼: 先秦时期就有了各种各样的揖礼,如土揖、时揖、天揖等。作揖为两手抱拳高拱,上身略向前倾,向人敬礼。

拱手礼: 两手在胸前相抱,表示恭敬。如《论语》中有"子路拱而立"的记载。

跪拜礼: 可分为九种,称为"九拜"。稽首是先跪地,然后左手按右手支撑于地,再缓缓叩首至地;顿首是先跪地,然后手至地,再叩首至地,之后立即举起;空首是跪而拱手,头俯下至于手,与心脏位置齐平;振动是丧礼中最哀恸的跪拜礼,指先拜而后踊,踊指顿足跳跃;吉拜是先行空首拜,再行顿首拜,一般是丧礼之拜;凶拜行礼时和吉拜相反,先行顿首拜,再行空首拜;奇拜的"奇"表示奇数,指拜一次;褒拜指拜的次数在两次以上;肃拜指不跪,俯首并两手下垂,是女性和军人用的礼拜方式。

◇古代"拱手高举,自上而下"是什么拜礼?

长揖。揖礼随朝代更替而发展变化,到汉代时出现了长揖。长揖是一种不分尊卑的拱手礼,行礼时腿不弯曲,先拱手至与额头平齐,再弯腰而下,手尽量接近地面,简单来说就是拱手高举,自上而下。行这种揖礼时,腰要尽可能地弯曲,使拱手的幅度从最上的前额到最下的地面,约有一人的长度,比行普通的揖礼幅度更大,因此这种揖礼被称为"长揖"。

◇古时候见什么人需要"三叩九拜"?

"三叩九拜"是对所有跪拜礼的统称。稽首是九拜中最隆重的礼节,一般用于臣子拜君王的场合。顿首通常用于下对上及平辈间的敬礼,如官僚间的拜迎、拜送,民间的拜贺、拜望、拜别等。明朝对拜礼的规定如下:朝见天子需要稽首四拜后再叩首一拜,共五拜;见东宫太子、亲王、父母只需稽首四拜;其余官员、亲戚、朋友相见,只行两拜礼。此外,假如官员品级相隔,等级较低的官员要行顿首再拜礼,等级较高的官员不需要答礼;假如官员品级不相隔,比如四品官与三品官相见,则四品官行顿首再拜礼,三品官也要行空首再拜答礼;如果官员品级相等,则相互行再拜礼。

◇古人见面一般都怎么送礼?

根据礼制和自己的社会身份送礼。古人把拿着见面礼拜见他人的行为叫"执贽","贽"指见面时送给对方的礼物。古人不能根据自己的经济条件随意送见面礼,必须根据礼制和自己的社会身份来送礼。《礼记》中记载了不同身份的人用不同的物品作为贽:天子用鬯酒(一种用黑黍酿造的祭祀用的酒),诸侯用圭,卿用羔羊,大夫用雁,士用雉(野鸡),童子用束脩(肉干),庶人用家鸭,军人在野外驻扎时可用马缨、射箭用的束袖臂套、箭矢。此外,唐代的文人去谒见别人时,还会以诗、词、文、赋等文学作品为贽。

◇古时候去别人家做客时有哪些讲究?

进门:先发出声音,让主人知道客人来了,还要在屋子外脱掉鞋子。进门时视线要往下,不能往上,避免显得趾高气昂,而且看东西时目光不可以来回扫视,避免让人怀疑其隐私遭到窥探。

就座:两只胳膊不能像鸟的翅膀一样上下翻动,也不要把两只胳膊横着,这样会占据太多空间,妨碍一起坐着的人。就座时将长衣轻轻撩起到离地一尺高再坐下,避免不慎踩到自己的衣服而摔倒。

进食:吃饭时尽量坐得靠前,避免不慎掉落的食物弄脏座席。不使劲盛饭,吃东西时嘴巴不发出声音,不啃骨头或剔牙。吃过或夹过的菜不能放回盘中,也不要用手对着菜扇风吹散热气,显出急着吃东西的样子。

告辞:如果主人伸懒腰,说明他已经累了;如果主人摸拐杖、找鞋子,说明他有事要外出;如果主人在看时间是什么时候了,说明会客太久,他已经厌倦。看到主人有这三种行为时,客人都应马上告辞。

◇古代的座位为什么以南向和东向为尊?

和太阳崇拜有关。古代有许多关于太阳的神话传说,如"羲和生十日""后羿射日"等,都表明古人认识到太阳在自然界的重要性。按照《周易》的说法,南为离,离为明,面朝南方就是面向光明,圣人应面向南方治理天下。《汉书·律历志》也提到"太阳者南方,南,任也,阳气任养物"。所以,天子临朝听政或朝廷官员坐堂议政时,都是面南而坐,以南向为尊。而古人最早认识的方位是东和西,又以高悬于东方的太阳为尊,进而产生以东向为尊的观念,如鸿门宴上项羽自认为最尊贵,面东而坐。

◇在生日吃长寿面的习俗从何而来?

相传和汉武帝提到的"脸长即命长"的说法有关。相传,汉武帝有一次和文武百官闲聊时提到相书上的说法:"人中长一寸,能活一百岁。"东方朔听后哈哈大笑,引起了其他人的不解。东方朔便解释:"我不是笑陛下,而是笑彭祖。人中长一寸,能活一百岁,那彭祖活了八百岁,人中就有八寸,他的脸该多长啊!"众人听后也大笑起来。这一说法逐渐流传开来,被总结为"脸长即命长"。古时候的"面"

指的是我们现在说的"脸",和意思为"面条"的"麺"字读音相同,于是人们便拿吃长长的面条来象征有长长的脸,以祈求长寿,后来渐渐演变出在生日吃长寿面的习俗。

◇ 民间四大喜事是什么?

久旱逢甘霖、他乡遇故知、洞房花烛夜、金榜题名时。这个说法来自古代流传下来的《四喜诗》。"久旱逢甘霖"指干旱许久之后终于下了雨,农民在庄稼地的辛勤劳动不至于白费,比喻困境得以纾解。"他乡遇故知"指在异乡遇到老朋友。古时候交通不便,在陌生的地方遇到熟人是很难得的幸事。"洞房花烛夜"指古时候新人在婚礼上一拜天地,二拜高堂,对拜后进入洞房,共度新婚之夜。洞房是新婚夫妻的房间,在新婚之时摆放有象征着吉庆与幸福的红色花烛。"金榜题名时"指科举考试时,名字出现在列有通过殿试者名字的黄榜上。这四大喜事反映了古人对幸福生活的向往。

◇ 为什么皇家建筑多与"九"这个数相关?

九为阳数之极。古人按照阴阳之分,将奇数称为阳数,偶数称为阴数。九是最大的阳数,因此,古代的皇家建筑多和"九"有关,以此象征皇权至上。比如,北京故宫的四角各有一座角楼,民间传说它有九梁、十八柱、七十二脊。

• 故宫角楼

故宫中还有气势雄健的九龙壁,壁上的九龙分置在五个空间,使用了四十五块龙纹垫栱板和二百七十个塑块。建筑中处处包含九的倍数,彰显了"九五之尊"的理念。"九天"也指天的最高处,所以天坛的圜丘坛上不管是石阶、石砖还是石栏杆,数量都是"九"或者"九"的整数倍,以此体现天的至高无上。

◇ 我国哪些地区盛行游神风俗?

闽粤地区。游神是模仿神明出

巡游街的民俗活动，一般在春节或神明诞辰等喜庆日子举行。各地区民间信仰的神明各异，比如在福建湄洲、仙游，广东雷州等地区盛行妈祖游神活动，福建福州盛行当地供奉的泰山神、白马王等神明和神明部属的游神活动，广东潮汕地区盛行三山国王、安济圣王游神活动等。游神活动通常热闹非凡，如福州长乐地区的游神活动中，身强力壮的四五个青年会轮流"挺塔骨"（人在空心竹骨神像里扛起神像）、抬轿子，民乐队、舞狮队一齐上阵，锣鼓喧天，万人空巷。民间认为，游神活动可以让神明与民同乐，更愿意庇护百姓，使世间人人幸福安康。人们借这种祈福活动表达了对美好生活的向往。

◇ 为什么古人都留长头发？

跟古代礼仪与道德规范有关。古人重视孝道，认为"身体发肤，受之父母，不敢毁伤"，也就是要保护好父母给予的身体、头发和皮肤，使其不受伤害。所以，古人从小就留长头发，除了在修整发型的时候稍作修剪，其他时候一般不剪短，除非是为了出家或表达自己愤世嫉俗的态度。在古代，剃发往往被视为奇耻大辱，甚至是一个人犯了错才会受到的严厉处罚。"髡"指的就是将部分或全部头发剃去的刑罚。而剪去头发也有作出重大的牺牲或承诺等含义，如《红楼梦》中鸳鸯削发明志，又如一些女子会剪下一缕青丝送给心上人，以此表达自己的心意。

◇ 什么时候开始，戴"绿帽子"是一种耻辱？

从元代规定娼妓的家长和亲属男子要头戴绿巾开始。古人曾经用戴在头上包裹发髻的不同颜色的帻巾来区分身份等级，汉代时，绿头巾就被认为是"贱者所服"。然而，把绿头巾和不良的生活作风联系起来，则缘于元代"娼妓之家，家长并亲属男子裹青巾"的规定。到了明代，有些教坊还规定"官妓之夫"必须穿戴"绿巾绿带"，甚至"出行路侧，至路心被挞勿论"，也就是走在路上被人打了也没人管，因为当时官府认为男子无力养家而让妻子当了娼妓，就应受羞辱。后来，绿头巾慢慢变成了"绿帽子"，意为妻子有了外遇。

传统节日

◇ 为什么除夕要贴春联？

相传和明太祖朱元璋的旨意有关。春联，起源于桃符，也就是周代时悬挂在大门两侧、上书神名"神荼""郁垒"，用以驱邪除鬼的长方形桃木板。后来，桃符上的神名逐渐演变成联语，木板也改为纸张。明代，桃符改称"春联"，这跟朱元璋有关。根据明代《簪云楼杂话》的记载，明太祖朱元璋在除夕前忽然传旨，让公卿士庶必须在家门口贴一副春联。圣旨传出后，朱元璋微服私访，经过一户人家，发现门上没贴春联，便去询问，得知这家人做阉猪的营生，还没来得及请人代写春联。于是，朱元璋亲自为这家人写下了"双手劈开生死路，一刀割断是非根"的春联。这副春联既符合这家人的职业特点，又十分幽默。此后，除夕贴春联逐渐成为一种习俗，流传至今。

◇ 为什么春节又叫"过年"？

据说和年兽有关。相传，古时候有一种叫"年"的凶猛怪兽，长相十分可怕，还会伤害人畜，平时住在幽深的海底（一说是山林），只在每年的最后一天天黑后出来为祸人间。人们发现年兽害怕红色、火光和炸响声，就用穿红衣、贴红春联、放爆竹的方式来驱逐它。因此，春节这个处于新旧岁交替之际的节日又叫作"过年"。其实，"年"字本义为五谷成熟，以前谷物一年一熟，年节一年一次，于是"年"又被用作特定时间周期的单位，所以作为一年开端的春节也叫作"过年"。

◇ 为什么除夕夜要守岁？

为了"熬年"或"守祟"。相传，年兽出来为祸人间的这一夜，也就是一年的最后一天的晚上，叫作"年关"。人们在这天夜里做出一年中最丰盛的晚餐，一家老小聚在一起吃一顿年夜饭，再把家门紧闭，防止年兽跑到家里作乱。吃完年夜饭，人们为了抵御对年兽的恐惧，就凑在一起聊天壮胆，直到天亮，才算熬过了"年关"。另一种说法是，古代有种叫"祟"的小妖怪，老是在除夕夜趁小孩熟睡摸他们的脑门。被摸的孩子会发高烧、说梦话，退烧后还会变傻。人们害怕"祟"伤害孩子，就整夜不睡觉，守着"祟"来。后来，人们在除夕夜彻夜不眠，辞旧迎新逐渐成为一种习俗，称为"守岁"。

◇为什么过年时要给孩子们压岁钱？

为了辟邪"压祟"、趋吉祈福。传说，古代有一户人家在除夕的晚上照例"守祟"保护孩子。孩子用红纸包了八枚铜钱玩游戏，不一会儿就睡着了，包着铜钱的红纸包就放在枕头边。夜里，"祟"来了，正要去摸孩子脑门，却被孩子枕边铜钱闪出的金光吓跑了。于是，人们纷纷用"红纸包钱"这个办法来"镇祟"，此后"祟"再也没有出现。人们把这种钱叫作"压祟钱"。由于"祟"与"岁"同音，春节也正是辞旧岁、迎新岁的时候，"压祟钱"便慢慢被叫作"压岁钱"。古时候，人们把用作压岁钱的铜币用彩绳串起来，编成龙形，放在床脚，或是把压岁钱放进红纸包，在晚辈拜年后给出，表示关怀和祝福。

◇为什么"福"字要倒着贴？

表示"福到"。相传，贴"福"字的习俗起源于周朝，姜子牙封神时封他的妻子为"穷神"，并要求她不能去有福的地方。百姓们为了不让穷神进门，就都在门上贴"福"字。而倒贴"福"字的习俗相传起源于清代。有一年春节前夕，恭亲王府的家丁们正往门上张贴"福"字，有一个家丁不识字，将"福"字倒贴，被恭亲王福晋看到了。恭亲王知道后十分恼怒，正打算严惩这个家丁时，大管家站出来说："恭亲王寿高福大，如今'福'真的到（倒）了，此乃吉兆。"这话让恭亲王转怒为喜，还重赏了大管家和倒贴"福"字的家丁。后来，这个做法广为流传。人们一般在家中的水缸、土箱子（即垃圾箱）这些要"倒"东西的物品上倒贴"福"字，用"福至"抵消"福去"，在柜子上也倒贴"福"字表示"福到"，而大门上的"福"字依旧正贴。

· 倒贴的"福"字

◇ 为什么过年时要拜年？

相传是为了庆贺没有被年兽吃掉。除夕夜一过，年兽扬长而去，幸存的人们才敢开门相见。确认彼此平安后，人们便相互作揖道喜，庆贺彼此没被年兽吃掉，拜年的习俗也由此而来。人们在大年初一起床后先向长辈拜年，亲朋好友、左邻右舍在春节期间也相互登门拜年，外出相遇时也互相拜贺，常说"恭喜发财""新年快乐"等祝福语。拜年既能表达对美好生活的向往和祝福，又有利于维系情感。

◇ 元宵节是为了纪念什么而设的？

相传是为了纪念"平吕"而设。汉惠帝刘盈生性优柔寡断，使得朝政大权渐渐落在吕后手上。汉惠帝死后，整个朝廷都被吕氏家族把持。朝中臣子陈平、周勃等人在吕后死后，铲除了吕氏集团的势力，在正月十五平定了"诸吕之乱"，并迎代王为汉文帝。此后，汉文帝便将这一天定为元宵节，并微服出宫，与民同乐，以示纪念。此外，关于元宵节的起源还有多种说法，比如汉武帝祭祀太一神、东汉"燃灯表佛"等，尚无定论。

◇ 为什么元宵节又被称为"上元节"？

元宵节在正月十五日，正月十五日在"五斗米道"（道教早期教派）中被认为是"上元天官"的降临日。道教的主要神灵是天、地、水三官，据说三官会分别在一年中的不同时间降临人间："正月十五为上元，即天官检勾；七月十五为中元，即地官检勾；十月十五为下元，即水官检勾。"按照道教的这一说法，元宵节起源于燃灯祭祀上元天官的活动，所以又称"上元节"。这一天，家家户户张灯结彩，观赏花灯。

◇ 什么是"闹社火"？

在中国北方地区流行的庆祝春节的集体庆典活动，是元宵节的习俗之一。"社"指土地神，"火"指火神，"闹社火"这一习俗源于人们对土地与火的原始崇拜。闹社火时，人们会把大块的煤炭层层叠叠地垒起来，往里面放木柴，再将其点燃，称为"旺火"，寓意兴旺红火，给人带来吉祥如意。在元宵节这一日，方圆百里的人们都会赶来观看旺火。据说，围着最大的旺火左绕三圈，右绕三圈，可以保佑全家平安。"闹社火"的活动丰富多样，包括舞狮子、耍龙灯、骑竹马、踩高跷、划旱船、扭秧歌、唱大戏等，既热闹又喜庆。

◇为什么农历二月初二又被称为"龙抬头"？

因为农历二月初二时，东方苍龙七宿在隐没后重新显现。古人发现可以根据特定星象的方位来判断当时的季节，于是将天上的群星分成了二十八组，又将其分成东方苍龙、南方朱雀、西方白虎、北方玄武这四象。东方苍龙七宿的出没周期和方位，跟一年中农作物的生长周期之间的呼应格外紧密。二月初二时属仲春，是季节更替、春耕开始的日子，人们观测到东方苍龙七宿会在这时的黄昏之际重新出现，便将这一现象总结为"二月二，龙抬头"。

知识拓展

"龙抬头"前为正月，古人在正月期间一般不剪头发。这是因为清朝初年，清朝统治者下令国民要剃发易服，民间人士为了"思旧"，表达对明朝的怀念，在正月期间不剪头发，也就是"龙抬头前不剃头"。然而，这一"思旧"的习俗被讹传成"死舅"，因此有了"正月剃头死舅舅"的说法。

◇为什么寒食节不能生火做饭？

相传是为了纪念介之推。春秋时期，晋国发生了内乱，公子重耳（也就是后来的晋文公）出逃，一路上屡遭追杀。介之推对晋文公忠心耿耿，甚至在逃亡时割下自己大腿上的肉给晋文公充饥。晋文公回国后，介之推不求功名利禄，和母亲隐居绵山。绵山广阔，晋文公为了逼介之推出现，竟然放火烧山，谁知介之推宁可抱木而死，也不愿出山。介之推死后，晋文公悲痛不已，为介之推修祠祭祀，并下令在介之推的忌日人人都要"禁火寒食"，这就是民间传说中寒食节的由来。另一个说法是，古人认为万物有灵，火也是如此，因此需要定期对火举行禳解仪式以免除旧火的危害。据《周礼·秋官》记载，仲春时禁火，春末再生新火。寒食节就源于禁火的习俗，人们在这一天不能生火做饭，只能吃冷食。

◇ **为什么清明节会有扫墓祭拜的习俗？**

因为寒食节与清明节的日期相近，在唐代，两者逐渐融合，寒食节的扫墓风俗也被清明节继承。古人有云："国之大事，在祀与戎。"早在先秦时期，古人就把祭祀祖先当成和战争一样重要的国事，而扫墓就是祭祀祖先的重要方式。民间对忠义之士介之推极为推崇，人们在绵山修了介公庙，每年于寒食节祭拜。所以，寒食节的主要习俗除了禁火吃冷食之外，还有扫墓祭拜。唐玄宗开元二十年（732）诏令天下人"寒食上墓"，后来，由于日子接近，这个民间禁火扫墓的节日逐渐与清明节合而为一，在清明节扫墓祭拜的活动也相沿成俗。

· 扫墓时常用的菊花

◇ **清明节和上巳节有什么关系？**

上巳节从唐代起逐渐和清明节合流。最初，上巳节的日期定在每年的三月上巳日，也就是三月上旬的第一个巳日，即农历的三月初三。上巳节时值初春，草木萌发，到处是生机勃勃的景象，所以古人往往在这一天踏青游玩、设宴吟咏以及举行祓禊除灾的活动。

东晋书法家王羲之在《兰亭集序》里提到，他和友人们在永和九年（353）的三月初三为了"修禊"而"会于会稽山阴之兰亭"。"修禊"指祓禊，意思是到水边洗濯，以除凶去垢。清明节的日期一般在农历三月，与上巳节的时间很接近，所以上巳节踏青郊游、祓禊等习俗逐渐合并到清明节的习俗中。

◇ **为什么端午节要划龙舟？**

相传是为了纪念屈原。屈原是战国时期楚国的忠臣，由于楚怀王听信谗言，屈原被排挤流放，最终在楚都被秦军攻破后自沉于汨罗江，以身殉国。民间流传着这样的说法：楚国人舍不得屈原死去，划船想要救屈原，然而没有成功，便在每年的农历五月初五通过划龙舟来驱散江里的鱼,从而使屈原的身体不被鱼吃掉。另一种说法是,划龙舟竞渡是为了将瘟病驱走。此外,还有人说划龙舟起源于春秋时期越王勾践训练水兵。

· 赛龙舟

◇ **为什么端午节时要悬挂艾蒿和菖蒲?**

为了预防疾病和驱邪祈福。端午节正值夏季,天气炎热,蛇虫活跃,人容易生病或被毒虫咬伤,所以人们在端午节这一天会驱病禳灾。艾蒿和菖蒲都是对病菌有抑制作用、能增强人体免疫力的中草药。古人认为艾蒿能够招来百福,叶片呈剑形的菖蒲可以驱邪,因此端午节时会在门口悬挂艾蒿和菖蒲,以预防疾病和祈福。

◇ **为什么端午节时要佩戴五色丝线?**

为了解祟。古人认为青、红、白、黑、黄五种颜色是象征五行的吉祥颜色,又认为疾病是鬼怪作祟导致的,因此在端午节将五色丝线绑在手臂上,以求辟邪去灾、延年益寿。这种五色丝线又名"长命缕""续命缕""朱索",寄托着人们驱邪解祟、长命百岁的心愿。

◇ **七夕节和哪两个传说中的人物有关?**

牛郎和织女。相传古时候有个人叫牛郎,在父母去世后被凶狠的哥哥和嫂子逼迫着离家,和一头老牛相依为命。某天,老牛突然开口说话,让牛郎在第二天黄昏时去捡一位仙女的纱衣,就能娶她当妻子。牛郎听从了老牛的话,果然遇上了私自下凡、追求自由的织女。织女是专门为王母娘娘织彩锦的仙女,她趁王母娘娘睡着后私自下凡游玩。得知牛郎的身世后,她决定和牛郎结为夫妻。之后,他们过上了男耕女织的美满生活。后来老牛去世了,牛郎织女遵照老牛的吩咐留下了它的皮。王母娘娘发现织女下凡,便来捉拿织女归天,牛郎就披上牛皮带着孩子飞上天要救人。不料王母娘娘用玉簪一划,划出一条天河挡住了牛郎,牛郎无计可施。从此,牛郎织女二人成了天河两边的牵牛星和织女星,只有每年农历七月初七才能在鹊桥上见上一面。

◇什么是"乞巧"?

乞巧,指妇女们在七夕节对着夜空穿针引线,祈求织女给予智慧,让自己变得心灵手巧的活动。乞巧时,妇女们一般先在庭院里陈列瓜果,焚香祭祀牵牛、织女二星,然后再开始各种各样的乞巧活动,如穿七孔针、投针验巧等。古人还把蜘蛛在瓜果上织的网当作织女赐巧显灵的表现,据说蜘蛛网越密,女子得到的"巧"就越多。

◇七夕节,中国人通常吃什么?

巧果:用油、面、糖做成的面食果子,形状多样,包括模仿神话中牛郎和织女相会时脸上的梨涡制作的"笑靥儿"面果,模仿织女的织布梭制作的梭形面果,等等。

花瓜:雕刻成奇花异鸟或刻有浮雕图案的西瓜等水果,用来供奉牛郎和织女。

巧人:样子是织女形象的酥糖,又称"巧酥"。

巧饼:牡丹、莲花、梅花、兰花、菊花等花样的饼或馍。

鸡肉:浙江金华一带流行在七夕节这天杀鸡吃,寓意没有公鸡报晓,夜晚就不会结束,牛郎织女就能永不分离。

咬巧:指吃菱角、花生和枣子等当地特产,流行于湖北鄂州、武汉一带。

五子:桂圆、红枣、榛子、花生、瓜子,谐音"早生贵子"。

◇中秋节是怎么来的?

起源于月亮崇拜,也和赏月风尚有关。"悬象著明,莫大乎日月",日与月在古人眼中是世界的两极、阴阳的代表。而月亮被尊为"夜明之神",古人很重视对月亮的祭祀。随着时代的发展以及天文学的进步,古人对月亮的认知更为理性,开始将赏月作为一种风尚,并把月圆与人间之事的圆满相联系。就这样,以祭拜月亮、合家团聚、赏月为主要习俗的中秋节慢慢形成了。北宋时,农历八月十五被定为中秋节,并有了"小饼如嚼月,中有酥和饴"的说法,说明此时已有月饼之类的节令食品。

◇ 为什么中秋节有许多与桂花相关的食物？

中秋节有许多与桂花相关的食物，一是因为桂花在中秋节前后盛放，此时的桂花香气扑鼻，做成食物颇为诱人；二是因为桂花谐音"贵花"，寓意富贵吉祥，将其做成桂花糕，酿成桂花酒，可以讨个好彩头。

知识拓展

相传，月亮上有一棵高五百丈的桂花树，桂花树下有个叫吴刚的人，他因为学仙道时犯了过错，所以被惩罚要一直砍树。但是，不管他怎么砍，这棵神奇的桂花树都会恢复如初。关于吴刚的过错，说法众多。有的说他是因为和广寒宫的仙子嫦娥偷偷相爱才被惩罚；有的说他太过贪婪，想把月宫桂树砍走独占，因此无法返回人间；有的说吴刚的妻子和炎帝之孙伯陵私通，吴刚杀死了伯陵，所以被惩罚。

◇ 重阳节是怎么来的？

古人重视作为阳数之极的数字"九"，认为"重九"是"九九"（谐音"久久"），也是"重阳"，象征着平安吉祥、健康长寿，重阳节这一节日由此逐渐形成。相传，东汉时汝南人桓景跟随方士费长房游学多年。某天，费长房对桓景说："九月九日，将有灾祸降临到你家，你最好赶快回去，让家里人各自制作装有茱萸的香囊系在手臂上，并登高、喝菊花酒，这样才能消除灾祸。"桓景全家人在九月九日一起去爬山，晚上回来时，发现家里的鸡、狗、牛、羊都因替他们承灾而死掉了。后来，在九月九日登高、饮酒、插茱萸的习俗就流传开来，并逐渐固定下来。

◇ 为什么重阳节要登高？

登高有"高升"的含义，"高"又有"高寿"的意思，而重阳节是一个象征健康长寿的节日，人们由此觉得在重阳节登高可以祈福养生。其实，登高这一活动一开始是为了狩猎、采药和祭祀山川，后来才逐渐变成娱乐活动，增加了快乐祥和、敬老爱老的内涵。重阳节登高这一习俗在三国和两晋时期已经发展成群众性活动。相传，东晋著名诗人谢灵运为了方便登高，还专门制作了一种登山木屐，人们称之为"谢公屐"。

◇腊八节是怎么来的？

腊八节和古人的腊祭活动、佛教节日"佛成道节"有关。先秦时期，古人在一年四季分别举行四次大型的祭祀祖先和天地神灵的活动。其中，冬祭规模最大，被称为"腊"，于是人们就把农历十二月称为"腊月"，把冬祭这一重要节日称为"腊日"。南北朝时期，明确规定"腊日"是每年的腊月初八。而佛教中，相传创始人释迦牟尼是在腊月初八那一天得道成佛的，所以腊月初八也是"佛成道节"。佛教传入中国后，腊月初八时，各寺庙的僧人会将糯米、红枣、莲子、花生等食材煮成"腊八粥"，分发给民众。由于佛教在中国的广泛传播，"腊八节"也逐渐成为我国的传统节日。

· 腊八粥

◇灶王爷真的爱吃糖瓜吗？

不一定真的爱吃，是人们想要他多说好话、不说坏话。灶王爷是传说中玉皇大帝封的"九天东厨司命灶王府君"，也就是"灶神"，掌管人间各家的灶火，还是各家各户的检察官、保护神。相传，每年腊月二十三或二十四日，灶王爷都要回到天上去，跟玉皇大帝汇报每个人做的好事、坏事，所以家家户户都要在这时候"送灶神"，祈求降福免灾。人们希望灶王爷在玉皇大帝面前多说点自己的好话，就熬制又香又甜的糖瓜给灶王爷吃。据说，糖瓜有较大的黏性，可以粘住灶王爷的嘴巴，让他说不出坏话。

◇哪些传统节日正在消失？

天穿节：日期是正月二十日或二十三日，一般认为起源于女娲补天的神话传说，主要流行于陕西、山西和河南一带。天穿节时，百姓会煎制名叫"补天"的煎饼，来模拟并庆祝女娲炼石补天。

花朝节：是纪念百花生日的节日，日期是农历二月十五日，也有说是二月初二或十二日。民间有"十二花神"的说法，这些花神掌管百花荣枯，也庇护着作物生长。花朝节就是花神的诞辰，此时百花竞相开放，是赏玩春花的好时机，人们在这一天踏青赏花，祭祀花神。

人日节：相传正月初七是女娲创造人的日子，所以这一天被定为"人日节"。这一天，人们要剪出人形彩纸来庆祝人的诞生，祈求生子。人日节主要盛行于魏晋南北朝和唐代，明清时期还有在这一天吃春饼的礼俗。

饮食文化

◇五谷指什么？

稻、黍、稷、麦、菽，或麻、黍、稷、麦、豆。前者有稻无麻，后者有麻无稻，这是因为稻是水稻，是我国南方地区的主要作物，后来才传到北方。黍是黄米，在上古时期被视为一种比较美味的粮食。稷是小米，又叫谷子，古人用它来代表谷神，并把它和社神（土地神）合称为"社稷"，代指国家。麦分为大麦和小麦，是我国北方地区的重要作物。菽是豆类植物的统称，汉代以后改称为"豆"。《黄帝内经》认为饮食应该以"五谷为养"，即吃五谷来补充身体所需要的各种营养。而麻并不是粮食作物，而是亚麻、剑麻等麻类植物的统称，常用作服装的原材料。

◇五味指什么？

酸、甘（甜）、苦、辛（辣）、咸。古人说"酸，酢也"，酸是酢的味道。酢就是醋，可以去腥解腻、提鲜增香，还能增强人的食欲，相传是酒圣杜康的儿子黑塔无意中发明的。酿完酒的酒糟本应被扔掉，但黑塔把它藏进缸里加水继续泡。二十一天后，一股酸酸的香味从缸里飘出，黑塔一尝，觉得味道真不错，给它取了个名字"醋"，意思是"酿了二十一天的酒"（"醋"字的部件"廿"可以表示二十）。甘是甜味，古人很早就注意到蜂蜜、甘蔗等食物的味道甜美。为了方便尝到这种甜的滋味，古人发明了制"饴"（用麦芽制成的糖浆）的技术。苦味食物能够清热解毒、泻火除燥，备受人们喜爱，比如苦瓜。因不会把苦味传给其他菜，苦瓜还被称为"君子菜"。辛是辣味，是指辣椒、花椒、葱、姜、蒜等食物的刺激性味道。其中，花椒还是古代的流行香料，比如后妃居住的房间"椒房"即用花椒混合泥土涂抹墙壁。咸是盐的味道，是必不可少的"百味之王"。中国的饮食文化讲究"五味调和"，由于地域偏好的不同，大体有"南甜、北咸、东辣、西酸"的差别。

◇ **五牲指什么？**

五牲是指祭祀时作祭品用的五种动物，关于其具体种类有三种说法：第一种，牛、羊、猪、狗、鸡；第二种，麋、鹿、麐、狼、兔；第三种，麐、鹿、熊、狼、野猪。其中，麋（麋鹿）、麐（獐子）都是珍稀动物。三种说法中，第一种说法比较普遍。周人是按照"先后贵贱"的观念来使用这些祭品的。比如，天子、诸侯用牛、羊、猪来祭祀，三牲齐全，称为"太牢"。卿大夫用羊、猪来祭祀，不用牛，称为"少牢"。狗和鸡则是地位相对较低的祭品，不那么被看重，比如狗多被身份地位较低的贵族使用，也常用于小规模的礼仪活动中。

◇ **六畜指什么？**

马、牛、羊、猪、狗、鸡六种家畜。这些家畜既是古人主要的肉食来源，也是生产劳动中的好帮手，比如马是古代战争和交通运输中的重要牲畜，牛是耕田种地的好帮手，鸡能报晓，狗能看家打猎，猪粪可用作肥料，羊毛可以充当织造原料。

◇ **古人吃什么蔬菜？**

古人常吃"五菜"，即葵、韭、藿、薤、葱。葵，又叫滑菜，是一种环境适应性强且耐旱的植物，比如《十五从军征》中，老兵回到家里就看见了"井上生旅葵"。藿是大豆的嫩叶，常用来做羹汤。韭是韭菜，生长期长，一年中可以收获多次，吃起来香气独特，鲜嫩而有嚼劲。薤是藠头，又称"野蒜""山葱"，可以用于调味或单独食用。葱到现在也是人们爱吃的蔬菜。古人还用"削葱根"来形容女子的手指纤细、洁白。除了五菜，古人还吃荠菜、菘（白菜）、苋菜、菲（萝卜）、蔓菁（大头菜）、薇（豌豆）

• 糖醋泡藠头

等蔬菜。随着陆上和海上丝绸之路的开通，古人还吃到了来自中亚的胡萝卜、黄瓜和来自南美洲的番茄、马铃薯等蔬菜。

◇我国八大菜系有哪些？

鲁菜：山东菜，由济南和胶东两地的地方菜演化而成，口味以咸鲜为主，清香脆嫩，讲究突出菜肴原味，代表菜有"糖醋黄河鲤鱼""九转大肠""油焖大虾""葱爆海参"等。

川菜：四川、重庆菜，使用"三椒"（辣椒、花椒、胡椒）和"三香"（葱、姜、蒜）作为调料，麻辣鲜香、油大味厚，有"一菜一格，百菜百味"之称，代表菜有"麻婆豆腐""鱼香肉丝""宫保鸡丁""水煮牛肉"等。

粤菜：广东菜，口味清醇，追求食材的本味，菜式富于变化，调味曾有"五滋"（香、松、臭、肥、浓）和"六味"（酸、甜、苦、辣、咸、鲜）之说，代表菜有"蜜汁叉烧""红烧乳鸽""白切鸡""蚝皇凤爪"等。

闽菜：福建菜，以福州、泉州、厦门等地的菜肴为代表，多以海鲜和山珍为原材料，色香俱全，滋味清鲜，常用炒、溜、煎、煨、糟等多种烹饪调味方法，代表菜有"佛跳墙""太极明虾""荔枝肉""八宝红鲟饭"等。

苏菜：江苏菜，以苏州、扬州、南京、镇江四地的地方菜为代表。苏菜原料以水产品为主，食材注重鲜活，摆盘讲究造型，口味浓中带淡、咸中带甜，代表菜有"松鼠鳜鱼""文思豆腐""盐水鸭"等。

浙菜：浙江菜，以杭州、宁波、绍兴、温州等地的菜肴为代表，选料讲究，制作精细，口感脆嫩，代表菜有"东坡肉""龙井虾仁""西湖醋鱼""荷叶粉蒸肉"等。

徽菜：安徽菜。强调就地取材和加工，保证用料新鲜，以烧、炖为主，色浓味重，芡厚油肥，代表菜有"臭鳜鱼""黄山炖鸽""问政山笋""一品锅"等。

湘菜：湖南菜。以辣为主，酸味为次，油重味厚，色浓软嫩，常用辣椒、熏腊为原材料，代表菜有"辣子鸡""剁椒鱼头""腊味合蒸""东安子鸡"等。

◇油条是为了纪念谁？

岳飞。南宋名将岳飞眼见国家风雨飘摇，心怀爱国壮志，力主抗金，带领岳家军先后收复郑州、洛阳等失地，金人有"撼山易，撼岳家军难"之语。然而，宋高宗赵构贪图安逸，一心求和，听信了宰相秦桧等小人的谗言，最终以"莫须有"的罪名处死了岳飞。百姓无不对秦桧恨之入骨，却又敢怒不敢言。相传，民间有一个专做油炸面食的小贩，有一天他灵机一动，将面团捏成背靠背的秦桧夫妇的模样，再将其投入锅中油炸，以示对奸臣秦桧的愤恨、对岳飞的缅怀。

◇ 饺子是谁发明的？

张仲景。张仲景，名机，是东汉末年著名的医学家，从小就立下学医救民的宏愿，一生勤求古训，众采良方。他不仅在乱世之中救活了许多病人，还写下了传世医学巨著《伤寒杂病论》，因此被后人尊称为"医圣"。

相传他告老还乡时，正值冬季，许多百姓都被寒冷的天气冻得耳朵烂了。张仲景见此，便在当地搭起药棚，支起大锅，将羊肉和一些驱寒的药材放进锅里一起煮，煮好后用面皮把它们包成耳朵的样子并分发给百姓吃。传说这种食物不但能充饥暖胃，还治好了百姓们的耳朵，所以就被叫作"娇耳"，以铭记张仲景的功德，经过改良后演化成了如今的饺子。

◇ 馄饨是为了纪念谁？

盘古。传说在远古时期，天和地尚未分开，宇宙一片混沌，犹如一颗大鸡蛋。盘古就在这片混沌之中沉睡了一万八千年才醒来。他醒来后，用身边的斧头劈开了眼前的黑暗，使轻而清的东西缓缓上升变成天，重而浊的东西缓缓下降变成地。盘古头顶天，脚踏地，随着天升高、地加厚而跟着长高。直到天地终于成形，盘古累得倒下了，身躯化为世间万物，创造出了美丽的世界。为了纪念盘古这位开天辟地的创世神，人们做出了一道名叫"混沌"的菜，谐音"馄饨"，以面皮代表混沌，以馅料代表盘古，把馅料包裹在面皮里，煮熟后咬破皮吃馅就代表盘古开天辟地。

◇ 东坡肉是为了纪念谁？

苏轼。相传苏轼在杭州任职时，组织百姓疏浚西湖，使其面貌焕然一新。百姓十分感激苏轼做的这件好事，又听说他爱吃猪肉，就送了许多猪肉给他。苏轼为了回赠辛劳的百姓，用猪肉烹制出一道红烧肉请百姓吃。这道菜在烧制过程中加入了当地的黄酒，看起来色泽透亮、红如玛瑙，吃起来软糯鲜香、肥而不腻，很受老百姓喜爱，很快便风靡大街小巷。由于苏轼号称"东坡居士"，世人唤他"苏东坡"，人们就把这道红烧肉叫作"东坡肉"，以此来纪念他。

◇ 馒头是怎么来的？

相传和诸葛亮有关。传说中，诸葛亮在七擒孟获后带领军队回到泸水边上，不料河水突然掀起了巨浪，使得将士们一时之间无法渡河。诸葛亮询问孟获后，得知此河中有凶残的河神作乱，不得到祭祀的人头就不平息风浪。诸葛亮不忍心滥杀无辜，就叫厨师宰杀牛马并和面包馅，做出了替代用的假人头——"蛮头"。他们将"蛮头"投入水后，泸水果然变得风平浪静。后来，由于"蛮头"的说法过于吓人，并且"馒"跟"蛮"同音，人们就把这种食物改称为"馒头"。如今，有的地区把包有馅料的面食统称为"馒头"，有的地区则只把实心无馅的面食叫作"馒头"。

◇ 涮羊肉是怎么来的？

相传和忽必烈有关。元世祖忽必烈率领蒙古铁骑驰骋战场，长期过着风餐露宿的生活。有一天，疲累的忽必烈突然十分怀念家乡，想吃家乡的清炖羊肉，便吩咐随军的厨师赶紧做出来。可是厨师刚杀羊取肉、搭锅生火，敌军就已经逼近，忽必烈和他的军队得马上转移或正面迎敌。眼见需要不少时间才能炖熟的清炖羊肉做不成了，厨师灵机一动，快速切下十多片薄薄的羊肉，把它们放进沸水里烫到变色后，撒上一点调料就端给忽必烈食用。忽必烈急忙吃下羊肉后，便飞身上马，率军迎敌，最终大获全胜。回到军营中的忽必烈十分高兴，又想到这道肉香扑鼻、鲜嫩可口、在沸水里涮一下就熟的美食，便在庆功宴上把它命名为"涮羊肉"。

◇ 年糕是怎么来的？

相传和伍子胥有关。春秋时期，伍子胥帮助公子光，也就是阖闾，夺取了吴国王位，并助他强国富兵。后来，吴王阖闾志满意得，修筑了"阖闾大城"来显示自己的功绩，认为有了坚固的城池就可以高枕无忧。当了国相的伍子胥见此深感忧虑，就叫来贴身随从嘱咐说："如果我遭遇不测，吴国人受困，没有粮食，你可以去相门城下掘地三尺找粮食。"不久，伍子胥受小人迫害而死，越王勾践攻打吴国。吴国军队困守城中，粮草断绝，此时随从记起伍子胥的话，带领百姓来到相门城下掘地三尺，惊讶地发现城砖居然是用糯米做的。因为这些能吃的"城砖"救了老百姓，所以每到过年时，人们都会将糯米做成形状像砖头的年糕，以纪念伍子胥。

◇ "宫保鸡丁"中的"宫保"是什么意思？

指太子太保这一官职，即负责教习太子的"三师"之一，一般是有衔无职的荣誉称号。据说，清朝大臣丁宝桢创造了宫保鸡丁这道著名川菜。丁宝桢从小爱吃辣，还爱吃鸡肉和花生米。每当宴请宾客时，他就会让家里的厨师把花生米、干辣椒和鸡丁混在一起爆炒。客人们看到鲜嫩的鸡丁混合红艳的辣椒和香脆的花生米，闻到那麻辣鲜香的味道，无不食指大动，连连夹菜，称赞不已。因为丁宝桢去世后，朝廷追赠他为"太子太保"，所以世人称他为"丁宫保"，把他发明的这道菜叫作"宫保鸡丁"。

◇ 酒是谁发明的？

相传是仪狄或杜康。据《战国策》记载，仪狄发明了酒，并献给了大禹。大禹喝了酒以后大醉，因此疏远了仪狄，并下了戒酒令。民间普遍认为酿酒的鼻祖是杜康，而关于杜康的身份众说纷纭，有的说他是黄帝时期的掌粮官，有的说他是夏朝的第五代帝王少康，还有的说他是汉朝时的白水县人。相传在黄帝时期，杜康负责管理粮食，有一天他灵机一动，把多余的粮食放到枯树空洞的树干里储藏。过了一段时间，杜康来查看粮食的情况，惊奇地发现树干前有一些躺着一动不动的动物，树干还渗出一些散发着浓烈香气的水。杜康把这种气味芳香、口感辛辣的液体带回去请人们品尝，人们品尝后纷纷交口称赞。

• 宫保鸡丁

就这样，杜康发明了酒，并被人们尊为"酒神"。

◇ 酱油起源于哪个朝代？

西周。中国是最早发明酱油的国家，据《周礼》记载，我国在西周时期就已经出现了以动物肉为原料的发酵食品，称为"醢"，后来人们又以植物为原料制作发酵食品，即"酱"。东汉时期，王充在《论衡》中明确提到了以大豆为原料的"豆酱"，崔寔在《四民月令》里提到了"清酱"，清酱就是酱油的前身，是各种菜肴的重要调味品。而"酱油"一词最早出现在宋代，说明其自古以来就是中国饮食文化中不可或缺的一部分。

◇ 豆腐最早出现于什么时候？

西汉。相传豆腐的起源和淮南王刘安有关。刘安是刘邦之孙，喜好研究长生不老之术，门下招揽了许多研究得道成仙的方士，其中最著名的八个方士被称为"八公"。八公常和刘安在安徽寿县的一座山上论道炼丹。有一天，刘安和八公在炼丹时将混合过丹药的豆浆丢在一边，这些豆浆与石膏接触后变成了半凝固状。路过的平民把这些特殊的豆浆捡回去吃，发现吃起来格外美味。后人把这种食品称为"豆腐"。豆腐就这样流传了下来，成为中国人餐桌上一道特别的美食。

· 麻婆豆腐

◇ 为什么古人很少吃牛肉？

古时候，牛是上层贵族才能吃的重要肉食，常用于祭祀，有时候军队也可以屠牛食肉。古代统治者大多禁屠耕牛，无故吃牛是犯法的，人们宰牛之前必须跟官府报备。这是因为牛是传统农业社会中重要的畜力，能帮助农民耕田拉车，牛皮还可以做成皮甲，牛角和牛筋可以用来制成弓弩。随意杀牛不但影响农业生产，而且还容易使民间人士掌握武器，影响政权稳定。除了官方禁令，在佛教的影响下，民间还普遍认为人要是吃了辛劳了一辈子的牛，是有罪过的。宋代有一首《食牛诗》就反映了民间的这种观念：

"万物皆心化,唯牛最苦辛。君看横死者,尽是食牛人。"不过,因为牛肉美味可口,民间依旧常有偷食牛肉的情况发生,比如《儒林外史》里就有人准备了五十斤牛肉想贿赂汤知县。

◇元宵和汤圆有什么区别?

做法不同。元宵和汤圆一般都是人们在正月十五元宵节吃的传统美食,南方多包汤圆,北方多滚元宵。汤圆通常是以糯米粉调水做成皮,以包菜、肉或水果为馅,口味有甜有咸,一般用水煮着吃。元宵则是把芝麻、花生、豆沙、枣泥等馅料和好以后做成小球状,再将馅料球放进盛有糯米粉的笸箩里不断翻滚,直到它沾满糯米粉,变成圆球状。元宵口味偏甜,可以水煮,也可以炸、蒸、烤等。

◇"佛跳墙"为什么叫这个名字?

因为"坛启荤香飘四邻,佛闻弃禅跳墙来"这两句诗。相传清朝时,有官员宴请酷爱美食的福建布政使周莲,宴席上有一道以鸡、鸭、羊肘、猪蹄等为原料煨成的菜,叫作"福寿全"。这道菜令周莲赞不绝口,回家就让家厨郑春发把它做出来。郑春发在"福寿全"的基础上少放了肉,多放了各种海鲜,使得这道菜更加荤而不腻。后来郑春发离开周府,开了一家叫作"三友斋"的菜馆。一次,几个秀才来到三友斋,吃了郑春发改进过的"福寿全"后纷纷称赞,其中有人吟诗道:"坛启荤香飘四邻,佛闻弃禅跳墙来。"从此这道菜就被称为"佛跳墙"。它以干鲍、鱼翅、海参、花菇、猪蹄、鸭肉、鸡爪等多种食材为原料,采用煎、炒、烹、炸、烧、煲、煸等烹调手法,要耗时七八天才能制作完成,各种食材的鲜味被最大程度地激发出来又不相互冲突,达到异香交融、味中有味的效果,是当之无愧的闽菜集大成者。

◇我国历史上最奢华的宴席叫什么?

满汉全席。满汉全席源于清朝宫廷讲究排场的宴席,后来流行于地方官场,号称是历史上最著名、最奢华的宴席。它从菜肴的品类、数量,到配套餐具、上菜的顺序等都有所讲究,根据规模的大小还可以分成"大满汉全席"和"小满汉全席"。大满汉全席有108道菜品，通常在两天内分四餐吃完，菜式有红白烧烤、冷热菜肴、甜食点心及瓜果、茶酒等，汇集了满族与汉族菜肴的精华。例如头菜是一品官燕，配有佘白牡丹茉莉、炒江豆腐、龙凤呈祥、红烧天花菌四道小菜。小满汉全席有64道菜，一般当天吃完。满汉全席在流传的过程中不断改良创新，演变出了晋式、川式、鄂式、粤式等不同"版本"，别有风味。

· 荷包

◇ "荷包蛋"名字的由来有几种说法？

荷包蛋名字的由来有两种说法。一种说法是，相传宫廷御厨为了讨皇帝欢心，按照水中荷花的样子做了一种不打散就单面煎的煎蛋。这煎蛋的蛋白就像荷叶，蛋黄就像荷叶上的水珠，所以就叫荷包蛋。另外一种说法是，不打散的蛋液在煎的时候翻起一边对折，形状呈半圆形，好似古代的荷包。古时候的荷包有的呈半圆形，又叫香囊，一般用丝绸做成，上面缝着各种精美的图案，里面可以装雄黄、艾草等辟邪香料，也可以放钱币等物品，精致又实用。

◇ 古代的冰激凌是用什么做的？

奶油、酥油、果汁、冰等。唐代时，我国已经出现了类似冰激凌的食品，叫作"酥山"。酥山最底层是冰，上面覆盖着奶油、酥油，制作时先把奶油和酥油加热融化，再滴淋到盘子上做出山峦的造型，最后放到冰窖里冷冻。宋代，有一种用牛羊奶、果汁和冬雪调配成的"冰酪"风靡一时，口感与现在的冰激凌类似。元代出现了一种把果汁、奶酪加到冰里的半凝固状的冷食，据说马可·波罗把这种冷食的制作方法带回了意大利，不久后冰激凌就开始风靡整个欧洲。

◇银针真的能试毒吗?

不能。古时候的毒药种类有限，不管是鹤顶红还是砒霜，其主要成分都是三氧化二砷。古代的药物提纯技术不够先进，提取出来的三氧化二砷往往掺杂着硫或硫化物。银跟三氧化二砷不会产生化学反应，但是遇到硫或硫化物就会生成黑色的硫化银。因此，很多食物不含毒但含有硫，银针扎进去也会变黑，比如菜肴里经常用到的鸡蛋的蛋黄。对于那些含有不跟银反应的剧毒成分的食物，银针扎进去则毫无变化。所以，用银针试毒是不靠谱的。

百工器物

◇筷子本来叫"箸"，为什么后来会改名?

为了取"快"的寓意。筷子指用竹、木、骨、瓷、象牙、金属等材料制作的，用来夹饭菜的细长棍，最初叫"箸"。箸之所以改名，据说与明清时期江南地区的船工有关。船工们行船时最怕船停住，而"箸"与"住"谐音，为了讨吉利，他们便取其反义，称"箸"为"快"，并给它加上竹字头，称"筷子"。这一叫法沿用至今。

◇古代没有洗衣粉，人们用什么来清洗衣服?

草木灰和皂角。我国古人很早就探索出各种各样的方法来清洗衣服，如《礼记》记载："衣裳垢，和灰清浣。"这里的"灰"指的就是草木灰。草木灰的主要成分是碳酸钾，可以有效去除衣物上的污垢，因此它可以说是我国最早的"洗衣粉"。如果衣物上有难以清洗的油污，那么古人就会用到皂角，如《冷庐杂识》记载："油污衣，面涂法最佳……以百沸热汤和皂角洗之，油化无迹。"这是因为皂角中含有皂苷，这种物质可以有效地去除衣物上的油污。

◇古人建造房屋真的不需要钉子吗?

这个说法并不准确，古人建造房屋时主要使用榫卯结构固定，也会使用钉子进行加固。榫卯是我国古代建筑工匠智慧的结晶，他们对木材进行砍削，将凸出部分叫榫，凹进部分叫卯。榫和卯通过凹凸接合的方式相互连接，实现了不用钉子和胶水就能使建筑构件稳固连接的效果。但这并不意味着古人建造房屋时就完全不需要用到钉子了，对于一些比较薄的构件，如屋顶的瓦件，古代工匠也会用钉子来加固它们。因此我国古代建筑的构件主要采用榫卯的方式连接，辅以木销、钉子等紧固件。

◇代表权力的"鼎"最初是用来做什么的？

煮肉、盛肉。鼎最初是用来煮肉、盛肉的器具，类似现在的锅，后来慢慢成了祭祀的礼器、权力的象征。相传，大禹治水成功后，将天下划分为九州，并命人用铜铸出九尊鼎，将各州的名山大川、魑魅魍魉等刻在上面，作为九州的象征。从此，鼎就从炊具变成了至高权力和国家统一的象征，成了传国重器。

· 中华万寿大鼎

在西周时期，鼎作为礼器，其使用有严格的等级规定：天子用九鼎，诸侯用七鼎，大夫用五鼎，士用三鼎或一鼎。若违反这个规定，则被视为"僭越"，会受到处罚。

◇哪尊鼎被称为"青铜之王"？

后母戊鼎。它铸造于商朝后期，身上刻有"后母戊"铭文，是商王祖庚或祖甲为纪念其母亲"王后戊"而铸造的。在过去，专家们将"后母戊"中的"后"字认作"司"字，因而曾称其为"司母戊鼎"，后来，古文字学家重新将此字定为"后"字，鼎名也改为"后母戊鼎"。这尊鼎高133厘米，重832.84千克，是目前世界上最重的青铜器，且鼎身有云雷纹、鱼纹、双虎食人首纹、饕餮纹等复杂纹饰，铸造难度相当大，是高度发达的商代青铜文化的代表作，被誉为"青铜之王"。

◇被誉为"臻于极致的青铜典范"的是哪一件青铜器？

四羊青铜方尊。四羊青铜方尊是现存商代青铜方尊中尺寸最大的一件，在设计上，整件器皿与动物外形的结合十分巧妙，其肩部、腹部与足部作为一体,被巧妙地设计成四只卷角羊,造型独特,庄重又气势十足。此外,方尊还将平面纹饰和立体雕塑完美结合,通体有细密云雷纹,颈部有蕉叶纹、饕餮纹,羊前身饰长冠鸟纹,肩部还有四条浮雕盘龙,显示出高超的青铜铸造工艺。因此,四羊青铜方尊被誉为"臻于极致的青铜典范"。

◇ 曾侯乙编钟是由多少件编钟组成的?

65件。曾侯乙编钟是战国早期的青铜乐器,1978年在湖北随县被发现,是中国迄今为止发现的数量最多、保存最好、音律最全、气势最宏伟的一套编钟。曾侯乙编钟全套共65件,分为三层八组,悬挂在曲尺形的铜木结构的钟架上。其中,上层有3组,共19件钮钟;中层有3组,共33件甬钟;下层有2组,共12件大型长枚甬钟,另有1件大镈钟。

◇ "觥筹交错"中的"觥"指什么?

一种酒器。"觥筹交错"出自《醉翁亭记》中的"射者中,弈者胜,觥筹交错,起坐而喧哗者,众宾欢也",意思是酒杯和酒筹杂乱地放置着,形容人们聚在一起饮酒作乐的热闹场面。"觥"指的是一种酒器,用青铜等材料制成,多呈兽形,长而方,底部有圆足,既可用以饮酒,也可用于盛酒,有的还会附带一把舀酒的勺子。

知识拓展
古人常用的其他酒器

爵:形状像雀,上有两柱,下有三足。
觚:形似喇叭,两头宽,中间细。
樽:高颈,敞口,圆足。
卣:椭圆口,深腹,有盖。
缶:多为陶质或铜质,腹大口小。

◇ "陶"和"瓷"有什么分别?

所用原料和烧制温度不同。我们常说的"陶瓷"包含陶器和瓷器两种黏土制品。陶器以陶土为原料,烧成温度一般在700~1 200℃之间,敲击声低沉浑浊,主要分为红陶、灰陶、彩陶、黑陶和釉陶等。瓷器以瓷石或高岭土为原料,一般在1 200~1 400℃之间烧制而成，质地透明或半透明，敲击声较清脆，包括青瓷、白瓷、黑瓷等。

◇唐代工匠加入各种矿物烧制出的艳丽的彩色陶器是什么？

唐三彩。唐三彩是陶器的一种，大致在唐高宗时期首次烧制成功，盛行于唐玄宗时期。唐三彩要经历两次烧制，第一次烧成素胎，然后施以彩釉，再入窑以相对较低的温度进行二次烧制。彩釉中会加入含铁、锰、铜等多种呈色元素的矿物，经过烧制后，形成白、绿、黄、褐、蓝、黑等多种颜色，这就是唐三彩艳丽多彩的原因。

· 唐三彩

◇陶瓷史上的"南青北白"指什么？

指唐代南北方瓷器行业的特点。唐代瓷器行业形成了"南青北白"的格局，即南方瓷窑以烧青瓷为主，北方瓷窑以烧白瓷为主。在烧青瓷的瓷窑中，浙江的越窑最为著名，这里产出的青瓷胎质致密坚硬、釉色葱翠明亮，受到众多文人的赞誉，如唐代诗人陆龟蒙言："九秋风露越窑开，夺得千峰翠色来。"而代表北方瓷窑最高成就的是河北邢窑，这里产出的白瓷体薄釉润，光洁纯净，备受推崇。

◇宋代五大名窑是什么？

汝窑：居于五大名窑之首，主要为宫廷烧制御用青瓷，所产瓷器的特点是釉色如雨过天青，釉质温润如玉。

官窑：同样为宫廷烧制瓷器，所产瓷器的突出特点是表面有深浅粗细交错的冰裂纹。

哥窑：所产瓷器的特点是"金丝铁线"，即瓷器通体被交错重叠的裂纹覆盖，仿佛一碰就会破碎。

钧窑：所产瓷器的特点是瑰丽多彩，其釉料中加入了铜元素，烧制时会发生不同程度的"窑变"，展现出鲜艳的色彩，有的红如玫瑰，有的紫若葡萄。

定窑：以白瓷著称，所产瓷器上有浮雕、刻花等多种装饰，趣味十足。

◇中国四大名瓷窑是什么？

河北磁州窑：主要产品有白地黑花大罐、四系瓶、瓷枕等，器身上通常有黑色的龙、凤、花卉、人物故事等图案，颜色对比鲜明，极富韵味。

浙江龙泉窑：以青瓷闻名，有以青色调为主的各种釉色，如粉青、青黄、草黄、梅子青等，备受人们喜爱。

江西景德镇窑：特色瓷器是青白瓷，釉色介于青、白之间，青中有白，白中泛青，清淡优雅。

福建德化窑：凭借白瓷名扬天下，所产白瓷晶莹剔透，有"象牙白""中国白"的美誉，代表明代时我国白瓷生产的最高水平。

◇成熟的青花瓷出现在什么时候？

元代。青花瓷，指一种白地蓝花的瓷器，是我国知名度最高的瓷器品种之一。青花瓷在唐宋时期就已萌芽，而成熟的青花瓷则出现在元代的景德镇。由于元朝是蒙古族建立的政权，带有浓厚的草原文化色彩，他们"尚白崇蓝"，因此催生了真正意义上的白底蓝花的青花瓷。青花瓷的制作工艺较为复杂，需要用含氧化钴的钴土矿在瓷器坯体上描绘纹饰，再施上一层无色透明釉，经高温烧制后，钴料就会呈现出明亮的蓝色。

• 青花瓷

◇哪一盏灯被人们誉为"中华第一灯"？

长信宫灯。长信宫灯是汉代的人形铜灯，通体鎏金，造型为一个跪坐着的宫女双手执灯，因灯上有铭文"长信尚浴"而得名。长信宫灯设计巧妙，灯盘上的两块屏板可以左右开合，能根据需要随意调节灯光的亮度和照射方向。此外，宫女的右袖与中空的身体连接，形成了排烟通道，蜡烛燃烧产生的烟尘可以沿着通道沉入宫女体内，不会大量飘散到周围环境中，最大限度地降低了对室内环境的污染，体现了古人的环保意识。因此，这件宫灯被人们称为"中华第一灯"。

◇ **玉有五德，指的是哪五德？**

仁、义、智、勇、洁。古人把玉的一些特质与人的品行联系起来，提出了"玉德"的概念，如孔子提出玉有"十一德"，为仁、智、义、礼、乐、忠、信、天、地、德、道。后来东汉的许慎将前人的玉德观进行梳理、诠释，提出玉有"五德"：一是仁，即温和滋润，意为玉善施恩泽，富有仁爱之心；二是义，即较为透明，可以从外部看出其内部的纹理，意为玉有竭尽忠义之心；三是智，即敲击玉石时，清亮的声音能传得很远，表明玉具有智慧并能向外传达；四是勇，即有极高的韧性和硬度，意为玉有过人的勇气；五是洁，即有断口但不锋利，表明玉廉洁、自我约束，不伤害他人。

◇ **我国的四大名玉是哪四种？**

和田玉：最初指我国新疆和田地区产的玉，后来泛指软玉，其自商代起就流行于中原地区。和田玉中的白玉最珍贵，而羊脂玉更是玉中极品。

独山玉：我国特有的玉石，因产于河南独山而得名。独山玉因所含矿物和色素离子的不同，分为白、绿、紫、黄、红、青、黑等多个品种，此外还有多种颜色并存的杂色品种。

岫玉：又叫"岫岩玉"，多产于我国辽宁省岫岩满族自治县，是我国最早开采利用的玉石种类之一。在我国的北方地区，几乎各个时期的出土文物中都有岫玉玉器，如原始时期的玉钩龙、战国时期的兽形玉、明代的龙头玉杯等。

绿松石：因"形似松球，色近松绿"而得名，主要有绿色、蓝色、蓝绿色，鲜艳又醒目，而且质地细腻，光泽柔美，因而广受欢迎，从石器时代开始就是备受人们喜爱的装饰品。

· 绿松石饰品

◇ **我国古代祭祀天地的"六器"是什么？**

"六器"指古代祭祀时不可缺

少的六种玉质礼仪用具，它们的外形和功能各不相同。

玉璧：中间有孔的扁平圆形玉器，是六器之首，一般用青蓝色玉制作，用以祭天。

玉琮：中有圆孔的方柱形玉器，一般用黄色玉制成，用以祭地。

玉圭：上尖下方的扁平状玉器，形似古代官员上朝时手上拿的笏板，一般用青色玉制成，用以祭东方。

玉璋：形状像半个圭，一般以赤色玉制成，用以祭南方。

玉琥：形似老虎，一般用白色玉制成，用以祭西方。

玉璜：半弧形玉器，形状似半个玉璧，一般以墨色玉制成，用以祭北方。

◇古代行军时用什么发号施令？

鼓和"金"。古人在作战时常"击鼓进军""鸣金收兵"，也就是用鼓和"金"来指挥军队的进攻和撤退。《左传·曹刿论战》中有"一鼓作气，再而衰，三而竭"的说法，意思是第一次击鼓能鼓起士气，第二次击鼓时士气就低落了，第三次击鼓时士气就竭尽了。这里的"鼓"就是击鼓进军的意思。"鸣金收兵"中的"金"是金属制成的打击乐器，常见的有钲、铎、锣等，其中钲和铎都长得像铃，只是一个口向上敲击，一个口向下敲击，古代士兵只要听到它们的敲击声便明白应当撤退了。

◇"五金"是指什么？

金、银、铜、铁、锡。"五金"一词由来已久，最初特指以上五种金属，后来变成金属或金属制品的泛称。人们现在常说的"五金"通常是指安装在建筑物、家具上的金属配件和一些小工具，它们多由铜、铁等金属制成。此外一些用塑料、玻璃纤维等非金属材料制成的配件，同样被称为"五金制品"。

◇"权"是古代常见的器物，后来被俗称为什么？

秤砣。在古代，秤砣被称为"权"，既有石头做的，也有铁或青铜做的，分别称为"石权""铁权""铜权"。和"权"一起使用的是"衡"，也就是秤杆，两者搭配使用能称量物品的重量，于是后来人们用"权衡"表示衡量、考虑，如"权衡利弊"。秦始皇统一六国后，下令统一度量衡，制造了大大小小的权作为重量衡器的标准，如现藏于河南博物院的"秦始皇二十六年诏书铁权"，高15.8厘米，重约30千克，器身铸有铭文，内容为秦始皇统一度量衡的诏书。

车马服饰

◇古代有哪些主要交通工具？

马车：早在夏商周时期就已经出现了，最初的马车是一匹马拉的双轮马车，后来又出现了两匹马、三匹马乃至六匹马拉的马车。马车的出现大大提高了古人出行的速度，是十分普遍的交通工具。马车除了用于日常生活以外，有时候还用于战争中。

马：马不仅能拉车，其本身也是古代非常重要的交通工具。因为马奔跑的速度比较快，所以很多人在外出的时候都会选择骑马。同时，马也是古代重要的作战工具之一，一匹好马能帮助将士更好地冲锋陷阵、斩杀敌人。

牛车：用牛拉的车。牛的拉力大，行走平稳，加上牛车的车篷高大、装饰美观，所以牛车是许多官宦名士的选择。

轿子：也称作"舆"，形状就像车厢，靠人力肩扛两根长竿而行，两根长竿之间有椅子，上面能够坐人或者载物。起初它只作为上下山的工具，没有覆盖顶棚。后来古人在平路也以它为代步工具，于是在椅子的上下以及四周增加覆盖的遮蔽物，使其乘坐起来较舒适。

橇：一种平底无轮的木质板状载体，用来载人或货物，主要适用于泥沼地或者雪地。

船：船是最主要的水上交通运输工具，也是古人出远门时经常乘坐的交通工具。秦汉时期的海上丝绸之路就是靠着船只来打通路线，也正是因为造船技术的进步，才有了后来的郑和下西洋。古代舟船除了作为日常的交通工具以外，还会在战争中使用。

◇古代的马车分为几个等级？

普通马车：普通百姓用的车，只用一匹马来拉，一般用来拉货或者载人。这类马车没有顶棚，舒适度一般。

简易马车：这种马车比普通马车多了一个顶棚，能遮风挡雨，仍然只由一匹马拉车。其不讲究内饰以及速度，以实用性为主。

中级马车：相对富裕的百姓的座驾。虽然也只有一匹马拉车，但这类马车的外观豪华程度以及乘坐的舒适度大幅提升，而且往往配有马夫。

双马马车：两匹马共同拉的马车，是士的座驾。士是古代介于大夫和庶民之间的贵族阶级，一般为卿大夫的家臣。

三马马车：三匹马共同拉的马车，是大夫的座驾。大夫是古代朝廷的中级官员。

四马马车：四匹马共同拉的马车，只有卿或诸侯才能乘坐。卿为古代高级官员，诸侯是对古代各类受封者的统称。

六马马车：六匹马共同拉的马车，只有天子才能乘坐。六匹马都经过层层筛选，马车的装潢也最为豪华。天子的座驾还根据使用场合的不同分为五大类，即"五辂"，分别是玉辂、金辂、象辂、革辂、木辂。

◇最早的"计程车"是用来做什么的？

测量道路里程。最早的"计程车"和现在的出租车不同，是用来测量道路里程的车辆，被称为"记里鼓车"。记里鼓车是古代天子出巡时，仪仗车驾中的先驱车辆。车有上下两层，每层各有一个手执木槌的木质机械人。下层木人击鼓，每击一次鼓就代表走过了一里路；上层机械人敲铃铛，每敲一次铃铛就代表走过了十里路。通过记录击鼓和敲铃的次数，就可以知道车辆总共行驶了多少里程。

· 记里鼓车

◇古代"汗血宝马"产自哪里？

古西域国大宛，即如今的中亚费尔干纳盆地。汗血马奔跑速度快，耐力强，汗水呈赤色，酷似鲜血，因而得名。西汉元鼎四年（前113），敦煌囚徒暴利长在当地捕得汗血骏马，献给汉武帝。这是汗血马第一次出现在中原。太初四年（前101），李广利征服大宛，又得到了数十匹汗血马。

知识拓展

赤兔马：三国时期吕布的坐骑，相传能够日行千里，渡水登山如履平地，现已经成为良马的代名词。

的卢马：三国时期刘备的坐骑。在《三国演义》中，的卢马曾载着刘备跳过宽数丈的檀溪，摆脱了后面的追兵，救了刘备一命，是三国时期的名马。

◇什么身份的人才可以坐八抬大轿？

外省督抚和三品以上的京官、钦差大臣才能坐八抬大轿。清朝规定，三品以上的京官，在京城乘四人抬的官轿，出京城乘八人抬的官轿；外省督抚（督抚属于二品官职）乘八人抬的官轿，督抚部属乘四人抬的官轿；三品以上的钦差大臣，乘八人抬的官轿。

◇"胡服骑射"产生了什么重要影响？

推动了骑兵的诞生。赵武灵王在位初期，国家军备不强，有亡国的危险。赵武灵王考察后发现，胡人骑兵穿的短衣窄袖、皮靴，比自己国家步兵穿的长袍甲胄更便于作战，就决心学习。于是他下令推行军事改革，让军队穿胡人服饰，发展骑兵，训练马上射箭战术。后来他又命令将军、大夫、嫡子、戍吏等都穿胡服。这次以"胡服骑射"为主要内容的军事改革，使得赵国拥有了第一支精锐骑兵，增强了军事实力，成了当时的强国。

◇汉服是指汉朝的服饰吗？

不只是汉朝的服饰。汉服，全称汉民族传统服饰，也就是华夏衣冠，其历史可追溯至三皇五帝时期，在唐代达到鼎盛，是具有浓郁华夏民族风格的系列服饰。汉服几千年来一直是中国的礼服和日常服装，如今也仍然深受不少人的喜爱。

◇不同朝代的男子的汉服是什么样的？

商周时期：这个时期的汉服等级制度十分严密，有王之六冕、四弁与后之六服制度。当时的统治阶层和贵族人士多穿交襟较浅的右衽衣服，汉服的形制已经初步显现。

秦汉时期：袍服是典型的男子

礼服样式，版型主要有两种：一种是直裾，另外一种是曲裾。袖也有长短两种样式。汉服的特点在这个时期已经基本形成，以直领交襟、右衽为显著特点。

魏晋南北朝时期：最具代表性服装是"袴褶"和"裲裆"。"袴褶"是上衣和下裤的总称，上衣的主要形制是袖身宽大、直领对襟的大袖衫，裤子则是散口大裤。"裲裆"是长度至腰的无袖上衣，当时多作为日常服饰。

隋唐时期：常服由幞头、圆领袍、銙带、乌皮靴构成。幞头是唐代男子常服的重要组成部分。幞头又作"襆头"，是在东汉幅巾的基础上衍生出的一种首服。圆领袍也称盘领袍，是隋唐时期士庶、官宦男子普遍穿着的常服。

宋朝：宋初的服饰承袭旧制。官服可分为朝服、祭服、公服和时服等。除祭祀朝会之外，男子官员的公服为袍衫，并用不同的颜色区别等级，主要有紫、绯、朱、绿、青等颜色。士人阶层的服饰则主要有道袍、鹤氅等。

明朝：明太祖重新制定了服饰制度，规定了衮冕、通天冠服、皮弁服、武弁服、常服、燕弁服六种不同的服装形制。其中冕服的使用在明代趋于严格，皇太子以下的职官不置冕服，文武官员通常穿戴的是乌纱帽和团领衫。

◇不同朝代的女子的汉服是什么样的？

商周时期：此时女子的穿着以符合礼制的裙装为主，遵守严格的服饰制度。

秦汉时期：汉代贵族女子朝祭同服，从皇后到二千石夫人都穿蚕衣作为朝服。蚕衣，是周代王后、命妇等人祭蚕神告桑时穿的一种黄色礼服。太皇太后、皇太后、皇后入庙和助君祭蚕时分别穿的是一种绀上皂下和青上缥下的深衣制（上下一体式）袍服。

魏晋南北朝时期：此时的女子汉服承袭秦汉服制，一般上身穿襦或衫，下身着裙，还流行在身前或者衣摆点缀数条三角形的飘带。女子在走路时会牵动飘带下摆的尖角，整体上显现出一种天衣飞扬、乘风登仙的气韵。

隋唐时期：隋代及唐初，女子的服装以小袖短襦裙和高腰长襦裙为主。盛唐以后，在西域胡服的影响下，女式汉服的领子版型越来越丰富，有圆领、方领、斜领、直领和鸡心领等。除衫、襦外，妇女还穿着一种名为"半臂"的短袖上衣。

宋朝：宋代女式汉服有襦、袄、衫、大袖、褙子、半臂、背心、抹胸等多种形制，其中最具特色的当数褙子，也写作"背子"，这是宋代最流行的服装式样。褙子多在衣襟、袖口和两腋侧缝处装饰印金缘饰，叫作"领抹"。

明朝：大体分礼服和常服两种。礼服是命妇朝见皇后，礼见舅姑、丈夫及祭扫时穿的服饰，主要有凤冠、大袖衫、霞帔、背子、比甲和裙等。常服流行上襦下裙的着装样式，上襦为交领、长袖短衣，下身为裙子。

◇"马面裙"为什么叫这个名字？

因裙摆形制与马面相似而得名。"马面"并非指马的面部，而是古代一种向外突出、用于掩护城墙正面的军事防御建筑。而马面裙两侧有折裥，中间有一段规整的光面，形制与古城墙的马面十分相似，故得此名。马面裙是明清时期女子着装中非常典型的款式，在清朝时已是裙子的基本形制。

◇石榴裙是什么颜色的？

红色。石榴花鲜艳夺目，通常为深红色或朱红色，这种裙子色如石榴之红，不染其他颜色，能使穿着它的女子更显俏丽动人。石榴裙盛行于唐代，深受年轻女子喜爱。在文学作品中，"石榴裙"一词也常常被用来形容美艳的女子和华丽的裙装。

◇"右衽"与"左衽"的区别是什么？

服装形制不同。衽一般指衣襟，右衽即穿衣时左前襟掩向右腋系带，衣襟向右开。左衽则与右衽相反。

文化意义不同。右衽是中原一带人民的普遍装束，左衽是少数民族的服装。《论语·宪问》中有记载："微管仲，吾其被（披）发左衽矣。"梅尧臣在《送王省副宝臣北使》一诗中写道："左衽通华语，名王接右贤。"可见当时中原地区的人认为穿左衽装束的人是少数民族。"左衽"一词也作为受异族统治的代称。

◇为什么古代很多服饰的衣袖都比较宽大？

第一，可以彰显礼制。宽袖使得穿着者在行动时显得庄重、沉稳，符合古代社会对于礼仪和等级秩序的要求。同时，不同阶层和官职的人有不同的服饰规定，衣袖的形制也是区别身份和地位的标志。

第二，起到美观装饰作用。宽大的衣袖在视觉上具有流畅和飘逸的美感，也为各种精美的绣花和服装工艺提供了展示的空间。

第三，具有日常实用性。古人会在宽袖中缝制口袋，以便在其中放置一些日常所需的银钱、小物件等，方便实用。

◇古代服装的颜色有什么讲究？

黄色：古人认为黄色是象征大地的颜色，将黄色定为五行中心正色，奉为彩色之主。汉代以后的几乎每一代皇朝，都将黄色当作皇家服饰的专用色彩。

红色：象征着热烈、庄严、吉祥、喜庆等，同时也被视为权贵的象征。在京剧的化妆造型中，红色脸谱常常代表着忠勇和正义。民间在办喜事时，也会大量使用红色的服饰。

紫色：在传统色彩文化中，紫色与象征皇帝的紫微宫相对应，象征吉贵至极。在唐代，只有三品及以上的官员方可穿着紫色服饰。

绿色：古代民间常以绿、碧、青为贱色，一般只有从事贱业的人使用。"绿帽子"原为仆役所用，后用来指代夫妻行为不轨。

黑白色：黑、白两色在汉族传统中为"凶色"，从古至今举办丧事时，人们用的丧服都是纯白色或纯黑色的。因此古人在婚嫁、生育、逢年过节等喜庆日子里，通常不会穿有大面积黑白色的服装。

知识拓展

清朝规定，明黄是皇帝衣服的专用色。据说，清朝的末代皇帝溥仪十一岁时，他的堂弟溥杰和大妹进宫与他一起玩捉迷藏。玩得正高兴时，溥仪看到溥杰的袖子里露出了里面的黄色衣服。他立刻沉下脸来，严肃地问："这是什么颜色，你也能使？这是明黄，不该你使的！"溥杰立马吓得不敢作声。当然，小小年纪的溥仪当时尚未意识到，清朝已被推翻，

> 已经不再有皇帝，更没有皇帝的专用色了。

◇中国四大名绣是什么？

苏绣：四大名绣之首，起源于江苏苏州。苏绣的图案多为亭台楼阁、小桥流水，一般以蓝、绿为主色调，体现出清雅、幽静的特色。在艺术上，形成了针脚细密、色泽雅静、绣工精致的地方风格。

粤绣：也称作"广绣"，是广州刺绣和潮州刺绣的统称。粤绣常以凤凰、牡丹、松鹤、猿、鹿以及家禽等为题材，混合组成画面。在艺术上，粤绣构图繁而不乱，色彩浓郁鲜艳，装饰性强。

蜀绣：亦称"川绣"，是以四川成都为中心的刺绣品的统称。蜀绣的图案多数是花鸟虫鱼、民间吉语和传统纹饰等，用以装饰枕套、衣物、鞋子等日用品居多。其以软缎和彩丝为主要原料，短针细密，针脚平齐，片线光亮，色彩艳丽，地方特色十分鲜明。

湘绣：以湖南长沙为中心的刺绣品的统称，在湖南民间刺绣基础上，吸取苏绣和广绣的优点发展形成的。湘绣多以国画为题材，善于绣虎、狮，形态生动逼真，主要使用丝绒线绣花，强调颜色的阴阳浓淡，被当地称作"羊毛细绣"。

◇中国四大名锦是什么？

蜀锦：因起源于四川而得名。蜀锦用染色熟丝织造，质地坚韧，色彩鲜艳，图案多为神话故事、山水人物、花鸟草虫等。

宋锦：具有宋代织锦风格的锦类丝织物，纹样繁复，配色淳朴，分重锦、细锦（合称"大锦"），以及匣锦、小锦。重锦质地厚重，产品主要用作宫殿、堂室内的陈设；细锦厚薄适中，广泛用于服饰、装裱等。

云锦：产于江苏南京，始于南北朝时期，盛于明清时期，是以缎纹为地组织，采用桑蚕丝与金银线提花的锦类丝织物。云锦纹饰瑰丽，犹如云彩，传统品种有库缎、库锦和妆花三大类，适于用作衣料以及装饰等。

壮锦：壮族传统色织锦类织物，主要产地为广西。壮锦以棉纱为经，桑蚕丝为纬，用色织提花制成，其经线一般为原色，纬线则用各种彩色。壮锦质地结实，纹样精美，其传统沿用的纹样主要有水纹、回纹等二十多种。

◇ 为什么古人会随身佩戴香囊？

彰显身份：香囊在古代不仅是品位的体现，更是身份地位的象征。香囊材质和工艺的不同，代表了佩戴者社会地位和财富水平的不同。

表示礼节：据《礼记》记载，未成年男女拜见父母长辈时需要佩戴香囊以示敬意。

定情信物：古代男女之间会互相赠送香囊，这不仅代表了彼此的情意，还寄托了美好的愿望和期盼。

美观装饰：香囊形制多样，材质各异，不仅会使用蚕丝、金银等珍贵材质，更有点翠等精巧工艺，能够作为十分精美的装饰品。

舒适实用：香囊不仅能让人和环境变得清香，具有一定的除臭功能，有些还有驱寒的功效，兼具美观与实用。

医药用品：中医里有名为"香佩法"或称"香嗅法"的治疗方法，即通过香囊将带有香气的药物外用于人体，以达到预防疾病、治疗疾患的效果。

◇ 古代女子主要有哪些首饰？

凤冠：古代贵族女子所戴的有凤饰的礼帽。汉代的凤冠是太皇太后、皇太后、皇后祭服的冠饰，上有凤凰图案。明代皇后礼服的冠饰有九龙四凤，皇妃则为九翚四凤。明清时期，一般女子婚礼时所戴的彩冠也会被称作"凤冠"。

步摇：一种头饰，因其佩戴在发髻间会随着走路的步伐摇动而得名。贵族女子的步摇样式华丽繁杂，且多以黄金为材质。

笄：也称"簪"，古代女子用来固定发髻或连冠于发的一种长针形状首饰。古代发笄形式繁多，仅从质地上看，就有竹、木、玉、铜、金、象牙、牛角及玳瑁等多种。在古代，女子到了可以盘发插笄的年纪，即表示成年了，称为"及笄"。

· 金镶珠石松竹灵寿簪

钗：女子装饰头发的首饰，由两股合成，形似叉子，主要用金、玉、铜制成。

钿：用金翠珠宝等材料制成的花朵形首饰。

抹额：也称额带、抹头，明代较盛行，是一种女子包住额头、束在额前的巾饰，其上会有刺绣或珠玉作为装饰。

珥：也称作"瑱""珰"，为女子的珠玉耳饰。

璎珞：亦作"缨络"，是用线缕和珠宝穿串而成的装饰品，多作为颈饰。

钏：即镯子，有手钏、臂钏、脚钏等佩戴在不同部位的样式，主要材质有金、银、铜、玉等，样式丰富多样。古代既有极简的玉镯子，也有设计繁杂的金镶玉钏。

◇什么是簪花？

即戴花。《宋史·舆服志五》记载："幞头簪花，谓之簪戴。"簪花是中国古代的一种佩戴头饰，也称"戴花""簪戴"，通常是将筷子状的簪子固定在螺旋状的发髻上，再用鲜花或其他材料制成的花朵扎在发间，将发髻围绕起来。另外，簪花还是一种礼仪。清代国子监接待新科进士时，会为一甲三名簪金花，为其他进士簪红花。

◇古人的皮带扣叫什么？

带钩，又称"犀毗"。带钩是古代男性服饰中束腰丝带一端的钩子，造型和材质都很丰富，造型有动物、人物、乐器、兵器等，材质也分金、银、铜、玉等，还会用上镏金、贴金、包金、嵌玉等制作工艺。带钩的材质、造型、纹样，还有其精致程度，都是古人身份的象征。不管带钩有多少种式样，其基本结构都是一样的，为一头卷曲，方便钩挂。

◇古人冬天穿什么？

裘衣：即兽皮衣服，是远古时期人们为了取暖而穿的衣物。它们通常由动物的皮毛制成，如狐裘、貂裘、羊裘等。裘衣不仅是御寒的必需品，也是身份和地位的象征，因为只有捕猎能力强的人或富裕阶层才能拥有高质量的裘衣。

袷衣：一种有面有里的双层衣服。在棉花尚未广泛种植和使用的时期，古人利用较薄的棉麻布料，通过层叠和缝合的方式制成袷衣，以增强衣服的保暖性。

棉衣：随着棉花种植和加工技术的普及，由棉花填充而成的棉衣逐渐成为古人冬季衣物的首选。棉衣具有柔软、保暖和吸湿的特性，非常适合冬季穿着。从简单的棉袄到复杂的棉袍，棉衣始终是古人过冬不可或缺的保障。

◇为什么会用"纨绔"来形容富家子弟？

因为"纨绔"多为富家子弟所穿。纨是一种白色细绢，古代把用细绢做成的裤子称为"纨绔"。因为纨绔多为富家子弟所穿着，所以人们用"纨绔"借指富家子弟，后来还衍生出了"纨绔子弟"这个成语，用以指游手好闲、不务正业的富家子弟。

◇旗袍来源于中国哪个民族的传统服装？

满族，满语称之为"衣介"。旗袍原为清代满洲旗人妇女所穿的一种服装，其特点是无领、左衽、束腰，下摆不开衩，衣袖为马蹄袖，长八寸至一尺，衣边绣有彩绿。辛亥革命后，旗袍在汉族妇女中也普及起来。经过不断改进，如今旗袍的一般式样为：直领、右开大襟、紧腰身，衣长至膝下，下摆两侧有开衩，并且有长、短袖之分。

◇中山装的设计目的和意义是什么？

设计中山装是为了满足人民的生活需要。在《大总统覆中华国货维持会函》中的"博采西制，加以改良"和《民生主义》中的"护体、彰身、方便、等差"等原则的指导下，中山装完成了其中国化的设计与改良。中山装立体的四贴袋是为军务和户外运动方便携物而设计的，其门襟上的五粒纽扣则能够更好地保护身体和御寒。中山装的出现打破了几千年来中国帝制服饰严苛的等级规制，成为改元易服的民主共和标志。

◇唐装是指唐朝的服饰吗？

并不是指唐朝的服饰，而是对源于唐人街的中式服装的统称。"唐装"一词最初流行于欧美华人社区、中国港澳地区。唐装的设计式样以清代马褂为基础，其特点是立领、连袖、对襟、盘扣，并吸收了一些西式裁剪的特点，如肩膀处接袖等，面料主要使用织锦缎。后来唐装成为节庆时常见的服装，并衍生出许多不同种类，成为中式服装的代表。

宗教信仰

◇孔子所说的"敬鬼神而远之"是什么意思?

事在人为,人的事应该要人自己来做。"敬鬼神而远之"这句话出自孔子所说的"务民之义,敬鬼神而远之,可谓知矣"。孔子的意思是,尊敬包括已逝先祖在内的鬼神,但不依靠鬼神来干预人事,人的事情应该由人自己来做。

◇"三教""九流"分别指什么?

"三教"指儒教、道教、佛教;"九流"指儒家、道家、阴阳家、法家、名家、墨家、纵横家、杂家、农家。"三教九流"多泛指社会上的各种行业或宗教、学术上的各种流派,旧时代也以此泛指江湖上遇到的各种各样的人。

◇儒学和儒教的区别是什么?

前者指儒家学派的学术思想,后者是"儒家学派"的别称。儒学指儒家学说,一般指儒家学派创始人孔子的思想和主张以及后世崇信者如孟子、荀子等人对该思想主张的阐释和发扬。儒教是"儒家学派"的别称,是历代统治者和一些儒家学派代表人物试图将孔子神化,给儒家学说蒙上宗教色彩而起的。追随者往往信奉"孔孟之道",视孔子为教主。但也有研究者提出中国的儒教不具备宗教的性质,不能算作宗教。

◇道家和道教的区别是什么?

道家是中国古代思想的一种学术流派,道教则是以道家思想为核心建立起的宗教。具体的区别如下:

一、性质不同。道家创立于春秋末年,是以老子、庄子为代表的中国古代思想学术流派;而道教形成于东汉末年,是中国土生土长的宗教,尊奉老子为教主。

二、宗教色彩不同。道家不信鬼神,没有宗教的意味;而道教则带有浓厚的宗教色彩,认为修炼得道可以成仙。二者虽然都尊奉老子,但所尊崇的老子有所不同:道家尊崇的老子是春秋末年的思想家,是历史上真实存在的人物;而道教所尊崇的老子则是被神化的宗教教主。

◇佛教是什么时候传入中国的?

两汉之际。佛教是世界三大宗

教之一，对中国的哲学、文学、艺术、民间风俗等有着较大影响，大约于两汉之际传入中国。初期的佛教仅被人们视为一种外来的神仙方术。到了魏晋南北朝时期，佛教开始得到充分发展，对佛经的翻译和研究日渐增多，佛教寺庙广为建造，最终于隋唐时期发展到顶峰。

◇ "无事不登三宝殿"的"三宝"是指哪三宝？

佛、法、僧。佛、法、僧是佛教的三个组成部分，佛教认为，佛、法、僧三者永存不移，如世间的珍宝，故称为"三宝"。"佛"最初指佛教的创始人释迦牟尼佛，后来泛指十方世界的无数诸佛；"法"指佛教的一切教义学说；"僧"指出家皈依佛教的信徒，即依照佛教戒律出家修行的人。

◇ 小乘佛教和大乘佛教的区别是什么？

大乘佛教是从佛教大众部发展而来的一个重要教派，小乘佛教则是大乘佛教对原始佛教和部派佛教的贬称。大乘佛教兴起于公元1世纪，"乘"有"乘载""道路""舟车"的意思，"大乘"的意思即为"大道""大业"，该教派的教徒认为只有大乘佛教才能将无量众生从生死的此岸运载到涅槃的彼岸。小乘佛教原本是大乘佛教对其他派系佛教的贬称，后来为学术界使用，不含褒贬，实际上应称为"南传上座部佛教"，这一派佛教主张自度自利，注重三十七道品的宗教修养。

◇ "南无阿弥陀佛"是什么意思？

归命、敬礼、度我。"南无"是梵文的音译，读作 nā mó，意思是"归命""敬礼"，是对佛的敬语，常用在佛名、菩萨名等之前，表示尊重。"阿弥陀佛"中的"阿弥陀"意为无量，"阿弥陀佛"即为"无量佛"，是西方极乐世界的教主，信佛者认为只要一心长念阿弥陀佛的名号，死后佛就会接引自己前往极乐世界，含有"度我"的意思。

◇ "六道轮回"表达了什么样的思想？

人在死后会依据前世的业缘在"六道"（天道、人道、阿修罗道、畜生道、饿鬼道和地狱道）中再生，犹如车轮转动不停，没有休止。"六道轮回"是佛教用语，也被称为"轮回"，其原意为"流转"，佛教以此向信徒解释人世间的痛苦和善恶因果。"六道"指轮回的六种世界，根据生前的业果，来世会投生为不同的道："天"一般指天神，"人"即人类，"阿修罗"指魔神，"畜生"指世间的一切动物，"饿鬼"指人死后变成的受饥饿怖畏的鬼，"地狱"是人死后受苦受罪之处。"六道"也是佛教对众生的划分方式。

◇ "四大皆空"是哪"四大"？

地、水、火、风。佛教认为地、水、火、风是构成万物的四大元素，具体为：地，性坚，支持万物；水，性湿，收摄万物；火，性暖，调熟万物；风，性动，生长万物。一切有形有质的事物都被认为是由"四大"创造的，而"四大"从空而生，所以世间万物都是空虚的。后人常以"四大皆空"表示自己已看破红尘，了无牵挂。

◇ 佛教中的"三毒"是哪三毒？

贪、嗔、痴。"三毒"也被称为"三火""三垢"，是指贪欲（贪婪心理）、嗔恚（不良情绪）和愚痴（错误认知）。佛教认为这三者是身、口、意等三恶行的根源，是一切烦恼的根本，故又称"三不善根"。

◇ 观音菩萨是男的还是女的？

无性别。观音是佛教的大乘菩萨，也称观世音，与其他佛、菩萨一样，既无生无死，也无性别，在世人面前会根据需要示现各种化身，因此在魏晋南北朝时期，观世音菩萨造像既有男相也有女相。女相观音造像约始于南北朝，盛于唐代以后，而观音前身也由转轮王太子变为妙庄王幼女妙善。后来民间也逐渐认为观音的形象实为一位妙龄女子。

◇ 道教的"四大天师"分别是谁？

张道陵：一说张陵，字辅汉，东汉时期的道士，相传为张良后裔。他拒绝了朝廷的多次征召，在龙虎山修习炼丹术，被道教奉为创教者，后人称其为张天师。

葛玄：字孝先，汉末至三国时期方士，少博览群书，后隐居修炼，曾师从左慈学道。据传其擅长治病，能使用各种奇术，被道教尊称为葛仙公。

许逊：字敬之，东晋道士，曾为官，后因晋朝政治动乱而辞官，遨游江湖。传说他曾镇压过蛟龙，斩杀过大蛇，为百姓除害。后人称他为许真君。

萨守坚：号全阳子，宋代道士，本为医师，后弃医从道，以道术而闻名，追随他的人众多，在南宋、元代影响颇大。后人称他为萨真人。

◇ 传说中的神仙的品阶是怎么划分的？

最早的神仙三品说出自天师道（道教初期的重要派别）的经典书籍，书中将神仙分为上品、中品和下品三个品阶，每个品阶又有上等和次等的区分。

上品：上等的神仙能够乘云驾龙，白日升天与太极真人为友，管理其他仙人；次等的神仙只能担任仙界较低的官职，接受更高品阶的神仙的管理。

中品：上等神仙可以在名山大川之间遨游，任意差遣鬼怪精灵；次等的神仙只能遨游山林或月宫，管理鬼怪。

下品：上等的神仙能保持不死之身，次等的神仙则要进入生死轮回，死后靠脱离旧的身体获得重生。

◇ "天官赐福"中的"天官"指的是谁？

赐福紫薇大帝。民间流传着"天官赐福，地官赦罪，水官解厄"的说法，其中的天官、地官、水官又被称为"三官大帝"，最早是道教信奉的三位神仙。三官各司其职，与人们的生活息息相关。关于三官分别是谁，民间有着各种各样的说法。其中流传较广的一种说法是，三官大帝本为龙女所生的三个儿子，因法力高强而被元始天尊依次封为天官赐福紫薇大帝、地官赦罪清虚大帝和水官解厄洞阴大帝。

◇ 为什么和尚要剃光头，道士却可以留头发？

宗教观念不同。佛教称头发为"三千烦恼丝"，象征人间的烦恼和错误习气，因此剃发寓意着削除人间带来的烦恼；其次，中国古人有"身体发肤，受之父母"的观念，剃掉头发代表着去掉一切尘世的牵挂，一心修行。道教是诞生于中国本土的宗教，是中国传统文化的忠实继承者。道士之所以留发，一是因为道教强调顺应自然规律，而头发是人体自然生长的一部分，应保留；二是认为"身体发肤，受之父母"，头发为父母所赐，随意毁坏即为不孝，与传统观念相违背。

◇ "八仙过海"是哪"八仙"？

"八仙过海"最早出自明代杂剧《争玉板八仙过沧海》，传说有八位仙人渡海时不使用舟船，而是各显神通，使用法术法宝顺利渡海。八仙分别是：

铁拐李：相传原姓李，名凝阳，亦称李铁拐。铁拐李原本形貌魁伟，后因魂魄离体去往仙会时身体被毁，不得已附身于一乞丐身上，黑脸跛足，形貌丑恶，常拄一铁拐、背一药葫芦行走江湖治病救人，后功德圆满，被封为上仙。

汉钟离：字云房，世人又称钟离权。少时拜王玄甫为师，习得青龙剑法、金液还丹之术，后因战乱躲避于终南山上，日夜修炼，最终成仙。他头上扎髻，袒腹自若，自称"汉钟离天下都散汉钟离权"，意为"天下第一闲散汉子"，后人误将"汉"字与后面的字连读，故他的名字被误传为"汉钟离"。

吕洞宾：名喦，号纯阳子，相传他两次参加科举未考中进士后，开始游历四方，在长安遇见汉钟离，并追随他学习道术，后来得道，不知去向。相传他曾在江淮斩杀过蛟龙，在岳阳弄鹤，在客店醉酒。

张果老：原名张果，相传他活了数百年，故世人尊称其为张果老。相传他常倒骑着一头白驴云游四方，这头白驴可日行万里，休息时还可被折叠藏于箱中。

曹国舅：名景休，传闻他是宋仁宗之妻曹皇后的长弟，性喜清虚，因其弟性格骄纵，残害人命，以此为耻而隐居深山，一心修道，后遇汉钟离和吕洞宾，被二人点化后习得道法，引入仙班。其形象一般为头戴纱帽，身穿红色官袍。

韩湘子：原名韩湘，历史上确有其人，为唐代文学家韩愈侄孙，韩愈曾作诗《左迁至蓝关示侄孙湘》相赠。此人为官场中人，并无异术。韩愈另有一侄子，性狂放，身怀异术，相传他曾于初冬时节在数日内令牡丹盛放。后人将此二人相混，称为"韩湘子"。其形象一般为手执长笛的俊美少年。

蓝采和：真名不详，相传他常穿一身破蓝衫，一脚着靴，一脚赤行，手持大拍板，在闹市中行乞，常乘醉而歌，周游天下，相貌如故。据传他曾在濠梁酒楼饮酒，听到空中传来笙箫之声，升入云中，冉冉仙去。后人将其列为八仙之一。

何仙姑：原名何秀姑，生于武

则天统治时期，十五岁时梦见神人教食云母粉而成仙，行动如飞，每日去往山中采果奉母。武则天听闻她的名声，派遣使者请她入宫，她在前往宫殿的途中不知所终。

◇**碧霞元君的原型是谁？**

说法众多，一说为东岳大帝的女儿。碧霞元君全称为东岳泰山天仙玉女碧霞元君，俗称泰山娘娘。相传北宋时期，宋真宗在泰山玉女池洗手时，一石像浮出水面，宋真宗认为这是东岳大帝的女儿前来迎接，大喜，建造昭真祠供奉。关于碧霞元君的原型，民间有多种说法，一说其为泰山东岳大帝的女儿，一说其为玉皇大帝的妹妹，也有说她是汉代民女石玉叶，在泰山修道成仙，遂成了碧霞元君。

◇**各路神仙的本名是什么？**

玉皇大帝——张百忍
王母娘娘——杨回
太上老君——李耳
太白金星——李长庚
观音菩萨——庄妙善
真武大帝——太玄
妈祖娘娘——林默
灶王爷——张奎
灶王奶奶——高兰英
土地爷——张福德
判官——崔珏、钟馗、魏征、陆之道等
文曲星君——张亚子
武曲星君——窦荣
三圣母——杨秀英
二郎神——杨戬
月老——柴道煌
地藏菩萨——金乔觉
黑无常——范无救
白无常——谢必安
一殿秦广王——蒋子文
二殿楚江王——厉温
三殿宋帝王——余懋
四殿五官王——吕岱
五殿阎罗王——包拯
六殿卞城王——毕元宾
七殿泰山王——董和
八殿都市王——黄中庸
九殿平等王——陆游
十殿转轮王——薛仁贵
东路财神——萧升
西路财神——曹宝
南路财神——陈九公
北路财神——姚少司
中路财神——赵公明
西南财神——端木赐
西北财神——刘海蟾

东南财神——范蠡
东北财神——李诡祖
文财神——比干、范蠡
武财神——赵公明、关羽

◇王母娘娘与玉皇大帝是夫妻吗？

不是。王母娘娘即西王母，始见于《山海经》，是中国古代神话中的女仙领袖，为元始天王和太元圣母所生，由先天阴气凝聚而成，因为居住的昆仑仙山位于中原的西部，所以称其为西王母。而与西王母相对的则是由先天阳气凝聚而成的东王公，住在中原东部的蓬莱仙岛，是男仙之首，与西王母分掌天下三界十方的男女仙籍。

玉皇大帝在道教中是众神之首，全称为"昊天金阙无上至尊自然妙有弥罗至真玉皇上帝"。据《玉皇本行集经》记载，玉皇本是光严妙乐国的王子，舍弃王位在普明香严山修炼，后得道成仙，历经数劫，最后成为玉皇大帝。道教认为玉皇大帝总管三界（上、中、下）、十方（四维、四方、上下）、四生（胎生、卵生、湿生、化生）、六道（天、人、魔、地狱、畜生、饿鬼）的一切祸福，虽然他在道教中不是修为境界最高的神仙，但却是神权最大的神仙。玉皇大帝信仰兴起后，人们才把西王母与之相匹，称为"王母娘娘"。

◇"三星高照"中的"三星"指哪三位神仙？

福星、禄星、寿星。古人认为头顶的星空是众神居住之处，而每一颗星星都代表着一位星辰之神，道教中称他们为星官，"三星高照"中的"三星"指的是三位星官——福星、寿星、禄星。福星司掌祸福，能够赐予人们福气和好运，多手持朝笏或如意；禄星司掌功名利禄，负责人们的加官进爵，多为员外打扮并怀抱婴儿；寿星则司掌生死，能够保佑人们长生不老，多手执仙杖，手捧寿桃。三位星官分别象征着幸福、富贵和长寿，合称"福禄寿三星"。

◇"五路财神"指的是哪五位？

赵公明、萧升、曹宝、陈九公、姚少司。五路财神是由古代的五路神发展而来的，其中的"五路"指的是东、西、南、北、中五个方位。《封神演义》中，五路财神指的是赵公元帅及其属下招宝天尊萧升、纳珍天尊曹宝、招财使者陈九公和利市仙官姚少司。

◇ **为什么秦琼和尉迟敬德会成为门神？**

两人曾为了保护唐太宗李世民不受鬼魂侵扰而戍守宫门。古人经常将神像贴于门上，以求达到驱鬼辟邪的效果，保护家人安全。原本最常见的神像为神荼、郁垒两兄弟，二人面相丑恶，能收治恶鬼，遂被奉为门神。至唐代，门神改为了秦琼和尉迟敬德二人。传说有天唐太宗生病，听到门外传来鬼哭狼嚎之声，心生恐惧，难以入睡。秦琼知道后，主动要求和尉迟敬德一起穿着戎装守在唐太宗的门外，一夜过去后，果真平安无事。此后唐太宗便令人画下二人的画像悬于宫门左右，后人效仿此行为，将二人的画像贴在门上作为门神。

· 秦琼、敬德木版年画

◇ **为什么沿海地区的人们会信仰妈祖？**

古时的生产力低下，人们难以抵御自然灾害，只好祈求妈祖护佑自己海上平安，这一信仰得到朝廷的认可和强化。

妈祖是沿海渔民的保护神，也被称为海神娘娘。相传妈祖生于北宋建隆元年（960），逝于雍熙四年（987），原本是一位出生于福建莆田的少女，她出生时不啼不哭，因此得名林默，人们称之为默娘。

传说默娘生前熟习水性，能识潮音、懂星象，曾多次救助遭遇海难的人，因此受到大家的爱戴和尊敬，被尊称为"妈祖"。在默娘因救助遇难船只而不幸离世后，人们为了纪念这位勇敢善良的女性，便为她立祠祭祀，尊她为"海上女神"。此后，因航运的发展，沿海的渔民和商人去往世界各地，妈祖的信仰文化也被他们一同从南方沿海散播了出去。

由于当时的生产力低下，以渔业、海上贸易为主的人们难以抵御自然灾害，只好祈求有"航海保护神"之名的妈祖护佑自己海上平安。加上妈祖是由人变为神，生前慈悲善良，死后又被朝廷多次加封和推崇，因此影响力越来越大，也就有越来越多的人信仰妈祖了。

- 妈祖雕像

◇妈祖身边的两大护卫是谁？

千里眼、顺风耳。千里眼和顺风耳很早就出现在中国传统神话中，有着"千里眼之查奸，顺风耳之报事"之名。最初两人分别是历史传说人物离娄和师旷的化身。前者传说是黄帝时期的人物，目力敏锐，能够明察秋毫，洞察万物；后者是春秋时期的音乐家，虽双目失明，但精通音律，辨音能力极高。后来随着历代作品的不断改写和重塑，千里眼和顺风耳逐渐变成了玉皇大帝的属下，负责通风报信。在道教经典之一的《太上老君说天妃救苦灵验经》中，千里眼和顺风耳被正式任命为妈祖身边的护卫神，协助妈祖斩鬼除妖。

◇传说中专门捉拿鬼怪的神仙叫什么？

钟馗。钟馗是中国民间传说中能够驱鬼逐邪的神明，常被描绘成豹眼虬髯、手执长剑、凶神恶煞的形象，体现出钟馗的刚正不阿、气势凛然。关于钟馗的由来，民间多流传两种说法：第一种说法认为，钟馗是由远古时代的驱鬼法器"终葵"演变而来的；另一种说法认为，钟馗是商代巫相仲傀演变而成的。相传唐玄宗曾久病不愈，于梦中见一位鬼面道士在抓一个小鬼，唐玄宗问他是谁，那位道士自称钟馗，说自己生前应武举未中，死后决心消灭天下妖孽。唐玄宗醒后，很快就痊愈了，于是立刻下令让吴道子画出钟馗的画像，放在宫中驱鬼辟邪。钟馗在道教中还被视为捉鬼驱邪的判官，民间常挂钟馗的画像，用以驱鬼辟邪、镇宅祈福。

第四章

艺术常识

汉字对联

◇ "汉字"一词是怎么来的?

汉字的"汉"是汉朝的"汉",汉字指的是汉朝中原人使用的文字。最初,人们用"文""书""文字"来称呼汉字。"汉字"这一名称源于我国一个重要的朝代——汉朝。汉朝是中国历史上较为强盛的王朝,在政治、经济、文化等方面都有突出的成就,国际地位也很高,因此周边国家的人都习惯将中原人称为"汉人",将汉人穿的衣服称为"汉服",汉人使用的文字称为"汉字"。随着时间推移,"汉字"这一名称被越来越多的人所接受,慢慢地就固定了下来。

◇ 汉字是谁创造的?

相传是黄帝时代的史官仓颉创造的。传说中仓颉有四只眼睛,观察力过人。他根据天上星辰的分布、鸟兽的爪印和形态、大地山川的脉络、草木和器具的形状,创造出了象形文字,结束了远古时期结绳记事的历史。

◇ 汉字一共有多少个?

近10万个。汉字的数量是由少到多逐渐累积的。目前已知最早的汉字字体——甲骨文的单字数量只有4 600多个,发展到东汉,学者许慎编纂了《说文解字》,其中收录了单字9 353个。而在近两千年后的今天,汉字的数量已经接近10万个,不过其中只有6 500多个是常用字,其他字的使用频率极低,大部分都成了只存在于字典里的"字典字"。

◇ 古人写字为什么从右到左竖着写?

因为受古代书写材料的限制。在纸张没有发明出来之前,人们在竹简、木简上写字,书写时右手拿着笔从上往下竖着写,左手则拿着书简,并随着写字的进度将书简从右至左缓缓展开,这样写起来更加顺手。现如今人们从左往右横着写的习惯在清朝末年才传入中国，而后慢慢普遍起来。

• 竹简

◇ 汉字的笔顺规则有哪些？

汉字基本的笔顺规则有7条：先横后竖；先撇后捺；从上到下；从左到右；先外后里；先外后里再封口；先中间后两边。此外，汉字的笔顺规则还有5条补充规则：点在正上或左下，必须先写；点在右上或里边，必须后写；带"辶""廴"的字，先内后外；上左下三包围结构的字，先写上边一横，然后写里边，最后写竖折；左下右三包围结构的字，先里后外。

◇ 汉字字体是怎么演变的？

汉字字体的演变是一个漫长而复杂的过程，特点是由繁趋简，逐步符号化、规范化。

甲骨文：笔画细瘦，字形瘦长，结构不固定，有许多象形字。

金文：笔画厚重，结构较为匀称，形声字增多。

大篆：笔画粗细均匀一致，并且结构更加工整。

小篆：与大篆相比，笔画更简单，字形偏向椭圆。

秦隶：也叫古隶，是篆书的简化体，开始出现笔锋。

汉隶：也叫今隶，字形宽扁，笔画平直方折。

楷书：在隶书基础上形成的规范字体，笔画平直，形体方正，结构严整。

草书：分为章草、今草和狂草，特点是笔画相连，书写迅速。

行书：形体和笔势介于楷书和草书之间的一种字体。

◇ 甲骨文是被谁发现的？

王懿荣。甲骨文的发现非常偶然。在清朝末年，金石学家王懿荣生了一场病，需要一味名为"龙骨"的药材。在药材买回来后，他无意间发现龙骨上有一些有规律的划痕，似乎是被人刻上去的。王懿荣敏锐地意识到这可能是一种古老的文字。为了研究这些划痕，他把药材铺里所有的龙骨都买了下来，并仔细研究比对，最终让甲骨文重现世间。

◇古人为什么把汉字刻在青铜器上？

因为青铜器是权威的象征，且易于保存。在商周时期，古人若有需要保存的重要文件或是遇到需要记录下来的重要事件，就会铸造青铜器，并将文件或事件内容刻在上面，以流传后世。这主要是因为青铜器作为祭祀礼器，是权威的象征，非常贵重精美，并且具有硬度高、抗腐蚀性强的优点，易于保存。

青铜器上所刻的文字称为"铭文"，也叫"金文"，内容主要有祭祀典礼、战争纪功、恩赐封典、法律条文等，是现代人了解古代上层人物生活的重要途径。

· 毛公鼎

> **知识拓展**
> 现存青铜器中铭文字数最多的是西周时期的毛公鼎，约有铭文500字。由于铭文字数渐渐变多，西周还出现了把一篇铭文分别刻于几个青铜器之上的现象。

◇秦始皇统一全国后，将文字统一成哪种文字？

小篆。秦统一后，由于各诸侯国文字的差异影响了法令的颁布和文化的交流，秦始皇开始推行"书同文"，让丞相李斯等人着手统一全国文字。李斯等人以秦地文字大篆为基础，结合其他地区文字的优点，整理出小篆的标准字样，将其作为官方规范文字推广使用。

◇古今文字的分水岭是什么？

隶书。人们通常将隶书之前的文字，包括甲骨文、金文等，称为"古文字"，将隶书及之后的文字，如楷书、行书等，称为"今文字"。

隶书在战国晚期的秦国就已经出现了，最初是隶臣（办理文书事务的公务人员）因文书众多，为提高书写效率将篆书写得潦草简单而形成的。随着时间推移，这种字体趋于成熟，结构更加简单，笔画变得平直，完全脱离了篆书的图画和象形特征，因此被人们看作古今文字的分水岭。

◇我国第一部词典是什么？

《尔雅》。《尔雅》成书于秦汉之间，是儒家"十三经"之一。《尔雅》按内容性质给词语分类。今本《尔雅》共有19篇，前3篇是对古代汉字、词语的解释，后16篇则是对百科知识、器物名称，如山脉、河流、草木、昆虫、建筑、乐器等的解释，内容非常丰富，相当于一本古代的百科全书。

◇我国第一部字典是什么？

《说文解字》。我国第一部字典是《说文解字》，作者为东汉的许慎。全书共15卷，前14卷为解字部分，共收录9 353个小篆字体的汉字，第15卷则讲解了文字起源、汉字内部规律等问题。在《说文解字》中，许慎创造了部首编排法，他根据字形创立了540个部首，将汉字按照部首进行分类、编排，使排字有序，便于检索。

◇汉字的"六书"是什么？

古人分析汉字的造字方法而归纳出来的六种条例。"六书"一词最早出现在春秋时期的文献中，但人们并没有对它进行解释。第一个对"六书"作出正式定义的人是许慎，他将"六书"分为象形、指事、会意、形声、转注、假借，其中，前四种为造字法，后两种不创造新字，是用字法。

象形：最原始的造字方法，即描摹实物形状，如"日""月"等。

· 甲骨文"月"　　· 隶书"月"

指事：有些事物很难画出来，于是人们用象征性的符号来表示意义，如"刀"旁加一个点，就是"刃"。

会意：用两个或更多独体字组成一个新的汉字，以表达某种含义，如"从"字是一个人跟着另一个人向前走，表示跟从。

形声：用形旁表示字的意义或类属，用声旁表示字的发音，如"材"字，"木"表示木料，是形旁，表示意义，"才"则是声旁，表示读音。

转注：有多种说法，一般指意义上相通或相近的字彼此互相解释。如"考"和"老",在古代都有年老的意思,是转注字。

假借:指有些字只有发音而没有相应的汉字,于是借用已有的文字来表示。如"它"原本是蛇的意思,后来被借来作为代词使用,其本义慢慢就不再用"它"来表示。

◇ 通假字是错别字吗?

最初是的。古人或许是因为仓促之下写错了,或者是由于印刷问题看错了,而用了一个发音相同或相近的字来代替正确的字,这就是通假字。后来,这些通假字流传开来,广泛地出现在各种文史典籍中。古人不仅不把它们看作错别字,还将其视为文人之间一种心照不宣的默契。

◇ 最复杂的汉字是哪一个?

最复杂的汉字的读音为 biáng,是专为陕西一种面食造的拟声字,指宽面条摔在案板上的声音。这个字不仅人们觉得难写,连用电脑打字都很难打出来。它一共有56画,要写好得默念口诀:"一点戳上天,黄河两头弯。八字大张口,言官朝上走。你一扭,我一扭,一下扭了六点六。左一长,右一长,中间夹个马大王。心字底,月字旁,拴个钩搭挂麻糖,推着车车逛咸阳。"

◇ "囍"字是谁创造的?

据传是北宋的王安石创造的。它由两个"喜"组成,有"双喜临门"之意,多出现在婚嫁的喜庆场合。

相传,王安石进京赶考时,路过一户姓马的富贵人家,其门上悬挂着一副对联的上联:走马灯,灯马走,灯熄马停步。王安石对这上联很感兴趣,但因为第二天就要考试,时间紧张,便匆忙离开。

次日考场上,王安石游刃有余,引起了考官的重视。在考试结束后,考官专门留下王安石,要再给他出一道难题。考官指着大堂中的飞虎旗说:"飞虎旗,旗飞虎,旗卷虎藏身。"王安石听到后心中暗喜,回想昨天看到的上联,不假思索地回答:"走马灯,灯走马,灯熄马停步。"考官听了拍手称赞。

王安石走出考场,想起考官出的半副对联,便来到马家门前,胸有成竹地以"飞虎旗,旗飞虎,旗卷虎藏身"对出了下联。马家主人听到王安石对出妙对,并且看他一表人才,当即就决定将女儿嫁给他。

就在两人婚礼当天,街上传来王安石中举的喜讯。喜得佳偶的同时金榜题名,王安石喜不自胜,便拿出笔墨,连写了两个"喜"字,以表达双喜临门、喜上加喜的心情。从此,"囍"就成了喜庆用字,流传了下来。

◇为什么人们用"正"字来计算票数?

与"正"字本身的字形结构特点有关。"正"字有五笔,横竖交替,没有勾、撇、折,比较好写,容易看出笔画数量。而且"正"字结构规整,用来计票整齐美观又容易计算。

相传最早使用"正"字计票法的是清朝末年的一家戏院。当时,戏院还没有使用门票,表演快开场时,服务人员会在门口招呼客人,每满五人就带进戏院入座。同时,记账先生会在类似黑板的"水牌"上写一个"正"字,并标记好这组客人的位置,方便统计人数和收费。随着戏院规模扩大以及门票制的推行,这种"水牌"计票方式慢慢被淘汰,但"正"字计票法因为简单易懂、一目了然而流行开来。

◇使用大写数字记账的方法是什么时候出现的?

明代。朱元璋在位期间,发生了一起轰动朝野的贪污案:户部侍郎郭桓利用自己的权力大肆贪污,贪污的钱粮数目差不多等于全国秋粮征收的税额,使明朝财政遭受极大损失。朱元璋得知后震怒不已,下令严惩涉案人员,并且规定,将用来记录钱粮数字的汉字"一、二、三、四、五、六、七、八、九、十、百、千"改为"壹、贰、叁、肆、伍、陆、柒、捌、玖、拾、佰、仟"等复杂的汉字,以避免被窜改。

◇常见的对联种类有哪些?

对联种类有很多,较为常见的有春联、婚联、寿联、挽联、厅堂联、名胜联、行业联等。

春联:庆祝春节的对联,一般在除夕张贴在大门两侧,如"迎春迎喜迎富贵,接财接福接平安"。

婚联:张贴在婚庆地点,表示对新郎新娘的祝福,如"花开并蒂姻缘美，鸟飞比翼恩爱长"。

寿联：祝贺生日时所题的对联，用以表达美好祝愿及对受祝者的尊敬，如"玄鹤千年寿，苍松万古春"。

挽联：为逝者写的对联，可以表达对逝者的缅怀，也可以追念其功绩，如"良操美德千秋在，亮节高风万古存"。

厅堂联：悬挂在厅堂、书房等处所，用于表现主人的爱好、志趣的对联。如徐霞客在梅花堂中悬挂对联"春随香草千年艳，人与梅花一样清"，表达自己不愿与世俗同流合污的志向。

名胜联：为某一名胜古迹撰写的对联，多出现于亭台楼榭、寺庙祠墓、名山大川等地点，如西湖畔岳飞墓的一副对联"青山有幸埋忠骨，白铁无辜铸佞臣"。

行业联：指悬挂在茶楼、酒店等经营场所，表现行业特点或祈求财源广进的对联，如旧时理发店所用的对联"虽是毫末技艺，却系顶上功夫"。

◇怎么区分对联的上下联？

区分对联的上下联很简单，主要有以下三种方法：

根据韵脚区分：对联的上下联要平仄和谐，最主要的就是上联的最后一个字应为仄声，下联的最后一个字应为平声，即"仄起平收"。而现代汉语有阴平、阳平、上声、去声四个声调，其中前两个为平声，后两个为仄声。因此，在一副对联中，尾字是上声、去声的是上联，尾字是阴平、阳平的为下联。

根据内容区分：对联上下联的内容一般来说是相对独立的，但有些对联上下联之间有承接关系，上联没有交代完的事，下联继续补充，这叫"流水对"。遇到这种对联时，根据其意思就可以区分出上下联。

根据横批区分：横批是判断上下联的重要参考。传统上，横批是从右往左写的，对联也是从右向左读的，因此一般上联在右，下联在左。但如今的书写及阅读习惯是从左到右，因此也有人将横批从左往右写，这时为了保持阅读顺序一致，上联放左边，下联放右边。

◇我国第一副春联写的是什么？

"新年纳余庆，嘉节号长春。"古人认为桃木能趋吉辟邪，于是把传说中擅长捉恶鬼的神荼、郁垒的形象刻画在桃木板上，悬挂于门旁，称为"桃符"。到了五代十国时期，后蜀皇帝孟昶有一年除夕在桃符上题了诗句"新年纳余庆，嘉节号长春"。这两句诗是过年时所题写的，所以又叫"春联"，这就是人们公认的我国第一副春联。

琴棋书画

◇"雅人四好"是什么？

琴、棋、书、画。古时，弹琴、下棋、书法、绘画受到文人和名门闺秀的广泛喜爱，这四门技艺是否高超甚至成为衡量人的才华和素养高低的标准。

知识拓展

在曹雪芹的著作《红楼梦》中，贾府的四位小姐元春、迎春、探春、惜春的侍女分别名为抱琴、司棋、侍书、入画，从中可看出四位小姐各自擅长哪门技艺，也体现了"雅人四好"在古代文人生活中的地位。

◇古琴是谁发明的？

古琴的具体发明者目前难以考证。古琴的历史非常悠久，在先秦的《诗经》《尚书》等文献中都有它的身影，如"窈窕淑女，琴瑟友之"，这说明古琴至少在周代就已经非常普遍且广受欢迎了。而关于古琴的发明者，各典籍说法不一，琴曲集《太古遗音》中说"伏羲见凤集桐，乃象其形"，由此制作出古琴，而典籍《世本》中记载"神农作琴"，此外还有"黄帝造琴说""尧舜造琴说"等。

◇为什么古琴从五根弦增至七根弦？

为了纪念伯邑考和伐纣。古琴又叫"七弦琴"，但最初其实只有五根琴弦，分别对应五行"金、木、水、火、土"和五音"宫、商、角、徵、羽"，以及象征君、臣、民、事、

· 古琴演奏

物五种社会构成。后来，周文王为了纪念儿子伯邑考而给古琴加了一根弦，称"文弦"。周武王为了纪念伐纣，又增加了一根"武弦"。从此，古琴确定为七根弦。

◇古琴的音色有散音、泛音和什么？

按音。古琴有三种音色，分别是散音、泛音和按音。散音是直接用右手拨动琴弦产生的声音，也叫"空弦音"，特点是深沉浑厚。泛音指的是右手拨动琴弦时，左手轻点琴弦徽位（古琴上的音位）所发出的声音，特点是清亮高远，常用于表现空灵的意境和超凡脱俗的气氛。按音是左手将琴弦完全按压在面板上，用右手弹奏出的声音，特点是婉转抒情，可以表现出丰富细腻的情感。

◇中国古琴十大名曲是哪十首？

《潇湘水云》：为南宋古琴家郭沔所作，借表现烟波浩瀚的景象，抒发对时局动荡的感慨。

《广陵散》：以聂政刺韩王的故事为灵感而创作的"武曲"，曲调慷慨激昂、宏伟悲壮。

《高山流水》：前半段讲述仁者志在高山，后半段讲述智者乐水，于唐代被分为《高山》和《流水》两首乐曲。

《渔樵问答》：以渔夫和樵夫问答的形式展开，表现两人在青山绿水间自得其乐的情趣。

《平沙落雁》：描绘了著名的"潇湘八景"之一——黄昏时分，雁群在烟波浩渺的洞庭湖边盘旋。表达了对怀才不遇者的鼓励。

《阳春白雪》：相传为春秋时期晋国的乐师师旷所作，分为《阳春》和《白雪》两首乐曲，表现了初春时万物复苏、生机勃勃的景象。

《胡笳十八拍》：相传为东汉才女蔡文姬所作，表达了对流离失所的哀怨和对家国的深沉思念。

《阳关三叠》：根据诗人王维的《送元二使安西》谱写而成，因诗中有"阳关""渭城"等地名，又称《阳关曲》《渭城曲》。《阳关三叠》全曲分三段，原诗反复三次，故称"三叠"。

《梅花三弄》：通过赞颂梅花的芬芳和凌寒独自开的特性，歌颂具有高尚节操的人。"三弄"指的是泛音曲调在不同徽位上重复了三次，异徽同弦。

《醉渔唱晚》：唐代诗人皮日休和陆龟蒙泛舟江上，听见渔夫结束劳作后饮酒唱歌，二人以此情景为灵感而创作了这首曲子，表现了渔夫悠闲舒畅的心情。

◇中国古代四大名琴是哪四把？

号钟：周代名琴，特点是琴音高亢，犹如钟声激荡，号角长鸣。相传是伯牙弹奏时所用的琴，后流传到齐国。得到这把琴的齐桓公视之如珍宝，弹奏时喜欢让宫人敲击牛角为他助兴，弹奏出的乐曲悲凉无比，令人感动得泪流满面。

绕梁：周代名琴，琴声余韵悠长，让人沉醉。据传楚庄王得到这把琴后，整日陶醉在琴音之中，连续七日不上朝，后经人劝诫，忍痛将其毁掉。

绿绮：汉代著名辞赋家司马相如的琴。司马相如虽家境贫寒，但才华出众，梁王慕名请他作赋，他便写了一篇《如玉赋》。这篇赋辞藻华丽，气势非凡。梁王极为高兴，便把自己珍藏的"绿绮"送给了司马相如。据传司马相如就是用这把琴演奏《凤求凰》，赢得了卓文君的欢心。

焦尾：由东汉文人蔡邕制作的一张琴。蔡邕在一次火灾中抢救出一段尚未烧完、爆裂声独特的梧桐木，将其制成琴，因其琴尾留有焦痕而取名为"焦尾"。这把琴因悦耳的音色和特有的制法闻名四海。

◇"五音"指的是哪五个音？

宫、商、角、徵、羽。"宫、商、角、徵、羽"五个音阶，相当于现代音乐简谱中的"1、2、3、5、6"。后来，五音在演变过程中演化出另外两个音——变徵（徵的低半音，相当于现代简谱中的"4"）、变宫（宫的低半音，相当于现代简谱中的"7"），变成了七声音阶。

◇古琴史上最知名的好朋友是哪一对？

伯牙和锺子期。伯牙是春秋时期的琴师，一天，他正在弹琴，突然听到别人的赞美声，循声望去，发现是一个挑着柴火的樵夫，这人正是锺子期。伯牙把他请过来，给他弹奏了几首乐曲。当伯牙心里想着高山弹奏时，锺子期赞叹："真好啊，如同一座巍峨的高山屹立于眼前！"当伯牙心里想着流水弹奏时，锺子期又感叹："真好啊，犹如看见了一条奔腾的河流！"伯牙见他这么了解自己的琴音，便把他当作知音，两人相见恨晚。后来，锺子期去世了，伯牙非常伤心，认为自己再也找不到知音了，于是将琴摔到地上，并终生不再弹琴。

◇ 围棋是什么？

围棋是起源于中国的策略性棋类游戏，古人称之为"弈"，至今已有数千年的历史。在游戏中，人们使用方形格状棋盘及黑白两色的棋子对弈，棋盘上有纵横各19条线段相交，形成361个交叉点，棋子走在交叉点上，双方交替行棋，落子后不能移动，以围地多者为胜。

· 围棋

围棋的基本规则简单，但变化无穷，玩家需要运用策略和智慧来布局、进攻和防守，以达到最终的胜利。这不仅要求玩家具备出色的计算和判断能力，还需要具备敏锐的直觉和洞察力。在围棋领域，即使是顶尖高手也无法穷尽所有的棋局，更难以预知结果，所以围棋又有"千古无同局"的说法。

◇ 围棋是谁发明的？

传说是由尧发明的。先秦典籍《世本》中记载："尧造围棋，丹朱善之。"讲的是尧的儿子丹朱不学无术，暴躁任性，尧为了陶冶他的性情，经过一番思索，在方形石板上放上棋子，他用白子，丹朱用黑子，两人在上面下棋。丹朱果然迷上了这个游戏，每天静坐对弈，琢磨棋艺，性格逐渐变得温和冷静。这就是围棋的雏形。

◇ 围棋有哪些别称？

弈：出自"棋者所执之子，以子围而相杀，故谓之围棋。围棋称弈者，又取其落弈之义也"。"弈"这个字最早就是用来描述围棋的。

手谈：人们下棋时默不作声，

仅用手指操纵棋子来斗智斗勇，故围棋得"手谈"之名。

坐隐： 出自《世说新语》，名士王坦之将弈者正襟危坐、运神凝思时喜怒不形于色的神态比作僧人参禅入定。

方圆： 围棋的棋盘是方的，棋子是圆的，棋盒也是圆的，故围棋也被称为"方圆"。

秋储： 指古代围棋高手弈秋关于围棋所积累的绝妙技法和精深思虑。"储"指的是储蓄精思。

忘忧： 出自东晋名流祖纳的典故。在听闻弟弟祖逖北伐失败后，祖纳终日下棋解愁，在言谈、书信中称围棋为"忘忧"。

吴图： 出自杜牧的诗句"别后竹窗风雪夜，一灯明暗覆吴图"，指三国时期吴主孙策与吕范下的一盘棋。

黑白： 围棋的棋子分黑、白两色，故围棋又称"黑白"。

◇ 现存最古老的围棋棋谱记录的是哪一盘棋？

《孙策诏吕范弈棋局面》是现存最古老的围棋棋谱，出自宋代李逸民编著的《忘忧清乐集》，对弈的二人分别是孙策和吕范。吕范在避难途中遇到了孙策。孙策见他勇武异常，对他另眼相看，带着他攻城略地，并经常和他下棋，两人的关系非常好。现存最古老的围棋棋谱《孙策诏吕范弈棋局面》便是对他们之间的一盘棋局的记录。

◇ 传说中下得最久的一盘围棋下了多久？

下得最久的一盘围棋持续了数百年，出自古代小说集《述异记》中的一个故事《观棋烂柯》。传说晋朝有一个名为王质的樵夫，他在进山砍柴时不小心迷路了，路上隐隐约约听到"噼啪"的落子声，他循声而去，来到一处开阔的广场，原来是有两个人在此下棋。王质走到他们身边，放下斧子，坐在石墩上看他们下棋。下棋的两个人时不时从手边拿几个枣子吃，顺手也给了王质几个。王质吃完顿觉精神百倍，不知饥饿。没几个回合，其中一个下棋者指着王质的斧子问他："看看你的斧子，你还不回家吗？"王质一看，斧子的木柄已经朽烂。他告别两人下山，惊讶地发现之前村子里熟悉的人现在一个都找不到了，原来他已在山中度过了数百年。

◇ 载入史册的第一位专业围棋棋手是谁？

弈秋。他是载入史籍的第一位棋手，最早出现在《孟子》中。《孟子》中讲述了这样一个故事：让弈秋教两个徒弟下棋，其中一个徒弟专心致志，一心一意只听弈秋的教诲；另一个徒弟虽然也在听讲，心里却老想着有天鹅将要飞来，并想搭箭开弓将它射下。虽然两人一起跟弈秋学习，但后者却比不上前者。这个故事讲了学习要专心的道理，而故事中对弈秋的评价是"通国之善弈者"，也就是说他棋艺高超，是全国最擅长下棋的人之一。

◇ 谁将围棋和军事结合了起来？

马融。下围棋与战场上的运筹帷幄有几分相似，因此许多人将围棋与军事相结合。汉代马融在《围棋赋》中将围棋棋盘比作士兵交战的战场，把围棋的攻防和行军的进退相结合，说"收死卒兮无使相迎，当食不食兮反受其殃"，即收取死去的卒子，不要使对方有机会再次参战，当能吃掉对方的棋子时却不下手，反而会遭受其祸害。这里面包含了"除恶务尽"的道理，就如同项羽在鸿门宴上没能对刘邦痛下杀手，结果后来反而被刘邦逼得在乌江边自刎。

◇ 古代围棋有多少个段位？

九段。围棋的段位制早在三国时期就已经出现，当时分为九段，分别是入神、坐照、具体、通幽、用智、小巧、斗力、若愚、守拙。现代围棋的段位分为业余段位和专业段位两种，业余段位用阿拉伯数字1到7表示，1段最低，7段最高，而专业段位用汉字数字一到九表示，一段最低，九段最高。

◇ 谁最早被称为"棋圣"？

严子卿和马绥明。"棋圣"这一称呼最早出现在晋代葛洪的《抱朴子》中，他认为三国时期东吴的棋手严子卿和马绥明是"善围棋之无比者"，将两人称为"棋圣"。其实，历代都有被称为"棋圣"的人，如清代的"棋圣"为黄龙士、范西屏和施定庵，这三个人把古代的棋艺提高了一大步。

◇ 围棋有几种下法？

三种，分别是俗手、本手和妙

手。俗手也称"俗着"，指貌似合理，但从全局来看通常会受损的下法；本手也称"正着"，指合乎棋理的正规下法，是初学者学习围棋的起点，学会各种棋形下的本手有助于掌握扎实的围棋基础；妙手也叫"妙着"，指合乎逻辑又出人意料的精妙下法，对局势的发展有较大影响。

◇围棋中的"天元"指什么？

中央的星位。围棋棋盘上有361个交叉点，其中有9个小圆点，称为"星位"，棋盘正中央的那个星位就是"天元"。值得一提的是，围棋中有"金角银边草肚子"的说法，棋手一般先占四角，再占四边，最后才争夺棋盘中央的地盘，所以少有人把第一着下在"天元"上。

◇为什么象棋棋盘上的分界线叫"楚河汉界"？

"楚河汉界"的划分是楚汉战争的重大转折，后来被应用到象棋棋盘上。象棋棋盘上，红、黑两军分列"楚河汉界"两边，而这条分界线实际上是真实存在的，就是位于今河南荥阳的鸿沟。鸿沟宽约800米，深约200米，是古代军事要地。楚汉相争时，项羽和刘邦在荥阳一带发生了大大小小上百场战争，僵持不下，最后双方约定以这条鸿沟为界，鸿沟以西为汉，鸿沟以东为楚，鸿沟也就成了"楚河汉界"，并被人们"搬"到了象棋棋盘上。

◇为什么象棋的棋子分红、黑两色？

象棋是模拟楚汉两军交战的智力游戏，所用的棋子分红、黑两色。红子表示刘邦的汉军，因为刘邦在斩白蛇起义时自称是赤帝的儿子，他的军队也就举红色旗帜；黑子表示项羽的楚军，因为楚军的服装和旗帜都沿用秦军的黑色。

· 象棋

◇象棋中的各个棋子是怎么走的?

象棋中对阵双方各有七种棋子，黑子为将、士、象、马、车、炮、卒，红子为帅、仕、相、马、车、炮、兵，每种棋子的走法都不同。

　　将（帅）：每次走一格，可以前进、后退和横走，但不能走出"九宫"。

　　士（仕）：每次走一格，走"九宫"内的斜线。

　　象（相）：走"田"字，若"田"字中间格有棋子则不能走，也不能越过"楚河汉界"。

　　马：走横或竖的"日"字，如果前进方向有棋子阻挡则不能走，俗称"挡马腿"。

　　车：走直路，没有棋子阻挡时可一路到底。

　　炮：走法与车相同，但要"吃子"时中间必须隔一个棋子，俗称"翻山"。

　　卒（兵）：每次走一格，过"楚河汉界"前只能前进，之后可前进和横走。

◇ 象棋中的"将军"指什么？

　　"将军"作为象棋术语，指一方的棋子攻击对方的将或帅，并在下一步即可把它"吃"掉，简称"将"。被"将"的一方必须"应将"，即在下一步化解此次危机，否则就会被判输。

◇ "马后炮"跟象棋有什么关系？

　　"马后炮"原是象棋术语，指将炮放在马后"将军"，使对方帅（将）不能上下或左右移动，陷入绝境。后来，"马后炮"引申出了贬义，指某人举动不及时，在事情发生过后才提出意见。

◇ "书法五体"是什么？

　　指书法的五种体式，包括篆书（大篆、小篆）、隶书（古隶、今隶）、楷书（魏碑、正楷）、行书（行楷、行草）和草书（章草、小草、大草）。

◇ "文房四宝"包括哪四种？其中的精品是什么？

　　笔、墨、纸、砚。"文房四宝"中的精品当数湖笔、徽墨、宣纸、端砚。湖笔，原产于浙江湖州，被誉为"笔中之冠"。徽墨，原产于安徽歙州，墨色光泽如漆，且香味浓郁。宣纸，始产于安徽泾县（唐代属宣州），因耐老化、不变色、少虫蛀、寿命长，有"纸中之王、千年寿纸"之誉称。端砚，产于广东肇庆，有"呵气可研墨，发墨不损毫，冬天不结冰"的说法。

◇ **毛笔的始祖是谁?**

蒙恬。相传毛笔是秦朝名将蒙恬发明的。当时,蒙恬率军驻扎在边疆,经常要向秦始皇奏报军情,而边关战情变化很快,文书往来非常频繁,用刀刻竹简很费时。在某一次战斗中,情急之下,蒙恬从士兵的武器上扯下一撮红缨,绑在竹竿上,蘸着颜料写起来,书写速度大大加快。后来人们也学着他用狼毛、羊毛作笔头,制作了毛笔。因此,古代制笔行业将蒙恬奉为祖师爷。

◇ **为什么学书法要从练"永"字开始?**

因为"永"字包含了大部分汉字的笔画。汉字数量有近10万个之多,构造也分为许多种,但笔画是最基本的构件,将它练好便能为写毛笔字打好基础。而"永"这个字中有点、横、竖、钩、挑、撇、短撇、捺这八种楷书的基本笔画,包含了众多的用笔技巧,因此古人将练"永"字作为书法入门的必修课,称为"永字八法"。关于"永字八法"的开创者,有人说是东晋的王羲之,也有人说是唐代的张旭,至今仍没有定论。

◇ **书法的行笔技巧被总结为"书法九势",分别是什么?**

落笔、转笔、藏锋、藏头、护尾、疾势、掠笔、涩势、横鳞竖勒。东汉书法家蔡邕认为写字要有"力",即起笔和收笔时都要藏锋,以形成"势来不可止,势去不可遏"的势态。据此,他对书法中的行笔技巧进行了总结,即"书法九势"。

◇ **"蚕头燕尾""一波三折"形容的是哪种字体?**

隶书。隶书结构扁平,横画长而直画短,在书写时讲究"蚕头燕尾""一波三折"。所谓"蚕头燕尾",指写一个字的某一横画时,逆锋起笔,形成饱满的蚕头,收笔时向上挑出,如同燕尾;"一波三折"则指书写隶书时,横和捺不必笔直,可以有一定的起伏波折。隶书代表作有东汉的《曹全碑》《张迁碑》《石门颂》等。

- 《曹全碑》(局部)

◇ **哪位皇帝开创了"瘦金体"？**

宋徽宗赵佶。瘦金体也叫"瘦金书""鹤体"，是楷书的一种，是宋徽宗早年学黄庭坚、褚遂良等书法家的风格而创立的，特点是瘦直挺拔，撇如匕首，捺如切刀，竖钩细长，适合书写中小字，代表作品有《楷书千字文》等。

◇ **"宋体"是谁创造的？**

相传是秦桧。秦桧虽然在历史上留下了"奸臣"的骂名，但据传他对书法的发展贡献不小，创造了沿用至今的宋体字。秦桧在处理公文时，发现全国各地的公文字体不规范，就花时间对其进行统一。他潜心研究宋徽宗的瘦金体，创造了一种结构工整、简明易学的字体——宋体。这种新字体引起了宋徽宗的关注，他下令让各地把宋体作为公文字体来使用。此后，宋体字得到迅速推广，时至今日依然广泛出现在人们的生活中。

◇ **"楷书四大家"是哪四位？**

欧阳询：唐代书法家，他的楷书作品的特点是笔力险劲、间架精严，代表作有《九成宫醴泉铭》等。

颜真卿：唐代人，历史上最伟大的书法家之一，其楷书特点为丰腴雄浑，独具阳刚之美，代表作有《多宝塔碑》《麻姑仙坛记》等。

柳公权：唐代书法家，与颜真卿齐名。其楷书吸收了欧阳询和颜真卿的长处，特点为骨力遒健，结构劲紧，代表作有《玄秘塔碑》《神策军碑》等。

赵孟頫：元代书法家，其楷书特点是清秀圆润，端庄飘逸，代表作有《胆巴碑》《三门记》《妙严寺记》等。

◇ **"颜筋柳骨"是什么意思？**

指颜真卿和柳公权的楷书风格，也有书法极佳的意思。"颜筋"指颜真卿的书法作品充满柔韧的力量感，"柳骨"指柳公权的书法作品富有方劲的力量感，合称"颜筋柳骨"。这两种境界都是古今书法爱好者所追求的。后来，"颜筋柳骨"也用以称赞书法作品遒劲有力，如颜、柳二人的书法风格。

◇ **"颠张醉素"指的是哪两位书法家？**

张旭和怀素，两人都是唐代著

名的狂草书法家。"颠张"指张旭，据说他嗜酒如命，常在醉后做出许多癫狂的举动，如以头发为毛笔，饱蘸浓墨，在墙上书写，因此有了"颠张"的名号。他的草书作品的特点是灵动飘逸，洒脱不羁，代表作有《古诗四帖》等。"醉素"指怀素，他自幼出家为僧，想练草书但没有钱买宣纸，于是在寺院种了大量的芭蕉树，以芭蕉叶为纸练字。怀素同样嗜酒如命，醉后喜欢大书特书，在衣服、器物、墙壁上写满字。他的草书的特点是严谨、简练，其代表作《自叙帖》被称为"中华第一草书"。

◇ "宋四家"指的是哪四位？

苏轼、黄庭坚、米芾和蔡襄。这四人被认为是最能代表宋代书法成就的书法家。"宋四家"中，四人书法风格各不相同：苏轼擅长楷书和行书，风格豪放恣意又有浩然之气；黄庭坚擅长行书和草书，风格挺拔刚正；米芾的用笔风格俊迈豪放，其字如同"刷"出来似的；蔡襄字如其人，风格浑厚端庄，温文尔雅。

◇ 谁被称为"书圣"？

王羲之。王羲之是东晋时期的书法家，他被推为"书圣"，和唐太宗李世民有很大关系。唐太宗非常喜欢王羲之的作品，他不仅花重金搜集王羲之的作品，还用摹本来赏赐大臣，并让皇子们学习王羲之的书法。在他的带动之下，王羲之的名声越来越大，稳稳地坐上了"书圣"的宝座。王羲之擅长隶书、草书、楷书、行书等多种字体，并能博采众书法家之长，形成自己平和自然、委婉含蓄的风格。王羲之的代表作不少，楷书有《黄庭经》《乐毅论》，草书有《十七帖》，行书有《快雪时晴帖》《兰亭集序》等。他的书法影响了后世许多书法家，如唐代的颜真卿、宋代的苏轼、元代的赵孟頫等。

· 《兰亭集序》摹写

◇ 谁被称为"草圣"?

张芝。他是汉代的书法家，之所以被称为"草圣"，是因为开创了"今草"字体。张芝擅长写章草，但他后来觉得这种字体字字独立，写起来过于严谨，不够畅快，于是对其进行变革，改成了笔势上下牵连又富于变化的新写法，即今草，深刻影响了中国书法的发展。张芝的代表作有《冠军帖》等。

◇ 中国现存最早的书法名家真迹作品是什么?

《平复帖》。《平复帖》被称为"法帖之祖"，是西晋时的作品，书写年代距今已有1 700多年，是现存最早并真实可信的书法作品。这幅作品由西晋名士陆机所作，因作品中有"平复"二字而得名，共9行84字，内容主要为陆机三位朋友的近况。在近代汉、晋和战国的简牍大量出土之前，《平复帖》是我们能看到的最古老的墨迹，被称为"法帖之祖"。

◇ "天下三大行书"指的是哪三幅作品?

《兰亭集序》：东晋书法家王羲之为友人们在兰亭集会上写的诗所作的序言。这幅作品行云流水，在章法、结构、用笔上都达到了行书的顶峰，因此被誉为"天下第一行书"。

《祭侄文稿》：由唐代书法家颜真卿所作，是他为在战火中罹难的堂兄和堂侄而写的祭文。这幅作品笔法圆健，苍劲而有质感，展现了颜真卿大气凛然的气节，被誉为"天下第二行书"。

《黄州寒食帖》：由宋代书法家苏轼所作，写于他被贬到黄州第三年的寒食节。这幅作品"跌宕起伏"，刚开始字形平稳端正，之后字越写越大，笔势越来越奔放恣意，最后又归于平缓，体现了苏轼被贬之后这三年间胸中的郁郁不平。这幅作品也被誉为"天下第三行书"。

◇ "天下第一楷书"是由谁书写的?

欧阳询。公元632年，唐太宗在九成宫避暑时意外发现了一泓清泉，为了记录这一刻的喜悦心情，就下令让魏征创作一篇文章，由欧阳询书写，这篇文章即为《九成宫醴泉铭》。这幅作品字体饱满，笔画肥瘦适中，表现出阳刚与温厚并重的美，为历代书法家所推崇，被誉为"天下第一楷书"。

• 九成宫醴泉铭（拓本）

◇ "三希堂"的三件稀世墨宝分别是什么？

王羲之的《快雪时晴帖》、王献之的《中秋帖》和王珣的《伯远帖》。"三希堂"原名温室，位于养心殿西暖阁，是皇帝的书房。后来，乾隆皇帝在这里收藏了王羲之的《快雪时晴帖》、王献之的《中秋帖》和王珣的《伯远帖》这三件稀世墨宝，并将书房改名为"三希堂"。这三件稀世墨宝后来"颠沛流离"，其中《中秋帖》和《伯远帖》几经易手，于1951年回到北京故宫博物院，而《快雪时晴帖》目前藏于台北故宫博物院。

◇ 国画指的是哪种画？

用毛笔、墨、彩色颜料在绢或纸上作的画。国画是我国的传统绘画形式，主要通过线条的变化和墨色的浓淡，以皴、钩、点、染等手法来表现黑白灰、干湿、疏密等，并常用散点透视法来描画对象。

知识拓展

散点透视法即没有固定视点和视平线的透视画法，能够突破时空的限制，是中国山水画常用的构图手法，使整幅画看起来如同一幅平面式展开图。若是打开一幅使用了散点透视法的传统山水画，会发现画中的房屋、树木等景物，无论是处在高处还是低处，都没有明显的俯仰变化。

◇ 为什么人们把画叫作"丹青"？

因为古代绘画常用朱红色和青色两种颜色。"丹青"最初指绘画时使用的两种颜料，"丹"即丹砂（朱砂），"青"即青䨼，它们因不易褪色而备受画家喜爱。后来，"丹青"泛指绘画中的所有颜色，而由各种颜色构成的画也被人们通称为"丹青"。

◇ **国画主要有哪几种题材?**

根据绘画题材分类，国画主要分为人物画、山水画和花鸟画三大类。人物画是国画中最先出现的一类，重点表现人与人之间的关系，对人物的刻画力求形神兼备，常通过对气氛、环境的渲染来表现人物的性格与气质，代表作品有东晋顾恺之的《洛神赋图》、唐代周昉的《簪花仕女图》等。山水画重点表现山川自然景观、人与自然的关系，富有独特的意境、格调和气韵，体现了中国人"以水为性，以山为德"的文化意识，代表作品有北宋王希孟的《千里江山图》、元代黄公望的《富春山居图》等。花鸟画指以花、鸟、鱼、虫、禽兽、蔬果等为描绘对象的画，画家常借其表现人的精神、气节，代表作品有北宋赵昌的《写生蛱蝶图》、明代徐渭的《墨葡萄图》等。

◇ **文人画是什么画?**

指封建社会中文人、士大夫的画，区别于宫廷绘画和民间绘画。中国古代文人学识修养较高，格调高雅，画出来的画书卷气十足，充满诗意。他们追求清淡深远的意趣，强调个性和修养，常画山水、花鸟，尤其是梅兰竹菊，并融入书法、诗文、印章等艺术，以表达自己的高尚情操或远大抱负。文人画画家中最受推崇的是唐代的王维，苏轼说他"诗中有画，画中有诗"，如其名作《山居秋暝》中"明月松间照，清泉石上流"两句便体现了"诗中有画"这一特点。

◇ **国画主要的画法有哪几种?**

工笔：国画最主要的画法之一，指用笔工整，注重对细部的描绘，要求形神兼备。宋徽宗赵佶就是一位工笔画名家。

写意：国画最主要的画法之一，指用笔不求工细，注重表现神态、抒发作者的情趣，追求神似。明代文人唐寅有一句话形象地表达了工笔和写意的区别："工画如楷书，写意如草圣。"

白描：指完全用线条来勾画物象，不着颜色。唐代的吴道子、元代的赵孟頫都很擅长白描。

泼墨：指用笔蘸着墨汁大片地洒在纸上或绢上，构成大致画面，再用手或者笔继续创作，以达到迷蒙的视觉效果。

没骨："骨"在国画中指笔线，"没骨"则指绘画时不用墨线勾勒事物的轮廓，而是直接用彩色或墨色描绘。这一画法多用于花鸟画。

◇生宣纸和熟宣纸有什么区别？

吸水性不同。宣纸最初指的是安徽宣城一带生产的书画用纸，这种纸有易于保存、经久不脆、不褪色等特点，因此获得了"纸寿千年"的美誉。后来，宣纸的制造工艺广泛传播，人们就将使用相同工艺生产出来并用于书画创作的纸统称为"宣纸"。生宣纸指直接从纸槽中捞起烘干的纸，吸水性更强，适于画写意画、泼墨画和书写行草等；熟宣纸则是生宣纸经过后续加工制成的纸，不易洇墨，适于画工笔画和书写隶书、楷书等。

知识拓展

古人作画不仅仅会画在纸上，还会画在绢布上。在作画前，画师会先在绢布上涂抹明矾和胶水的混合液，使其更易着色，然后将绢布覆盖在提前画好的草图上进行描画，最后在绢布的正反两面都涂上颜料，使绢布画的色彩更加明显。

◇"墨分五色"是哪五色？

焦、浓、重、淡、清。在国画中，墨并非单一的黑色，根据加入水的比例的不同，可以形成由浓到淡的多种颜色。简单来说，墨多水少，则墨色较浓，如焦墨，墨中水分极少，常用以勾点；墨少水多，则墨色较淡，如清墨，可看作在水中加了一点点墨，呈浅灰色，常用来表现雾和烟。

·研墨

◇"水色"和"石色"是什么意思？

植物颜料和矿物质颜料。水色指植物颜料，是从植物中提取汁液后混合水而成的，因调和媒介是水而得名。这种颜料有色彩透明清新、容易染匀的特点，适合层层渲染。常见植物颜料有花青、胭脂、藤黄等。石色指矿物质颜料，是天然矿石经过粉碎、研磨等工序制成的。这种颜料有色彩厚重、覆盖力强、不易褪色的特点。常见矿物质颜料有朱砂、石青、石绿等。

◇ "扬州八怪"指哪八个人？

一般指郑燮、金农、黄慎、李鱓、李方膺、汪士慎、高凤翰和罗聘。"扬州八怪"是人们对清代雍正至乾隆年间活跃在扬州地区的一批画家的称呼，并不专指某八个人，郑燮、金农、黄慎、李鱓、李方膺、汪士慎、高凤翰和罗聘是其中较有代表性的。"扬州八怪"大多是失意的官吏或者隐居的文人，他们打破了当时摹古的风尚，在前人的基础上有了新的突破，形成了别具一格的艺术风格。

◇ 谁被称为"画圣"？

吴道子。吴道子是唐代的画家，十几岁时就在绘画界崭露头角，二十岁时就颇有名气，后来还被唐玄宗召进宫当御用画师。在各类题材中，吴道子尤其擅长宗教画和人物画，他笔下的人物形象逼真，线条优美，衣带飘飘如同乘风而起，有"吴带当风"的美誉。他的绘画风格对后世画家影响深远，许多传世的画作、壁画甚至雕塑都有模仿他的画风的痕迹，他也因此被尊为"画圣"。

◇ "中国十大传世名画"有哪些？

《洛神赋图》《千里江山图》《清明上河图》《富春山居图》《百骏图》《步辇图》《汉宫春晓图》《簪花仕女图》《五牛图》《韩熙载夜宴图》。这十幅画被称为"中国十大传世名画"，是从东晋到清代的历代画家的巅峰之作，代表着我国传统绘画的最高水准。这些名画历经沧桑，现已成为北京故宫博物院、台北故宫博物院、辽宁省博物馆等各大博物馆的馆藏精品，向世人展示着中国艺术的独特魅力与辉煌成就。

◇ 《清明上河图》描绘的是什么节气的景象？

清明。《清明上河图》是北宋画家张择端的作品，分为三段，首段描绘市郊景色，中段画汴河两岸风光，后段描绘房屋鳞次栉比的市区街道。画面中，大到原野、城郭，小至货物、招牌，全都纤毫毕现，其中的500多个人物也各有特点，生动再现了清明时节北宋都城汴京繁华热闹的景象。

◇《千里江山图》为什么历经千年，颜色依然鲜丽？

因为是用矿物质颜料绘制的。《千里江山图》的作者是北宋的天才少年王希孟，他天资聪颖，曾得到宋徽宗的亲自指点，年仅18岁便画出了这幅境界雄阔的作品。《千里江山图》长约12米，用概括精练的手法、绚丽的色彩和精细的笔触表现出祖国山河的雄伟壮观。由于主要以矿物颜料石青和石绿创作而成，《千里江山图》的颜色在近千年后依然鲜丽。

· 《千里江山图》（局部）

戏曲歌舞

◇中国古代称戏曲演员为"梨园子弟"，"梨园子弟"这一称号出自哪个朝代？

唐代。人们把戏曲界称为"梨园"，将戏曲演员称为"梨园子弟"，与唐玄宗有关。在皇帝这一身份之外，唐玄宗还是一名音乐家，他喜欢听音乐、欣赏歌舞，擅长演奏琵琶，还会作曲，对古代音乐的发展产生了很大的影响。他设立了音乐机构梨园，选拔了大量有天赋的乐师在此练习，并亲自指导，这些乐师就叫作"梨园弟子"。后来，梨园弟子因为安史之乱而逃亡离散，梨园也名存实亡，最终被废除，但"梨园"这个名称流传了下来，成为戏曲界的代称，而从事戏曲表演的人就被叫作"梨园子弟"。

◇我国有哪五大剧种？

京剧：又称平剧、京戏，是影响力最大的戏曲剧种，被誉为"国粹"。京剧的前身是徽剧。乾隆帝八十大寿时，全国知名的戏班子都来到北京为其庆寿，其中的几个徽班在庆寿活动结束后留在了北京，并在多年的发展中融合了秦腔、昆曲等其他剧种的曲调和表演方法，最终形成了京剧。京剧的著名剧目有《贵妃醉酒》《霸王别姬》等。

· 京剧表演

豫剧：原名为"河南梆子"，发源于陕西的梆子腔，特点是唱段多，动作较少，表演中常融入杂技、武术等技艺的动作，著名剧目有《铡美案》《对花枪》《花木兰》《穆桂英挂帅》等。

越剧：起源于浙江嵊县（今嵊州）。越剧长于抒情，唱腔清悠婉丽，优美动听，具有江南气质，代表剧目有《梁山伯与祝英台》《西厢记》等。

评剧：原名为"蹦蹦戏"，后来因受到河北梆子的影响而改名为"平腔梆子戏"，简称"评剧"。评剧的特点是吐字清晰，唱词浅显易懂，表演富有生活气息，代表剧目有《秦香莲》《花为媒》等。

黄梅戏：原名为"黄梅调""采茶戏"，起源于湖北黄梅县，发展形成于安徽安庆。黄梅戏的特点是清新自然、优美流畅，代表剧目有《天仙配》《女驸马》等。

◇ 哪一个剧种被人们称为"百戏之祖"？

昆曲。昆曲源于江苏昆山，形成于元末明初，是我国最古老的剧种之一。许多地方剧种如湘剧、川剧、越剧、粤剧等，都曾从昆曲中吸取养分，昆曲也因此被称为"百戏之祖""百戏之师"。昆曲的特色在于唱腔华丽婉转、细腻圆润，如同水磨磨出来的，因而被称为"水磨腔"。代表剧目有《牡丹亭》《长生殿》《桃花扇》等。

◇ 戏曲中的"四功"是什么？

唱、念、做、打，是戏曲演员的四项基本功。

唱：指歌唱，在戏曲表演中不可或缺，负责抒发内心情感。戏曲的"唱"讲究"依字行腔，字正腔圆"，也就是根据字音的抑扬顿挫来调整唱腔的旋律，咬字发音要准确纯正。不同剧种"唱"的风格各不相同，如秦腔突出喉音，追求粗犷、豪迈，形同吼叫，故有"吼秦腔"的说法。

念：指念白，用于交代人物关系、故事情节，非常重视节奏和韵律，还会配合锣、鼓等乐器，以念得更铿锵有力。在戏曲表演中，不同行当、不同身份的人的念白大不相同，如由生、旦等扮演的地位较高的人一般说雅语，由净、丑等扮演的地位较低的人一般说俗语。

做：指舞蹈化的形体动作，讲究形体美、节奏美。戏曲表演中的动作与日常动作不同，是具有虚拟性的。如台上没有山，演员可以用动作表现翻山越岭的样子；台上没有水，演员可以用动作表现泛舟湖上的样子。

打：指舞蹈化的传统武术，是对生活中格斗场面的提炼，主要分为"把子功"和"毯子功"。把子功指使用刀、枪、剑、戟等兵器进行表演的技巧，毯子功指在舞台地毯上翻腾、扑跌的各种技巧，常常能引起观众持续不断的掌声。

◇京剧行当生、旦、净、丑中被称为"花脸"的是哪一个？

净，因脸上画有浓重的油彩而俗称"花脸"。净这一行当主要扮演性格刚烈或粗暴，声音洪亮，动作粗犷的男性角色。净分为正净、副净和武净。正净着重唱功，动作较少，又叫"大花脸"；副净俗称"架子花脸"，表演范围较广，既要有深厚的武术基础，又要能唱、能念白；武净又叫"武花脸"，以武打为主，不重唱工和念白。

◇京剧脸谱中的各种颜色有什么含义？

代表不同性格。京剧脸谱是指男演员脸上的彩色妆面，常用于净角。人们根据角色脸上妆容的基本颜色，就能分辨出他们的性格：红色代表忠贞英勇，如关羽；黄色代表骁勇残暴，如典韦；白色代表阴险狡诈，如曹操；紫色代表刚正威严，如专诸；蓝色代表骁勇有谋，如窦尔敦；黑色代表正直无私，如包拯；绿色代表勇猛暴躁，如倪荣；金银色代表神佛鬼怪，如二郎神、美猴王。

◇京剧的服装主要分哪五类？

蟒：指帝王将相等地位高的人所穿的礼服，共有红、绿、白、黑、黄等十种颜色，什么角色穿什么颜色的蟒都是有严格规定的，比如皇帝穿黄色，庄重刚直的人穿黑色。

帔：指对襟常服，是皇帝、高官、豪绅等人穿的便服。除了黄色为皇室专用外，其余颜色的使用一般没有严格规定。

靠：指武将所穿的衣服，上面有铠甲纹样，主要分硬靠、软靠，两者区别在于背后有没有插靠旗。

褶：指斜领长衫，通常为普通官吏、平民百姓所穿。这种服装既可以作为便服，也可以当作蟒的衬袍，还可以供武生、武丑等敞穿，表现粗犷豪放的性格。

衣：除上述四种外所有戏曲服装的统称，包括高级武将穿的开氅、公主穿的宫装、侠客穿的花抱衣、军师穿的八卦衣等。

◇京剧"四大名旦"分别是谁？

梅兰芳：嗓音高宽清亮、圆润甜脆，风格雍容华贵、妩媚典雅，其艺术风格被世人称为"梅派"，影响甚广。其代表剧目有《贵妃醉酒》《霸王别姬》等。

程砚秋：梅兰芳的弟子，嗓音幽咽婉转，形成独特的艺术风格，世称"程派"。他擅长演悲剧，《窦娥冤》《荒山泪》《锁麟囊》等剧目是其代表作。

尚小云：文武兼备，刚中带柔，擅长塑造巾帼英雄、侠女的形象。他嗓音宽亮，调门儿高，有"铁嗓钢喉"的美誉。

荀慧生："荀派"艺术风格创始人，声音委婉动听、适应性强，既能表现出喜剧人物的娇憨，又能表现出悲剧人物的哀婉，代表剧目有《红娘》《金玉奴》等。

◇作为旦角，梅兰芳为什么要蓄须？

为了表明不给侵略者演戏的决心。为了舞台效果，唱旦角的演员需要把胡须剃得干干净净，而梅兰芳作为"四大名旦"之一，对自己的形象管理更是严格，但他却有几年的时间一直蓄须。这是他为了躲避抗日战争时日本侵略者的纠缠而做出的无奈举动。当时，侵略者坚持点名要梅兰芳上台表演，面对侵略者无穷无尽的骚扰，梅兰芳把拒绝的借口都用尽了，只好蓄须明志，表明自己不愿为侵略者表演的决心。

◇ 粤剧早期有多少个行当？

10个，分别是末、净、生、旦、丑、外、小、贴、夫、杂。

末：粤剧十大行当之首，主要扮演年老文弱的人物。

净：多演忠烈义勇、豪迈粗犷的武将，也会演暴躁乖戾的人物。

生：分为正生和武生，多扮演文官、武将等有地位的中年男性。

旦：一般扮演大家闺秀、贤良淑德的妇人等。

丑：分男丑和女丑，扮演滑稽诙谐、风趣狡黠的人物。

外：和净一样要画脸谱，主要扮演反派角色或是豪爽粗犷、暴躁乖戾的人物。

小：分为小生和小武，小生扮演温文尔雅的青年书生，小武则扮演擅长武艺的青壮年男子。

贴：又称"贴旦"，是次要的旦角，主要扮演村姑、丫鬟等角色，也有扮演夫人、小姐等的。

夫：也称"老旦"，主要扮演年老的妇人。

杂：次要角色的统称，主要扮演宫女、差役等随从人员。

◇ "变脸"是哪个剧种的特色？

川剧。川剧起源于四川，以语言生动活泼、幽默风趣著称，具有浓厚的生活气息，深受人们喜爱。川剧最为人所熟知、最具特色的绝活是变脸，台上的演员抬手间就换上了黑脸、白脸、花脸等各色脸谱，以表现剧中人物情绪、心理上的变化，极具观赏性。

变脸的手法主要有抹脸、吹脸、扯脸三种。抹脸指在脸上某一部位涂上油彩，待变脸时用手一抹即可完成表演。吹脸指事先在舞台上放一个装有特定颜色粉末的盒子，演员变脸时做伏地等舞蹈动作，将脸贴近盒子吹一口气，粉末扑在脸上即完成变脸。扯脸指事先将脸谱画在绸布上，并系上丝线，连在身体特定位置，表演时扯动丝线即可揭下一张张脸谱，完成变脸。

◇ "压轴戏"一般是指戏曲的第几个节目？

倒数第二个节目。在过去，京剧演出时间特别长，从下午一两点演到午夜时分都很常见。为了让演员和观众有休息时间，人们将京剧分为5出戏，即"开锣戏""早轴子""中轴子""压轴戏""大轴子"。其中，压轴戏通常在晚饭之后开场，是戏班子在吊足了观众胃口后演的一出戏，会请出名角表演，是整场演出中最精彩、最有水平的戏。后来，随着词义的不断演变，"压轴戏"不仅指倒数第二个节目，也指最后表演的精彩节目。

◇"跑龙套"是什么意思？

在戏曲表演中扮演兵卒、随从等角色，后比喻在人手下做无关紧要的事。

在戏曲表演中，除了主要角色之外，还有跟班、随从、兵卒等各种小角色，扮演这些角色的人因穿"龙套衣"，且在场上跑来跑去而被称为"龙套"或"跑龙套"。龙套的角色通常不固定，而是根据表演的需求扮演各种各样的角色。如在公堂场面中，他们就是衙役，负责呐喊助威；在战争场面中，他们就是士兵，在场上来回穿梭表示冲锋陷阵。龙套虽然没有台词，但能烘托舞台气氛，吸引观众入戏，因此在戏曲表演中非常重要。

◇"阳春白雪"和"下里巴人"有什么来历？

人们常用"阳春白雪"或"下里巴人"来形容高雅或通俗的文学艺术，这两个成语都来源于《楚辞》中的《宋玉对楚王问》。在该故事中，楚襄王问宋玉："为何你的品行不受百姓赞誉？"宋玉用音乐举例，巧妙地回答了这一问题。他说，当歌者唱《下里》《巴人》时，跟着唱的人有数千个；当歌者唱《阳阿》《薤露》时，跟着唱的人只有数百个；而当歌者唱《阳春》《白雪》时，跟着唱的人不过数十个。这表明"其曲弥高，其和弥寡"，即歌曲越高雅复杂，能听懂并唱和的人就越少。宋玉以此说明自己的智慧不为常人所理解，因此品行不受百姓赞誉。后来，人们用"阳春白雪"形容高深、不通俗的文艺作品，用"下里巴人"形容大众化、通俗易懂的文艺作品。

◇嵇康在临刑前弹的是哪一首古曲？

《广陵散》。嵇康是魏晋名士，"竹林七贤"之一，在当时具有很大的影响力。嵇康曾多次拒绝当时的掌权者司马氏让他入朝为官的要求，并且常有蔑视世俗礼法的行为和言论。嵇康这种不合作的态度让司马氏心生忌恨，后来被诬陷为乱臣贼子，走上了断头台。行刑那天，嵇康镇定自若地要来了一把古琴，在刑场上弹奏了一曲《广陵散》，表达对司马氏独断专行的愤恨，之后从容就戮。

◇ **名曲《十面埋伏》主要由哪种乐器演奏？**

琵琶。《十面埋伏》是传统琵琶曲的代表作，讲述了楚汉相争时，汉军在垓下用"十面埋伏"的阵法击败楚军，逼得项羽自刎于乌江边，最终取得胜利的故事。《十面埋伏》共有13个段落，使用了琵琶演奏的绝大多数技法，描述了从备战到战斗再到收兵的整个战争过程，逼真地展现出两军交战时呼声震天的场景，给人震撼的听觉享受。

◇ **什么音乐让孔子"三月不知肉味"？**

《韶》。"三月不知肉味"形容对某件事积极专注，忘记了其他事，来源于孔子对《韶》这种音乐的评价。孔子在一次和音乐家苌弘的交谈中问道："《韶》和《武》有什么区别？"苌弘回答说："《韶》是舜帝的音乐，庄重平和，重于礼仪教化，而《武》是周武王的音乐，正义凛然且带有杀气。"孔子听后便评价道："这么说，《武》尽美但不尽善，《韶》则是尽善尽美的。"后来，孔子在齐国听到《韶》，一连三个月都沉醉其中，连肉是什么味道也不知道了。

◇ **古代的"软舞"和"健舞"有什么区别？**

软舞舒缓优美，健舞矫健有力。唐代时，人们依据舞蹈的性质和形态，把舞蹈分为软舞和健舞。其中，动作较优美温婉、节奏较舒缓的是软舞，代表舞蹈为《绿腰》《春莺啭》等；动作较矫健爽朗、节奏更明快的即为健舞，代表舞蹈为《胡旋》《胡腾》等。这两种舞蹈的规模都比较小，一般为独舞，但因为表演精彩而相当受欢迎，在唐代的宫廷庆典、节令聚会等场合都是不可或缺的。

◇古时以袖子为表演道具的舞蹈叫什么？

长袖舞。长袖舞就是以长袖为道具的舞蹈，早在先秦时期就已流行，如《韩非子》中记载："长袖善舞，多钱善贾。"汉代时，这种舞蹈广受欢迎，不管在民间还是在宫廷都很常见，相传汉高祖的宠妾戚夫人就"善为翘袖折腰之舞"，即以缭绕飞舞的长袖配合扭动的纤纤细腰，演绎出轻盈飘逸的舞姿。

◇项庄在鸿门宴上跳了什么舞？

剑舞，即持剑舞蹈。历史上最著名的一次剑舞当数项庄在鸿门宴上的表演。当时，刘邦因比项羽先进入咸阳而前往鸿门宴请罪，项羽的谋士范增想除掉刘邦，便让项庄来到席间，以没有表演取乐为名，借机舞剑，以伺机刺杀刘邦。可惜此时被刘邦拉拢的项伯也起身一同舞剑，导致项庄没能得手，刘邦最终得以全身而退。

◇为什么《兰陵王入阵曲》的表演者要戴着凶恶的面具？

因为表演者扮演的是北齐名将兰陵王，而兰陵王在战场上就戴着凶恶的面具。

兰陵王名为高长恭，因战功卓著而受封兰陵郡（今山东枣庄东南），故称兰陵王。与人们印象中粗犷的武将形象不同，兰陵王外貌出众，声音动听，是个广受欢迎的美男子。但也正因如此，他在战场上威慑力不足，于是出征时会戴上凶恶狰狞的面具。

兰陵王骁勇善战，在北周军队将北齐军队围困在邙山（今河南洛阳北）之际，他带领500名士兵杀入重围，和北齐军队一道大败敌军，最后凯旋。此战后，兰陵王威名远扬，人们作《兰陵王入阵曲》，并配以舞蹈，歌颂他的功绩。

◇安禄山擅长跳什么舞？

胡旋舞。胡旋舞是西域的舞蹈，因跳舞时需要不停地快速旋转而得名，有动作轻盈、节奏鲜明的特点。如白居易《胡旋女》一诗中说"弦鼓一声双袖举，回雪飘飖转蓬舞""人间物类无可比，奔车轮缓旋风迟"，即胡旋女穿着轻薄的衣服舞蹈，旋转时衣袂飘飞，如同雪花飘摇、蓬草飞舞，速度让飞驰的车的车轮都显得缓慢。胡旋舞的表演者多为女子，但男子也不少，如安禄山。据史书记载，安禄山肥硕异常，重三百三十斤，腹垂过膝，但跳起胡旋舞来非常轻盈，甚至"疾如风焉"，很得唐玄宗欢心。

◇ **靠惊鸿舞一举成名的人是谁？**

梅妃。梅妃是唐玄宗的妃子，原名江采苹，因无比喜爱梅花而被称为"梅妃"。梅妃以一曲惊鸿舞成名，得到唐玄宗的宠爱。这一舞蹈现已失传，据说是通过写意手法，用舞蹈动作表现鸿雁在空中翱翔的优美身姿，轻盈飘逸，极富韵味。

◇ **《霓裳羽衣曲》的作者是哪位皇帝？**

相传为唐玄宗。《霓裳羽衣曲》是皇帝在太清宫祭祀太上老君时所用的曲目，它以曲中人前往月宫为故事背景，描绘了神仙们的天界生活以及仙女们曼妙的舞姿，展现了缥缈的道教神话场景。这首曲子采用了磬、筝、箫、笛、笙等多种乐器，演出效果震撼人心，是唐代宫廷音乐的代表作。

关于其创作由来一般有三种说法：一是这首曲子是唐玄宗在三乡驿欣赏女儿山风光时获得灵感而创作的；二是这首曲子是唐玄宗根据西域乐曲《婆罗门曲》改编而来的；三是这首曲子是唐玄宗观女儿山后得到灵感，又糅合了《婆罗门曲》中的元素创作出来的。总之，这首曲子跟唐玄宗关系匪浅。

茶 艺 武 术

◇ **最早的关于茶叶的记载出现在哪本书中？**

《神农本草经》。《神农本草经》是我国现存最早的中医学著作，其中记载了神农发现茶的过程。据记载，神农在尝百草时吃到了一种有毒的植物，倒地不起，在奄奄一息之际，他"得荼而解之"，意思是吃下了"荼"而解毒获救。这里的"荼"指的就是茶。

◇ **中国六大茶类是什么？**

绿茶：制作工序为摊凉、杀青、揉捻、干燥。新鲜茶叶在经过杀青后会散发清香，并释放出叶绿素，叶绿素溶于茶汤，使汤色碧绿。绿茶喝起来清爽生津，代表茶有西湖龙井、洞庭碧螺春等。

黄茶：相比绿茶，黄茶的制作工序中多了一道"闷黄"，这道工序使黄茶呈现出"黄汤黄叶"的特点。黄茶的茶汤具有特殊的谷物香，入口更为甘醇。代表茶有君山银针、蒙顶黄芽等。

黑茶：黑茶的制作工序比绿茶的多了一道"渥堆"，即将茶叶堆积起来并增温保湿，使其快速发酵。黑茶茶汤红浓，喝起来陈醇浓厚，能去油解腻。代表茶有六堡茶、云南普洱等。

白茶：白茶经萎凋、干燥两道工序制成，较好地保留了茶叶本身的鲜甜。代表茶有白毫银针、白牡丹、寿眉等。

青茶：即乌龙茶，经萎凋、做青、炒青、揉捻、干燥五道工序制成，有"绿叶红镶边"的特点。青茶闻起来有花果香气，喝起来滋味醇厚，韵味十足。代表茶有安溪铁观音、大红袍等。

红茶：经萎凋、揉捻、渥红（鲜茶叶在堆放过程中因叶温升高而发酵）、干燥四道工序制成，有"红汤红叶"的特点。红茶茶汤红艳或金黄，喝起来醇厚甜香，回味悠长。代表茶有正山小种、祁门红茶等。

◇ "杀青"是什么意思？

绿茶加工制作的第一道工序。这道工序是利用高温抑制茶叶发酵，使茶叶保持固有的绿色，并挥发掉青草气，初步形成茶香，同时减少茶叶中的水分，使其变得柔软有韧性，便于进一步加工。

◇ "茶道四谛"是什么？

和：儒、佛、道共有的理念，也是茶道的核心，表现为"酸甜苦涩调太和，掌握迟速量适中"，即茶的味道要平衡，泡茶的水量和时间要掌握得当，体现了中庸之道。

静：修习中国茶道的必经之路，指追求恬淡宁静的氛围和空灵的心境。

怡：中国茶道中的精神享受，指在品茗的过程中怡然自得、身心愉悦。

真：中国茶道的终极追求，范围很广，既指茶叶有真香、真味，也指器具上用真陶、真瓷、真竹、真木等，更指态度上用真心、真情。

◇ 茶水在哪个时期才变成大众饮料？

隋唐时期。茶叶在人们生活中

的应用经历了从药用到食用再到饮用的过程。最初，茶叶作为草药使用，人们将茶叶采摘下来咀嚼服用，以此解毒治病。到了春秋时期，茶叶成为做汤菜的蔬菜，人们将其煮成"茶粥"食用。之后，人们将茶叶烹煮成茶水饮用，饮茶的习惯慢慢普及开来，不过这时还只是在达官贵人间流行。直到隋唐时期，随着茶叶产区不断扩大以及制茶方法越来越先进，茶水渐渐变成大众饮品，为更多人所接受。

◇ "粗茶淡饭"里的"粗茶"是什么茶？

自制的树叶茶。在过去，以鲜茶叶加工制成的细茶较为昂贵，许多人无力负担，便自行采集柳叶、竹叶、苹果叶、梨叶等叶子，经过焯熟、晾干等简单加工，自制出粗茶，和细茶一样泡水饮用。这种粗茶不仅材料易得、成本低廉，而且有败火、安神等各种养生功效，因此广泛流行。

◇ 雨前龙井是指下雨前采摘的龙井茶吗？

不是，是指谷雨前采摘的龙井茶。龙井茶产自杭州西湖，是我国最负盛名的茶叶品种之一，有色绿、香郁、味甘、形美的特点，在清代是大量进贡皇室的珍品。龙井茶的采摘时间对茶叶品级的影响很大，最珍贵的是在清明前采摘的，称为"明前龙井"，谷雨前采摘的品级次之，称为"雨前龙井"。

◇ "茶圣"是谁？

陆羽。陆羽是唐代茶学家，他撰写了世界上第一部茶学专著《茶经》，系统地总结了茶区的分布，以及茶叶的种植、生长、采摘、加工、品鉴等过程，是茶道的奠基人之一，在茶文化的推广与发展方面做出了非凡的贡献，被誉为"茶仙"，尊为"茶圣"。

◇ 唐代人是怎么喝茶的？

煎茶。唐代人煎茶时讲究"三沸"。先将水倒入锅内烧开，待"沸如鱼目，微有声"，即水面冒出如鱼眼睛一样的小泡并且有轻微声响时，就是第一沸，此时要加入适量的盐调味。等到"缘边如涌泉连珠"，即锅的边缘有泡泡如连珠般涌出，为第二沸，此时应舀出一勺开水，搅动水形成水涡，再加入适量茶末搅动。等到第三沸——"势若奔涛溅沫"，即波涛翻滚，水沫飞溅时，将第二沸时舀出的水倒回锅中，使水停止沸腾，这时茶汤表面会出现大量浮沫，如同积雪，又似浮萍，古人认为其是茶汤的精华。"三沸"之后，便可以分茶饮用了。

◇宋代人是怎么喝茶的？

　　点茶。宋代是饮茶文化的鼎盛时期，人们在唐代煎茶的基础上发展出了点茶。点茶较为复杂，有十几个步骤，但基本可以分为以下几步：首先要炙烤茶饼去除水分，将其碾碎并筛出茶粉；其次要用沸水将茶盏温热，放入少量的茶粉，加水调成茶膏；最后一边注水，一边用茶筅快速搅打，使茶水交融，形成大量白色茶沫。好的点茶，茶沫洁白有光泽，多而持久，饮用时连茶汤带茶沫一起喝下，味道悠长，富有层次感。

◇宋代人如何在茶汤上作画？

　　在茶汤上作画的技艺叫茶百戏，又称分茶、水丹青，始见于唐，流行于两宋。点茶时，人们一边注入热水，一边用茶匙快速搅拌茶汤，勾勒出动物、花草等各种图案，这些图案稍纵即逝，但随着表演者手法的变换，新的图案很快又成形，使茶汤看起来如同一幅动态的水墨丹青。一些技艺出众的点茶高手还能在茶汤上勾勒出文字，并连字成诗，非常风雅。

◇为什么"茶倒七分满"？

　　一是防止烫手，二是表示对客人的尊重。中国人讲究礼仪，倒茶也有讲究，比如俗话中的"茶倒七分满"。茶倒七分满是有原因的，一是出于安全考虑，茶一般用开水冲泡，倒得太满，客人端起茶杯的时候茶水容易溢出来烫到手。二是古人有"茶满欺客"的说法，倒茶太满是对客人的不尊重，有送客之意。

◇为什么在别人给自己倒茶时，要叩几下桌子？

　　这是叩指礼，为了表示感谢。叩指礼主要流行于我国南方地区，每当有人为自己倒茶时，人们通常不说"谢谢"，而是将食指、中指并拢，在桌子上轻敲两下表示感谢。

　　叩指礼的出现据说与乾隆皇帝

有关。当年，乾隆皇帝微服私访，到一家茶楼喝茶。他给属下倒茶时，属下诚惶诚恐，又怕暴露身份而不敢在大庭广众之下跪拜谢恩，于是急中生智，并拢三指在桌上叩了九下，表示"三跪九叩"。之后，叩指礼慢慢流传开来，只是没有了那么多讲究，大多轻叩两下表达谢意。

◇ "十八般武艺"指什么？

指使用"十八般兵器"的功夫和技能。"十八般兵器"泛指古代各种兵器，一般认为包括刀、枪、剑、戟、斧、钺、铲、叉、鞭、锏、锤、戈、棍、槊、棒、矛、钯、镋。

◇ 七大拳系有哪些？

少林拳系：发源于河南嵩山少林寺，拳路朴实无华，较为刚猛，且重视腿上功夫，有"手提两扇门，全凭腿打人"的说法。

· 少林寺

武当拳系：以养气健身、制敌自卫为目的，手法多变，多用掌而少用拳。在对敌时一般以逸待劳、后发制人。

太极拳系：重视防御，以退为进，以守为攻，讲究借力打力。太极拳发力时用"寸劲"，即无须大幅度动作，在极短距离内发出内劲，威力不俗。

形意拳系：基本为象形拳，从虎、猴、马、鸡、蛇等动物的捕食或自卫动作中获得灵感，形成主要套路。作战时讲究先发制人、硬打硬进。

八卦拳系："八卦"指北、南、东、西、西北、西南、东北、东南八个方位，行拳时要绕圈走，将八个方位全部走到。

峨眉拳系：指以峨眉山为中心的四川拳系，是在地方拳术与少林武功相互融合的基础上形成的，包括僧门拳、明海拳、洪门拳等。

南拳拳系：广泛流传于长江以南地区，特点是手法灵巧、富于变化，同时重心较低，重视下盘的稳定性。

◇太极拳为什么以"太极"一词命名？

"太极"一词出自《易经》的"易有太极，是生两仪（阴阳）"，指太极是一切变化的起点、派生万物的本源。而太极拳由初始的静止状态演化出虚实、动静、刚柔、开合、虚实等多种"两仪"状态，变化无穷，充分表达了"太极"这一词的内涵。

太极拳最初被称为"长拳""十三势""绵拳"等，最先提出"太极拳"一词的是明万历年间（一说清乾隆年间）的武术家王宗岳。他在文章《太极拳论》中首次用太极阴阳学说阐释拳理，以"太极"命名拳法，"太极拳"这一名称也沿用至今。

◇少林寺在什么时候闻名于世？

隋唐时期。少林寺创建于北魏孝文帝年间，因建立在少室山茂密的树林中而得名。隋末唐初，隋将军王世充称帝，派侄子王仁则驻守在少林寺附近的柏谷屯。少林寺的十三位僧人与众官兵配合，生擒王仁则，帮助唐军夺取了柏谷屯。少林寺因此受到嘉奖，十三位僧人中的昙宗还获封"大将军僧"。从此，少林寺以武勇闻名天下。后来，这段历史被后人添油加醋，传成了"十三棍僧救唐王"的故事，广泛流传，使少林寺的声名更加显赫。

◇门、派、帮、教有什么区别？

门：在武术体系里面，开创了一门新的武学技术才能叫门，如蜀中唐门、洪门。

派：在同一门武学技术下面创造出新的流派，叫作派，如少林派、武当派。

帮：指志同道合者结成的集团，组织较为松散，如漕帮、丐帮。

教：多指因信仰某种神明或鬼灵而结成的民间组织，如明教。

第五章

科技教育常识

科技发明

◇ "九九"乘法口诀是什么时候出现的？

春秋战国时期。"九九"乘法口诀也叫"九九歌"，起源甚早。春秋时代齐桓公招揽贤才时，就要考"九九"乘法口诀，说明"九九"乘法口诀在春秋战国时期就已经得到了广泛的运用。那时候的乘法口诀是从"九九八十一"开始的，所以取前两个字"九九"为名。元代时，"九九"乘法口诀变成从"一一如一"开始，到"九九八十一"为止，跟现在的口诀顺序一致。

◇ 世界上最先使用小数的是哪个国家？

中国。大约在1700年前，魏晋时期数学家刘徽首次提出了关于小数的概念，他在《九章算术注》中指出，当时最小的长度单位是"忽"，它后面的没有明确单位的数就是小数，刘徽把它们称为"徽数"。大约400年后，元代数学家刘瑾在撰写《律吕成书》时，将106 368.631 2这个数分为了两行，把小数部分降低一格写在整数部分的后面。而西方国家直到16世纪时才有十进小数的概念。

◇ 最先把圆周率算到小数点后七位的人是谁？

祖冲之。祖冲之，字文远，南北朝时期科学家，自幼博学多思，尤其擅长算术，经常"目尽毫厘，心穷筹策"。经过不懈努力，祖冲之在刘徽创造的用来求圆周率的"割圆术"的基础上，使用开密法，算出圆周率的值约在3.141 592 6与3.141 592 7之间，成为世界上第一个把圆周率精确算到小数点后七位的人。

◇ 勾股定理最早出现在哪本著作中？

《周髀算经》。《周髀算经》是我国最古老的数理天文学著作之一，约成书于西汉时期，勾股定理最早就出现在这本书中。《周髀算经》中记载了商高与周公的一段对话，其中有一句"故折矩，以为勾广三，股修四，径隅五"。此话的大意是：当一个直角三角形的两条直角边分别为3(短边)和4(长边)，经隅(弦)则为5，后人将其简化为"勾三、股四、弦五"，这就是著名的勾股定理。

◇ "世界上最古老的计算机"是什么？

算盘。算盘是我国古代的一种计算工具，被誉为"世界上最古老的计算机"。算盘的外形为长方形，外面是"框"，框内穿有"档"，档中间横有一道"梁"，梁上面一般有两颗珠，梁下面一般有五颗珠。使用算盘计算时，定位到相应位数拨珠运算即可，这种方式称为"珠算"。珠算简单易学，运算方便，因此算盘在元、明时期逐渐替代了算筹，成为我国主要的计算工具。

算盘

知识拓展

二十世纪五六十年代，大型计算机在我国仍未普及，我国科学家曾以算盘为辅助工具，完成了庞大且复杂的数学运算，设计并制造出中国第一颗人造地球卫星和第一颗核弹。

◇ 世界上第一个小孔成像实验是谁做的？

墨子。《墨经》中记载了墨子进行的一个实验：在黑暗的屋子里向阳的墙上开一个小孔，然后让一个人对着小孔站在屋外，在阳光的照射下，屋子里会出现一个倒立的人影。这就是世界上第一个小孔成像实验。《墨经》对上述现象的解释是"景，光之人，煦若射。下者之人也高，高者之人也下"。这句话的大意是：光就像射出的箭一样照在人的身上，下面的光照在人的头部，所以成影在下边，上面的光照在人的足部，所以成影在上边。《墨经》的这一记载明确阐述了光的直线传播原理。

◇ **世界上第一个试图乘火箭飞行的人是谁?**

万户。在明代,有一位被称为"万户"的官员,他为了探索蓝天,进行了一场"疯狂"的飞行实验:他坐在一张绑有47枚火箭的椅子上,两只手各拿一个大风筝,想借助火箭的推力和风筝的力量飞上天空。遗憾的是,万户的这次飞行以失败告终,他也为此付出了生命的代价。万户勇于探索的精神赢得了后人的敬仰。20世纪70年代,国际天文联合会将月球上的一座环形山命名为"万户",以此纪念这位勇敢的人。

◇ **我国古代的冰箱叫什么?**

冰鉴。早在战国时期,人们就会将冬天的冰块储藏进冰窖里,等到来年夏天使用。冰块被取出来之后,人们将其放进古代的冰箱——"冰鉴",供王公贵族享用。中国国家博物馆中珍藏着一件两千多年前的青铜冰鉴,它由"缶"和"鉴"两个器物内外相套组成,缶放在鉴内。一到夏天,古人就会在青铜冰鉴的鉴与缶之间装上冰,从而使缶里的美酒变得冰凉可口。到了冬天,人们又会在鉴与缶之间灌入热水,用以暖酒。所以冰鉴是一个既可制冷又可制热的两用"冰箱"。

◇ **世界上最早的纸币源于哪个国家?**

中国。北宋时期,经济快速发展,货币的使用频率自然也随之增加,但当时市场上流通的货币主要是铜钱、铁钱和白银,这些货币十分笨重,难以随身携带。四川成都一带的商人为了行商方便,自发地印制了一种纸币,即"交子"。最初,交子由商人自由发行,随着商品经济的发展,交子改由政府发行,使用得越来越广泛。交子的出现,便利了商业往来,弥补了现钱的不足,是我国货币史上的一个里程碑。

知识拓展

美国的纸币最早可追溯到1690年,法国则于1716年开始发行纸币,中国发行纸币比西方一些经济强国早了六七百年。

◇扫帚是谁发明的？

杜康。相传，在约4 000年前的夏朝已经有扫帚，由杜康发明。有一次，杜康看到一只受伤的野鸡拖着身子爬行，它爬过之处灰尘少了很多。他受到启发，用几只野鸡的毛制成了第一把扫帚，这也是鸡毛掸子的由来。但是在扫地过程中，他发现鸡毛扫帚太软，扫不干净，并且不耐磨损，于是以竹条、草等为原料，制成了更耐用的扫帚。

◇墨汁是谁发明的？

邢夷。相传，西周时期的邢夷很擅长画画，但那时候没有墨，写字和画画很不方便。有一次，他在河边洗手时捡到一块木炭，木炭将他的手染黑了，难以洗净。邢夷不禁心生疑惑，于是决定把木炭带回家好好研究。回到家后，他发现妻子的袖口沾了黑乎乎的东西，得知

• 笔墨纸砚

是烧锅时沾上了锅灰。他沾一点锅灰在墙上抹了一下，墙上就有了一道黑色印记。于是他灵机一动，将木炭、锅灰、黏土等物混合，制成黑色长条，等到需要使用的时候再和水混合研磨，就这样研制出了我国古代最早的墨汁。

◇身份证是谁发明的？

商鞅。早在战国时期，就有类似身份证的"照身帖"出现。当时，商鞅在秦国实行变法，"照身帖"就是变法的产物之一，作用主要是控制民众。"照身帖"不像我们现在的身份证那么轻便，是一块打磨光滑的竹板，上面刻有持有人的头像和籍贯信息。当时的法律规定，民众出行必须随身携带"照身帖"，否则关口不放行，旅店不留宿，违者严惩。

◇锯子是谁发明的？

相传为鲁班。鲁班是春秋时期的木匠。相传，有一次，他进深山砍树时，手不小心被一种野草的叶子划破了，渗出血来。他发现这种叶子两边都长着锋利的齿，于是得到启发，依据小草的样子制成了世

界上第一把锯子。不过，这只是一个传说。考古发现，早在新石器时代，锯子就已经出现。

◇ 云梯是谁发明的？

鲁班。云梯是古时候攻城拔寨的必要装备之一，有了它，士兵们就可以攀援城墙，对城中守军发起进攻。相传在春秋战国时期，楚惠王攻打宋国时，鲁班为其制造了云梯。当时的云梯主要由三部分构成：一是装在底部的车轮，使之可以推动行驶；二是可以上下俯仰的梯身，要靠人力抬起，倚架在城墙上；三是梯顶的钩，用来钩住城墙，使梯身免遭守军的推拒和破坏。

◇ 雨伞是谁发明的？

鲁班的妻子云氏。相传鲁班常年在外劳作，饱受日晒雨淋之苦，云氏十分心疼他，因此在心中暗暗思考：要是做出一种可以移动的"亭子"，鲁班就能带着它外出，用它来遮阳避雨了。有了这个念头后，云氏不断进行试验，她将竹子劈成一根根细条，把竹条聚合在一根粗木棍的顶端，然后在竹条上面蒙上兽皮。这样，一个可以移动的"亭子"——伞就诞生了。后来，人们在云氏制作的伞的基础上加以改进，将兽皮换成了油纸，制成了油纸伞。

◇ 风筝是谁发明的？

墨子。风筝的起源可以追溯到战国时期墨子制作的一只在天上飞了一天的"木鸢"，它就是风筝的前身。从那以后，风筝开始被应用到军事领域中，如测量距离、传递信息、测算风向等。相传在垓下之战中，风筝发挥了重大作用：韩信让张良坐在一只用牛皮做成的风筝上高唱楚歌，让楚军士气涣散，最终大败楚军。东汉以后，造纸术出现，人们开始用纸做风筝，这种风筝被称为"纸鸢"。

知识拓展

"风筝"一词在宋代以前多指风铃，如唐代诗人李商隐的"西楼一夜风筝急"。到了五代时期，人们在纸鸢上固定一支竹笛，风吹来，竹笛便发出了宛如筝鸣之声，悠扬动听，从此纸鸢便有了"风筝"这个俗名。

◇ 都江堰水利工程是谁设计的？

李冰父子。都江堰位于四川省成都平原的岷江上，是战国时蜀郡太守李冰和他的儿子主持修建的水利工程。它是当今世界上年代最久、唯一留存、以无坝引水为特征的水利工程，被誉为"世界水利文化的鼻祖"。都江堰包括三大主体工程：鱼嘴分水堤、飞沙堰溢洪道和宝瓶口引水口。它的运作简单来说就是"分水"和"引水"。位于江心的鱼嘴把岷江分隔成内江和外江，外江负责排洪，内江用于引水灌溉，当内江水即将流入成都平原时，宝瓶口和飞沙堰会调节水流和排沙，控制内江的进水量。

◇ 日晷是什么时候发明的？

汉代以前。日晷，又称"日规"，是我国古代常用的测时仪器。我国早在西周时期就已经开始利用太阳来测量时间了，而汉代的史籍中更是有了明确的使用日晷的记载。日晷主要由晷盘和晷针组成，晷盘是一个带有刻度的石制圆盘，中心装有一根与盘面垂直的晷针。当阳光照在日晷上时，晷针的影子就会投向晷面，太阳由东向西移动，投向晷面的晷针影子也慢慢地由西向东移动。影子移动到晷盘的哪个刻度上，就表示是哪个时刻。

◇ 游标卡尺是谁发明的？

王莽。游标卡尺是一种高精度测量工具，最早诞生于中国，由新朝时期的王莽所发明。王莽发明的卡尺由固定尺、固定卡爪、鱼形柄、活动尺等部分组成，在固定尺和活动尺的正面上都刻有 5 寸的刻度，使用时用一只手握住鱼形柄，另一只手左右拉动卡尺上的环形拉手，即可准确测量器物的尺寸。王莽发明的卡尺无论是结构，还是使用方法，都与现代的游标卡尺十分相似，证明了我国使用游标卡尺的时间领先了西方 1 700 多年。

◇ 地动仪是谁发明的？

张衡。东汉时期，地震发生得比较频繁，当时的人们都把地震看作是不吉利的征兆，认为是鬼神造成的。张衡却不信神邪，他不断地研究，终于在公元 132 年发明了候风地动仪。根据《后汉书》记载，地动仪曾经测出有地震发生，但是当时洛阳并无震感，从而引起争议。

过了几天之后，驿站传书证实了陇西地带确实发生了地震，从此地动仪为人们所信服。

• 候风地动仪（模型）

◇ 龙骨水车是谁发明的？

毕岚。龙骨水车又名"翻车"，是我国古代广泛应用的一种木制提水工具，由东汉宦官毕岚发明，在三国时期经由马钧改进后，沿用至今。龙骨水车的车身像一条蜈蚣，由车槽、刮板、链条和齿轮等部件组成。人力、畜力或风力带动水车链条转动后，装在链条上的刮板会将水带入车槽，水沿着车槽上升，之后就流入农田进行灌溉了。

◇ 木牛流马是谁发明的？

诸葛亮。木牛流马是诸葛亮发明的用于运送粮草的交通工具，分为"木牛"和"流马"两种。据记载推测：一辆木牛可以运载约650斤的粮食，每日能行进数十里；一辆流马的载重约为140斤，但它的行进速度比木牛更快。由于诸葛亮设计的木牛流马没有流传下来，后世学者对它的结构和使用方法提出了许多假设，其中比较受认可的一种说法是：木牛体积较大，在交通不便的地方不易使用，所以诸葛亮才又设计出了流马。总的来说，木牛流马就是一种靠人力推动、大小不一的运输车。

◇ 孔明灯是谁发明的？

相传是由诸葛亮（字孔明）发明的。孔明灯又叫天灯、许愿灯。据说，诸葛亮曾被司马懿带领的魏军围困在阳平城中，无法派兵出城求援。于是诸葛亮想出了一个好办法：他算出风向，制作了一只可以飘在空中的纸灯笼，然后把求援的信息系在灯笼上，放飞至空中。后来灯笼果然"请"来了救兵，蜀军将士得以脱险。后来，人们把这种纸灯笼称为"孔明灯"。

◇ 最早的登山鞋是谁发明的？

谢灵运。谢灵运是南北朝时期的诗人，人称"谢公"。相传谢公十分喜欢爬山，可是穿当时的鞋去登高容易滑倒，十分不便，于是他动手设计了一双特别的木屐。这双木屐是一双连齿屐，也叫双齿屐，即有两个木齿的屐。这双木屐上的木齿是可以拆卸的，因为谢公发现，上山时山坡前高后低，卸下前齿后，木屐就可以平行了，同理，下山时山坡前低后高，卸下后齿更便于行走。这双专门用于登山的木屐被称为"谢公屐"，也是我国最早的登山鞋。

◇我国第一座石拱桥的建造者是谁？

李春。我国第一座石拱桥是位于河北赵县的赵州桥，它建于隋朝年间，距今已有1 400多年的历史，由隋代著名工匠李春负责设计和建造。在设计赵州桥之前，李春曾率领工匠进行实地考察，结合当地情况和前人经验，决定采用创新性的坦拱式结构筑桥，这样不仅能让桥面更加平坦，还能节省材料，便于施工。此外，李春还采取了单孔长跨的设计形式，石拱跨径长达37.02米，使得赵州桥像一道美丽的彩虹一样横卧在河流之上，人们赞誉它如"初月出云，长虹饮涧"。

◇烟花爆竹是谁发明的？

相传是唐代人李畋。关于烟花爆竹的诞生，有个有趣的传说：有一年，瘟疫横行，李畋与采药人仲叟一起上山采药。突然，山中烟雾弥漫，二人只好原路返回。回家后，仲叟竟然一病不起了，人们都说这是山魈的邪气作怪。李畋想起曾有道人说硫黄、硝石可以驱邪，于是他赶忙收集材料，将其装入一节有小孔的竹筒中到山中引爆。引爆竹筒后，响声如雷，光照四方，驱邪效果十分显著，山魈被吓得躲了起来，仲叟的病也渐渐痊愈了。这种爆竹很快就得到了推广，人们不断对其进行改良，用纸筒代替了竹筒，还发明出了绚烂的烟花。因此，李畋被尊为烟花爆竹行业的祖师爷。

◇三锭纺纱机是谁发明的？

黄道婆。黄道婆是元代的一位纺织技术革新家，她极大地推动了我国棉纺织业的发展，还发明了脚踏式的三锭纺纱机，领先西方同类机械数百年。黄道婆是松江乌泥泾（今上海徐汇）人，早年曾流落至崖州（今海南三亚），从黎族人民那里学会了精湛的纺织技术，并加以改进。黄道婆后来返回故乡，将学来的纺织技术传授给松江妇女，使得松江迅速崛起，成为全国的棉纺织业中心，也让许多老百姓得以穿上柔软结实的棉衣。因此，人们称黄道婆为"棉神"。

◇牙刷是谁发明的？

明孝宗朱祐樘。古人很早就开始关注牙齿健康了，如《诗经·卫风·硕人》中就将美人的牙齿形容为"齿如瓠犀"，即"牙齿像瓠瓜籽一样整齐洁白"。古人最初用杨柳枝来充当牙刷，人们会把杨柳嫩枝泡在水里，需要刷牙时，就用牙齿咬开柳枝的外皮，将里面的植物纤维咬成刷子状，这种纤维质地柔软，十分适合用来清洁口腔，这就是"晨嚼齿木"的由来。而牙刷最早是明孝宗朱祐樘发明的，他将兽骨煮洗干净后，钻出细孔，以此作为牙刷柄，然后将清洗好的野猪鬃毛穿进细孔作为牙刷毛。这种牙刷的形状与用法和今天的牙刷已经极为相似了。

◇我国的四大发明是什么？

造纸术：西汉初年，造纸术问世。到了东汉，宦官蔡伦总结前人经验，改进了造纸工艺，使得纸的质量大大提高。造纸术于8世纪传入阿拉伯，后经阿拉伯传入欧洲。造纸术是书写材料的一次伟大革命，使得欧洲人结束了用羊皮书写的历史。

印刷术：隋唐时期，雕版印刷术出现。到了北宋时期，毕昇发明了活字印刷术。后来，印刷术东传朝鲜、日本，西传埃及、欧洲。印刷术对保存和传播人类文化做出了重大贡献。

指南针：战国时期，人们制作出可以指示方向的仪器"司南"，后来利用磁石指南原理制成指南针。北宋时期，指南针被运用于航海。十二三世纪，指南针传入阿拉伯和欧洲。指南针的发明和传播，为欧洲航海家开辟新航路提供了重要条件。

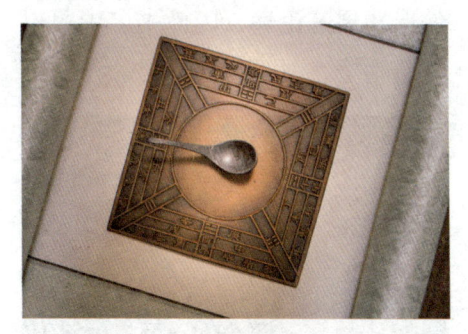

· 司南

火药：火药的发明与古人炼丹有关，如东晋葛洪的《抱朴子》中已经提到了火药。唐末，火药被运用于军事；南宋时期，人们发明了"突火枪"；到了13世纪，火药传入阿拉伯和欧洲，这是军事史上划时代的一件大事，改变了欧洲中世纪的战争模式。

中医中药

◇《黄帝内经》是黄帝写的吗？

不是。《黄帝内经》简称《内经》，是我国现存的一部十分重要的医学经典，约成书于先秦至西汉年间，是历代医学家总结的古人与疾病作斗争的经验和理论著作，奠定了中医学的理论基础。《黄帝内经》分为《素问》《灵枢》两册，全书通过黄帝一问，医者岐伯一答的形式展开论述，因此书名中冠以"黄帝"二字。

· 《黄帝内经》

◇我国第一部药学巨著是什么？

《神农本草经》。《神农本草经》成书于东汉末年，是我国第一部药学巨著，也是现存最早的一部本草专著。它托名为"神农"所作，其实是秦汉时期的医学家整理、总结药物学经验成果而成的。全书记载了植物药、动物药、矿物药共365种，详细记述了药物的性味、功效等。书中按照不同功效将药物分为三品：无毒的称"上品"，为"君"，能延年益寿，滋补强壮；毒性小的称"中品"，为"臣"，能治病补虚；毒性强的称"下品"，为"佐使"，能祛寒热，但不能长期服用。

◇我国古代的四大名医有谁？

扁鹊、张仲景、华佗、李时珍。扁鹊是战国时期名医，他开创了切脉诊断方法，被尊为"医祖"。张仲景是东汉时期名医，他广泛收集药方，著有《伤寒杂病论》，确立了"辨证论治"的原则，被称为"医圣"。华佗是东汉末年的名医，他尤其擅长外科，发明了麻沸散和五禽戏，被尊称为"外科鼻祖"。李时珍是明代的医药学家，致力于药物和脉学研究，著有《本草纲目》，其中详细记载了1892种药物。他被尊称为"药圣"。

◇ "讳疾忌医"的故事与我国古代哪位名医有关？

扁鹊。"讳疾忌医"的本义指患者隐藏疾病，不愿医治，出自《韩非子·喻老》，与名医扁鹊有关。有一年，扁鹊拜见蔡桓公，他观察一会儿后，对蔡桓公说道："您的表皮间出现了一些小病，如果不及时医治，恐怕病情会加重。"蔡桓公不大高兴地说："我没病。"十天后，扁鹊再次见到蔡桓公，说："您的病已经进入肌肤里了，不医治的话病情还会加重。"蔡桓公听了不太高兴，没有回答他。过了十天，扁鹊前来拜见蔡桓公，说："您的病已经发展到肠胃里了，但现在尚可医治。"蔡桓公听后十分生气，扁鹊只好走了。又过了十天，扁鹊见到蔡桓公扭头就跑，蔡桓公很疑惑，派人问他原因，扁鹊说："如今大王的病已经深入骨髓，就算是神仙也救不了他了。"五天后，蔡桓公果然浑身疼痛，没过多久就病死了。

◇ 世界上最早的麻醉剂叫什么？

麻沸散。麻醉剂是一种极为重要的药品，能使要进行外科手术的患者暂时失去知觉，减轻他们的痛苦。世界上最早的麻醉剂是华佗所创的麻沸散。据《后汉书》记载，如果无法通过针灸、中药来使病人好转的话，华佗就会通过外科手术来救治。手术前，华佗会让病人先用酒送服麻沸散，病人服用后，很快就会失去知觉，华佗便马上开展手术。麻沸散是一项划时代的医学发明，令人惋惜的是，华佗在医治曹操的头风病时，被曹操猜忌并被杀害，麻沸散也因此失传了。

知识拓展

在古代欧洲，医生进行外科手术前，会通过放血疗法来"麻醉"，即放掉病人体内的大量血液，使病人晕过去。直到1846年，美国人莫尔顿才开始使用乙醚作为麻醉剂。之后，这一麻醉手段得到广泛应用。

◇"五禽戏"中的"五禽"指什么动物?

虎、鹿、熊、猿、鸟。"五禽戏"由东汉末年医学家华佗所创,是一种可以增强体质、预防疾病的锻炼方法。五禽戏脱胎于西汉时期的"导引术",华佗认为人必须经常进行肢体活动,才能促进饮食消化、血液流通。于是他总结和改进了前人的导引术,并模仿虎、鹿、熊、猿、鸟的动作和姿态,创编出五禽戏。

◇李时珍写《本草纲目》用了多少年?

27年。李时珍生于名医世家,年轻时曾随父亲在太医院任职,不久后便辞官回乡。李时珍在行医过程中注意到,古籍中关于中草药的记载有许多错误之处,于是决定编写一本更全面、更准确的中医药著作。李时珍为了采集药物,先后前往庐山、武当山、茅山等地,足迹遍布我国大江南北。历时27年,李时珍终于写成《本草纲目》,该书系统地总结了我国16世纪以前的药物学知识和经验,被称为"东方医药巨典"。

◇"建安三神医"指的是哪三位名医?

张仲景、华佗、董奉。"建安"是东汉末年汉献帝的年号,当时活跃着张仲景、华佗和董奉这三位名医,因此人们把他们合称为"建安三神医"。张仲景于中原一带行医,以诊治瘟疫、伤寒等见长;华佗活动于北方一带,擅长外科手术,曾给曹操看过病;董奉则在我国江南地区行医,因医术高明、乐善好施而闻名。

◇为什么中医界被称为"杏林"?

与董奉让病人栽种杏树的故事有关。董奉晚年隐居在江西庐山,有许多百姓慕名前来求医。董奉进行医治时,无论患者贫富贵贱,统统分文不取,只要求重病者痊愈后在山中栽种5棵杏树,轻病者痊愈后栽种1棵杏树。几年后,董奉居所附近长出了一大片杏林。于是董奉又在杏林中建起仓房,并告诉人们,如果想要买杏,自行用等量的谷子换取即可。就这样,董奉每年都能换得许多谷子。留下供自己食用的部分后,他将其余谷子全部用于救济穷人。他的善行造福了许多人,因此得到了百姓们的爱戴。董奉逝世后，人们为了纪念他，就把中医界称为"杏林"。

◇ "悬壶济世"一般用来形容哪种职业？

医生。"悬壶济世"中的"壶"指盛放药材的葫芦，而"悬壶济世"这个成语与东汉名医费长房有关。相传在东汉时期，一位名叫壶公的老人每天拄着一根挂着葫芦的拐杖在街上行医，他的医术十分高明，几乎药到病除，后来费长房拜他为师，学习医术。费长房学成归来后，也将一个葫芦挂在身上，云游四海，为各地的百姓驱邪治病，并将获得的财物都用来周济贫民，所以人们十分感谢他。从那以后，医生身上或医馆门前都会挂一个葫芦，人们也会用"悬壶济世"来赞誉医术高超、医德高尚的医生。

古代名医瓷像

◇ 谁被誉为"药王"？

孙思邈。孙思邈是唐代医学家，他对中医药学做出了杰出贡献，被誉为"药王"。相传，孙思邈年幼时体弱多病，家人为了给他治病，几乎散尽家财，因此孙思邈自幼就立志钻研医学。孙思邈收集了近万种民间药方，认真研读《黄帝内经》《伤寒杂病论》等古代医书，对唐代以前的医学理论和临床经验进行总结，著有《千金要方》和《千金翼方》。《千金要方》是我国最早的临床百科全书。

知识拓展

《千金要方》和《千金翼方》除了给当时的医者所用以外，也是给普通人家备用的医药手册。这两本医书之所以以"千金"为名，是因为孙思邈认为"人命至重，有贵千金"。

◇ 谁被称为"针灸鼻祖"？

皇甫谧。皇甫谧是魏晋时期的文学家、医学家，他的一生颇具传奇色彩。早年间，皇甫谧潜心向道，将精力都放在著书立说上，曾多次拒绝入朝为官的邀请。42岁那年，皇甫谧突然患上了风痹，半身不遂，求医无果。于是他自己翻阅古代医书，一边钻研，一边在自己身上进行针刺、拔火罐等疗法，最后竟然真的治好了自己的病。于是他决定把各书中关于针灸的资料都集中起来，逐条分析，并结合自身的经验进行取舍。数年后，皇甫谧终于编成了《针灸甲乙经》这部书。该书是晋代以前针灸学的集大成者，皇甫谧也因此被誉为"针灸鼻祖"。

◇ "五脏六腑"指哪些器官？

五脏指心、肝、脾、肺、肾，六腑指胃、大肠、小肠、三焦、膀胱、胆。"五脏六腑"是人体内脏器官的总称。在中医学理论中，五脏又称"五藏"，具有藏纳精气的功能；六腑又称"六府"，具有受纳传导化物（即消化、排泄）的功能。五脏和六腑互为表里，相互配合，维持人体的阴阳平衡。

◇ "中医四诊"指的是什么？

望诊、闻诊、问诊、切诊。"中医四诊"指的是中医四种诊察疾病的方法。"望诊"指的是观察病人的神态和气色；"闻诊"指的是听病人的声音以及闻病人口气、分泌物等的异常气味；"问诊"指的是询问病人生病的起因和病情的变化；"切诊"指的是给病人切脉，掌握病人的体温、脉象等。"中医四诊"体现了中医辨证论治的精神，至今仍在普遍使用。

◇ 中医里常说的"七情配伍"是什么意思？

指药物搭配的基本规律。"七情配伍"指的是单行、相须、相使、相畏、相杀、相反、相恶这七种不同的用药方式：单行即只用一味药来进行治疗；相须指将性能相同的两味药物搭配使用，以增强疗效；相使指性能效用虽然不同，但存在某种共性的两味药物搭配使用，一药能提升另一药的功效；相畏与相杀都是指一药的毒性能被另一药减轻或消除；相反即两药配用会产生毒性或产生副作用；相恶即一药会减弱另一药的药效。一般来说，用药应相须或相使，使用有毒的药物时则应相畏或相杀，而相反和相恶则属于用药禁忌。

◇ "定心丸"真的存在过吗?

"定心丸"是古代军中的一种必备药物,在历史上确实存在过。古时候的战争十分残酷,一场激战下来,往往会有数以万计的士兵失去生命,许多士兵即使侥幸存活,也会因为得不到及时医治而死去。不仅如此,还有一些士兵会因受到刺激而情绪失控,于是随军医生便配制了"定心丸"来治疗士兵,安抚他们的情绪。据明代军事著作《武备志》记载,定心丸的配方中有木香、甘草、辰砂等,用这些药材制成的定心丸有止痛或镇定的效果。后来,定心丸得到广泛使用,人们便将能令人心神镇定的话语或做法称为"定心丸"。

◇ 冬虫夏草到底是虫子还是草?

都不是,而是一种真菌和虫子的复合体。冬虫夏草简称"虫草",它的形成离不开一种叫作"蝙蝠蛾"的昆虫。春天时,蝙蝠蛾会在土壤中产下虫卵,虫卵吸收了土壤和植物根茎的养分后,会孵化为幼虫。冬天来临时,这些幼虫躲进土壤里,进入休眠状态。这时,冬虫夏草菌就会悄悄进入幼虫体内吸收养分,不断繁殖,使幼虫体内布满菌丝而死。等到来年夏天,天气转暖,冬虫夏草菌便会从幼虫头部或菌核上钻出来,生长成冒出地面的子座(即草头)。"冬虫夏草"这个名字就由此而来。

· 冬虫夏草

科举教育

◇ 科举制度是什么时候建立的?

隋朝时期。魏晋南北朝时期,官吏的选拔权都掌握在门阀士族手中,百弊丛生。到了隋朝时期,寒门士族崛起,不断扩大势力,在政治上有着举足轻重的地位。为了适应这一变化,隋文帝废除了九品中正制,以学识作为选拔人才的标准,初步建立了通过考试来选拔官员的制度。隋炀帝时,进士科正式创立,标志着科举制的正式确立。

◇ **科举考试主要分为哪两大类？**

常举和制举。隋唐时期的科举考试主要分为常举和制举两大类。所谓常举，即每年定期举行考试，有秀才、明经、进士、明书、明算等科目；所谓制举，即皇帝特诏举行的考试，由皇帝设置科目，不定期举行。古代科举考试以常举为选拔人才的主要途径，制举作为次要途径。

◇ **武则天首创了科举考试中的哪个科目？**

武举。武举是科举制度中专门为了选拔武官而设立的科目，始于唐代，由武则天设立。当时的武举考试由兵部主持，科目有马射、步射、马枪、负重摔跤等，通过考试者会被授予相应的武官职位。清代是武举考试的鼎盛时期，每三年举行一次，考试也最为系统化，分为外场和内场，外场科目为马箭、步箭、弓、刀等，内场科目为默写武经。

◇ **古人要通过多少种考试才能成为状元？**

4种。古人必须通过童试、乡试、会试、殿试这4种考试，并在殿试中考取第一名才能当上状元。

童试：包括县试、府试和院试，三年举行两次，考试者不论老幼都称"童生"。通过院试的人称"生员"，也称"秀才"。

乡试：明清时每三年在各省省城举行一次。乡试考期一般在八月，所以又称"秋闱"。乡试由中央特派官员主持，通过者称"举人"。

会试：在乡试后的第二年春天于京师举行，所以又称"春闱"。会试由礼部主持，通过者称"贡士"。

殿试：在会试后当年举行，是科举制度中最高级别的考试。殿试时，皇帝会亲自对贡士进行策问，通过者称"进士"。

◇ **"连中三元"中的"三元"指什么？**

解元、会元、状元。明清时期，乡试的第一名称"解元"，会试的第一名称"会元"，殿试的第一名称"状元"。如果考生在这三次考试中都拔得头筹，获得"解元""会元""状元"三个头衔，那就是所谓的"连中三元"。

◇ **公布殿试结果的榜文叫什么?**

金榜。金榜又称"黄榜",是古代科举考试中公布殿试录取者的榜文。金榜有大小之分:小金榜是由内阁官员填写后交给奏事处进呈给皇帝御览的名单;大金榜上会加盖"皇帝之宝"的玺印,然后张挂在城门前,由状元带领新科进士们前去观榜。如果某位考生被殿试录取,那么他的名字就会被题写在金榜之上。这一传统后来衍生出一个成语"金榜题名",我们现在也用它来泛指在升学考试中被录取。

知识拓展

桂榜和杏榜

乡试一般在八月举行,公布录取者的榜文一般在九月公布,当时正值桂花花期,所以该榜文又称"桂榜"。而会试一般是在春天举行,张贴榜文的时间一般在四月中上旬,此时杏花盛开,因此公布会试录取者的榜文被称为"杏榜"。

◇ **"殿试三鼎甲"指什么?**

状元、榜眼、探花。殿试一般只定名次,不作淘汰,录取者会被分为三甲。一甲共三名:殿试第一名,称"状元";殿试第二名,称"榜眼";殿试第三名,称"探花"。这三人赐进士及第,并称"三鼎甲"。二甲若干人,赐进士出身,二甲第一名称"传胪"。其余人为三甲,赐同进士出身。

◇ **"名落孙山"中的孙山到底考上了没有?**

考上了。现在我们常用"名落孙山"来形容某人没有通过考试或选拔,然而成语中的主人公孙山却是通过了考试的。孙山的故事出自《过庭录》。据记载,孙山是一位说话很幽默的才子。有一年,他和同乡人的儿子一起去外地参加考试。考试结果公布,孙山的名字虽然写在榜文的最后,但也表示他已被录取,而同乡人的儿子却没有考上。得知考试结果后,孙山回到家中,同乡人来问自己的儿子有没有被录取。孙山不好意思直说,回答道:"解名尽处是孙山,贤郎更在孙山外。"意思是榜上的最后一名是我孙山,令郎还在我之后。"名落孙山"这个成语由此诞生。

◇ 古代举行科举考试的考场叫什么?

贡院。除了殿试的考试地点是在皇宫外,会试和乡试等的考试地点都是全国的各级贡院。以明初为例,当时的首都是南京,所以秦淮河畔的江南贡院既是乡试考场,也是会试考场。江南贡院是一个巨大的考场,考生在贡院的号舍中答卷。号舍是一个长宽均约1米的狭小房间,左右为密不透风的砖墙,中间仅有两块木板。白天考试时,上层木板为桌案,下层木板为坐凳;晚上休息时,两块木板拼起来就成了睡觉的床。考试的几天内,考生一步都不能离开号舍,吃喝拉撒都在里面进行。

· 江南贡院

◇ 古代科举考试主要通过哪些措施来防止作弊?

锁院、糊名和誊录。自科举制度诞生以来,各种作弊手段层出不穷,历朝历代也采取了许多措施来防止舞弊,其中起到较大效果的主要有锁院、糊名和誊录这3项。

锁院:从北宋时期开始,一旦某位官员被任命为科举考试的考官,他就要直接进入贡院办公,与外界完全隔离,不得与亲友和院外官员来往。这就是"锁院"。有时锁院的时间长达50天。

糊名:又称"弥封",最早出现于唐代,北宋年间得到推广。糊名就是把考卷上写有考生姓名、籍贯等信息的地方折叠起来,用纸钉固定后密封,防止考官作弊。

誊录:考卷糊名后,考官仍然可以通过辨别考卷上的字体、暗号等方法作弊。于是北宋年间,人们又进一步采取了"誊录"措施,即考卷糊名后,会立刻发往誊录院,由誊录院书吏将考卷誊抄成副本后,再给考官评阅。

◇ 八股文中的"八股"指什么?

破题、承题、起讲、入手、起股、中股、后股、束股。八股文是明清时期科举考试制度规定的文体,每一篇都必须由破题、承题等八个部分组成。八股文题目主要摘选自"四书"，考生论述内容也要以《四书章句集注》等书为准，不允许自由发挥。"破题"是用两句话点明题目的要义；"承题"是承接破题的意义，进行简洁扼要的阐述；"起讲"是议论的开始，深入地说明题目的用意，一般不超过10句；"入手"即文章主要内容的入手之处；"起股"到"束股"是文章正式议论的部分，其中"中股"为全篇的重心。"起股"到"束股"这四个部分各有两股排比对偶的文字，总共八股，"八股文"的名称也由此而来。

◇ **科举制度是哪一年被废除的?**

1905年。从19世纪中期起，西方的文化和思想逐渐在我国传播，我国一些有识之士也开始主动向西方学习，推动了洋务运动、戊戌变法等一系列变革。在此背景下，科举制度受到了极大的冲击。虽然清政府对其进行了多项改动，如加设经济特科，选拔经时济变之才；废除八股文，以时务策命题等，但科举制还是不可避免地走向衰落。1905年，清政府设立了学部，统一管理全国教育，并下令自1906年起停止一切科举考试。至此，在我国历史上存在了1 000多年的科举制度被废除。

◇ **"君子六艺"指的是什么?**

礼、乐、射、御、书、数。"君子六艺"是西周时期学校开设的六门必修课，简单来说就是礼仪、艺术、射箭、驾车、文字、计算。六艺中的"书"和"数"属于小艺，是最基础的课程，主要教授学生掌握识字、书写、创作诗歌文章，以及算术、推算等技能。而"礼""乐""射""御"则属于大艺，也是重点课程。"礼"主要教授学生认识当时的各种制度和道德、行为规范。"乐"除了教授音乐外，还教授朗诵、舞蹈等，通常与"礼"的教育紧密结合。"射"主要教授射箭的技术。"御"则主要教授驾驭马车的技巧。

◇ **古代的学生去哪些地方上学?**

古代学校主要分为官学和私学两种，它们在各个朝代中均有不同的名称和机构，下面以影响力较大的国子监、书院、私塾为例。

国子监：又称"国子寺"，属

于中央官学，是古代教育体系中的最高学府。进入国子监学习的学生被称为"监生"，主要分为三类，大多非富即贵。第一类是官生，即不用进行考试，由皇帝指定入监学习的学生；第二类是民生，即由地方官保送，需要参加考试的学生，是占比最大的一种；第三类是外国留学生，他们大多来自邻近各国，也有人认为他们应该归属于官生。

· 国子监

书院：古代一种较为特殊的教育机构，既有官办，也有私办。书院除了是教育场所外，还是学者进行学术研究的地方，因此书院中的老师多是德高望重的大学者，教学方式以启发式、讨论式为主。宋朝时的书院研学氛围活跃，师生关系也较为融洽。

私塾：是私学的一种，约起源于唐宋时期。私塾是承担启蒙教育的主要机构，有三种类型：一是官宦、地主等在家里设立的家塾，请人上门来教；二是塾师自己开设的学馆；三是以庙宇、祠堂的地租收入或私人捐款兴办的义塾，这种私塾不收学费。

◇ 古代的"四大书院"指的是哪四所书院？

岳麓书院：北宋开宝九年（976），潭州（今湖南长沙）太守朱洞创建了岳麓书院，此后近千年间，岳麓书院迎来了众多名师在此讲学，如朱熹、张栻等，也走出了一批批彪炳史册的优秀学子，如王夫之、魏源、曾国藩、左宗棠等。因此岳麓书院有着"千年学府"的美称。

· 岳麓书院

白鹿洞书院：南唐时期，朝廷在江西九江庐山五老峰脚下的白鹿洞建立高等学府，始称"白鹿国学"，来求学的生徒络绎不绝。北宋初年，当地乡贤在此开办了白鹿洞书院，后世的理学家朱熹、思想家王守仁等都曾在这里讲学，使得白鹿洞书院声名大噪，成为名扬四海的"四大书院"之首。

应天府书院：位于河南商丘，建于北宋，当时商丘由应天府管辖，书院因此得名。商丘古称睢阳，故应天府书院又称"睢阳书院"。当年，曹诚建造了150间房屋，收集了上千卷书册，广招学生。后来晏殊任应天府知府，聘请范仲淹来应天府书院主讲，从此书院声名大振。

嵩阳书院：位于河南登封，前身是建于北魏年间的嵩阳寺，隋唐时名为嵩阳观，五代时期改为太乙书院，到了北宋景祐二年（1035），宋仁宗赐额更名为"嵩阳"。北宋年间，程颐、程颢等学者先后在此讲学，因此嵩阳书院也是宋代理学的发源地之一。

◇西汉时期我国的最高学府是什么？

太学。太学是西汉时期我国的最高学府，始设于汉武帝时期。当时的学校只有私学，朝廷很难选拔出能匡扶社稷的人才，于是董仲舒提议建立太学来培养人才，汉武帝采纳了这一建议，在长安建立太学。太学一开始只设五经博士，以教授儒家经典为主，仅招收50名学生。之后太学的科目和招收人数逐渐增多，开设了讲解《左传》《尔雅》等的课程，学生的数量也增至上千人。后来，不管朝代如何更迭，制度如何变化，太学始终是古代的最高学府之一。

> **知识拓展**
>
> 魏晋时期，司马昭听信谗言，判处名士嵇康死刑。行刑前，三千名太学生要求朝廷赦免嵇康，并要求让嵇康来担任太学的老师。太学生们营救嵇康的行动虽然最后以失败告终，但他们敢于反抗强权的精神却一直延续了下来。

◇古代进行启蒙教育的机构叫什么？

蒙馆。蒙馆又称"蒙学"，是中国古代对儿童进行启蒙教育的机构，类似如今的幼儿园和小学。蒙馆采用个别教学的方式，注重练习和背诵。进入蒙馆的学童一开始都以识字为主，学习《三字经》《百家姓》《千字文》等启蒙教材。有了一定的识字量后，学童就会开始学习《幼学琼林》《声律启蒙》等教材，接受伦理道德教育。完成蒙馆的学业后，部分学童会升入经馆，继续学习"四书""五经"等儒家经典。

◇中国最早的外语学校叫什么？

京师同文馆。同治元年（1862），清政府在北京设立了京师同文馆，这是清政府专门用于培养译员的学校，也是我国最早的一所外语学校。京师同文馆先后开设了英文、法文、俄文、算学、天文等课程，馆中的教师大多为外国人。而能进入馆中学习的学生一开始只有14岁以下的部分八旗子弟，后来才逐渐放开限制。京师同文馆于光绪二十八年（1902）并入京师大学堂，改称为"译学馆"，后对我国早期的翻译事业起到了重要推动作用。

◇古代的"大学"和现代的"大学"有什么区别？

古代的《大学》是一篇阐述儒家教育理念的重要著作，现代的"大学"指实施高等教育的学校。《大学》原来是《礼记》中的一篇文章，由宋代理学家朱熹从《礼记》中摘编出来，成为"四书"之一。《大学》中提出了明明德、亲民、止于至善的三纲领，还提出了格物、致知、诚意、正心、修身、齐家、治国、平天下的八条目，对宋代以后的学子产生了深远影响。而现代的"大学"一般指高等教育学校，1898年设立的京师大学堂是我国现代意义上的第一所大学。

◇古代的"博士"和现代的"博士"有什么区别？

古代的"博士"是一种官职，现代的"博士"指最高一级的学位。战国时期，各诸侯国纷纷设立博士一职，任职的官员大多博古通今，主要掌管图书。秦朝和西汉初年，博士的职责和战国时基本无异。汉武帝即位后，在太学中设五经博士一职，负责教授学生经学。后来，部分朝代又增设了律学博士、算学博士、国子博士等，都是官学中的负责教授学生的官职。直到进入现代后，博士才转变为对最高学位的称呼。

◇ **中国历史上第一位真正意义上的老师是谁？**

孔子。孔子除了是儒家创始人外，还是一位伟大的教育家，是我国历史上第一位真正意义上的老师。相传孔子在世时，曾招收三千个弟子。他的教育思想奠定了古代教育理论的基础。孔子认为"有教无类"，不应以地位贵贱来区别对待学生，在教学上提倡"因材施教"，针对学生个体的差异，采取不同的教导方法。孔子还主张"学而不思则罔，思而不学则殆"，鼓励学生将学习与思考相结合。他开创了私人讲学之风，打破了西周时期"学在官府"的局面。

· 孔子雕像

◇ **"桃李满天下"中的"桃李"指什么？**

学生。"桃李满天下"常被用来比喻某位老师的子弟众多，到处都有学生。"桃李"这一典故与唐代名相狄仁杰有关。据《资治通鉴》记载，狄仁杰曾多次建议武则天亲贤臣，远小人，也经常全无私心地举荐合适的人才。那些被举荐的人后来大多成了著名的贤臣，于是有人对狄仁杰说"天下桃李，悉在公门矣"，指他推荐的人才或培养的学生极多，遍布各地。狄仁杰回答道："荐贤为国，非为私也。"由此可看出他为国为民的大公无私的精神。

◇ **古代学生也有寒暑假吗？**

没有，但古代学生有旬假、田假和授衣假。古人以十天为一旬，在学期间的学生每旬放假一天，这就是"旬假"，类似于如今的周末。到了农历五月，农田里的麦子逐渐成熟，学校会放一个月左右的"田假"，让学生回家帮助家人干些农活。进入农历九月，天气逐渐转凉，寒冬即将到来，这时学校会放一个月左右的"授衣假"，让学生们回一趟家，准备好御寒的衣物以后再返校。古代交通不便，如果部分学生回家的路途过于遥远，例如家在二百里（100千米）以外，还会有一定的路程假。

第六章

天文地理常识

天文历法

◇ "二十八星宿"是指二十八颗星星吗?

不是,是指二十八个星空区域。古人经过长期观察,把黄道和赤道附近的星空划分成大小不一的二十八个星区,称为"二十八星宿",每一星宿都包含若干颗星体。二十八星宿按方位可分为东、南、西、北四组,每组七宿。二十八星宿在我国古代天文学中占有重要地位,古人利用它来观测和记录日、月、五星(金、木、水、火、土)运行的位置,也会以它为依据记录特殊天象出现的方位。此外,二十八星宿在古代的宗教、星占、文学、风水、择吉等领域都有着广泛的应用。

◇ 人们是怎么通过北斗七星辨认方向的?

找北极星。北斗七星是指在北方天空中排列成斗勺形状的七颗亮星,分别是天枢、天璇、天玑、天权、玉衡、开阳、摇光。将其中的天枢、天璇两颗星连成直线,延长出约5倍的距离,就能找到北极星。北极星所在的方向就是正北方。当人们找到了北极星,正东、正西、正南方向也就能基本确定了,所以人们在天气晴朗的夜晚可以利用北极星来辨认方向。

· 北斗七星

◇ 古代"四象"是指什么?

东苍龙,南朱雀,西白虎,北玄武。古人根据东、南、西、北每一组七宿构成的形状,将它们分别想象成四种动物的形象,这就是"四象"。东方七宿为"苍龙",西方七宿为"白虎",南方七宿为"朱雀",北方七宿为"玄武"(龟或龟蛇合体）。这和古时候的外国人将一些星座想象成狮子、金牛、巨蟹等动物形象的观念相似。

◇为什么古人要把星空和地上的州、国对应起来？

为了预测吉凶祸福。古人把天上一定的星空区域和地上的各州、列国分别对应起来。这种对应关系在天文上称为"分星"，在地理上则称为"分野"，大约起源于春秋战国时期。古人建立分星和分野的体系，主要是为了观察星象变化，以预测人间的吉凶祸福。这是因为在古代的占星术理论中，天上的星象与人间事物之间存在着某种神秘的联系，在天上特定区域发生的星象预兆着其对应地区的吉凶。

◇我国古代将木星称为什么？

岁星。木星绕太阳运行一周的时间大概是十二年，每年行经一个特定的星区，这与我国古代历法的十二地支相契合。古人曾根据木星的运行规律配以天干地支来纪年和修订历法，故称木星为"岁星"。此外，木星还有摄提、重华、应星、纪星等别名。

◇我国古代将火星称为什么？

荧惑。古人观测火星时，发现其在夜空中发出红色光芒，亮度常有变化，时明时暗，如同荧荧之火。而且古人还发现火星的运动情况复杂多变：有时从西向东，有时从东向西，有时又停滞不动，令人迷惑。因此，古人称火星为"荧惑"，意为"荧荧火光，离离乱惑"。

◇"七月流火"是指天气转热吗？

不是，是指天气转凉。"七月流火"这个成语出自《诗经·豳风》中的"七月流火，九月授衣"。这里的"七月"指农历七月，相当于现在公历中的八月，是夏末秋初时分；"流"指移动、落下；"火"则指"大火"星，它是二十八星宿中"心宿"的主星，也常称为"心宿二"。古时候，人们观察到每年农历六月，大火星出现在正南方的最高点，那时正值炎热的盛夏时节。而到了农历七月，大火星开始从正南方逐渐向西下移，这时暑热消退，天气开始变凉，所以古人用"七月流火"象征夏去秋来、天气转凉。

◇为什么古人把"彗星袭月"看作是凶兆?

"彗星袭月"是一种罕见的天文现象,指彗星划过天际的时候,其光芒扫过月亮。在古代,人们对天文现象的认知有限,无法对各种特别的天文现象作出科学的解释。而彗星形状奇特、出没无常,古人对它百思不解,且没有好感,于是称之为"妖星",把各种难以解释的事都归因于它,甚至认为它会带来灾难。因此,彗星出现时所伴随的天文现象,如"彗星袭月",也被看作凶兆。除了彗星袭月,日食、月食、"荧惑守心"等天文现象在古代也被视为不祥之兆,这反映了古代对未解现象的迷信观念。

◇二十四节气最初是根据什么确定的?

斗转星移。"二十四节气"最初是根据斗转星移确定的。北斗七星循环旋转,其斗柄依次指向东、南、西、北,每旋转一圈的指向变化能够反映季节的变化,古人便以此确定节气。

现行的二十四节气则是依据地球在黄道上的位置变化来确定的。地球一年绕太阳公转一周,即我们从地球上看,太阳一年在天空中移动了一圈,太阳移动的轨迹就叫作"黄道"。春秋时期,人们利用圭表测量日影长短,确定了夏至、冬至、春分、秋分四个节气。至秦汉时,在测量日影的基础上,古人把黄道分为二十四等份,每等份代表一个节气,各对应一年内太阳在黄道上的不同方位,从而确立了完整的二十四节气。二十四节气分别是:立春、雨水、惊蛰、春分、清明、谷雨、立夏、小满、芒种、夏至、小暑、大暑、立秋、处暑、白露、秋分、寒露、霜降、立冬、小雪、大雪、冬至、小寒、大寒。

知识拓展

二十四节气歌

春雨惊春清谷天,
夏满芒夏暑相连。
秋处露秋寒霜降,
冬雪雪冬小大寒。

◇"四时八节"中的"八节"指的是什么?

八个主要节气。"四时八节"是我国传统岁时节令的简称,"四时"指春、夏、秋、冬四季，"八节"则指二十四节气中八个重要的节气，即"四立"（立春、立夏、立秋、立冬）、"二分"（春分、秋分）和"二至"（夏至、冬至）。

古人制定"四时八节"，主要目的有两个。一是为了顺应季节交替的规律。立春、立夏、立秋、立冬等节气标志着季节的转换，人们可以据此调整着装、饮食和作息。二是为了方便把握农时。古人依据自然规律，确定了春耕、夏耘、秋收、冬藏的农事活动周期，而"四时八节"的制定让古人能更精确地预测天气变化，把握农时，从而合理地安排各项农事活动。

◇二十四节气中，唯一一个既是节气又是节日的是哪个？

清明。清明最初是二十四节气之一，因节令期间"气清景明、万物皆显"而得名。自汉代至魏晋南北朝，清明都仅作为一个节气存在。到了唐宋时期，由于寒食节和上巳节与清明的日期接近等原因，这两个节日逐渐与清明节融合，它们的多种民俗活动也都并入到清明节里，如寒食节的祭祖、荡秋千，上巳节的踏青赏春。从此，"清明"便兼有节气和节日的双重"身份"了，这一传统一直延续至今。

◇"惊蛰"是什么意思？

春雷惊醒蛰居的动物。惊蛰是二十四节气中的第三个节气。元代吴澄编著的《月令七十二候集解》中记载："万物出乎震，震为雷，故曰惊蛰，是蛰虫惊而出走矣。""惊"指惊醒、惊动，"蛰"指蛰伏，即动物冬眠的状态。古人认为，惊蛰时节，春雷乍响，惊醒了蛰伏在地下的各种动物，所以将此节气命名为"惊蛰"。实际上，许多动物并不能听到雷声，它们"惊而出走"主要是因为此时天气回暖，大地解冻，而不是真的被春雷惊醒。

◇"小满"是什么满了？

北方麦粒饱满，南方雨水盈满。小满是二十四节气中的第八个节气，同时是夏季的第二个节气。《月令七十二候集解》中这样注解小满："四月中，小满者，物至于此小得盈满。"这里的"四月"是指农历四月，这时我国北方地区的冬小麦进入乳熟期，麦粒逐渐变得饱满，但还没有完全长成，所以称为"小满"。而在我国南方地区，这个节气前后降雨频繁，降水量增多，故"小满"又指雨水丰盈。

• 小麦

> **知识拓展**
>
> **数九歌**
> 一九二九不出手，
> 三九四九冰上走，
> 五九六九，沿河看柳，
> 七九河开，八九雁来，
> 九九加一九，耕牛遍地走。

◇ 为什么人们在冬至这一天开始"数九"？

数完九个九天，天气就暖和了。冬至这个节气标志着深冬来临，此时天气变得极为寒冷。在古代，由于缺乏抵御寒冷的物资，保暖条件简陋，冬天的日子十分难熬。而且冬天昼短夜长，能够进行各项活动的时间也不多。为了消磨漫长而沉闷的冬日，古人便苦中作乐，创造了"数九"的习俗，即从冬至这天开始，每九天为一个"九"，通常连续数完九个"九"（共计八十一天），春天就到来了，天气逐渐变暖。这一习俗也称"冬九九"，表达了人们在寒冬时对温暖春天的企盼。

◇ 为什么说"冬至大如年"？

这与古代历法、天文气象有关。从历法角度来看，在实行了800年左右的《周历》中，冬至为"岁首"，即新年的第一天，相当于现在的大年初一。尽管后来冬至不再作为年节，但人们仍习惯将冬至当作新年来庆祝，并称其为"亚岁"。从天文角度来看，在北半球，冬至是一年中白天最短的一天，冬至之后白天逐渐变长，阳气回升。古人认为这标志着大地进入新的循环，所以将冬至视为大吉之日，在这天举行各种活动，如走亲访友、结伴游玩、互赠鞋帽、祭祀祖先、吃饺子、吃汤圆等，热闹程度不亚于春节。由于这些历史渊源，"冬至大如年"的说法至今仍广为流传，足见人们对冬至的重视。

◇人们说的"老黄历"是什么?

老黄历又称"黄历",最初指黄帝历,后来也泛指其他历书。黄帝历相传是黄帝创立的一种历法,简称为"黄历"。因为黄历在上古时期通行时间长,使用范围广泛,所以后来人们也习惯将其他历书称为"黄历"。黄历原本主要记录季节时令,但在流传过程中又融入了吉凶、宜忌、冲煞、太岁等迷信的内容,这些内容在现代社会仍在部分地区,被特定群体所采用,特别是用来选择结婚、进宅、开业等事宜的吉日。

在古代历法中,还有"皇历"这一概念,人们常将其与"黄历"混淆。皇历原本特指朝廷颁布的历书,因经皇帝审定并颁布而得名。尽管"黄历"和"皇历"的最初含义截然不同,但由于二者都被用作历书的代称,且读音相同,因此逐渐混同,变得不相区分。如今,人们也常用"老黄历"来比喻过时的情况或事物。

◇阴历、阳历、农历有什么区别呢?

阴历:又名"太阴历",根据月相圆缺变化的周期制定而成,一个周期约29.5天,规定一年有12个月,约有354天。

阳历:又名"太阳历",以地球绕太阳公转的周期为基础而定,一个周期约为一年(也称"太阳回归年"),规定一年有12个月,约有365天,每月平均约30天。如今世界各国普遍实行的公历属于阳历的一种。我国自1912年开始采用阳历,因其与我国旧有历法相对,所以也将其称为"新历"。

农历:属于阴阳合历,结合了阴历和阳历的特点。阴历的时间和阳历相比,每年大约差十一天。而农历以月相变化为依据划分月份,同时参考太阳回归年的长度,每19年设置7个闰月,使19个阴历年与19个阳历年的长度几乎相等,巧妙地用"置闰法"填补了阴、阳历的天数差异。

◇天干、地支各有多少个?

天干有十个,地支有十二个。天干、地支合称"干支",是我国古代用来纪年、纪月、纪日、纪时的一套系统,也应用于风水、命理以及中医等多个领域。

天干通常用作表示次序的符号，共有十个，故又称"十干"，分别是甲、乙、丙、丁、戊、己、庚、辛、壬、癸。地支共有十二个，也称"十二支"，分别是子、丑、寅、卯、辰、巳、午、未、申、酉、戌、亥。地支不仅用于表示时间，还与十二生肖相对应，每个地支对应一个生肖动物。

◇古代有哪些纪年法？

王公即位年次纪年法：多见于春秋战国时期，以王公在位年数来纪年，以"元、二、三……"的次序依次记录，如周平王即位的第一年记为周平王元年。那时全国分为多个诸侯国，各国的年次也不同。例如，同是公元前770年，在鲁国记为鲁孝公二十七年，在秦国记为秦襄公八年。

年号纪年法：年号即古代帝王纪年的名号。年号纪年法同样以"元、二、三……"的次序依次记录。第一个使用年号纪年的皇帝是汉武帝。汉武帝之后，每个新皇帝即位都会更改年号（也称"改元"），并用新的年号来重新纪年，如庆历四年春（《岳阳楼记》）、元和十年（《琵琶行》）。一个皇帝可能有多个年号，如汉武帝就有建元、元光、元朔等十一个年号。

干支纪年法：把十天干和十二地支两两配对，组成甲子、乙丑、丙寅、丁卯等六十组，一组为一年，六十年循环一次，称为"一甲子"。中国近代史上，常用干支纪年法来命名重大历史事件，如"甲午战争""辛亥革命"等。干支纪年法在农历上沿用至今，如2024年是农历甲辰年。

年号干支兼用法：纪年时皇帝年号在前，干支在后。如《核舟记》中的"天启壬戌秋日"，"天启"是明熹宗朱由校的年号，"壬戌"是干支纪年。

◇十二时辰是怎么划分的？有哪些别称？

西周时，古人根据一天内太阳升落的规律、天色的明暗变化以及日常生活习惯，将一昼夜划分为十二个时辰（一个时辰相当于现在的两个小时）。到了汉代，人们开始以十二地支分别表示十二时辰，还给十二时辰取了夜半、鸡鸣、平旦等别称。十二时辰对应的时间及别称见下表：

时辰	时间	别称
子时	23点—次日1点	夜半
丑时	1点—3点	鸡鸣
寅时	3点—5点	平旦
卯时	5点—7点	日出
辰时	7点—9点	食时
巳时	9点—11点	隅中
午时	11点—13点	日中
未时	13点—15点	日昳
申时	15点—17点	晡时
酉时	17点—19点	日入
戌时	19点—21点	黄昏
亥时	21点—23点	人定

◇十二生肖中为什么老鼠排第一？

有三种说法。

第一种说法是"子鼠咬天"：相传在远古时期，天地一片混沌，而老鼠常在夜半子时活动，它咬破了混沌，使得光明降临人间。人们为了表达感谢，便将它列为十二生肖之首。

第二种说法是，古人根据动物的足趾数量将它们分为阴阳两类，足趾数量是奇数的动物为阳，足趾数量是偶数的动物为阴。而老鼠非常特别，有四个前足趾和五个后足趾，属于奇偶同体，正适合用来象征阴阳交替的子时，因此人们将老鼠排在十二生肖之首。

第三种说法是，相传在十二生肖排次序时，玉帝本来决定让性情温和、个头庞大的牛排第一，结果老鼠跳出来说："我才是最大的，应该排第一！"见大家都露出了不解的神情，老鼠就说："我们到街上去，让百姓来评评我和牛谁大吧！"到了大街上，老鼠趁牛不注意爬到了它的背上。百姓们平时见惯了牛，看到牛一点都不惊讶，但看到牛背上的老鼠，人们都惊呼："好大的老鼠！"听到人们这样说，玉皇大帝只好让老鼠做十二生肖之首了。

◇闰日、闰月、闰年是什么意思？

"闰"的本义是余数。在历法上，"闰"指的是为了填补历法与太阳回归年之间的差数而插入的额外时间单位。

闰日：一个太阳回归年的时间为365天5时48分46秒，而阳历把一年定为365天，二者相差的时间约每四年可积累成一天，把这一天加在某年的2月里，使2月有

29天，多出来的这一天就被称为"闰日"。

闰月：是农历中的概念。农历一年与太阳回归年相差约10天21时，为了使农历年的平均长度与太阳回归年相接近，使农历历法更加接近实际的季节变化，农历规定每隔两至三年就增加一个额外的月份，多出来的这个月份称为"闰月"。闰月加在某月之后就称"闰某月"。现在通行的置闰法是每19年设置7个闰月。

闰年：阴历和阳历中有闰日（二月为二十九天）的年份，或农历中有闰月（一年有十三个月）的年份，即叫"闰年"。如阳历2024年的2月有29天，一年共366天，是闰年；2023年农历有闰二月，是闰年。

◇古人所说的"朔""望""晦"是指农历的哪几天？

古人曾采用月相纪日法，即根据一个月内月亮的圆缺及明暗程度，用月相的特称来纪日。"朔"指农历每月初一，这天在地球上看不到月亮；"望"指农历每月十五，因这天太阳与月亮正好东西遥遥相望而得名；"晦"指农历每月的最后一天，这天月亮昏暗不明，几乎不可见，象征一个月的结束。

此外，月相纪日名称还有："朏"指农历每月初三，"几望"指农历每月十四，"既望"指农历每月十六，"上弦"指农历每月初八、初九两日，"下弦"指农历每月二十三、二十四两日。

◇世界上最早的关于哈雷彗星的记录出现在哪本古籍上？

《春秋》。哈雷彗星是每隔76年左右绕太阳公转一周的周期彗星，当它出现在天空中时，人们可以用肉眼看到它拖着长长的"尾巴"。史书《春秋》中记载："秋七月，有星孛入于北斗。"这里的"星孛"指的是鲁文公十四年（前613）观测到的哈雷彗星。这是目前已知的世界上关于哈雷彗星的最早的观测记录。

◇世界上最早的关于太阳黑子的记录出现在哪本古籍上？

《淮南子》。太阳黑子是太阳光球层上的暗黑斑点。世界上最早的关于太阳黑子的记录出自《淮南子》，其是约成书于公元前140年的一部哲学著作，书中记有："日中有踆乌。"许多人认为这里的"踆乌"指太阳黑子的形象。不过，目前世界公认的最早的太阳黑子记录，出自《汉书·五行志》中的"成帝河平元年三月乙未，日出黄，有黑气，大如钱，居日中央"。河平元年即公元前28年。这个记录比《淮南子》的描述更详细，也更广为人知。而欧洲直到1610年伽利略发明并使用天文望远镜后，才首次观测到太阳黑子。

◇世界上最早的天文学著作是哪一本？

《甘石星经》。战国时期，齐国天文学家甘德著有《天文星占》八卷，魏国天文学家石申著有《天文》八卷。后人将这两部著作合为一部，即《甘石星经》，这是世界上最早的一部天文学著作。书中详细记载了金、木、水、火、土五大行星的运行规律，记录了约800颗恒星的名字，并测定了其中121颗恒星的位置。此外，书中还科学地解释了日食和月食现象的原理是天体相互掩盖。这些都对后世的天文学研究产生了深远的影响。令人感到可惜的是，《甘石星经》在宋代就已经失传了，只有部分内容通过其他文献得以流传下来。

◇我国第一部有完整文字记载的历法是什么？

《太初历》。西汉时期，汉武帝下令改定历法，随后天文学家落下闳、邓平等人创制出《太初历》，这是我国第一部有完整文字记载的历法，也是当时世界上最先进的历法。《太初历》规定一年约等于365.250 2日，一月约等于29.530 86日；将原来的以十月为岁首改为以正月为岁首，即以农历正月为每年的开始；首次将二十四节气纳入历法；将没有中气（即雨水、春分等二十四节气中偶数位的节气）的月份设为闰月；等等。这些都是我国历法史上的重大改革成果，后来也被长期沿用。

◇我国古代最精确的历法是哪一部？

《授时历》。《授时历》属于阴阳历，由元代天文学家郭守敬、王恂、许衡等创制。它吸收了前代多部历法的精华，并通过使用多种新的天文仪器和计算方法，提高了回归年长度、朔望月长度等天文数据的精确度。《授时历》施行了364年,是中国古代最精确、施行时间最长的一部历法,反映了我国古代天文历法的最高水平。例如,它指出一回归年长365.242 5日,与现代测量的一回归年长365.242 2日非常接近。

山川地理

◇我国发现的最早的地图是哪一幅?

马王堆帛地图。中国绘制地图的历史悠久,早在先秦时期的《周礼》《尚书》等古籍中,就有关于先秦乃至更早时期地图的文字记载,可惜那些地图都已失传。1973年,湖南长沙的马王堆三号汉墓中出土了三幅地图,分别是《地形图》《驻军图》《城邑图》,均绘制在丝帛上,合称"马王堆帛地图"。据考证,这三幅地图的绘制年代应在汉文帝前元十二年(前168)以前,距今已有近2 200年的历史,是目前我国已发现的最早的地图,也是世界上保存至今的最早的地图。其中,《驻军图》是世界上发现的最早的彩色地图,用黑、红、青三色绘制,反映了当时军队驻地的设防情况。

◇"中国"这一名字是怎么来的?

由"中"和"国"组成的整词"中国",最早出现于西周初年的青铜器"何尊"的铭文中,当时意为"中央之城",指周天子所居的都城。之后历朝历代,"中国"所指的地理范围不断扩大,衍生出中原地区、国境之内等含义。而"中国"被当作与外国对应的国家概念,起源于宋代,随后逐渐定型为表示国家的词语。在元朝时,虽然朝廷已开始使用"中国"来自称,但并未将其作为正式国名。直至1912年,辛亥革命推翻清王朝后,中华民国成立,简称"中国"。自此,"中国"才成为具有近代国家概念的正式名称。1949年,中华人民共和国成立,沿用"中国"作为简称,传承至今。

◇"县"是怎么来的?

县制最早由楚国创建,秦国实现统一后推行全国。"县"是我国历史上最久远、最稳定的一级地方行政区划。春秋时期,周室日渐衰微,一些势力强的诸侯国不断兼并邻近的小国。在这个过程中,楚国率先在兼并得到的土地上设置了中国历史上第一个县，随后秦、晋、齐等国也纷纷设县。到了春秋末年，"县"已比较普遍。公元前221年，秦统一六国，在全国推行郡县制，把全国分为36个郡，各郡下再设若干县。至秦朝末年，全国已有40多个郡，1 000多个县。此后，县制为各朝各代所沿用，跨越了2 000的历史。根据2022年行政区划统计表，我国目前共有2 843个县级行政单位。

◇ "省"是怎么来的？

由元朝行省制度演变而来。最初，"省"并非指行政区划，而是一种政府机构的名称，从汉代开始成为官署名。到了元朝，为了加强中央集权，朝廷在除了国都附近地区之外的河南、江浙、湖广等地设立了十个行中书省（简称"行省"），作为朝廷中书省的派出机构，掌管所辖地区的军政事务。后来，行省逐渐演变为地方最高一级的行政区划。明清两代沿袭元朝的行省制度，并简称之为"省"。直至今日，"省"仍是我国地方的最高一级行政区划。根据2022年行政区划统计表，我国目前共有34个省级行政单位。

◇ 古代的"四海""八荒"都指哪些地方？

四海： 东海、西海、南海和北海四个海域。古人认为，中国大地四周有大海环绕，便按东、西、南、北的方位划分四海。在古代文献中，"四海"也常用来泛指全国各地，如成语"名扬四海"。

八荒： 指八方的荒远地方，即东、西、南、北、东南、东北、西南、西北八个方向的荒远之地。

二者合称为"四海八荒"，指非常广阔的范围，有全天下、全世界的意思。

◇ 为什么长江是"江"，黄河是"河"？

跟"江""河"的字义以及长江、黄河自身的特点有关。"江"字由"氵"和"工"组成，"工"在汉字中表示精巧；"河"字由"氵"和"可"组成，其甲骨文字形像一个人扛着斧头在水边疏导。古代的"江"专指长江，是因为长江的形成是地质运动和水流强烈下切共同作用的结果，体现了大自然精巧的造化之工。古代的"河"专指黄河，是其蕴含了治水之意。这是因为黄河的河道不固定，在历史上曾多次改道，河水常泛滥成灾。历朝历代不断对黄河进行治理，才形成相对稳定的河道。至于长江的"长"字，是后来因其江道极长而加的，黄河的"黄"字则是因其携带泥沙多，河水呈黄色而来。

◇为什么黄河被称为中华民族的"母亲河"？

因为黄河流域是中华文明的主要发祥地。黄河是我国第二长河，沿岸地区水源充足，地势平坦，土壤肥沃，气候温和。这些优越的自然条件使得黄河流域成为古人发展农业、繁衍生息的重要地区，并使其成为我国最早进入农耕文明的地区之一。在五千多年的中华文明史中，黄河流域有三千多年是全国的政治、经济、文化中心所在地，许多封建王朝在此建都。黄河流域的人口和经济持续繁荣，哲学思想、科技发明、文学艺术、天文历法等领域的众多文明成果都在这里诞生和发展完善，例如《诗经》、儒家思想、"四大发明"、二十四节气等，它们对后世产生了深远的影响。因此，黄河被亲切地称为中华民族的"母亲河"。

◇为什么会出现"泾渭分明"的现象？

和泾河与渭河的河床结构有关。"泾渭分明"在地理上是指在黄河流域的泾河、渭河交汇处，河水清浊分明，分界十分清晰的现象。出现这一现象的主要原因是泾河和渭河的河床结构不同。泾河的河床主要是石质河床，渭河的河床则主要是沙质河床。在石质河床的泾河中，河水流动时含沙量不会大量增加，因而较清澈，呈碧绿色。而在沙质河床的渭河中，河水从上游流动到下游的过程中，含沙量会明显增加，让水变得浑浊。后来，"泾渭分明"演变为成语，用来比喻界限清楚、是非分明。

• "泾渭分明"现象

◇古代的"江南"是指长江以南吗？

不全是。在不同历史时期，"江南"所指的地理范围屡有变化。总体来说，"江南"有广义和狭义之分。狭义上，它指现在的江苏、安徽两省的南部和浙江省北部等长江中下游以南地区。广义上，它指长江以南的广大地区，与"南方"的概念相近。20世纪90年代，有专家将江南地区界定为"八府一州"，这一界定标准得到了较广泛的认可。所谓"八府一州"，包括明清时期的苏州、松江（今上海）、常州、镇江、应天（今南京）、杭州、嘉兴、湖州以及从苏州府划分出来的太仓州，这一范围与现今的长江三角洲地区大致相当。在古代，"江南"往往象征物产富饶、文化繁荣、山水秀丽的地方，是无数文人墨客歌颂的对象。

◇ "三山五岳"指的是哪三山，哪五岳？

"三山五岳"通常用来泛指天下的名山或崇山峻岭。

三山：指蓬莱、方丈、瀛洲三座山，是古代传说中神仙居住的地方，也称"三神山"。

五岳：指东岳泰山、西岳华山、南岳衡山、北岳恒山、中岳嵩山这五座名山。"五岳"的说法起源于汉代，到了隋代，"五岳"的所指逐渐固定，明代开始以山西浑源县的恒山为北岳，至今不变。

知识拓展

- **东岳泰山**：位于山东省泰安市，被尊为"五岳之首"。
- **西岳华山**：位于陕西省渭南市华阴市，以险峻著称。
- **南岳衡山**：位于湖南省衡阳市，是著名的佛教和道教圣地。
- **北岳恒山**：位于山西省大同市浑源县，是历代兵家必争之地。
- **中岳嵩山**：位于河南省登封市，少林寺就坐落在其中。

◇ "五湖四海"指的是哪五湖，哪四海？

"五湖四海"泛指四面八方，全国各地。关于"五湖"和"四海"的具体所指，在古代有很多说法，后来也逐渐明确。"五湖"指鄱阳湖、洞庭湖、太湖、洪泽湖、巢湖。"四海"在古代多指东、西、南、北四个方位的湖海。近代以来，"四海"通常指渤海、黄海、东海、南海。

◇ 为什么古代把"山南水北"称为"阳"?

我国古代通常将"山南水北"称为"阳",将"山北水南"称为"阴",这与太阳光照射方向和我国地理特征有关。

先说"山":由于中国位于北半球,阳光主要从南面照射而来,加上我国山脉多呈东西走向,因此山的南面接受阳光照射多,称为"阳",山的北面受阳光照射较少,相对阴暗,称为"阴"。

再说"水":中国地势大体上从西北向东南逐渐降低,导致河流大多向东南方向流动,因此河流的南岸相较于北岸,更容易受到河水的冲刷和侵蚀,久而久之便形成南湿北干的情形;并且,从低于地面的水的视角看,河流北岸是受光的阳面,南岸则是阴面,所以称水北为"阳"、水南为"阴"。

我国许多邻近山水之地的命名,也体现了"山南水北为阳,山北水南为阴"这一概念,如衡阳(地处衡山之南)、江阴(地处长江以南)等。

◇ 关东、关西的"关"指的是哪座关?

函谷关、潼关或山海关。"关"指关口、关隘。关东、关西的"关"所指的关隘,在不同时期有所不同,因此关东、关西的范围也有所变化。古代在陕西定都的王朝,如秦、汉、唐等,那时的"关"指的是函谷关或潼关,分别位于今河南省和陕西省,其以东地区就被称为"关东",以西地区则被称为"关西"。但后来,关西逐渐不再特指某一具体关隘以西的地区。到了明清时期,关东的"关"则指山海关,其是位于河北省秦皇岛市的一处关隘,东北三省(辽宁、吉林、黑龙江)也因位于山海关以东,而被统称为"关东"。明清到民国时期人们口中的"闯关东",指的就是人们到东北地区去谋生。

◇ 湖南、湖北的"湖"指的是哪个湖?

洞庭湖。洞庭湖位于长江中游南岸,其水面横跨湖南、湖北两省。湖南省因大部分区域处于洞庭湖以南而得名,湖北省则因处于洞庭湖以北而得名。据历史文献记载,在宋代，全国被划分为若干路，"路"即当时地方最高一级行政区划，相当于明清时期的"省"。其中，今湖南地区被划分为"荆湖南路"，今湖北地区被划分为"荆湖北路"，两省的名称起源于此。到了清朝康熙年间，湖南、湖北分别建省，省名从此确立并沿用至今。

◇河南、河北的"河"指的是哪条河？

黄河。唐太宗时期，朝廷按照山川、河流的形势，将全国划分为十道，"道"在当时为监察区。其中，河南道因大部分辖境在黄河之南而得名，河北道因在黄河之北而得名，这也是如今河南、河北两省名称的由来。历史上，黄河长期是河南、河北的分界河，而随着时代变迁，河南、河北的范围不断变化。按现在的行政区划来看，漳河才是河南、河北两省的分界河，其曾是黄河中下游最大的一条支流。

◇山东、山西的"山"指的是哪座山？

太行山。从文献记载来看，在战国、秦、汉时期，人们是以崤山或华山为界来区分山东、山西地区的。到东汉时，人们开始以太行山为地理界线来划分山东、山西，之后便把太行山以东的地方称为"山东"，太行山以西的地方叫"山西"。不过，当时说的"山东"与今山东省的地理范围有较大区别。从金代至今，以"山东"为名的行政区划，其地理范围相较早期已更为远离太行山，名称中的"山"字与太行山也没有直接联系。因此，当我们翻开现在的中国地图，可以看到山东与山西两省并不接壤，两省之间还隔着河南省与河北省，但长期以来，人们还是习惯把太行山看作山东、山西的分界山。

◇广东、广西的"广"指的是哪个地方？

广信县。广东、广西的"广"字源自古代的广信县，其位于现在的广西梧州市。广东、广西名称的由来可以追溯到宋代。当时，如今的两广地区统称为"广南路"。广南路地域辽阔，辖区内文化差异很大，为了更为有效地管理，朝廷便决定以广信县为分界点，把广南路一分为二，广信县以东称为"广南东路",以西称为"广南西路",简称"广东"和"广西"。随着时间的推移,这两个地区的名称逐渐演变成为今天的"广东省"和"广西壮族自治区"。

◇ "三秦""三辅"指的是哪片区域?

关中地区。"三秦""三辅"均是秦汉时期出现的概念,指当时的关中地区,相当于今天的陕西省中部及其周边地区。

三秦:秦朝灭亡后,项羽入关,将秦朝的内史郡和上郡的部分地区划分成雍、翟、塞三国,三国的地域范围大致涵盖了秦朝的关中地区,故合称"三秦"。

三辅:西汉时期,皇帝在国都长安附近设置京兆尹、左冯翊、右扶风三个行政区,它们管辖的范围相当于关中地区。因为这三个地区是辅卫京师的重要区域,故合称"三辅"。

◇ "百越"指的是哪片区域?

泛指南方地区。"百越"原本是先秦时期中原人对南方沿海一带古越部族的统称,其范围大致涵盖了现今的上海、浙江、福建、广东、广西、海南等地区。由于古越部族包括了众多不同的族群,各族群之间的语言、风俗和生活方式等存在差异,故称为"百越","百"在这里表示多数或概数。后来,"百越"一词也常用来泛指南方地区。秦汉以后,因战乱、天灾等,中原汉人大规模南迁,随后百越部族一部分逐渐与汉人融合,一部分演化成今天的壮族、黎族、傣族、侗族、水族、布依族等民族。

◇ 中国和朝鲜两国的界河是哪两条?

鸭绿江和图们江。中国和朝鲜两国以鸭绿江、图们江为界河,是明朝宣德(15世纪前中期)以后逐渐形成的。鸭绿江发源于我国吉林省的长白山南麓,沿中朝边界向西南流,全长约795千米,最终汇入黄海。图们江发源于长白山东麓,

· 鸭绿江石碑

干流全长约525千米,沿中朝边界向东北流,至图们市后折向东南流,最终注入日本海。值得注意的是,图们江下游入海口附近有一小段为朝鲜和俄罗斯的界河。

◇ **我国的三大平原是哪些?**

平原指地势平坦或起伏较小的广阔区域,海拔一般小于200米。

东北平原: 又称"松辽平原",位于中国东北部,是中国第一大平原,主要分布在黑龙江、吉林、辽宁和内蒙古四个省区。东北平原海拔多在200米以下,广泛分布着肥沃的黑土,是全球仅有的三大黑土区域之一,盛产玉米、小麦、大豆等作物,也是我国煤、石油等矿产资源的重要产区。

华北平原: 又称"黄淮海平原",是中国第二大平原,跨越北京、天津、河北、山东、河南、安徽和江苏七个省市。华北平原主要由黄河等河流冲击而成,地势低平,大部分海拔在50米以下,是中国重要的粮食、棉花、果品生产基地,还拥有丰富的历史文化遗迹和人文景观。

长江中下游平原: 位于长江中下游沿岸,是中国第三大平原,地跨湖北、湖南、江西、安徽、江苏、浙江和上海七个省市。长江中下游平原大部分海拔在50米左右,地势低平,河网密布,湖泊众多,是我国水稻、油菜、棉花等农作物的重要产区,同时工业、商业、交通运输业发达。

◇ **我国的三大丘陵是哪些?**

丘陵指的是坡度较缓、低矮山丘连绵成片的地区,海拔大致在500米以下,相对高度一般不超过200米。

东南丘陵: 是中国三大丘陵之首,主要指云贵高原以东、长江以南的东南地区,包括江南丘陵、两广丘陵和浙闽丘陵等几部分,地跨福建、江西、广东、广西、安徽、湖南、湖北、浙江、江苏等地。东南丘陵海拔一般在500米左右,地势起伏较大,土层深厚,土壤肥沃,适宜发展种植业和林业,盛产茶叶、柑橘、甘蔗等作物。

辽东丘陵: 位于辽宁省的东南部,包括大连、丹东、营口、抚顺等地区。辽东丘陵是长白山脉的延续部分,大体呈东北—西南走向,海拔一般在200～500米之间，地势起伏较小，含有丰富的铁矿、金矿、菱镁矿等矿产资源。

山东丘陵： 大部分位于山东半岛，主要分布在山东省的中部和东部，大部分山峰海拔不足500米，少数山峰海拔较高，如泰山主峰玉皇顶海拔为1 532.7米。山东丘陵是我国温带果木的重要产地，有"水果之乡""花生之乡"的美誉，生产的烟台苹果、莱阳梨等非常有名。

◇我国的四大高原是哪些？

高原是指海拔在500米以上，且地势相对平坦的地区。

青藏高原： 位于中国西南部，平均海拔4 000米以上，是世界上海拔最高的高原，有"世界屋脊"之称。青藏高原面积约占中国陆地总面积的四分之一，在中国境内主要包括西藏、青海全部，以及四川、甘肃、新疆等省区的一部分。青藏高原气候寒冷，空气稀薄，多雪山冰川，湖泊众多，水资源丰富。

内蒙古高原： 位于中国北部，海拔1 000～1 500米，是中国第二大高原，包括内蒙古大部分以及甘肃、宁夏、河北的部分地区。内蒙古高原地势起伏缓和、山脉少，草原面积辽阔，是中国的优良牧场，有著名的呼伦贝尔草原。

黄土高原： 位于中国中部，海拔800～3 000米，是世界上黄土分布最广阔、最深厚、最典型的黄土地貌区，包括山西省的全部和陕西、甘肃、宁夏等省区的一部分。黄土高原大部分地面覆盖着疏松的黄土层，水土流失严重，沟壑纵横。

云贵高原： 位于中国西南部，海拔1 000～2 000米，主要分布在云南、贵州、广西等地区。云贵高原地势崎岖不平，石灰岩分布广，是世界上岩溶地貌（即喀斯特地貌）发育最完美、最典型的地区之一，有桂林山水、云南石林等著名的岩溶地貌景区。

· 青藏高原

◇我国的四大盆地是哪些？

盆地是指外形与盆相似，四周高（山地或高原）、中部低（平原或丘陵）的地区。

四川盆地： 位于四川东部和重

庆西部,是中国地势最低的大盆地。因地表广布紫红色砂页岩,四川盆地有"红色盆地""紫色盆地"之称。这里气候温和湿润,土壤肥沃,农业发达,物产丰富,自古有"天府之国"的美称。

塔里木盆地：位于新疆南部,是中国最大的内陆盆地。"塔里木"在维吾尔语里意为"田地"。盆地中部有广阔的沙漠,其中塔克拉玛干沙漠是中国最大的沙漠。

准噶尔盆地：位于新疆北部,是中国第二大盆地。盆地大致呈三角形,分布着广阔的沙漠和草原,畜牧业发达,绿洲和垦田农业也颇具规模,盛产棉花、小麦等作物。

柴达木盆地：位于青海省西北部,是中国地势最高的盆地。"柴达木"在蒙古语里意为"盐泽"。盆地内有33个盐湖,其中察尔汗盐湖是中国最大、世界第二大的盐湖。柴达木盆地因矿产资源丰富而被誉为"聚宝盆"。

◇我国的四大海域是哪些?

渤海：位于中国东北部,被山东半岛、辽东半岛和华北平原环绕。面积约7.7万平方千米,是中国面积最大的内海,盛产对虾、蟹和黄鱼等,海底有丰富的石油、天然气资源。

黄海：位于中国大陆东侧,北接渤海,南邻东海。面积约38万平方千米,为半封闭型的浅海,海水平均深度约44米,含沙量较大,盛产鱼、盐。

东海：位于中国大陆东侧,北接黄海,南邻南海,是一个比较开阔的边缘海,面积约77万平方千米。东海有我国著名的舟山渔场,盛产黄鱼、带鱼和墨鱼等。

南海：位于中国南部,面积约350万平方千米,平均深度1 212米,最深达5 567米,是中国近海中面积最大、最深的海区,盛产鱼、虾和名贵海产,拥有丰富的油气资源、矿产资源,以及滨海和海岛旅游资源。

◇我国的五大淡水湖是哪些?

鄱阳湖：位于江西省北部,古称"彭蠡""彭泽",是中国最大的淡水湖。鄱阳湖水草丰美,是白鹤、天鹅等多种珍贵鸟类的栖息地,素有"珍禽王国""候鸟天堂"的美称。

洞庭湖：位于湖南省北部，是中国第二大淡水湖，湖内鱼、虾种类繁多，是我国著名的"鱼米之乡"。著名的岳阳楼就位于洞庭湖东岸。

太湖：位于江苏省南部，湖面形状像一个手掌，湖内产的银鱼、梅鲚和白虾合称为"太湖三宝"，有蠡园、鼋头渚等胜景。

洪泽湖：位于江苏省西北部，既是大型水库、航运枢纽，又是渔业、禽畜养殖业发达，素有"日出斗金"的美誉。

巢湖：位于安徽省中部，因湖面呈鸟巢状而得名，是典型的浅水湖泊，有著名的"水上四珍"，即湖蟹、银鱼、虾米、珍珠。

古都名城

◇中国"八大古都"都有哪些？

洛阳：在河南省西部，因地处洛水之阳而得名。以洛阳为都城的朝代有东汉、曹魏、北魏（493年后）、隋朝（隋炀帝后）等。著名文化古迹有龙门石窟、白马寺、仰韶遗址、汉魏洛阳故城遗址和隋唐洛阳城遗址等。

郑州：在河南省中北部，是今河南省会。以郑州为都城的朝代有商朝（早中期）、春秋时期（郑国国都）、战国时期（韩国国都）等。著名古迹有郑州商城遗址、大河村遗址等。

安阳：在河南省北部。以安阳为都城的朝代有商朝（中后期）、东魏等。著名古迹有殷墟遗址、曹操高陵遗址等。

西安：在陕西省中部，今陕西省会。以西安为都城的朝代有西汉、唐朝等。著名古迹有秦始皇兵马俑、阿房宫遗址、大雁塔、大明宫遗址、华清池、钟楼等。

开封：在河南省中东部。以开封为都城的朝代有北宋、金朝等。《清明上河图》描绘的就是北宋时期开封城的繁华景象。著名古迹有铁塔、相国寺、龙亭等。

南京：在江苏省西南部，今江苏省会。以南京为都城的代表朝代有三国时期（东吴都城）、明朝（初期）等。著名古迹有明故宫遗址、夫子庙、中山陵等。

杭州：在浙江省北部，今浙江省会。以杭州为都城的朝代有吴越、南宋等。名胜古迹有西湖、雷峰塔、灵隐寺等。

北京：在中国北部、华北平原

北端，是今中国首都。历史上以北京为都城的朝代有元朝、明朝（明成祖后）、清朝等。古迹有故宫、长城、颐和园、圆明园、天坛等。

◇ **历史上哪个城市被称为"六朝古都"？**

南京。南京在历史上曾是东吴，东晋，南朝宋、齐、梁、陈的都城，这六个朝代合称"六朝"，因此南京也被称为"六朝古都"。之后南唐、明、太平天国、中华民国相继在南京定都，共计十个朝代，故南京又被称为"十朝都会"。

◇ **历史上哪个城市被称为"十三朝古都"？**

西安。西安是我国建都朝代最多、建都时间最长的古都。历史上，先后有13个王朝在西安地区建都，分别是西周、秦、西汉、新、东汉（汉献帝初）、西晋（晋愍帝）、前赵、前秦、后秦、西魏、北周、隋、唐，前后历时一千多年。其中，西周、秦、汉、唐等朝代在西安的历史进程中影响最大，留下的历史文化遗产最多。

· 西安大雁塔

◇ **"对称古都"指的是哪个城市？**

北京。北京的城市布局具有中轴对称性，它以故宫为中心，从永定门、前门、天安门、午门、神武门、景山、地安门、钟楼直到鼓楼为止，形成一条南北向的中轴线，东四、西四等南北平行的大街以及许多条胡同均整齐地分列在中轴线的两旁，展现出严谨的对称之美。此外，北京的故宫、天坛、地坛等古建筑的布局和装饰也都遵循了对称的原则。这种对称性不仅体现了古代城市规划的智慧，也赋予了北京一种稳重、端庄的气质。

◇ **中国历史上被证实的第一个都城是哪个？**

殷都。公元前1300年，商朝

的第 20 代王盘庚将国都迁到殷（今河南省安阳市小屯村），史称"殷都"。此后，殷都作为王都经历了八代十二王的统治，历时 273 年。在商朝衰落、灭亡时，曾经繁荣兴盛的殷都被战火摧毁，逐渐荒芜，最终成了一片废墟。20 世纪初，考古工作者发现了殷都遗址，在这之后又发掘出了丰富的文物古迹，包括 53 座宫殿基址、11 座殷王大墓和 16 万余片刻辞甲骨等，殷都也成了我国历史上第一个有文献可考并为甲骨文和考古发掘所证实的古代都城，被誉为"中国第一古都"。值得一提的是，殷墟即是我国最早发现甲骨文的地方，也是发掘甲骨文数量最多的地方。

◇ 开封"城摞城"的奇观是怎么形成的？

"城摞城"指开封地下有六座不同朝代的城池层层叠压的现象。历史上，开封多次遭受黄河水患、战乱等灾难，城池一次次遭到破坏，并被深埋于地下。每次城池被埋后，开封人民就在旧城址上重新建城，如此"毁了建、建了毁"，不断循环，最终形成了"城摞城"的奇观。考古发掘证实，在今开封城地下约 3~14 米范围内的六座城池，自下而上分别是战国时期魏国大梁城、唐代汴州城、北宋东京城、金代汴京城、明代开封城和清代开封城。其中魏国大梁城、北宋东京城、金代汴京城是当时的国都，明、清两代开封城是省城，唐代汴州城是中原重镇。

◇ 世界上唯一一座城市中轴线从未变动的城市是哪座？

开封。开封地下的六座古城在重建过程中，基本格局相较于之前，都没有发生很大的变化，其南北中轴线上的城市中心街道也是在原址上重建或改建的。考古发现，目前开封地下埋藏最深的南北中轴线起源于唐代，历经五代、宋、元、明、清各代，其位置始终没有明显的偏移，甚至还是如今开封市的中轴线"中山路"的前身。

◇ 为什么成都被人们称为"天府之国"？

因为成都农业发达，粮食充足，社会安定。"天府"一词最初指的是专门保管国家珍宝、库藏的官职，后来被引申为天然府库，用来比喻自然条件优越、物产丰富的地方。成都所在的四川盆地气候温和、雨量充沛、土壤肥沃，具备发展农业的优越条件。特别是战国时期秦国的李冰在成都修建都江堰后，当地的洪水泛滥问题得到有效解决，农田灌溉用水得到保障，成都的农业因此更加发达，粮食连年丰收，成为中央王朝的重要粮仓。此外，盆地地形在冷兵器时代具有易守难攻的优势，使成都较少受到战争的侵扰，社会环境相对安定，有利于经济繁荣发展。因此，成都获得了"天府之国"的美誉。

◇为什么南京又叫"石头城"？

与东汉时孙权在石头山筑城有关。石头山即今天的南京市清凉山，其山势险峻，石质坚硬。东汉晚期，孙权在石头山修筑城池，利用山岩这一天然屏障作为防御工事，并将该城命名为"石头城"。此后，石头城由于坚固的城防和优越的战略位置，在历史上长期作为军事要塞，东晋、南朝宋等各代统治者凭借这一要塞固守南京。久而久之，石头城成为南京的象征，人们习惯称南京为"石头城"。

◇为什么洛阳以牡丹名满天下？

与洛阳的地质、气候条件和古都文化有关。从气候、地质来看，洛阳一带气候温和湿润，土壤肥沃，土壤富含锰、铜、锌等营养元素。这些条件使洛阳成为牡丹生长的"风水宝地"，培育出的牡丹花色艳丽、花形饱满。从古都文化角度来看，历史上繁荣的隋、唐两朝均在洛阳建都，当时的皇室贵族偏爱牡丹。在皇室的引导下，洛阳民间种牡丹的人逐渐增多，赏花之风盛行。另外，洛阳牡丹也常出现在文人雅士的诗词歌赋和绘画中，被广泛传唱、赞颂，从而名扬四海。新中国成立后，洛阳牡丹种植产业持续发展，续写"洛阳牡丹甲天下"的传奇。

◇为什么说"上有天堂，下有苏杭"？

因为苏杭地区经济繁荣，景色宜人。"苏杭"指江苏的苏州和杭州。大约从北宋起，民间就流传着"上有天堂，下有苏杭"之类的说法，赞美苏杭地区的美丽风光和繁荣经济。苏州以其精美的园林艺术和旖旎的水乡景致闻名，拥有拙政园、留园等众多名园，充满诗情画意。杭州西湖的湖光山色名扬四海，四季风情各具特色，"西湖十景"更是美不胜收。经济上，苏杭自古便是富饶之地，物产丰富，商贸繁荣，丝绸产业尤为发达，当地人民安居乐业。因此，人们常说"上有天堂，下有苏杭"，称赞苏州和杭州像天堂一样美好。

• 杭州西湖

◇为什么景德镇被称为"瓷都"？

因为景德镇制瓷历史悠久，且代表我国制瓷技艺的最高峰。江西景德镇盛产优质的陶瓷原料，制瓷历史悠久，可追溯到一千多年前的东汉末年。公元10世纪，以景德镇为中心，我国开始向朝鲜、日本以及欧洲各国传播制瓷技术，景德镇成为西方了解和学习中华文化的重要窗口。景德镇代表着我国制瓷技艺的最高峰，所烧制的瓷器不仅是实用的生活用品，更是精美的艺术品，为全世界各大博物馆所珍藏。因此，景德镇是当之无愧的世界"瓷都"。

◇为什么佛山有"武术之城"的美誉？

因为佛山习武之风盛行，诞生了多位武术大师。佛山位于广东省中南部，自古工商业繁荣，因此百姓相对富裕，有余暇和财力学习武术。在此背景下，当地形成了习武强身的传统。同时，大量涌入的外来人口给佛山带来了一些治安问题，当地人纷纷习武以保护自己和家族，武馆也因此盛行。经济繁荣、习武之风盛行的佛山吸引了各路武林人士来此谋生，他们带来不同的武术流派，丰富了佛山的武术文化。佛山是洪拳、咏春拳等武术流派的主要发源地和繁荣地，孕育了黄飞鸿、叶问等武术大师，堪称中国人心中的武林圣地。2004年，中国武术协会授予佛山"武术之城"的称号，佛山是全国首个也是唯一一个获得该称号的城市。

◇古人为什么爱"下扬州"？

因为扬州的风景、文化、美食

等吸引着古人前来游玩。扬州位于江苏省中部，地处长江与大运河的交汇处，交通便利，经济贸易繁荣，美食、戏曲、书画等文化相当丰富，还有瘦西湖、何园、二十四桥等美景胜迹。在唐代，李白《黄鹤楼送孟浩然之广陵》中的一句"烟花三月下扬州"，吸引了无数文人墨客来到扬州。他们流连忘返，留下众多有关扬州的诗词佳作，向世人推荐了美丽富饶的扬州。此后，在漫长的岁月中，扬州一直都是许多人向往的旅行目的地。

◇古代著名的流放地有哪几个？

宁古塔：位于我国东北边疆，环境恶劣，气候极为寒冷，经常八九月就开始下雪，最低气温可达-40℃。宁古塔是清朝时期著名的流放地，许多文人被流放到这里，被活活冻死的人不在少数。

岭南：五岭以南，主要指今广东、广西和海南一带。古代岭南地区气候湿热，瘴气弥漫，有大量的毒虫猛兽，被称为"烟瘴之地"。被流放到这里的人，很多会因感染热疾而死。到了宋代，岭南经过开发，环境已得到极大改善。

崖州：即今海南省三亚市崖州区。崖州地理位置偏远，交通不便，流放者往往感到自己与世隔绝。该地地处热带，终年高温多雨，最高气温可达40℃，酷热难当。

房陵：即今湖北省十堰市房县。房陵山高林密，环境清幽，生存环境比其他流放地稍好，被流放到此的大多是皇亲国戚和权臣，如唐中宗李显曾被武则天流放至此。

◇这些城市的古称是什么？

北京——蓟、燕京、顺天府、北平
开封——汴梁、汴州、东京、汴京
西安——长安、京兆、奉元、西京
洛阳——神都、雒阳、洛京、洛邑
南京——金陵、建业、建康
杭州——临安、钱塘、武林
苏州——姑苏、吴郡、平江
扬州——广陵、淮上、江都
绍兴——会稽、蠡城、越州
荆州——江陵、郢都、南郡
镇江——京口、润州
长沙——潭州、星城
天津——津沽、津门
沈阳——盛京、奉天
临沂——琅琊、沂州

◇ 这些城市的别称是什么？

上海——魔都	武汉——江城
昆明——春城	福州——榕城
泸州——酒城	鞍山——钢城
丰都——鬼城	个旧——锡都
潍坊——风筝城	拉萨——日光城
哈尔滨——冰城	南昌——英雄城

大庆——石油城

成都——锦官城、蓉城

广州——羊城、花城

重庆——山城、雾都

贵阳——避暑之都

舟山——千岛之城

青岛——东方瑞士

名胜古迹

◇ 为什么北京故宫又叫紫禁城？

《广雅·释天》中有"天宫谓之紫宫"的说法，意思是天帝的居所被称作"紫宫"。皇帝自称天子（有说法认为紫微星代指天子），即天帝之子，因此皇帝居住的皇宫被喻为紫宫。又因为古代皇宫为百姓禁地，故称皇宫为"紫禁城"。紫禁城建成于明永乐十八年（1420），直至1925年在此处建造故宫博物院后，才改称"故宫"。

◇ 北京故宫共住过多少位皇帝？

24位，其中明代皇帝14位，清代皇帝10位。在故宫居住过的明代皇帝为：明成祖朱棣、明仁宗朱高炽、明宣宗朱瞻基、明英宗朱祁镇、明代宗朱祁钰、明宪宗朱见深、明孝宗朱祐樘、明武宗朱厚照、明世宗朱厚熜、明穆宗朱载垕、明神宗朱翊钧、明光宗朱常洛、明熹宗朱由校、明思宗朱由检。在故宫居住过的清朝皇帝为：清世祖爱新觉罗·福临、清圣祖爱新觉罗·玄烨、清世宗爱新觉罗·胤禛、清高宗爱新觉罗·弘历、清仁宗爱新觉罗·颙琰、清宣宗爱新觉罗·旻宁、清文宗爱新觉罗·奕詝、清穆宗爱新觉罗·载淳、清德宗爱新觉罗·载湉，以及末代皇帝爱新觉罗·溥仪。第一位入住紫禁城的皇帝是明朝第三位皇帝明成祖朱棣，最后一位住在紫禁城的皇帝是宣统帝爱新觉罗·溥仪。

· 北京故宫

◇天坛在古代有什么作用？

祭祀和祈谷。天坛始建于明永乐十八年（1420），是明清两代帝王祭天和祈祷丰年的场所，最初名为"天地坛"，嘉靖年间改称"天坛"。天坛的主体建筑为圆形，整体观感肃穆庄严，体现了中国古代"天圆地方"的思想观念。在清代晚期，天坛曾遭到英法联军和八国联军的破坏，新中国成立后进行过多次整修。

·天坛

◇被誉为"万园之园"的是哪个园林？

圆明园。圆明园为圆明、长春、万春（也叫绮春）三园的总称，始建于清康熙四十八年（1709），是康熙帝赐给儿子胤禛的皇家御苑。圆明园在继承和发展古典园林建筑艺术、借鉴中国南北名园胜景之外，还吸收西洋建筑风格特色，建成各具风格的景区150余处。园内珍宝文玩数不胜数，典籍藏书汗牛充栋。圆明园集园林建设艺术之大成，因此被誉为"万园之园"。

◇为什么秦始皇陵兵马俑被誉为"世界第八大奇迹"？

秦始皇陵兵马俑因其雕塑群巨大的体量和空前的规模，以及高超的工艺水平，被誉为"世界第八大奇迹"。秦始皇陵中目前已发掘出3个兵马俑坑，已发现的陶俑、陶马和铜车马的总数超过了7 000件。兵马俑造型生动、细节精致，陶俑的发饰和服饰都非常讲究。这些兵马俑整体上组成坐西向东的军阵，再现了凛然不可侵犯的秦军气派，是秦始皇"示强威、服海内"思想的体现。

◇万里长城真的有一万里长吗？

不止一万里。据国家文物局和测绘部门的调查，至今保存最完整的明长城（明代修建的长城）总长度为8 851.8千米，远超1万里。为了防御别国侵扰，从春秋战国时期起，各诸侯国就开始修筑长城，直至秦国统一六国后，将秦、赵、燕三国的北边长城予以修缮连贯，长城的总长度达1万余里，才有了后来"万里长城"的说法。经过科学系统地测算，历代长城总长度是21 196.18千米。但因各种因素限制，长城的总长度测算结果并不完全准确，更精确的数字还需要进一步测量。

◇《西游记》里的"花果山水帘洞"在哪里？

江苏省连云港市花果山景区。在吴承恩所著的小说《西游记》中，"花果山水帘洞"是孙悟空的居住地，位于世界四大部洲之一的东胜神洲傲来国。在现实生活中，符合《西游记》中对"花果山水帘洞"地理方位描述的地方是江苏省连云港市花果山景区，而且连云港口口相传的"花果山传说"于2009年被列入第二批江苏省非物质文化遗产保护名录。而在家喻户晓的1986年播出的电视剧《西游记》中，剧组在贵州省安顺市的黄果树风景名胜区取景，拍摄了"花果山水帘洞"外的壮观景象；在湖南省冷水江市北郊的波月洞风景区拍摄了"花果山水帘洞"内的场景。

◇《西游记》中的火焰山位于哪里？

位于新疆维吾尔自治区吐鲁番盆地。《西游记》中，唐僧师徒四人西天取经途中经过火焰山，火焰山火势猛烈，难以通过，后来孙悟空向铁扇公主借来芭蕉扇，扇灭了火焰山的火焰，师徒四人才得以继续西行。这个故事中火焰山的原型就在新疆维吾尔自治区吐鲁番盆地。那里的山主要由赤红砂岩构成，在夏季强光的照射下，岩石反射的红光和热浪翻滚的气流，像燃烧的火焰一般让人感到灼热难耐，这座山因此得名"火焰山"，并被当地人称为"红山"。

◇"二十四桥"是指二十四座桥吗？

有两种说法。一说"二十四桥"指的是二十四座桥，这种说法的依据来自北宋沈括的《梦溪笔谈·补笔谈》，他在书中详细列出了桥的名字。一说"二十四桥"是一座桥，据清朝李斗的《扬州画舫录》所言，"二十四桥"就是吴家砖桥。这一问题至今还没有一个准确的答案，然而在人们心目中，二十四桥已经成为一个代表扬州美景的意象。于是人们特地在扬州的瘦西湖中建了一座"二十四桥",它全长24米,有24级台阶、24根栏杆,通过明确的数字,增强人们对"二十四桥"的认同感。

◇ 为什么天涯海角游览区叫这个名字？

因为地处偏远。天涯海角游览区位于海南省三亚市下马岭,因为此地在古时远离京师,人迹寥寥,加上古人常用"天涯""海角"指代遥远的地方,所以被贬谪流放至此的官员常有身处"天涯海角"之感叹。1733年,任崖州知州的程哲在海岛一块高度约为10米的巨石上题刻"天涯"二字。抗日战争时期,国民党琼崖守备司令王毅将军在"天涯"石相邻的巨石之上题刻"海角"二字,与"天涯"相呼应。后来,"天涯"石和"海角"石成为游览区的标志和象征。

◇ "天下第一泉"指的是哪一眼泉？

趵突泉。趵突泉不仅是被誉为"千泉之城"的济南的第一泉,还被誉为"天下第一泉"。据说,趵突泉得此美誉与清朝的乾隆帝有关,他南巡之时路过此地,饮下清冽甘甜的趵突泉水,便赐封其为"天下第一泉"。作为济南四大泉群之首,趵突泉泉涌不息,"趵突腾空"的奇景彰显着大自然蓬勃的生命力,历来为文人墨客所称颂。

· 趵突泉

◇ "天下第一宫"指的是哪一座宫殿？

阿房宫。阿房宫是秦统一六国之后便开始建造的朝宫,但直至秦朝灭亡,阿房宫都没有建成。我们现在所称的"阿房"只是前殿所在地的名字。1992年,联合国教科文组织进行实地调查,认定阿房宫遗址为世界上最大的宫殿基址。2002年,我国正式开始对阿房宫遗址进行勘查、挖掘等工作,考古学家发现,阿房宫前殿遗址夯土台基东西长1 270米,南北宽426米,面积54万多平方米,是故宫总面积的三分之二。当然,阿房宫的"天下第一宫"之称如此深入人心,离不开唐朝诗人杜牧所作的《阿房宫赋》。这篇赋不仅文风富丽、气势雄浑,更深刻揭示了秦朝因靡费无度,施行暴政而最终灭亡的历史教训,发人深省。

◇哪一座寺庙被称为中国佛教"祖庭"?

洛阳白马寺。在中国历史上,存在多座以"白马寺"命名的寺院,但被尊为中国佛教"祖庭"和"释源"的是河南省洛阳市东郊的白马寺。洛阳白马寺是东汉时期佛教传入中国后建造的第一座寺院,也是我国早期佛教传播的中心。白马寺的"白马"之名的由来一般有两种说法:一说外国国君大举毁寺之时,只有招提寺没有毁坏,国君听闻有一匹白马绕塔悲鸣,受到启发,停止了毁寺的做法,并改称招提寺为白马寺,所以后来寺院起名的时候也纷纷效仿;一说汉明帝派人去往天竺取经,回城时白马驮经,故名"白马寺"。千百年来,白马寺屡毁屡建,现存建筑主要有天王殿、大佛殿、大雄殿等。

◇哪一座寺庙被称为"天下第一名刹"?

少林寺。河南省登封市的嵩山少林寺是中国佛教禅宗(中国佛教八大宗派之一)"祖庭",建于北魏时期,因为寺院建于嵩山腹地少室山林中,故称"少林寺"。佛教传说中,高僧达摩曾在寺内面壁禅修九年,最终创立了禅宗。少林寺在其后千余年间,几经毁立,寺内现存建筑有山门、达摩亭、地藏殿等,山门甬道两侧碑刻良多,被称为"少林寺碑林",有着极高的历史文化研究价值。

◇为什么神农架的深处被列为禁区?

主要与生态环境保护有关。神农架林区位于湖北省西部,面积达3 253平方千米,森林覆盖率超91%,平均海拔1 700米,被誉为"华中屋脊",是国家级、世界级自然保护区。所谓的神农架深处禁区指的是"世界级自然保护地Ⅰ级核心区"。此区域严禁人类活动,主要是为了保护其完整的原始生态和丰富的生物多样性;也因为这一区域充满未知与危险,出于对民众生命安全的考量,国家才将其列为禁区。

◇ 为什么断桥没有断，却被叫作断桥？

"断桥"之名的由来通常有三种说法：一是宋、元、明各代的县志和府志中提到"段家桥"，简称"段桥"，谐音"断桥"；二是明朝田汝成在《西湖游览志》中写道，杭州西湖白堤上的断桥因为截断了孤山向北延伸的堤路，所以得名"断桥"；三是冬雪初霁，桥阳面的冰雪消融后现出桥面，而桥阴面的冰雪未化闪着银光，从山上远远看过去，会有桥面从中断裂的错觉，所以叫"断桥"。断桥在唐代已经出现，唐朝诗人张祜的诗句"断桥荒藓涩，空院落花深"可以佐证。我们现在看到的断桥是1941年改建的，其后也经过整修。

◇ 为什么悬空寺要建在悬崖峭壁上？

悬空寺原名"玄空阁"，被誉为"恒山第一景"，是我国现存的唯一一座佛、道、儒三教合一的寺庙，始建于北魏末期。据说是北魏道教天师寇谦之向北魏太武帝献言，若能建"必令其高不闻鸡鸣狗吠之声，欲上与天神交接"的道坛，就可保太武帝得道升仙。太武帝便下旨在当时的京城（今山西大同市）东南一带建起道场，可随着北魏政权迭变，尊崇佛教的孝文帝下旨迁此道坛至都城郊外的岳山（今恒山），从此，这座千年古寺落址于悬崖峭壁间，以悬空奇巧闻名于世。

◇ 为什么娲皇阁每天晃动却千年不倒？

和娲皇阁的构造以及后续维护有关。娲皇宫景区位于河北涉县，是传说中女娲娘娘抟土造人、炼石补天的地方。娲皇阁是娲皇宫的主体建筑之一，被誉为"活楼""吊庙"，建于山体崖壁上，通高23米。娲皇阁千年不倒的原因有二：一是它的四层构造，第一层为天然石窟，石窟的岩石为坚硬的鲕状灰岩，防风蚀风化能力强。明朝天启年间，在石窟之上增建了三层木质阁楼，为确保阁楼的稳固性，匠人用九根铁索连接楼体与岩壁，当楼身前倾时，铁索就会绷直，施加反作用力，保障楼体完好和行客安全；二是各个朝代都对娲皇阁维护有加，修缮有功。

◇ 为什么说"桂林山水甲天下"？

和桂林的地貌和文人墨客的传颂有关。五岭之南的桂林地处石灰岩岩溶地区，气候湿润多雨，由于地下水对石灰岩的长期溶解作用以及地壳上升运动，造就了桂林千峰奇立、岩洞遍布、奇石林立的喀斯特地貌。山水相依、城景交融的桂林以"四绝八胜"的风景资源冠甲天下，早在中唐时期，韩愈就在《送桂州严大夫同用南字》中用"江作青罗带，山如碧玉簪"形容桂林的山清水秀；到了南宋时期，官员王正功的诗句"桂林山水甲天下，玉碧罗青意可参"更是让桂林的美丽扬名天下。

◇ 为什么九寨沟被誉为"水景之王"？

因为九寨沟的水景丰富，景色独特美丽。九寨沟自然保护区位于四川省阿坝藏族羌族自治州九寨沟县，因为有九个藏族村寨坐落于此，所以被称为"九寨沟"。九寨沟处于青藏高原向四川盆地的过渡地带，地质情况复杂，各种构造运动集成合力，造就了大规模喀斯特作用的钙华沉积，使得九寨沟形成了以高原钙华湖群、钙华瀑群和钙华滩流等水景为主体的殊异风貌。据统计，保护区内有114个高山湖泊，17处大型瀑布，水景规模、数量、景型皆是世上独有的，山水相映的九寨沟无愧"水景之王"的美誉。

◇ 为什么周庄被誉为"中国第一水乡"？

与其历史文化和水乡特色有关。周庄位于江苏省昆山市，地处昆山、吴江、上海三地交界处，宋元祐元年（1086）改名"周庄"。周庄的水域面积几乎占全镇面积的一半，向来有"镇为泽国，四面环水"的说法。周庄的古镇面貌保存完好，开启了古镇商业化的先河，是国内旅游业开发与保护并举的典范。悠久的历史文化积淀，加上秀美的江南水韵，成就了周庄"中国第一水乡"的美名。

◇ 为什么山海关被誉为"天下第一关"？

因为地势险要。万里长城十三关的第一关——山海关，地处河北省秦皇岛市，距秦皇岛市区约15千米。山海关古称"榆关""渝关""临间关"，建于 1381 年，因为北靠燕山，南接渤海，所以得名"山海关"。山海关地势险要，易守难攻，是华北通往东北的要塞，同时也是明朝皇城的关键屏障，所以时人称之为"两京锁钥无双地，万里长城第一关"，山海关的美誉"天下第一关"就由此得来。

· 山海关

◇ **为什么泰山被誉为"五岳之首"？**

泰山古称"东岳""岱山"，春秋时期开始称为"泰山"。泰山被誉为"五岳之首"有三个主要原因：一是历史文化积淀非常深厚，泰山为封建帝王举行封禅大典和祭祀天地的重要场所，也是儒、释、道"三教合一"的文化名山，历来更是被无数文人骚客所仰慕；二是地质研究价值高，泰山的形成经历了数个地质时代的演变，留下了丰富的地壳运动遗迹，具有极高的科学研究价值；三是自然景观美丽壮阔，泰山高峻雄伟、林深泉冽，以日观峰日出盛景为代表的"四大奇观"美不胜收。因为人文与自然的和谐交融，泰山成为我国诸多自然遗产中首个被联合国教科文组织载入《世界遗产名录》的名山。

◇ **为什么福建土楼主要建造成圆形？**

为了获得良好的通风和采光。福建土楼兴起于宋元时期，于明清时期逐渐发展成熟，满足了历史上闽南地区人民外防敌寇，内凝宗族的需求。福建土楼就地取材、以土造墙，形状多样，有方形、八角形、四角形、圆形等，但以圆形为主。这是因为最初的方形土楼受制于自身的形状和构造，通风不便，四角采光差，所以人们设计改进出通风、采光良好的圆形土楼，并称之为"圆楼"或"圆寨"。

◇ **为什么说云南石林是"世界喀斯特地貌的精华"？**

云南石林位于云南省石林彝族自治县境内，几乎拥有世界上所有的喀斯特地貌形态，被誉为"世界喀斯特博物馆"。它之所以被称为"世界喀斯特地貌的精华",主要有以下两个原因:一是演化历史长,云南石林的发育形成跨越了近2.7亿年,经历过多阶段和多期次的发展;二是云南石林具有形态独特、构景丰富等特点,具有不可替代的美学价值。

◇为什么三星堆遗址被誉为"长江文明之源"?

三星堆遗址位于四川省广汉市鸭子河南岸,是中国新石器时代至商周时期早期蜀文化遗址,在考古发掘过程中,发现了丰富的古蜀文化遗迹,出土了大量青铜器、玉器等特色珍贵文物。三星堆遗址的发现,扭转了人们对中华文明起源于黄河流域的一贯认知,对重构中华文明的起源发展格局有着非同一般的意义,三星堆遗址因此被誉为"长江文明之源"。

◇为什么广济桥用18艘船代替桥墩?

广济桥位于广东省潮州市的潮州古城东门之外,始建于南宋乾道七年(1171),到明嘉靖九年(1530)才形成"十八梭船廿四洲"的格局。广济桥是古时闽粤之间的交通枢纽,用18艘船代替桥墩,连为浮桥,作为可分可合的活动桥,起到通航、泄洪和架设关卡等多重作用。广济桥集梁桥、浮桥、拱桥于一体,被我国桥梁专家茅以升誉为"世界上最早的启闭式桥梁"。

◇卢沟桥上的石狮子一共有多少座?

501座。卢沟桥,也叫作"芦沟桥",始建于1189年,建成于1192年。它是北京市现存最古老的联拱石桥,据统计,桥面上共有501座石狮子。这些石狮子大小不一,形态各异,雕刻时间从金代到如今,跨越六个时代。

◇哪一尊佛像是中国最大的石刻佛像?

乐山大佛。乐山大佛在四川省乐山市,是依峨眉山东麓凌云山栖鸾峰开凿的弥勒石刻大佛,也被称为"嘉定大佛""凌云大佛"。乐山大佛始建于唐开元元年(713),历经数次停工复建,最终于贞元十九年(803)建成。佛像通高71米,庄严肃穆，虽建在易风化的红砂岩上，但因为排水通风系统设计巧妙，加之历朝历代的维护和大佛阁（宋元时期损毁）四百余年的保护，才经受住了风雨洗礼，让我们窥见盛唐风华的一角。

◇中国现存海拔最高的宫殿是哪一座？

布达拉宫。布达拉宫位于西藏自治区拉萨市区西北的红山上，海拔3 700多米，主要由红宫、白宫两大部分构成，主楼高117米，共13层，是世界上海拔最高、规模最大的藏式宫堡式建筑群，被誉为"世界屋脊上的明珠"。它始建于松赞干布时代，从五世达赖喇嘛开始，成为历世达赖喇嘛的冬宫，也是西藏政教合一的统治中心。后来经多次扩建，布达拉宫逐渐形成了现今气势恢宏、巍峨奇丽的样貌。

· 布达拉宫

◇中国最高的木建筑是哪一座？

应县木塔。应县木塔，又名佛宫寺释迦塔，位于山西省朔州市应县，木塔高67.31米，底部直径30.27米，是世界上现存最高大、最古老的纯木结构楼阁式建筑，与意大利比萨斜塔、法国埃菲尔铁塔并称"世界三大奇塔"，2016年被吉尼斯世界纪录认证为"世界上最高的木塔"。塔内曾发现极为珍贵的辽代文物，为研究辽代的历史文化提供了宝贵的资料。塔内五个实层中，都有保存较好的彩塑佛像，还供有两颗释迦牟尼灵牙遗骨，是佛教界的圣物。

◇中国现存规模最大的皇陵建筑群是哪一处？

明十三陵。明十三陵地处北京市昌平区天寿山麓，总面积约120平方千米，因为先后埋葬了13位明朝皇帝，所以得名"明十三陵"。按建造时间排序，帝陵依次为长陵、献陵、景陵、裕陵、茂陵、泰陵、康陵、永陵、昭陵、定陵、庆陵、德陵、思陵。明十三陵整体布局和谐，规模宏大，始建于明永乐七年（1409），但在明永乐六年（1408），明成祖朱棣就命人卜选陵址，最终在昌平境内的黄土山找到一处"万年吉壤"，黄土山也因此被封为"天寿山"。

◇世界上里程最长、工程最大的古代运河是哪一条？

京杭大运河。京杭大运河又名"大运河""南北大运河"，简称"运河"。运河北起北京，南至杭州，经两市四省，全长1 747千米，始凿于春秋末期，至今已有2 500多年历史。京杭运河集通航、灌溉、排洪等功能于一体，在隋朝和元朝两朝经过大规模扩展，对历代王朝的政治、军事、经济和文化发展均起到重要作用。

◇"中国佛教四大名山"是哪四座？

五台山：位于山西省忻州市五台县，也叫"清凉山"，是中国佛教四大名山之首，同时也是世界五大佛教圣地之一，是传说中文殊菩萨显灵说法的道场，山上有南禅寺、佛光寺、殊像寺、显通寺等多座佛寺。

峨眉山：位于四川省峨眉山市，佛教称之为"光明山"，被誉为"佛国天堂"，是传说中普贤菩萨显灵说法的道场，山上有万年寺、报国寺、仙峰寺等佛寺。

普陀山：即普陀岛，位于浙江省舟山群岛东部，普陀山四面环海、山海兼胜，自古就被誉为"人间第一清净地"，是传说中观音菩萨显灵说法的道场，山上有普济寺、法雨寺、慧济寺等佛寺。

九华山：位于安徽省池州市青阳县，旧称"九子山"，有"莲花佛国"之称，是传说中地藏菩萨显灵说法的道场，山上有化城寺、甘露寺等佛寺。

◇"道教四大名山"是哪四座？

武当山：位于湖北省丹江口市，古称"太和山"，是武当派拳术和太极拳的发源地，也是道教四大名山之首，据说真武帝君曾在此修炼并得道飞升。武当山在明朝时被皇帝封为"大岳"，地位超然。

龙虎山：位于江西省鹰潭市，有"丹霞仙境"的美誉，道教正一派"祖庭"，被道教称为"第三十二福地"。据说在东汉时期，正一派创始人张道陵曾在此山中炼丹修道，丹药炼成之时，龙虎现身，此山也因此从"云锦山"改名为"龙虎山"。

青城山：位于四川省都江堰市，古称"天谷山""丈人山"，是中国道教的发源地之一，早在秦朝，就是国家祭祀的十八处山、川圣地之一，一直以来享有"洞天福地""青城天下幽"的美誉。

齐云山：位于安徽省休宁县城西北处，古称"白岳"，被清乾隆帝誉为"天下无双胜景，江南第一名山"。齐云山是道教圣地之一，供奉玄天上帝，是江南道教活动中心，有"江南小武当"的美名。

◇中国"四大园林"是哪四座？

颐和园：位于北京市海淀区，始建于清乾隆十五年（1750），原为帝王的行宫花园，前身清漪园，是我国现存规模最大、保存最完整的皇家园林。咸丰十年（1860），清漪园遭到英法联军焚毁。光绪十四年（1888），慈禧太后挪用海军经费命人重建，改称颐和园，颐和园自此之后又经几番毁立。

承德避暑山庄：位于河北省承德市，始建于清康熙四十二年（1703），建成于乾隆五十七年（1792），又名"承德离宫""热河行宫"。承德避暑山庄是清代帝王避暑、处理政务的夏宫，由宫殿区和苑景区组成，是中国自然山水宫苑的典范。

留园：位于江苏省苏州市，始建于明万历二十一年（1593），是太仆徐泰时的私家园林，人称"东园"。清嘉庆三年（1798）改建完成，并更名为"寒碧山庄"，因园主人姓刘，俗称"刘园"。光绪年间修缮完工，当时的园主人取"刘"音而改其字，称"留园"。留园以精妙的山水布局和独具特色的建筑景观，成为江南园林艺术的代表。

拙政园：位于江苏省苏州市，始建于明正德初年，园中建筑多临水建造，分东、中、西三部分，规划布局疏密自然，山水亭台辉映成趣，是面积最大的苏州古典园林，也被誉为"天下园林之母"。

· 颐和园

◇ 中国"四大名亭"是哪四座？

醉翁亭：位于安徽省滁州市琅邪山麓，建于北宋庆历年间，由一位山僧修建，因欧阳修的《醉翁亭记》留名史册，是赏泉观鸟的佳处。

陶然亭：位于北京西城区，始建于清康熙三十四年（1695），康熙四十三年（1704）改亭建轩，1952年进行全面整修，陶然亭的"陶然"之名取自中唐诗人白居易诗句"更待菊黄家酿熟，共君一醉一陶然"之意。

爱晚亭：位于湖南省长沙市岳麓山腰，始建于清乾隆五十七年（1792），爱晚亭原称"爱枫亭"，后取晚唐诗人杜牧诗句"停车坐爱枫林晚，霜叶红于二月花"之意而改为"爱晚亭"。

湖心亭：位于浙江省杭州市西湖中央，与三潭印月、阮公墩合称"湖中三岛"。"湖心平眺"是清雍正年间"西湖十八景"之一。

◇ 中国"四大名楼"是哪四座？

滕王阁：位于江西省南昌市，始建于唐永徽四年（653），由唐高祖的儿子李元婴任洪州都督时建造，因为李元婴曾被封为滕王，所以阁名称作"滕王阁"，有"西江第一楼"的美誉，因王勃的《滕王阁序》而名扬天下。现在的滕王阁是1989年重建起来的。

岳阳楼：位于湖南省岳阳市，始建于220年前后，北宋时期滕子京曾对其进行重修，但现在的岳阳楼延续的是清光绪六年（1880）建造时的形制。岳阳楼为纯木结构，没用一钉一铆，是我国现存唯一的盔顶结构的古建筑。

黄鹤楼：位于湖北省武汉市蛇山之上，始建于三国时期，有"天下绝景"之称。黄鹤楼历代屡废屡建，直到清光绪十年（1884），最后一座木质结构的黄鹤楼被焚毁。1985年择址新建的黄鹤楼是钢筋混凝土框架仿木结构。

蓬莱阁：位于山东省烟台市蓬莱区，始建于北宋嘉祐年间，明万历十七年（1589）增修扩建了一批殿寺建筑，总称"蓬莱阁"。蓬莱阁素有"人间仙境"的美名，因为独特的地理位置和气象条件，"海市蜃楼"的奇观频现。

中国"四大名楼"存在争议，一说是黄鹤楼、岳阳楼、滕王阁和蓬莱阁；另一说是黄鹤楼、岳阳楼、滕王阁和鹳雀楼。

> **知识拓展**
>
> 鹳雀楼，又名"鹳鹊楼"，位于山西省永济市，始建于北周时期，原本是座军事戍楼。鹳雀楼存世700多年，毁于元朝初年，重建于1997年，是国内唯一采用唐代彩画艺术恢复的唐代建筑。盛唐诗人王之涣的《登鹳雀楼》一诗，让"黄河明珠"——鹳雀楼扬名天下。

◇中国"四大石窟"是哪四座？

莫高窟：位于甘肃省敦煌市东南，俗称"千佛洞"，窟群南北全长1 600多米，现存壁画和雕塑作品共492窟，壁画约有4.5万平方米。莫高窟建在不适合雕刻的砾石岩层上，因此人们在开凿的窟壁上抹泥灰、涂白粉，平整墙面，然后再在上面绘画。莫高窟壁画的内容十分丰富，呈现出广泛、详尽的佛经内容和社会风貌。

云冈石窟：位于山西省大同市，原名武州（周）山石窟寺，明朝改称云冈石窟。石窟的东西全长约1 000米，现存主要洞窟45个，造像5.9万余尊，造像最高为17米，最小为2厘米。其中最具代表性的第20窟，淋漓尽致地展现了北魏鲜卑族的民族风格。

· 云冈石窟

龙门石窟：位于河南省洛阳市，又称"伊阙石窟"，始建凿于北魏孝文帝年间，后经历朝400多年的营造。石窟南北长达1 000米，造像10万余尊，是世界上造像数量最多的石刻艺术宝库，最著名的卢舍那大佛被国际游客誉为"东方蒙娜丽莎"。

麦积山石窟：位于甘肃省天水市，山形似麦垛，故得此名。麦积山石窟始建凿于十六国后秦时期，后经各个王朝的营造，现存窟龛200多个，各种造像约4 000件，造像高者有十多米，小者只有十几厘米。石窟造像以泥塑为主，又经历代修凿雕塑，全面展现出我国古代泥塑艺术的演化历程，被誉为"东方雕塑陈列馆"。

◇中国"四大古城"是哪四座？

平遥古城：位于山西省晋中市平遥县，始建于西周宣王时期，古城整体设计契合封建礼制格局，是中国古代县城的独特典例。

丽江古城：位于云南省丽江市古城区，始建于宋末元初，依山造城、城景相融，被称作具有"小桥流水人家"的东方山水园林城市，处处彰显着"天""地""人"的和谐共生。

阆中古城：位于四川省南充市阆中市，距今已有2300余年建城史，是中国保存最完好的古城之一，山环水绕、宜人宜居，自古便有"阆苑仙境"的美名。

徽州古城：位于安徽省黄山市歙县，始建于秦朝，也称"歙县古城"，是"徽学"发源地，被誉为"东南邹鲁、礼仪之邦"。

地理之最

◇我国最长的河是哪条？

长江。长江是中国第一大河，也是世界第三大河，源自青藏高原的唐古拉山脉各拉丹冬峰，全长6300多千米，流域面积约占我国陆地总面积的五分之一，是中华民族的母亲河。长江干流流经我国八省二市一区，一般被划分为三段，但也有更细致的分法将长江划分为以下五段：长江源区、长江上游、长江中游、长江下游、长江河口。

◇我国最长的内陆河是哪条？

塔里木河。塔里木河是我国最长的内陆河，也是新疆的母亲河，其上源包括源出天山的阿克苏河、源出喀喇昆仑山的叶尔羌河与源出昆仑山的和田河，河水主要靠降水和冰雪融水补给。塔里木河全长2100多千米，要是从最长的源流叶尔羌河算起，全长则为2400多千米。塔里木河穿过阿克苏、沙雅等县（市）的南部，最终注入台特马湖。

◇我国最长的地下河是哪条？

吐鲁番盆地坎儿井。坎儿井，古称"井渠"，一个完整的坎儿井结构主要由竖井、地下渠道、地上渠道、涝坝四个部分构成，其运作原理是人们利用山体的自然坡度，将夏季渗入地下的大量融雪和雨水引出地表进行灌溉。新疆吐鲁番盆地坎儿井的数量超过1 000条，总长度为5 000多千米。坎儿井主要分布在我国新疆地区，是干旱、半干旱地区人民为了适应自然环境而开发的一种地下水利工程，也是绿洲文明的源头。

◇**我国海拔最高的河是哪条？**

雅鲁藏布江。雅鲁藏布江发源于海拔5 300米以上的喜马拉雅山脉中段，河床高度大部分超过海拔3 000米，是我国海拔最高的大河。雅鲁藏布江是国际性水系，全长2 900多千米，在我国境内全长2 057千米，在我国的流域面积约占总流域面积的25.7%，流经3个国家，最终注入孟加拉湾。其中，雅鲁藏布江中游长约400千米的拉孜至泽当这一段，是我国海拔最高的通航河段。

◇**我国含沙量最高的河是哪条？**

黄河。黄河是中国第二长河、中华民族的母亲河，也是世界长河之一，发源于青藏高原巴颜喀拉山北麓的约古宗列盆地，全长5 464千米，向东流经青海、四川、甘肃、宁夏、内蒙古、山西、陕西、河南及山东9个省（自治区），最终注入渤海。黄河是世界上含沙量最多的河流，平均年输入下游的泥沙达16亿吨，其中约75%的泥沙会流入大海。黄河泥沙含量如此之高的原因是河流中游流经我国水土流失严重的黄土高原地区，使得黄河的含沙量大大增加。

◇**我国落差最大的瀑布是哪条？**

蛟龙瀑布。蛟龙瀑布位于台湾省嘉义县丰山村，是因断层而形成的瀑布，总落差约846米，比"亚洲第一高瀑"云台天瀑的落差还要大500多米，为台湾省落差最大的瀑布，也是我国已知落差最大的水流型瀑布。蛟龙瀑布在夏季丰水期的时候，俯冲而下、气势磅礴，被誉为"丰山十景"之一。

◇**我国最深的峡谷是哪座？**

雅鲁藏布大峡谷。雅鲁藏布大峡谷位于西藏自治区东南部，北起米林县的大渡卡村，南到墨脱县巴昔卡村，全长超过500千米，平均深度为2 268米，最深处能达到6 009米。雅鲁藏布大峡谷是世界上最深、最窄、最长的峡谷，整个峡谷地区冰川、绝壁、陡坡、大河等交错，共有9个垂直自然带，被地理学家称作"打开地球历史之门的锁孔"。

◇ 我国海拔最高的湖是哪个？

纳木错。纳木错也叫作"腾格里湖"，位于西藏自治区当雄县城西北部，是西藏三大圣湖之一。纳木错是因"喜马拉雅运动"而形成的构造陷落湖，湖面海拔为4 718米，不仅是我国海拔最高的湖，也是世界上海拔最高的内陆湖。

· 纳木错

◇ 我国最深的湖是哪个？

长白山天池。长白山天池在吉林省东南部，被长白山十六峰环绕，是我国和朝鲜的界湖，湖的北部在我国境内。长白山天池海拔为2 100多米，整体轮廓呈椭圆形，平均水深为204米，最深处达373米，是我国最深的湖泊，也是世界上最深的高山湖泊之一。

◇ 我国海拔最高的山是哪座？

珠穆朗玛峰。珠穆朗玛峰（尼泊尔称其为萨迦玛塔）是喜马拉雅山脉中的主峰，是世界第一高峰，被称为"世界第三极"，在中国西藏自治区和尼泊尔接界处的喜马拉雅山中段。珠穆朗玛峰是典型的断块上升山峰，北坡在中国境内，南坡在尼泊尔境内。2020年，我国测量登山队测得珠穆朗玛峰的海拔为8 848.86米。

◇ 我国最大的沙漠是哪个？

塔克拉玛干沙漠。塔克拉玛干沙漠在新疆南部的塔里木盆地中部，因此也被称为"塔里木沙漠"。塔克拉玛干沙漠东西长约1 000千米，南北宽约400千米，海拔为800～1 500米，面积为33.76万平方千米，是中国最大的沙漠，也是世界第二大流动沙漠，流沙面积居世界第一位。

◇ 我国最大的草原是哪个？

呼伦贝尔草原。呼伦贝尔草原

位于内蒙古自治区东北部,大兴安岭以西,面积约11.3万平方千米,拥有3 000多条河流和500多个湖泊,草层高而密,是适合放牧的优良牧场。呼伦贝尔草原是我国目前保存较完好的草原,也是世界上原生态保持较好的大草原之一,被誉为"绿色净土"。

◇我国最大的海岛是哪个?

台湾岛。台湾岛在中国沿海大陆架上,隔台湾海峡和福建省相望。远古时期,台湾与大陆相连,但因为一系列的地壳运动,相连处被海水淹没,台湾岛才由此出现。台湾岛是台湾省的本部,面积为3.578万平方千米,约占全省面积的99%。台湾岛岛内三分之二的地形为山地,因此也被叫作"高山岛"。

◇我国最热的地方是哪里?

吐鲁番盆地。吐鲁番盆地位于新疆维吾尔自治区中部,是天山东部四面环山的盆地。吐鲁番曾经观测到的极端最高气温为49.6℃,地表温度曾达到82.3℃,有"火洲""中国热极"之称。四面环山、热量难以散去的低海拔盆地地形,以及干旱少雨的气候,是吐鲁番盆地夏季高温的原因。

◇我国面积最小、人口最少的省级行政区是哪个?

澳门特别行政区。澳门位于我国东南沿海的珠江口西岸,古称"蠔镜"(或"濠镜""濠镜澳")。澳门陆地面积约33.3平方千米,截至2024年第一季末,人口约为68.6万,居民以华人为主,主要居住在澳门半岛,氹仔岛和路环岛两个离岛上的居住人口较少。澳门虽然陆地面积小,但它是世界上人口最稠密的地区之一。

◇我国面积最大的省级行政区是哪个?

新疆维吾尔自治区。新疆维吾尔自治区简称"新",位于祖国西部,是我国向西开放的重要门户。新疆总面积约166万平方千米,大概相当于9个广东省,主要有维吾尔族、汉族、哈萨克族等13个民族,截至2023年末,全区常住人口约2 598万人。新疆的地形特点为"三山夹两盆":"三山"指的是北部的阿尔泰山、中部天山和南部昆仑山；"两盆"指的是南疆的塔里木盆地和北疆的准噶尔盆地。

◇ **我国轮廓最长、邻省最多的省级行政区是哪个？**

内蒙古自治区。内蒙古自治区位于我国北部边疆，横跨东北、华北、西北地区，整体呈狭长形，东西长约2400千米，南北最大跨度为1700多千米，边境线长4200多千米。内蒙古与国内的黑龙江、吉林、辽宁、河北等8个省区相邻，是我国跨经度最大、轮廓最狭长、邻省最多的省级行政区。

◇ **我国海岸线最曲折的省级行政区是哪个？**

福建省。福建处于中国东南沿海区域，地势西高东低，水系密布，多山地、丘陵。福建省全省的海域面积为13.6万平方千米，海岛有2200个，海岛岸线长2400多千米，大陆海岸线全长3752千米，位居全国第二，曲折率约为1∶7，位居全国第一。福建海岸线曲折的原因多种多样，比如地质构造运动、河流堆积、海浪侵蚀等。

◇ **我国人口最多的省级行政区是哪个？**

广东省。第七次全国人口普查结果显示，我国大陆的31个省、自治区、直辖市中，常住人口超过1亿人的省份有两个，分别是广东（超1.26亿人）和山东（约1.02亿人），各占全国总人口的8.93％和7.19％。截至2023年年末，广东全省常住人口达1.27亿人。广东省之所以成为人口大省，与其超大经济体量和产业需求、民生保障政策、不断升级的公共资源服务紧密相关。

◇ **我国岛屿最多的省级行政区是哪个？**

浙江省。浙江省位于中国东南沿海、长江三角洲南翼，海域面积为26万平方千米，海岛主要分布在舟山、宁波、台州、温州等地。据浙江省人民政府网站资料显示，浙江省全省有2878个面积大于500平方米的海岛，还有26个大于10平方千米的海岛，是我国岛屿最多的省份。浙江海岛旅游资源丰富，比如砚瓦岛、东极岛、桃花岛等，都是观海赏景的佳地。

◇ **我国最大的群岛是哪个?**

舟山群岛。舟山群岛在浙江省东北部,有舟山、普陀、长涂山、衢山等大小岛屿1 390个,占我国海岛总数的20%。其中,舟山岛的面积最大,是浙江省第一大岛、中国第四大岛。舟山群岛的演化过程大致分为三个阶段:舟山地质体、舟山山脉、舟山群岛,群岛现在的形貌是在距今约1.5万年的末次冰期结束时形成的。

◇ **我国最大的半岛是哪个?**

山东半岛。山东半岛在山东省东部,伸入渤海、黄海间,面积约为2.7万平方千米,多丘陵,平原占比低,与辽东半岛、雷州半岛并称"中国三大半岛"。根据官方定义,山东半岛的分界线位于胶莱河以东,又称胶东半岛。山东半岛不但矿藏丰富,而且农产品和水产品种类繁多。

◇ **我国最大的山城是哪个?**

重庆市。山环水绕的重庆是中国面积最大、人口最多的直辖市,也是巴渝文化的发祥地。重庆位于中国内陆的西南部、四川盆地的东南边缘,面积为8.24万平方千米,地貌以丘陵、山地为主,其中山地占比近80%,是世界上唯一建在平行岭谷上的大城市。

◇ **我国城区人口最多的城市是哪个?**

上海市。根据国家统计局发布的第七次全国人口普查数据,上海城区人口数位列全国现有的7个超大城市之首。城区人口数量越多,说明城市的集聚和辐射带动周边地区的能力越强。作为中国第一大城市,上海自改革开放以来就率先走出一条具有特大城市特点的科学发展之路。2022年,上海地区生产总值达到4.47万亿元,总量规模位居全球城市第六位。

◇ **我国最大的城市中心广场是哪个?**

天安门广场。天安门广场位于北京市中心,面积达44万平方米,是现在世界上最大的城市中心广场。天安门广场最初为T形,经过一系列改建后形成了"中轴居中,两翼对称"的宏伟格局。广场内沿北京中轴线由北向南依次矗立着国旗杆、人民英雄纪念碑、毛主席纪念堂和正阳门城楼，广场西侧坐落着人民大会堂，东侧则是中国国家博物馆。

◇我国面积最大的经济特区是哪个？

海南经济特区。我国最早的经济特区有五个：深圳、珠海、汕头、厦门、海南，海南是其中唯一的省级经济特区。海南经济特区是面积为3.39万平方千米的海南本岛，于1988年成立。如今海南的主要经济指标实现了数十倍乃至百倍的增长，在改革开放和现代化建设方面取得了具有里程碑意义的成就。

◇我国阳光最充足的城市是哪一个？

拉萨市。拉萨市位于西藏自治区中部，一直以来都是西藏的政治、经济和文化中心。拉萨全市的平均海拔约3 658米，空气稀薄，太阳辐射强，加之它地处喜马拉雅山脉北侧，受下沉气流的影响，全年多晴朗天气，终年无雾、日照充足，年日照时间超过3 000小时，因此有"日光城"的美誉。

◇我国最年轻的城市是哪个？

白杨市。白杨市位于新疆维吾尔自治区北部的塔额盆地中心，是新疆生产建设兵团管理的第十二座城市，实行"师市合一"的管理模式，于2023年4月28日挂牌成立。"白杨"这一市名是对小白杨戍边文化的传承。作为兵团唯一毗邻口岸建设的城市，白杨市扼守新疆西北大门，背靠祖国，面向亚欧，具有东联西出的地缘优势。

◇我国的"雨极"是哪里？

火烧寮。火烧寮位于我国台湾省新北市，年均降水量超过6 500毫米，被称为中国的"雨极"。火烧寮地区于1912年创造的年降水量达8 409毫米的纪录，至今仍然是我国年降水量的最高纪录。火烧寮的降水量如此之大是由多方面的因素造成的，比如地理地形、冬夏季风、暖湿洋流等。火烧寮位于台湾山脉东北端面海的山坡上，夏秋季节的东南季风和台风、冬季的东北季风会带着大量的水汽在这里被地形拦截和抬升，进而形成丰富的降水。

◇ **我国的"干极"是哪里？**

托克逊县。托克逊县位于我国新疆维吾尔自治区吐鲁番市，地处天山中部、吐鲁番盆地西缘。这里的年均降水量为5.9毫米，被称为中国"干极"。据说2001年纳莉台风为中国"雨极"火烧寮带来的降水，比托克逊一百年的总降水量还要多。托克逊县降水量少的原因主要是其地理位置，这里地处内陆，远离海洋，四周被山脉环绕，导致海洋水汽、湿润的夏季风都很难抵达，难以形成降水。

◇ **我国园林最多的城市是哪个？**

苏州市。据统计，苏州现有的纳入政府管理名录的大小园林共108处，中国"四大园林"就有两园（拙政园、留园）建在苏州。苏州园林如此之多的原因主要有三个：一是经济繁荣，尤其是明清时期，苏州经济进一步发展，当时兴建的园林和庭院数量居全国首位；二是地理位置优越，苏州在长江下游，地处太湖流域，水道交错，拥有园林建设所需的丰富水资源；三是气候适宜，苏州属于亚热带季风气候，四季分明，气候温和，降雨充沛，有利于园林中奇花异草的生长和特色景观的营造。

◇ **我国最南端的城市是哪个？**

三沙市。三沙市于2012年成立，是海南省第三个地级市，负责管辖西沙群岛、南沙群岛、中沙群岛的岛礁及其海域。三沙市处在我国南海中南部，海南省南部，是中国位置最南（市政府所在地永兴岛，具体位置为北纬16度50分，东经112度20分）、面积最大（管辖海域约200万平方千米）、人口最少（截至2022年，人口不足3 000人）的地级市。

◇ **我国领土最南端在哪里？**

曾母暗沙。曾母暗沙坐落在南海南部大陆架上，作为我国领土最南端，它的定点位置为北纬3度58分、东经112度17分，是我国南沙群岛中的暗沙之一，属海南省三沙市管辖。曾母暗沙是中国的固有领土，因为是无法驻军的水下暗沙，所以我国曾在此进行过多次巡航和宣示主权的活动。

◇我国最北的村庄是哪个？

北红村。北红村位于黑龙江省漠河市北极镇，纬度为北纬53度33分，比有"神州北极"之称的北极村纬度还要高4分。村子南北两面环山，与俄罗斯隔黑龙江相望。截至2013年，北红村人口约320人，村民居住在规整结实、冬暖夏凉的木刻楞房，以种田捕鱼为生。

◇我国第一大港是哪个？

上海港。上海港位于中国大陆海岸线中部，扼长江入海口，主要包括长江口港区、黄浦江港区、洋山港区，是我国沿海的主要枢纽港。2010年，上海港成为世界上最大的集装箱港口，之后连续13年"霸榜"世界集装箱第一大港。上海港前通我国南北沿海和太平洋，后依长江流域，以长江三角洲和长江流域为主要经济腹地，集疏运网络十分畅达。

◇我国建都历史最悠久的城市是哪个？

洛阳市。洛阳位于河南省西部，远古时被称作"斟鄩（xún）"，有"天下之中"之名，是中国有史以来建都最早、建都时间最长的城市。从中国第一个王朝——夏朝在这里建都开始，后有13个王朝（含夏朝）将洛阳定为国都。洛阳受到封建统治者青睐的原因主要有三：一是洛阳地处中原，而古人受"天下之中"思想的影响，认为建都于天下中央，可以实现对四方的统治；二是洛阳地处黄河之滨、隋唐大运河中心，水运便利；三是洛阳所在的黄河流域水源充沛、土地肥沃，宜耕宜居。

· 洛阳白马寺

第七章

我爱我的祖国

祖国常识

◇ **新中国是什么时候成立的？**

1949年10月1日。为庆祝中华人民共和国中央人民政府成立，1949年10月1日下午3时，中华人民共和国中央人民政府主席毛泽东、副主席朱德、政务院总理兼外交部长周恩来等国家领导人出现在北京天安门城楼的主席台上。毛泽东主席庄严地向全世界宣布："中华人民共和国中央人民政府今天成立了！"

◇ **中国的首都是哪个城市？**

北京。1949年9月27日，中国人民政治协商会议第一届全体会议通过《关于中华人民共和国国都、纪年、国歌、国旗的决议》，将中华人民共和国首都定于北平，并将旧名北平更改为北京，这一名字沿用至今。现在的北京已成为中华人民共和国的政治、文化和国际交往中心。

◇ **中国的国歌是哪一首？**

《义勇军进行曲》。1949年9月27日，中国人民政治协商会议第一届全体会议决定，在国歌正式制定之前，以《义勇军进行曲》为国歌。后经过多次会议讨论，于2004年3月14日第十届全国人民代表大会第二次会议上，第一次以宪法的形式明确规定中华人民共和国国歌是《义勇军进行曲》。

◇ **中国的国旗叫什么？**

五星红旗。1949年9月27日，中国人民政治协商会议第一届全体会议决定，将五星红旗确定为中华人民共和国国旗，当时表述为"红地五星旗"。"五星红旗"这一名称在1954年才以宪法的形式正式确定下来。五星红旗的旗面为红色，左上方缀有5颗黄色五角星，其中4颗较小的五角星各有一尖正对大五角星的中心点。旗上的5颗星及其相互关系，象征中国共产党领导下的全国人民大团结。

◇中国的陆地面积是多少？

约960万平方千米。中国是一个海陆兼备的国家，国土面积广阔，陆地面积约960万平方千米，海域面积约470万平方千米，陆上国界线长度约2.2万千米，大陆海岸线长度约1.8万千米。中国在大陆上与朝鲜、俄罗斯等14个国家为邻，是世界上陆地面积最大的国家之一。

◇中国有多少人口？

全国人口约14.11亿，全国总人口约14.43亿。

全国人口是指我国大陆31个省、自治区、直辖市和现役军人的人口，不包括居住在31个省、自治区、直辖市的港澳台居民和外籍人员。全国总人口还包含港澳台地区的人口。

中国大约每隔10年就会进行一次全国人口普查。中华人民共和国成立至今，已经成功进行过七次全国人口普查。2021年5月11日发布的第七次全国人口普查公报显示，全国人口约14.11亿，比第六次全国人口普查的人数增加了约7000万。

◇中国的地图呈什么形状？

雄鸡。中国地处亚洲东部、太平洋西岸，北起漠河以北的黑龙江主航道的中心线，南至南沙群岛的曾母暗沙，西至帕米尔高原，东至黑龙江与乌苏里江主航道中心线的汇合处，整体的形状就像是一只面朝东方、昂首挺立的雄鸡。

◇我国各个省级行政区的简称是什么？

北京——京　　天津——津
河北——冀　　山西——晋
辽宁——辽　　吉林——吉
青海——青　　上海——沪
江苏——苏　　浙江——浙
安徽——皖　　福建——闽
江西——赣　　山东——鲁
河南——豫　　湖北——鄂
湖南——湘　　广东——粤
海南——琼　　重庆——渝
四川——川/蜀　　贵州——贵/黔
云南——云/滇　　黑龙江——黑
陕西——陕/秦　　甘肃——甘/陇
台湾——台
香港特别行政区——港
澳门特别行政区——澳
西藏自治区——藏

广西壮族自治区——桂
宁夏回族自治区——宁
新疆维吾尔自治区——新
内蒙古自治区——内蒙古

◇ **我国有哪四个直辖市？**

北京、天津、上海、重庆。直辖市是我国由中央政府直接管辖的大城市，与省、自治区同级，在国内具有很重要的地位。北京市位于中国北部、华北平原北端，是中国东北和华北等地区的联系枢纽。天津市毗邻北京市，位于中国北部偏东，东临渤海，是国家中心城市和中国北方经济中心之一。上海市位于中国东部沿海，地处长江三角洲东部的长江口，是中国第一大城市和中国最大的经济中心。重庆市位于中国中部偏西，是中国西南地区和长江上游最大的经济中心。

· 上海黄浦江

◇ **人民币纸币是以什么为主要成分的？**

棉花。普通纸张的主要成分是木质纤维和草质纤维，而人民币纸币则是由95%左右的棉、3%左右的木材以及其他化学材料构成的。棉花具有很好的韧性和耐久性，因此以棉花为主要成分的人民币纸币比普通纸张更加耐磨耐折，且具有一定的抗腐蚀性，遇水也不会像普通纸张那样轻易烂掉。

◇ **第五套人民币纸币背面分别有什么图案？**

第五套人民币纸币正面图案均采用了毛泽东主席的头像，背面的图案则选用了能够充分表现中国悠久历史和壮丽风光的景点。

在第五套人民币纸币中，100元的背面图案为人民大会堂，50元的背面图案为布达拉宫，20元的背面图案为桂林山水，10元的背面图案为瞿塘峡夔门，5元的背面图案为泰山观日峰，1元的背面图案为三潭印月。

◇中国有哪些别称？

中国作为一个有着悠久历史的国家，在不同的历史时期有着不同的别称，包括华夏、九州、神州、中原等。

华夏：这一别称一般认为始见于《左传》中的"楚失华夏"。最早的时候人们将"华""夏"分称，"华"意为"荣"，"夏"意为"中国之人"，这里的"中国"指中原。后为了与周边其他民族区别开，汉族先民便开始自称"华夏"。

九州：是传说中的中国上古地理区划。这一说法起源于春秋战国时期。关于九州州名的说法不一，一般认为是冀、兖、青、徐、扬、荆、豫、梁、雍。后来人们又以"九州"泛指整个中国，如陆游《示儿》中的"死去元知万事空，但悲不见九州同"。

神州：这一别称出自战国末年齐国阴阳家邹衍的"大九州"学说，其中提到"中国名曰赤县神州，赤县神州内自有九州"，后来人们就以"神州"代称整个中国。

中原：又名"中土""中州"，是相对于边疆地区而言的古地区名，狭义指今河南省一带，广义指黄河中下游地区或整个黄河流域。

◇你知道哪些"国"字号常识？

国剧——京剧	国瓷——青花瓷
国术——武术	国球——乒乓球
国绣——苏绣	国画——水墨画
国香——沉香	国色——中国红
国药——中药	国医——中医
国山——泰山	国树——银杏
国饮——茶	国茶——龙井茶
国兽——大熊猫	

· 大熊猫

◇我国的"八大奇迹"是什么？

中国的"八大奇迹"说法不一，其中较受认可的是，八大奇迹包括万里长城、秦始皇陵兵马俑、北京故宫、圆明园、马王堆汉墓、京杭运河、都江堰、红旗渠。

万里长城：中国古代规模最宏大的防御工程，也是中国古代历史建筑的奇迹，最早建于春秋时期，如今已成为中国悠久历史的见证。

秦始皇陵兵马俑：被发现于陕西省西安市临潼区，是秦始皇陵陪葬坑的陪葬品，包括陶俑、陶马近8 000件，被誉为"二十世纪考古史上的伟大发现之一"。

北京故宫：中国现存规模最大、保存最完好的古建筑群，宏伟壮丽，美轮美奂，体现了中国古代建筑艺术的卓越成就。

圆明园：中国园林的巅峰之作，也是世界园林史上的杰作，始建于1709年，于1860年被英法联军烧毁。

· 圆明园遗址

马王堆汉墓：位于湖南省长沙市，是中国西汉初期长沙国丞相利苍及其家属的墓地，为研究西汉时期的历史、文化、社会生活等提供了重要的实物资料。

京杭运河：开掘于春秋时期，完成于隋代，扩展于元代，是中国古代重要的南北水路交通要道，也是世界最长的运河之一。

都江堰：位于四川省都江堰市境内的岷江中游，是中国古代综合性大型水利工程，也是世界上存续时间最长的无坝引水工程。

红旗渠：位于河南省林州市，是在太行山山腰处修建的引水灌溉工程。红旗渠的建成有效地解决了当地的用水困难问题和大面积灌溉问题。

◇我国的"十大传世国宝"有哪些？

后母戊鼎：商代青铜器，出土于河南安阳殷墟遗址，腹部呈长方形，下有四根柱足，上有一对立耳，重832.84千克，是目前已知的中国古代最重的青铜器。

四羊青铜方尊：商代青铜器，整体呈方形，高约58厘米，重约34.5千克，因肩部四角有卷角羊头而得名，现藏于中国国家博物馆。

越王勾践剑：东周时期越国青铜器，剑身有黑色菱形花纹，正面靠近剑格处刻有"越王鸠浅（勾践），自乍（作）用剑"的铭文。经考证，"鸠浅"即为勾践，由此确定了这把剑的主人的身份。越王勾践剑现藏于湖北省博物馆。

曾侯乙编钟：战国早期乐器，共六十五件，其中十九件为钮钟，四十五件为甬钟，分为三层八组。曾侯乙编钟音色优美，可演奏多种乐曲，是当今唯一的一套曲尺形编钟，现藏于湖北省博物馆。

金缕玉衣：汉代规格最高的丧葬殓服，多为皇帝和高级贵族死后使用。河南省僖山一号汉墓出土的两套金缕玉衣各由2000多片玉片组成，玉片之间用金丝编缀。

铜奔马：东汉时期青铜器，又名"马踏飞燕""马超龙雀"。奔马昂首扬尾，三足腾起，右后蹄踏着一只飞鸟。青铜器整体形态优美，重心稳定，做工考究，展现了汉代高超的青铜铸造水平。

· 铜奔马

镶金兽首玛瑙杯：唐代玉器，以罕见的五彩缠丝玛瑙雕刻而成，杯体为兽角形状，杯子前部雕成牛形兽首，两角与杯身相连，兽嘴镶金，取下兽嘴塞子后可将酒倒出，是目前已知的唐代做工最精湛的玉器，现藏于陕西历史博物馆。

鎏金舞马衔杯纹银壶：唐代银器，仿契丹族所使用的皮囊壶制成，壶身呈扁圆形，壶腹两面各有一匹舞马，或奋首鼓尾，或衔杯匐拜，栩栩如生。

清明上河图：中国十大传世名画之一，作者为张择端。这幅画描绘了北宋都城汴京（今河南开封）东角子门内外和汴河两岸的繁华热闹景象。据统计，画中共绘有人物五百余位，屋舍三十多栋，树木百余棵，景物繁杂却布局严谨，富有生活气息。

《大禹治水图》玉山：清代玉器，至今已有二百多年的历史，是迄今为止世界上最大的玉雕。当时的扬州工匠以宋代的《大禹治水图》为稿本，历时六年才雕成这件作品。

◇ 我国的"四大国粹"是什么？

中医：结合中国古代的天时、物候、阴阳、五行等自然科学而逐渐形成的一门医学，是中国传统医学的重要组成部分。

书法：特指用毛笔书写汉字的艺术，具备用笔、结构、章法、墨法等艺术表现手段，是中华民族优秀的传统文化之一。

京剧：中国戏曲剧种之一，也被称为"国剧"，形成于北京，流行于全国，并走向国外。

武术：是在人与兽类的搏斗、冷兵器时代的战争中发展而成的攻防格斗技术，为中华民族文化遗产的重要组成部分。

◇世界上使用人口最多的语言是什么？

汉语。汉语是近百年来以北方官话为基础而逐渐形成的一门语言，如今是联合国的工作语言之一，也是世界上作为第一语言使用人数最多的语言，以汉语为母语的人口约有13亿。除中国外，菲律宾、新加坡等国也有部分人使用汉语。

◇北京时间取自哪里？

陕西西安。北京时间虽然名字里有"北京"二字，但实际上是从位于陕西省西安市临潼区的中国科学院国家授时中心产生并发播出来的。该中心成立于1966年，承担着我国国家标准时间（北京时间）的产生、保持和发播任务，为我国的社会发展、国民经济建设等领域做出了重要贡献。

◇我国的最高学历是什么？

研究生。中国一共有六种学历，由低到高分别是小学、初中、高中、专科、本科、研究生。研究生又分为硕士研究生和博士研究生两级，人们只有在硕士研究生毕业后才能报考博士研究生。

◇我国的植树节是哪一天？

3月12日。中国的植树节最早是在1915年设立的。在孙中山的倡议下，当时的北洋政府规定每年的清明节为植树节，规定全国各级政府、机关、学校举行植树节典礼并参与植树。1925年3月12日，孙中山逝世。1928年，为了纪念孙中山先生，当时的政府将孙中山逝世的日子，即3月12日定为植树节。1979年，全国人民代表大会常务委员会正式决定将每年的3月12日定为中国的植树节。

· 植树

◇ **我国的青年节是哪一天？**

5月4日。中国的青年节又称"五四青年节"，是为了纪念1919年5月4日爆发的"五四运动"而设立的。为了抗议帝国主义列强侵犯中国主权的行为，以北京大学为首的多所高校的学生举行了游行示威运动。后来，在学生的爱国斗争的影响下，无产阶级、小资产阶级、民族资产阶级也加入了革命运动，并最终取得了胜利。这一运动被称为"五四运动"。1949年，新中国成立后，中央人民政府正式宣布将5月4日定为青年节。

◇ **我国的建党节是哪一天？**

7月1日。每年的7月1日是中国共产党诞生的纪念日。1921年7月，中国共产党第一次全国代表大会在上海召开。会议宣告了中国共产党的成立，但因会议地点泄露，帝国主义国家的密探在会议中途闯入会场，会议被迫中断。之后，参会人员转移到浙江嘉兴南湖的游船上继续举行会议。为了纪念这一次会议，中共中央于1941年6月将每年的7月1日定为建党节。

◇ **我国的建军节是哪一天？**

8月1日。每年的8月1日是中国人民解放军诞生的纪念日。1927年8月1日，周恩来、朱德等人领导南昌起义，打响了武装反抗国民党反动派的第一枪，中国共产党领导的人民军队就此诞生。为了纪念这一天，中央革命军事委员会于1933年6月30日作出决定，将8月1日定为中国工农红军诞生纪念日。中华人民共和国成立后，正式将此纪念日改称为"中国人民解放军建军节"。

◇ **我国的教师节是哪一天？**

9月10日。中国自古以来就有"尊师重道"的传统，为了弘扬这一传统美德，提高教师的社会地位，推动教育事业的持续发展，1985年1月，我国通过了设立教师节的议案，将每年的9月10日定为我国的教师节。

◇ **中国举办了几次奥运赛事？**

5次。2008年8月，夏季奥林匹克运动会在北京市举行；同年9月，夏季残疾人奥林匹克运动会也在北京市举行；2014年，夏季青年奥林匹克运动会在江苏省南京市举行；2022年2月，冬季奥林匹克运动会在北京市及河北省张家口市举行；同年3月，冬季残疾人奥林匹克运动会在北京市及河北省张家口市举行。

◇ 中国在什么时候恢复对香港的行使主权？

1997年7月1日。19世纪40年代，英国发动鸦片战争后强占香港岛，逼迫清政府割让香港岛。在1982年至1984年间，中国政府同英国政府进行多次谈判，最终于1984年签订《中英联合声明》，确认中国将于1997年7月1日对香港恢复行使主权。

◇ 中国在什么时候恢复对澳门的行使主权？

1999年12月20日。16世纪中叶，葡萄牙人就已开始入住、盘踞澳门。第二次鸦片战争后，葡萄牙人逼迫清政府签订条约，正式占领澳门半岛。随后，葡萄牙人又先后占领了氹仔岛和路环岛。经过多次谈判，1987年4月13日，中葡达成共识，确认中国将于1999年12月20日对澳门恢复行使主权。

· 澳门大三巴牌坊

民族常识

◇ 我国有多少个民族？

56个。中国是一个多民族的国家，除了人口众多的汉族外，其他人口较少的民族被称为少数民族。少数民族有蒙古族、回族、藏族、维吾尔族、苗族、彝族、壮族、布依族、朝鲜族、满族、侗族、瑶族、白族、土家族、哈尼族、哈萨克族、傣族、黎族、傈僳族、佤族、畲族、高山族、拉祜族、水族、东乡族、纳西族、景颇族、柯尔克孜族、土族、达斡尔族、仫佬族、羌族、布朗族、撒拉族、毛南族、仡佬族、锡伯族、阿昌族、普米族、塔吉克族、怒族、乌孜别克族、俄罗斯族、鄂温克族、德昂族、保安族、裕固族、京族、塔塔尔族、独龙族、鄂伦春族、赫哲族、门巴族、珞巴族、基诺族，共55个。

◇我国有多少个省级少数民族自治区？

5个。我国的省级少数民族自治区分别是内蒙古自治区、西藏自治区、宁夏回族自治区、新疆维吾尔自治区、广西壮族自治区。其中内蒙古自治区成立于1947年5月，新疆维吾尔自治区成立于1955年10月，广西壮族自治区成立于1958年3月，宁夏回族自治区成立于1958年10月，西藏自治区成立于1965年9月。

◇中国人口最多的民族是哪个？

汉族。汉族是中国的主体民族，也是世界上人口最多的民族。据中国第七次全国人口普查公报，中国的汉族人口已经达到了128 631万，占全国总人口的91.11%。

◇中国人口最多的少数民族是哪个？

壮族。壮族是中国少数民族中人口最多的民族，主要居住在中国的南部，多数居住在广西壮族自治区，少数居住在云南、广东、贵州等地。壮族有许多充满民族特色的节日，如农历二月初三的花炮节、农历二月十九的花王节、农历三月初三的歌圩节等。

◇中国人口最少的少数民族是哪个？

塔塔尔族。塔塔尔族主要散居在新疆维吾尔自治区天山北部，通常使用维吾尔族和哈萨克族的语言和文字，是中国人口最少的少数民族。塔塔尔族的传统节日主要有肉孜节、古尔邦节和撒班节。其中，撒班节又被称为犁头节，时间一般在每年春季农忙结束后。节日期间，塔塔尔族人会选择一处风景优美的地方聚会，还会进行跳舞、赛马、拔河等活动，以此祈求风调雨顺。

◇中国分布最广泛的少数民族是哪个？

回族。回族是中国分布最广泛的少数民族，回族人散居在全国各地，主要集中在西北地区，如宁夏回族自治区等。回族人普遍信奉伊斯兰教，信教的教徒被称为穆斯林，他们不吃猪肉，也不吃动物的血。

◇中国少数民族分布的特点是什么?

大杂居、小聚居,相互交错居住。中国少数民族的人口虽然不多,但分布面积广,主要集中在西北、西南、东北的边疆地区,分布特点为大杂居、小聚居,相互交错居住。其中少数民族世代居住的地方主要在广西、宁夏、新疆、西藏、内蒙古这5个少数民族自治区。

◇第五套人民币纸币上有几种少数民族语言?

4种。第五套人民币纸币上除了印有汉字和汉语拼音以外,背面右上角还印有用维吾尔文、蒙文、藏文、壮文4种少数民族语言书写的"中国人民银行"字样。

◇为什么藏族人民要"献哈达"?

"献哈达"是藏族一种表示尊敬和庆贺的礼节。"哈达"是藏语的音译,指藏族人民在迎送、馈赠等日常交往礼节中所使用的丝巾。藏族人民献哈达时,将哈达双手托起,放在对方的手上或是挂在对方的颈部,表示敬意和祝贺。哈达的颜色以白色为主,也有红色、蓝色、黄色等。

◇傣族的吉祥物是哪两种动物?

孔雀、大象。对于傣族人来说,孔雀象征吉祥、如意、美丽,因而傣族人常常模仿孔雀的姿态舞蹈,祈求风调雨顺、躲避灾祸。大象在傣族的文化中则象征着五谷丰收,所以傣族人的村寨中到处都有大象的雕像,还有刻着、画着大象形象的图画等。

· 孔雀

◇孔雀舞是哪个少数民族特有的舞蹈类型?

傣族。孔雀舞是傣族的民间舞蹈,相传是1 000多年前傣族领袖召麻栗杰数在舞蹈中融入了孔雀的优美姿态,后人以此为基础加工创造而成的。孔雀舞有着丰富的手形动作,舞步轻盈,动作优雅,能惟妙惟肖地模拟孔雀的形态。每逢傣族的重大节日或宗教活动,傣族男女会身穿绘有孔雀羽毛花纹的服装进行表演。

◇ 哪个少数民族自称"凤凰的后代"？

畲族。畲族的凤凰情结与他们的民族传说有关。在传说中，畲族的女性始祖三公主是凤凰的化身，能够给畲族带来幸福和吉祥，因此畲族的后人常以"凤凰的后代"自称。畲族视女性为凤凰和公主，因此女性衣服上的图案以凤凰为主，头饰也呈凤凰的外形，这类民族服饰也被称为"凤凰装"。

◇ 哪个少数民族被称为"云朵上的民族"？

羌族。羌族是中国最古老的少数民族之一，其历史悠久，可追溯至3 000多年前的古羌人，如今主要分布在四川省。羌族人多聚居在云雾缭绕的高山或半山处，因而被称为"云朵上的民族"。

◇ 银饰锻制是哪个少数民族独有的技艺？

苗族。苗族人民尤其钟爱银饰，他们将银饰分为头饰、面饰、颈饰、肩饰等种类，往往会佩戴整套。苗族的银饰锻制技艺历史悠久，所有银饰都是经过精心设计，手工打造而成的，且打造难度非常大，一般要经过铸炼、捶打、压片、拉丝、抛光等30多道工序，工艺水平极高。

◇ 沙琪玛是哪个少数民族的传统小吃？

满族。沙琪玛又名"沙其玛""沙其马"，是一种源自满族的中国特色糕点。沙琪玛的原料有面粉、鸡蛋、蜂蜜等，一般被制作成方块状，整体呈金黄色，口感松酥绵软，甜而不腻。

• 沙琪玛

◇ 青稞酒和酥油茶是哪个少数民族的传统美食？

藏族。青稞酒和酥油茶都是藏族的特色美食。青稞酒是一种用青稞酿制而成的高原佳酿，在藏语中又被称为"醋"，颜色呈淡黄色，味道醇香，是藏族人民常喝的一种酒。酥油茶则是用熬好的砖茶水、盐巴和酥油制成的。制作酥油茶时，人们会先把这些材料倒进一个特制的酥油桶内,再用桶内的木杵上下搅拌,使茶水、酥油和盐交融在一起,加热后即可饮用。酥油茶不仅可以御寒充饥,还能滋补身体,是高寒地区的佳饮。

◇ "冬不拉"是哪个少数民族的传统乐器?

哈萨克族。冬不拉是哈萨克族的一种拨奏弦鸣乐器,在哈萨克语中,"冬"指乐器发出的声音,"不拉"则是定位的意思。冬不拉全长80~90厘米,多用整块松木或红柳木制成,一般有两根弦,音色浑厚柔美,既可以用于独奏也可以用于伴奏。

◇ "那达慕"是哪个少数民族的重要节日?

蒙古族。那达慕是蒙古族的传统节日,距今已有七百多年的历史,在蒙古语中,"那达慕"意为娱乐、游戏,所以这一节日也被称为"蒙古游戏节"。那达慕大会多在每年农历六月的牧闲时节举行,时间为三到七天不等,各地的牧民们会身穿盛装,骑马或者乘车赶来参加。那达慕大会上有摔跤、赛马、射箭三项传统比赛项目,后来随着时代发展,增加了说书、下棋、歌舞表演等活动项目。

◇ "泼水节"是哪个少数民族的重要节日?

傣族。泼水节在傣语中称为"比迈",意为新年,是傣族一年之中最盛大的传统节日。泼水节期间,人们会相互泼水以表达祝福,还会举行各种活动,如祭祀龙亭、浴佛仪式、武术表演、燃放孔明灯等。

· 泼水节

◇ "三月三"是哪些少数民族的重要节日?

壮族、布依族、苗族、瑶族等。三月三是壮族、布依族、苗族、瑶族等少数民族的传统节日,又称为"歌圩节",意为到田间去唱歌。有人认为这个节日是为了纪念民间传说中的"歌仙"刘三姐而设立的，所以三月三也被称为"歌仙会"。在农历三月初三这一天，未婚的男女青年会在歌棚进行对歌，如果双方情投意合，就会互赠定情信物。

◇ **哪个少数民族节日被称为"东方的狂欢节"？**

火把节。火把节是彝族的传统节日，这一节日源于远古时期先民对火的崇拜，时间一般在每年的农历六月二十四日至二十七日。在节日期间，彝族的各个村寨会竖起大火把，还会在家门前插上小火把，等到入夜后点燃。人们手持小火把奔跑于田间、山间，以驱除邪恶，祈求六畜兴旺。

◇ **苗族的"芦笙节"有什么特别的活动？**

芦笙踩堂、赛芦笙。芦笙节是苗族最盛大的传统节日，往往会持续四五天。芦笙踩堂是苗族的传统活动，村寨中的小伙子们会带着芦笙前来，以芦笙柱（苗族的一种圣物）为圆心围圈吹笙。芦笙头（芦笙队的领导者）会带着小伙子们在前面边吹边跳，姑娘们会身穿盛装紧随其后跳舞，俗称"踩堂舞"。芦笙头吹什么调式，姑娘们就要相应地跳什么舞。赛芦笙则是吹奏芦笙比赛，各个村寨派出自己的芦笙队前去参赛，由富有经验的老人评出优劣。

大国重器

◇ **"两弹一星"分别指什么？**

最初是导弹、原子弹、人造地球卫星的合称，后来人们将原子弹和氢弹合称为核弹，所以现在"两弹一星"一般指导弹、核弹和人造地球卫星。20世纪50年代至70年代，国际形势日渐严峻，为了具备有效的自卫力量，中国决定开始研制导弹、原子弹和人造地球卫星，这一决策又被称为"两弹一星"工程。当时国内的科技工作者们积极响应国家号召，邓稼先等身居海外的研究人员也克服了种种困难回到中国，义无反顾地投身于这一事业。参与"两弹一星"工程的科学家们克服了各种难以想象的艰难险阻，自力更生，奋发图强，最终成功实现了核弹、导弹、人造卫星等尖端技术的突破。

◇我国第一颗原子弹叫什么名字？

争气弹。1959年6月，苏联向中国致信，表示将暂缓对中国研制原子弹的技术援助。之后，苏联单方面撕毁协议，撤走在华专家。1959年7月，中国决心自力更生，依靠自己的力量研制原子弹，并将苏联毁约的年月"596"作为第一颗原子弹的代号。研制原子弹"596"事关民族尊严，因此当时参与研制的科学家们也将"596"称为"争气弹"。经过多年的努力奋斗，我国第一颗原子弹在1964年10月16日爆炸成功，轰动世界。

◇我国国防事业中的"王牌武器"是什么？

东风系列导弹。东风系列导弹是我国自主研发的一系列洲际弹道导弹，分为近程、中远程和远程三类，是我国国防事业中的"王牌武器"。1960年11月5日，中国第一枚仿制导弹"1059"首次试验圆满成功，这枚导弹后来被命名为"东风一号"。此后短短几十年，我国研发了多款东风导弹，为我国国防事业增添了力量。

◇我国第一颗人造地球卫星叫什么名字？

东方红一号。东方红一号是中国于1970年4月成功发射的第一颗人造地球卫星。东方红一号的成功发射引得世界瞩目，使中国成为继苏、美、法、日之后，世界上第五个能独立研制并发射人造地球卫星的国家，是中国航天史上的一座里程碑。

· 东方红一号

◇我国自主研发的全球卫星导航系统是什么？

北斗卫星导航系统。北斗卫星导航系统是我国自主研发、组建、独立运行的一个卫星导航系统，具有导航定位和通信数据传输两大功能，提供包括定位导航授时、全球短报文通信、国际搜救、星基增强、地基增强、精密单点定位和区域短报文通信共七种服务。目前北斗卫星导航系统在电信、水利、渔业、森林防火、交通运输等领域发挥着重要的作用。

◇我国第一艘载人航天飞船叫什么名字？

神舟五号。2003年10月15日，我国第一艘载人航天飞船"神舟五号"成功发射，杨利伟作为中国进入太空的第一人，驾驶着神舟五号绕地球飞行14圈后凯旋。这次载人航天飞行的成功，标志着中国成为继苏联、美国之后，第三个独立掌握载人航天技术的国家。

◇人类历史上首个登陆月球背面的航天器叫什么？

嫦娥四号。2018年12月8日，"嫦娥四号"探测器在西昌卫星发射中心成功发射，由"长征三号乙"运载火箭送入太空。2019年1月3日，嫦娥四号在月球背面的冯卡门撞击坑成功着陆，成为人类历史上首个登陆月球背面的航天器。

◇我国的暗物质粒子探测卫星叫什么？

"悟空"号。"悟空"号暗物质粒子探测卫星是我国首颗空间天文卫星，也是我国首次在太空中放置自己的高分辨率高能空间望远镜。暗物质粒子探测卫星之所以叫"悟空"这个名字，是因为它有着能够在宇宙中寻找暗物质粒子的能力，就如同《西游记》中的孙悟空拥有"火眼金睛"一样。

◇中国首颗电磁监测试验卫星叫什么？

张衡一号。"张衡一号"卫星简称CSES，是中国首个自主研制的地震电磁监测试验卫星，也是中国首颗地球物理场探测卫星、中国地震立体观测体系的第一个天基平台。"张衡一号"卫星能通过监测全球空间电磁场、电离层等离子体、高能粒子沉降等物理现象，对中国及周边区域进行实时监测、跟踪地震前兆，为研究空间电磁扰动与地震的关系、探索地震监测和预测开辟了新的途径。

◇中国自主研制的全球首颗量子通信卫星叫什么？

"墨子"号。"墨子"号是中国自主研制的世界上首颗空间量子科学实验卫星，于2016年8月16日在中国酒泉卫星发射中心成功发射升空并平稳运行,其主要科学目标是在空间尺度验证量子力学理论以及进行广域量子密钥网络实验,以期在空间量子通信实用化方面取得进展。"墨子"号的成功发射对中国在量子科学理论与应用前沿领域的研究和发展有着重要意义。

◇ **哪一个探测器的发射开启了中国人自主探测火星之旅?**

天问一号。2020年7月23日12时41分,"天问一号"探测器在中国文昌航天发射场成功发射,开启了中国人自主探测火星之旅。2021年5月15日早上7时11分,天问一号的环绕器和着陆巡视组合体在火星上空分离,着陆巡视组合体进入火星大气层后开始减速,最后成功着陆在火星的乌托邦平原上,标志着中国成为世界上第二个成功实现航天器登陆火星的国家。

◇ **我国的"天宫"空间站由哪些部分组成?**

天和核心舱、问天实验舱和梦天实验舱。"天宫"空间站是我国首个分次发射、在轨组装建造的大型复杂航天器,也是世界上第三座多舱段在轨组装建造空间站。其基本构型为三舱T字构型,三个舱段分别为天和核心舱、问天实验舱和梦天实验舱。天和核心舱是空间站的管理和控制中心,除了统一管理和控制空间站组合体外,还可用于其他飞行器与空间站的交会、对接和停靠。问天实验舱备份有核心舱的部分关键平台功能,同时配备有航天员出舱活动专用气闸舱和实验舱机械臂。梦天实验舱可用于开展密封舱内及舱外载荷试验。

◇ **"中国天眼"看到了哪些宇宙奥秘?**

脉冲星、黑洞的"脉搏"、世界最大中性氢星系样本等。"中国天眼"是一台500米口径球面射电望远镜(FAST),也是世界最大、最灵敏的单口径射电望远镜,于2016年9月宣告落成启用,后于2020年1月通过国家验收并正式

· 中国天眼

开放运行。时至2024年4月17日，"中国天眼"发现了超过900颗新脉冲星，并且首次在射电波段观测到黑洞的"脉搏"，探测并构建了世界最大中性氢星系样本等。

◇ 中国"人造太阳"是什么？

全超导托卡马克核聚变实验装置。"人造太阳"实际上是指托卡马克装置，它的反应原理和太阳一样，即通过内部不断进行核聚变而产生能量，相当于一个"人造太阳"，所以便有了这一称谓。

◇ 世界上规模最大的水电站是哪一座？

三峡水电站。三峡水电站是中国有史以来建设的最大的工程项目之一，也是世界上规模最大的水电站。三峡水电站的首要功能是防洪，其防洪库容达221.5亿立方米，是长江防洪的关键工程。三峡水电站的另一重要功能是发电，三峡水电站多年平均发电量为882亿千瓦时，其发出的电输送到华东、华中、华南和川渝电网，惠及大半个中国的人口。

◇ 白鹤滩水电站创造了六项世界第一，分别是什么？

水轮发电机单机容量达100万千瓦，为世界第一；地下洞室群规模世界第一；无压泄洪洞群规模世界第一；圆筒式尾水调压室规模世界第一；世界首次全坝使用低热水泥混凝土；300米级高拱坝抗震参数世界第一。

◇ 拿下"全球超级计算机500强"四连冠的计算机是哪台？

神威·太湖之光。2015年12月，中国研发出了当时世界上运算最快的超级计算机，将其命名为"神威·太湖之光"。这台超级计算机目前位于国家超级计算无锡中心。在2016年至2017年间，"神威·太湖之光"超级计算机不仅四次蝉联"全球超级计算机500强"冠军，而且还获得"戈登贝尔奖"的提名。"神威·太湖之光"超级计算机所获得的种种荣誉，标志着中国超级计算机的应用能力达到了世界先进水平。

◇ 中国自主研发的第一款第五代制空战斗机叫什么？

歼-20。歼-20是我国自主研发的一款具备高隐身性、高机动性、高感知性等能力的第五代制空战斗机，代号"威龙"，于2011年1月11日进行首次升空飞行测试，于2019年10月13日列装中国人民解放军空军王牌部队。歼-20的加入使我国空军的综合作战能力得到进一步提升。

◇ 中国自主研制的干线客机的名字"C919"有什么寓意？

"C"是中国商用飞机有限责任公司的英文名缩写"COMAC"的首字母，也是中国的英文名"CHINA"的首字母。"9"表示天长地久。"19"代表它的最大载客量是190人。C919是中国首款按照国际民航规章自行研制、具有自主知识产权的喷气式干线客机，在中国制造业的历史上有着里程碑的意义。

· C919干线客机

◇ 中国大飞机"三剑客"分别是什么？

大型军用运输机运-20、大型客机C919和水陆两栖飞机AG600。大型军用运输机运-20、大型客机C919、水陆两栖飞机AG600合称中国大飞机"三剑客"。其中，运-20是我国自主研制的最大的大型运输机，已于2013年成功完成首飞，并于2016年列装空军。C919是我国第一架大型客机，AG600是世界上最大的水陆两栖飞机，这两架飞机都在2017年成功完成首飞。

◇ 水陆两栖飞机"鲲龙"号有什么不可取代的作用？

能完成大型灭火和水上救援任务。"鲲龙"号（AG600）是中国自主研制的大型水陆两栖飞机，具有载重量大、航程远和续航时间长等优点。它既能在陆地上起降，也能在水面上起降，可从水源处多次运送大量的水到起火处灭火，也可以在复杂的气象条件下实施救援，因此"鲲龙"号被总设计师黄领才笑称为"会'游'的飞机，能'飞'的船"。

◇ JF-22超高速风洞为什么被称为"新一代飞行器的摇篮"？

因为它可以复现40千米到90千米高空、速度最高达每秒10千米的飞行条件。JF-22超高速风洞总长167米，是目前世界上最先进的风洞之一，和JF-12复现风洞共同构成了唯一覆盖临近空间飞行器全部飞行走廊的地面实验平台，使中国成为世界高超声速领域唯一具备覆盖全部"飞行走廊"实验能力的国家。

◇ 世界上最大最先进的海上钻井平台是什么？

蓝鲸2号。"蓝鲸2号"是我国自主建造的海上钻井平台，也是目前世界上最大的海上钻井平台。"蓝鲸2号"长117米，宽92.7米，高118米，能够抵抗16级台风，可在全球95%的海域开展作业。"蓝鲸"系列钻井平台代表着当今世界海洋钻井平台设计建设的最高水平。

◇ 中国首台自主设计、自主集成研制的载人潜水器叫什么？

"蛟龙"号。"蛟龙"号是中国首台自主设计、自主集成研制、拥有自主知识产权的深海载人潜水器，也是目前世界上下潜能力最深的作业型载人潜水器。它于2007年完成组装，于2012年6月27日成功下潜至马里亚纳海沟7 062.68米处，创造了世界同类作业型潜水器的最大下潜深度纪录，标志着中国具备了可在全球99%以上的海洋深处进行作业的能力，使中国成为继美、法、俄、日之后第五个掌握大深度载人深潜技术的国家。截至2021年，"蛟龙"号已经在中国南海、西太平洋雅浦海沟区等七大海区成功下潜，并且获得丰富的深海科研成果。

◇ 创造了10 909米中国载人深潜纪录的潜水器叫什么？

"奋斗者"号。"奋斗者"号是我国自主研制的全海深载人潜水器，由中国科学院深海科学与工程研究所等20家科研院所、13所高校、60余家企业的近千名科研人员共同研发。2020年11月10日，

"奋斗者"号成功在马里亚纳海沟坐底,首次同时将3人带到海洋最深处,并创下中国载人深潜10 909米的新纪录。

◇ **我国第一艘完全自主设计、建造的航空母舰叫什么?**

山东舰。山东舰是中国第二艘航空母舰,也是中国第一艘完全自主设计、建造的航空母舰,全长300多米,甲板总面积15 000平方米,已于2019年12月17日正式入列。自入列以来,山东舰圆满完成了各项重大任务,航母编队不断开展军事训练,积累了丰富的经验,有效提升了我国海军实力。

◇ **粤港澳三地首次合作共建的超大型跨海通道叫什么?**

港珠澳大桥。它是粤港澳三地首次合作建设的超大型跨海交通工程,全长55千米,于2009年12月正式开工建设,于2018年10月开通运营。港珠澳大桥的主体由桥、岛、隧组合而成,还设有寓意三地同心的"中国结"青州桥、象征着人与自然和谐共处的"海豚塔"江海桥和寓意扬帆起航的"风帆塔"九州桥。

· 港珠澳大桥

◇ **世界上第一条商业化运营的磁悬浮专线是什么?**

上海磁浮列车。上海磁浮列车是世界上第一条商业化运营的磁浮示范线,于2002年12月31日正式开通运营。上海磁浮列车连接上海轨道交通2号线的龙阳路站和上海浦东国际机场,全长29.863千米,最高运行速度可达每小时431千米。

◇ **基因编辑工具有什么作用?**

基因编辑工具可以通过修改靶向DNA的序列,使特定基因精确突变,达到编辑、改造基因的目的。华中农业大学作物遗传改良全国重点实验室棉花团队自主研发了一种新型基因编辑系统CRISPR/Cas12b,并成功应用于棉花的遗传和育种,为我国生物育种产业提供了新的关键技术。

科学巨匠

◇被誉为"中国铁路之父"的人是谁?

詹天佑。詹天佑是中国铁路工程专家、近代科学技术先驱,被誉为"中国铁路之父""中国近代工程之父"。詹天佑在12岁时赴美留学,1881年以优异的成绩毕业于耶鲁大学铁路工程专业。回国后,詹天佑从事铁路工作,先后参与修建了国内的多条铁路,尤其是1904年主持修建中国自主设计、建造的第一条铁路——京张铁路(今京包线北京至张家口段),并因地制宜,在八达岭路段运用修建"之"字形线路、开挖隧道等方法,减少工程量,缩短工期,为京张铁路的成功修建打下了良好的基础。1909年京张铁路建成通车,震惊国内外。这一成就极大地鼓舞了民族士气,推动了国内各省自办铁路的发展。

◇被誉为"中国地质之父"的人是谁?

李四光。李四光是中国地质学家和教育家,是中国现代地球科学奠基人之一,新中国地质事业的主要领导人和开拓者。20世纪50年代,李四光运用地质力学理论指导石油勘探工作,为我国大庆等油田的发现做出重大贡献,让中国从此摘掉了"贫油"的帽子。

◇被誉为"中国桥梁之父"的人是谁?

茅以升。茅以升是中国桥梁专家、工程教育家,他主持设计和修建的钱塘江大桥是中国自主建造的第一座跨度较大的现代桥梁。他还主持修建了中国第一座跨越长江的大桥——武汉长江大桥。除此之外,他还培养了一大批土木工程的技术人才,为新中国的土木工程建设奠定了坚实的基础,是当之无愧的"中国桥梁之父"。

• 武汉长江大桥

◇ 被誉为"中国医学圣母"的人是谁？

林巧稚。林巧稚是中国妇产科专家，中国妇产科学的主要开拓者和奠基人之一，于2009年被评为"100位新中国成立以来感动中国人物"之一。1929年，林巧稚取得博士学位，选择留在北京协和医院当时较为冷门的妇产科。她长期从事妇产科的医疗、教学和科学研究工作，接生了超过五万名婴儿，攻克许多行业内的顶尖难题。她终其一生都没有婚育，将一生完完全全奉献给了我国的妇幼事业。为了纪念这位伟大的妇产科专家，人们在风景秀美的鼓浪屿建造了一座纪念园，将其命名为毓园，"毓"即培养、培育的意思。

◇ 被誉为"中国克隆之父"的人是谁？

童第周。童第周出生于浙江鄞县（今宁波市鄞州区），是中国实验胚胎学家、中国实验胚胎学的开创者之一。童第周留学归国后，在科研条件极其有限的情况下，于1963年开创性地将金鱼的细胞核移植到去细胞核的鳑鱼卵内，成为世界上第一位克隆出鱼类的科学家，走在了克隆领域的最前沿，因此人们称誉他为"中国克隆之父"。

◇ 被誉为"中国现代数学之父"的人是谁？

华罗庚。华罗庚是中国数学家、教育家、社会活动家、中国科学院院士，1910年11月12日出生于江苏金坛县（今常州市金坛区）。华罗庚初中毕业后，因付不起学费而辍学，是靠自学读完高中和大学的数学课程，后来被清华大学破格聘请。华罗庚是中国矩阵几何学、解析数论、典型群、自守函数论与多复变函数论等多方面研究的创始人和开拓者，并从20世纪60年代开始将数学方法创造性地应用于国民经济领域，为中国的数学事业和国民经济做出了卓越的贡献，被誉为"中国现代数学之父"。

◇ 被誉为"中国航天之父"的人是谁？

钱学森。钱学森是中国力学家、系统工程学家、航天工程专家，是中国近代力学和载人航天的奠基人。钱学森于1935年赴美留学，留学期间获得航空工程硕士学位、航空与数学博士学位。1955年钱学森回到中国，主持、参与和领导了中国多项运载火箭、导弹和人造地球卫星的研制。后来，他被国家授予了"国家杰出贡献科学家"荣誉称号、一级英雄模范奖章和"两弹一星"功勋奖章，是当之无愧的"中国航天之父""中国导弹之父""火箭之王"。

◇ 谁被誉为"东方居里夫人"？

吴健雄。吴健雄出生于上海，是美籍华裔物理学家，于1957年用β衰变实验证明了弱相互作用中的宇称不守恒，又于1963年通过实验对量子力学基本问题进行研究，还在物理学领域发表了100多篇科学论文……由于以上众多贡献，她收获了极高的荣誉。吴健雄一生获得了16所大学的名誉学位，得到过沃尔夫基金会颁发的奖金，被誉为"东方居里夫人"。

◇ 被誉为"中国肝胆外科之父"的人是谁？

吴孟超。吴孟超是中国肝胆外科学专家，1949年毕业于同济大学医学院（今华中科技大学同济医学院），长期从事肝胆外科的教学和研究工作，创造了中国医学界乃至世界医学肝胆外科领域的多个第一，如主刀完成我国第一例成功的肝脏手术，完成世界首例腹腔镜下的肝癌切除手术等，是中国肝胆外科的开拓者和奠基人之一，被誉为"中国肝胆外科之父"。

◇ 被誉为"中国核潜艇之父"的人是谁？

黄旭华。黄旭华是中国第一代核潜艇总设计师、中国工程院首批院士，还被誉为"中国核潜艇之父"。黄旭华于1954年开始参与中国的舰艇制造工作，于1958年加入中国核潜艇研制工程。为了保密，他从此隐姓埋名30年，只为造出属于中国的核潜艇。经过黄旭华和同事们的艰苦奋斗，1970年，我国第一艘核潜艇成功下水。1974年，这艘核潜艇正式加入海军战斗序列，被命名为"长征1号"，我国也成为世界上第5个拥有核潜艇的国家。

◇ 谁被誉为"两弹之父"？

邓稼先。邓稼先是中国物理学家、核武器科学和技术专家，毕业于西南联合大学，于 1948 年赴美留学深造，并于 1950 年获得博士学位后回国。邓稼先回国后，开始从事中国的核物理、中子物理、流体物理等方面的研究，领导和组织了中国核武器的研制工作，是中国核武器理论研究工作的开拓者和奠基人之一。他领导并参与了中国第一颗原子弹和第一颗氢弹的研制工作，被誉为中国的"两弹元勋""两弹之父"。

◇被誉为"中国原子弹之父"的人是谁？

钱三强。钱三强是中国物理学家，中国原子能科学事业的创始人，出生于 1913 年 10 月 16 日，其父是中国近代著名的语言文字学家钱玄同。1936 年，钱三强毕业于清华大学物理系，于 1937 年赴法国留学，1948 带着家人回国，全身心投入中国的原子能科学事业。1959 年 6 月，苏联撤走全部援华专家后，钱三强担任中国核弹研究技术的总负责人、总设计师，为中国的原子能事业做出了杰出的贡献。

◇被誉为"中国氢弹之父"的人是谁？

于敏。于敏是中国物理学家、中国科学院院士、核武器科学和技术专家，毕业于北京大学，参与了中国核武器和国防科技事业的建设，是中国核武器研究和国防科学技术的学术带头人之一。在氢弹的研制过程中，他解决了中国热核武器的一系列理论和基础问题，填补了中国原子核理论的空白，并且在氢弹研究中起到关键作用。因此，于敏被誉为"中国氢弹之父"，并于 1999 年荣获"两弹一星"功勋奖章。

◇被誉为"中国卫星之父"的人是谁？

孙家栋。孙家栋是中国运载火箭与卫星技术专家，1958 年毕业于苏联莫斯科茹科夫斯基空军工程学院。他曾先后担任我国第一颗人造地球卫星"东方红一号"、第一种返回式遥感卫星研制的技术负责人，参与过我国第一颗导弹"东风一号"的研制，还是首任探月工程和北斗卫星导航系统总设计师，为中国的航天事业和国防事业做出了卓越的贡献。

◇ 被誉为"杂交水稻之父"的人是谁？

袁隆平。袁隆平是中国农业科学家，中国杂交水稻的研究与应用的开创者，毕生从事杂交水稻研究，被誉为"杂交水稻之父"。他首先提出利用水稻杂种优势来提高水稻的产量的设想，并于20世纪60年代初致力于杂交水稻的育种研究和制种技术实践，先后主持培育出"南优2号"等杂交水稻品种，提高了水稻的平均产量，为解决中国乃至世界的粮食短缺问题做出了重要的贡献。

• 杂交水稻

◇ 首次获得诺贝尔科学奖的华人是谁？

杨振宁和李政道。杨振宁出生于1922年9月22日，是中国理论物理学家，毕业于西南联合大学物理学系。李政道出生于1926年11月5日，先后于浙江大学和西南联合大学的物理学系就读。1957年，杨振宁与李政道共同提出宇称不守恒理论。同年，两人获得诺贝尔物理学奖，成为首次获得诺贝尔科学奖的华人。

◇ 第一位获得诺贝尔生理学或医学奖的中国科学家是谁？

屠呦呦。屠呦呦是中国药学家，毕业于北京医学院（今北京大学医学部）药学系。20世纪60年代，由于部分疟原虫对氯喹产生抗药性，氯喹类药物丧失了"抗疟"效果，人类再次面临全球三大传染病之一——疟疾的威胁。屠呦呦临危受命，开始组建抗疟药物研究课题组。经过多次走访、研究和实验，屠呦呦和她的研究团队最终于1972年发现了青蒿素，它可以有效地降低疟疾患者的死亡率。因在疟疾治疗研究方面取得的成就，屠呦呦获得了2015年的诺贝尔生理学或医学奖，成为首位凭借中国本土科学研究工作获得诺贝尔科学奖的中国科学家。